파충류가
지배하는
시장

이용범

파충류가 지배하는 시장

“왜 시장은 우리의 기대를 저버릴까?

당신의 투자가 수익은커녕 원금손실로 끝나는 이유들”

PROLOGUE

시장은 합리적인가

'합리성'은 근대의 산물이다. 고대인에게 자연은 신비 그 자체였으며, 머리 숙여 경배해야 할 경외의 대상이었다. 그러나 근대인들은 자연이 신의 언어가 아니라는 사실을 깨달았으며, 마침내 신의 캔버스에서 자연을 끌어내 수학과 과학의 언어로 설명하기 시작했다.

자연을 수학의 언어로 해체하기 시작했을 때, 인간은 비로소 신을 몰아내고 자연의 지배자가 될 수 있었다. 신의 영역 안에 남아 있던 시간도 하나의 단위로 해체되었다. 인간은 시간을 계산하고 통제함으로써 타인의 삶까지 통제할 수 있게 된 것이다. 인간의 모든 행위는 시간과 화폐로 환원된다. 이러한 계산가능성computability이 곧 근대적 의미의 합리성이라 할 수 있다. 행복의 양까지 계산하려 시도했던 공리주의야말로 근대적 합리주의의 결정판이며, 오늘날의 경제학은 여전히 그 그늘 아래 놓여 있다.

경제학에서 합리성은 수학적 연산만이 아니라 손실과 이익을 계산하고, 그에 알맞은 행동과 의사를 선택하는 것을 의미한다. 즉 경제적으로 합리적인 인간은 수학적 연산을 바탕으로 손실을 최소화하고 이익을 최

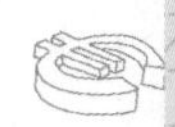

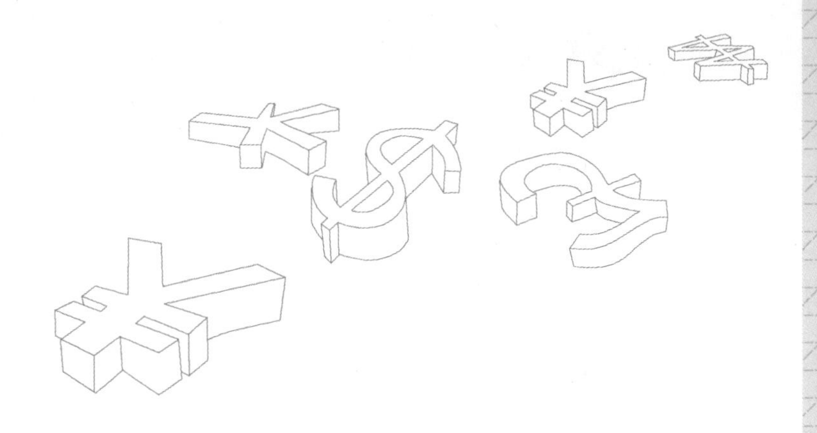

대화하며, 이를 통해 자원을 합목적적이고 효율적으로 할당한다. 그렇다면 경제학자들이 주장하듯, 인간은 정말 합리적인 존재일까?

아마티아 센Amartya K. Sen은 《윤리학과 경제학*On Ethics and Economics*》에서 표준경제학에서의 합리성을 두 가지로 정의했다. 하나는 선택의 일관성이며, 다른 하나는 자기이익의 극대화다. 센은 이 두 가지 정의를 반박하면서 "애덤 스미스에게 지나치게 열광하는 자들이 스미스가 실제로 말한 것과는 반대로 자기이익의 정신적 지주로 만들었다"고 비판했다. 센은 애덤 스미스를 제대로 읽는 사람이라면, 두 가지 정의에 대한 증거를 찾기 어려울 것이라고 지적했다.

장 보드리야르Jean Baudrillard 역시 《소비의 사회*La societe de consommation*》에서 소비사회의 합리주의를 두 가지로 정리했다. 하나는 인간이 조금도 망설임 없이 자신의 효용을 추구한다는 것이며, 다른 하나는 최대한의 만족을 가져다 줄 사물을 선호한다는 것이다. 그는 이런 인간을 "황금시대의 화석인간"이라고 표현했다.

PROLOGUE

시장원리주의자들은 시장에서의 경쟁이 인간을 합리적으로 만든다고 말한다. 프리드리히 A. 하이에크Friedrich August von Hayek는 《법, 입법 그리고 자유*Law, Legislation and Liberty*》에서 인간이 본래 "합리적으로 행동하는 존재가 아니라 경쟁이 사람들로 하여금 합리적으로 행동하도록" 강요한다고 주장했다.

시장이 우리에게 합리성을 요구한다는 하이에크의 주장은 부분적으로만 진실이다. 인간이 이기심에 바탕을 둔 합리적 존재만은 아니라는 사실은 전작 《인간 딜레마》와 《시장의 신화》에서 충분히 다루었으므로, 이 책에서는 합리성의 초점을 '계산가능성'에 맞출 것이다.

인간을 다룰 때, 심리학은 경제학과 전혀 다른 지형을 보여준다. 1980년대에 등장한 행동경제학은 인간의 비합리적 행동과 의사결정에 대한 풍부한 증거들을 축적해 가고 있다. 진화심리학, 소비자심리학, 뇌과학 역시 이런 견해에 힘을 실어주고 있다. 비합리성이 진화과정에서 형성된 인간 본성의 일부라면, 우리는 이를 수긍할 수밖에 없을 것이다. 그

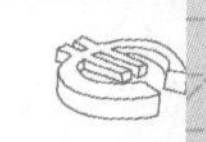

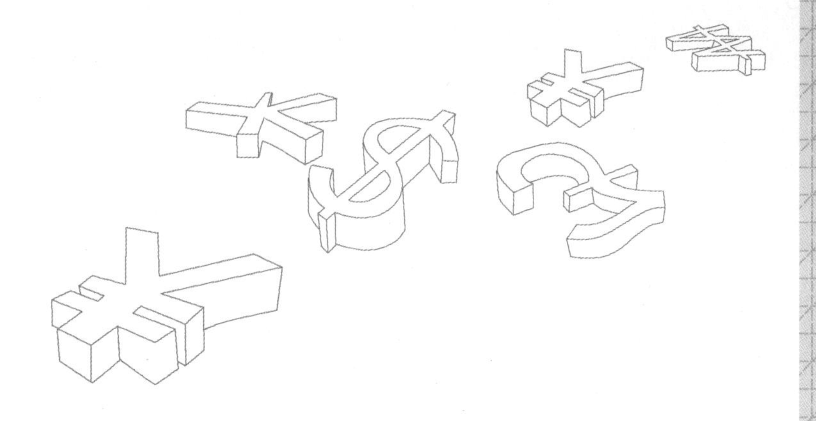

렇다고 해서 비합리성을 최소화할 수 있는 대안을 모색하고, 실행할 수 있는 가능성까지 차단되는 것은 아니다.

앞으로 우리는 인간이 완전히 합리적인 존재도, 완전히 비합리적인 존재도 아니라는 사실에 대해 이야기할 것이다. 받아들이기 불편하지만, 우리는 부분적으로만 합리적인 존재다. 이 사실을 인정할 때, 우리는 수많은 사람들이 열망하는 미래의 지도를 다시 그릴 수 있을 것이다.

이용범

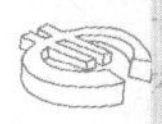

Contents

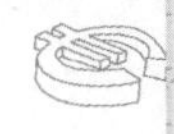

Contents

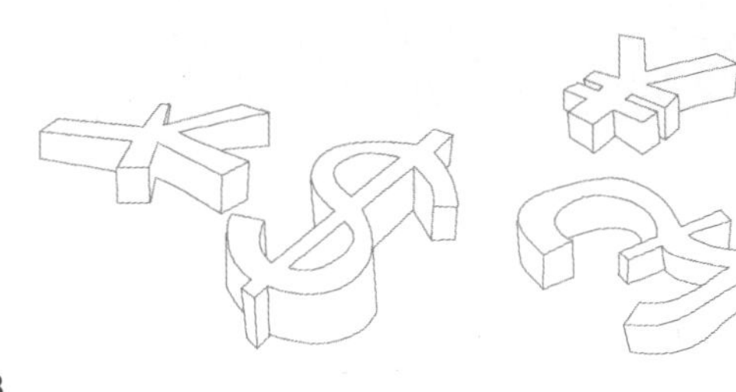

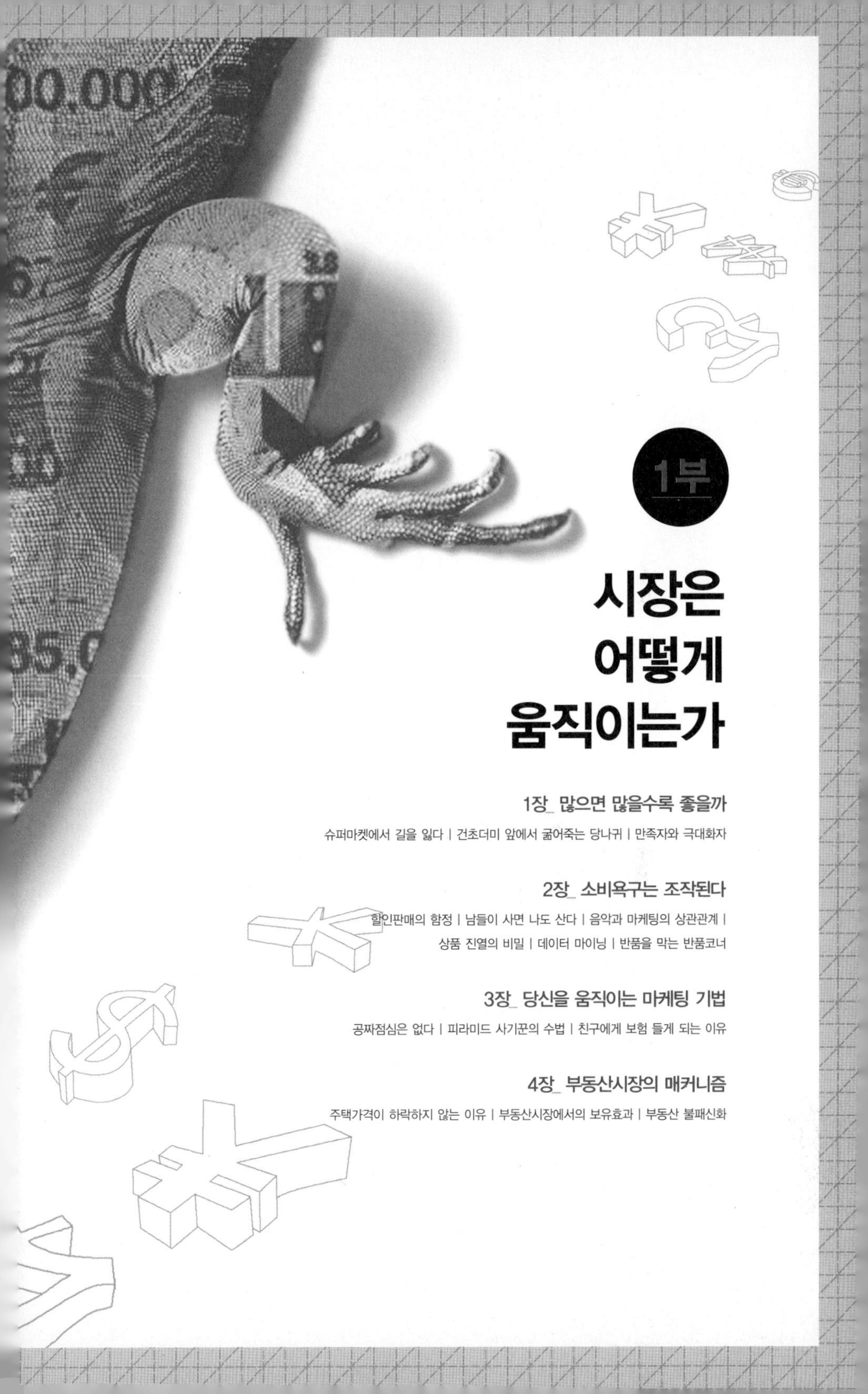

1부

시장은 어떻게 움직이는가

1장_ 많으면 많을수록 좋을까

슈퍼마켓에서 길을 잃다 | 건초더미 앞에서 굶어죽는 당나귀 | 만족자와 극대화자

2장_ 소비욕구는 조작된다

할인판매의 함정 | 남들이 사면 나도 산다 | 음악과 마케팅의 상관관계 | 상품 진열의 비밀 | 데이터 마이닝 | 반품을 막는 반품코너

3장_ 당신을 움직이는 마케팅 기법

공짜점심은 없다 | 피라미드 사기꾼의 수법 | 친구에게 보험 들게 되는 이유

4장_ 부동산시장의 매커니즘

주택가격이 하락하지 않는 이유 | 부동산시장에서의 보유효과 | 부동산 불패신화

레밍은 '나그네쥐'로 알려진 쥐과 동물인데, 무리의 수가 일정 수준 이상으로 불어나면 집단을 이루어 절벽이나 호수로 몸을 던져 죽는 습성이 있다고 한다. 조직 이론가인 데이비드 허친스는 아무런 이유도 모른 채 앞사람을 쫓아가는 현상을 '레밍 딜레마'라 이름 붙이고, 군중이 행하는 대로 무작정 따라 하는 사람들의 태도를 비판하고 있다. 하지만 누구도 이 딜레마에서 자유롭지 못하다. 사람들이 모여 있는 곳이면 반드시 고개를 디밀고 확인해야 하는 것이 바로 사람들의 심리다.

1장

많으면 많을수록 좋을까

슈퍼마켓에서 길을 잃다

당신은 열한 번째 생일을 맞은 아들에게 줄 선물을 고르기 위해 대형 할인마트를 찾았다. 그러나 장난감 코너에서 금세 길을 잃고 만다. 할인마트에서 장난감 코너는 적지 않은 공간을 차지하고 있다. 아들이 좋아하는 로봇이 진열되어 있는 곳으로 향하지만, 막상 로봇 진열대 앞에 도착한 당신은 쩍 입을 벌리고 만다. 이 많은 로봇 중에 어떤 것을 고른단 말인가?

물론 당신은 무심한 아빠가 아니다. 평소 아들이 좋아하는 로봇의 종류를 알고 있고, 아들이 가지고 있는 로봇의 상표까지 알고 있다. 진열대를 둘러보며 상품의 정보를 비교하기 시작한다. 벌써 한 시간째, 눈은 점점 피로감을 느낀다. 그래도 포기하지 않는다. 만약 아들과 함께 왔다면 더 많은 혼란과 피로를 경험했을 것이다. 진열대에는 비슷비슷해 보이는 제품들이 수없이 쌓여 있고, 아들은 진열대를 오가며 수도 없이 마음을 바꾸었을 것이기 때문이다.

각 나라에서 수입된 로봇의 가격도 제각각이다. 순간 중국이라는 나라에 한없이 고마움을 느낀다. 그들이 없었다면, 지금 지갑에 있는 돈으로는 결코 로봇을 살 엄두를 내지 못했을 것이다. 오랜 고민 끝에 중국산 로봇을 집어들고는 잠시 망설인다. 아들이 좋아할까? 불안감이 엄습해 온다. 결국 아내에게 전화를 걸어 로봇을 사도 좋은지 물어보기로 결심한다. 아내의 대답은 냉정하다.

"자신 없으면 그냥 오세요. 내일 외식한 다음에 아이들과 함께 사는 게 낫겠어요."

사실 내일도 아들이 원하는 로봇을 사게 되리라는 보장은 없다. 장난감 코너에 발을 디디는 순간 아들은 더 많은 로봇을 갖고 싶어 할 것이고, 당신과 아내는 아들이 품에 안아버린 로봇의 개수와 가격 때문에 마음의 상처를 입을 것이다. 만약 장난감 코너에 단 두 개의 로봇만 진열되어 있었다면, 집으로 돌아오는 손에는 분명 선물꾸러미가 들려 있었을 것이다. 당신이 끝내 로봇을 선택하지 못한 것은, 진열대 위에 로봇이 너무 많았기 때문이다.

우리는 슈퍼마켓에 갈 때마다 이런 문제로 고민한다. 낱개로 사야 하는지 묶음으로 사야 하는지, 싼 것을 사야 하는지 비싼 것을 사야 하는지 매번 결정해야 한다. 선택할 대안이 많을수록 소비자에게 이로운 것일까? 시장원리주의자들은 선택할 대안이 많을수록 좋고, 사람들의 만족도도 커질 것이라고 전제한다. 이 전제에 의문을 가진 미국 콜롬비아 대학교의 사회심리학자 쉬나 아이엔거Sheena S. Iyengar와 스탠포드 대학교의 마크 레퍼Mark R. Lepper는 2000년도에 재미있는 실험결과를 발표했다.

연구자들은 캘리포니아 주 멘로 파크Menlo Park의 고급 식료품 가게에서 2주 연속 토요일마다 시식코너를 마련했다. 이들은 맛과 가격이 비슷한 24종의 잼을 한 시간 동안 진열하고, 다음 한 시간 동안은 6종의 잼을 진열했다. 그런 다음 고객들에게 1달러가 할인되는 쿠폰을 나눠주고 잼을 시식하도록 유도했다. 테이블 앞을 지나간 고객 중 40퍼센트는 6종의 잼이 놓인 진열대를 방문했고, 60퍼센트는 24종의 잼이 놓인 진열대를 찾았다. 고객들은 잼 종류가 많은 진열대에 관심을 보인 것이다. 그러나 6종의 잼이 진열된 곳에서 실제로 잼을 구입한 사람은 30퍼센트에 달한 반면, 24종의 잼이 진열된 곳에서는 단 3퍼센트만이 구입했다.

이 실험은 선택할 대안이 많을수록 구매 결정이 더 어렵다는 것을 보여준다. 대안이 지나치게 많으면 만족감을 주기보다는 스트레스를 안겨준다. 사람들은 선택지가 많아질수록 현재의 선택을 미루거나 포기해 버리는 경우가 많다.

건초더미 앞에서 굶어죽는 당나귀

만일 선택할 수 있는 경우의 수가 두 가지밖에 없다면, 우리는 만족스런 선택을 할 수 있을까? 중세 프랑스의 철학자 장 부리단Jean Buridan(1295~1356)이 제시한 당나귀의 예를 통해 답을 찾아보자.

당나귀 한 마리가 사막 한가운데를 걷고 있다. 당나귀는 오랜 여행에 지쳐 매우 배가 고프고 목이 말랐다. 그때 당나귀는 누군가 흘리고 간 두 더미의 건초를 발견한다. 당나귀는 어느 건초더미를 먼저 먹을까 고민하기 시작했다. 한쪽을 먹자니 다른 건초더미가 더 맛있어 보였다. 결국 당나귀는 고민을 거듭하다가 굶어죽고 말았다.

동일한 가치를 지닌 두 가지 대안이 있을 때 당신은 어떤 선택을 할 것인가. 건초더미를 눈앞에 둔 당나귀의 예에서도 알 수 있듯이 어떤 선택을 하든 아무 차이가 없다. 한쪽을 선택하려는 의지는 다른 한쪽을 선택하려는 동일한 의지에 의해 상쇄되기 때문이다. 하지만 모든 선택에는 기회비용opportunity cost이 따른다. 하나를 선택함으로써 다른 것을 선택할 기회를 잃는 것이다.

물론 당나귀가 약간의 인내심을 발휘했다면 두 가지 모두를 얻을 수 있었을 것이다. 당나귀가 선택해야 할 것이 같은 양을 가진 두 개의 건초더미였다면 기회비용은 발생하지 않는다. 어느 것을 선택하든 동일한 결과를 얻기 때문이다. 하지만 선택해야 할 대상이 건초더미와 샘물 중 하나라면, 당나귀는 배고픔이 먼저인지 목마름이 먼저인지를 판단해야 한다. 이 경우에는 약간의 기회비용이 발생할 수 있다. 건초더미를 선택했다면, 목마름을 해결할 수 있는 기회를 약간 지연시켜야 하기 때문이다.

만약 당나귀에게 양은 많지만 맛없는 건초더미와 양은 적지만 맛있는 건초더미, 그리고 한 개의 홍당무가 주어진다면 어떻게 될까? 이들 중 단 하나만 먹을 수 있다면 선택은 더욱 어려워질 것이다. 이렇게 대안이 많아지면 기회비용은 커진다. 하나를 선택함으로써 포기해야 할 것들이 많아지기 때문이다.

동일한 가치를 갖는 두 개의 건초더미가 있을 때 합리적인 당나귀는 아무거나 선택해야 한다. 굶어죽는 것보다는 낫기 때문이다. 사실 당나귀는 하나를 선택할 이유가 없다. 하나를 선택한 다음에 다른 하나를 선택하면 되기 때문이다. 하지만 시장에서는 주어진 선택지를 모두 선택하기 어렵다. 따라서 시장에서 하나를 선택하는 사람은 부분적인 만족을 얻을 수밖에 없다. 사회도 마찬가지다. 모든 공공 의사결정은 모든 사람에게 온전한 만족을 주지 않고, 부분적으로만 만족을 준다.

기회비용이 커질수록 선택을 통해 얻는 만족도 줄어든다. 선택하는 데 시간과 노력이 많이 들수록 만족스런 보상을 원하기 때문이다. 더구나 대안이 많을수록 사람들은 더 많은 실수를 하게 되고, 대안이 적을 때보다 그 실수를 더 심각하게 받아들인다.

만족자와 극대화자

선택의 대안이 늘어나도 전혀 신경쓰지 않는 사람이 있다. 그는 자신의 원하는 것을 손쉽게 선택하고, 선택한 것에 대해 별반 후회하지 않는다. 이런 사람을 만족자satisfier라 부른다. 반면 선택의 대안이 증가하면 그것들을 꼼꼼히 검토하고 확인한 다음 최고만을 선택해야 직성이 풀리는 사람이 있다. 이런 사람은 극대화자maximizer다.

만족자는 나름의 기준을 갖고 있으며, 자신의 기준을 충족할 때까지만 고민한다. 따라서 극대화자가 보기에 만족자는 평범한 것에 만족하는 것처럼 보인다. 하지만 그는 최고가 아니라 그냥 괜찮은 것에 만족할 뿐이다. 어찌 보면 최고를 추구하는 극대화자가 행복할 것 같지만, 실제로는 매우 비참할 수 있다. 그들은 선택의 결과에 대해 후회하는 경향이 있으며, 자신이 처한 환경에 대한 행복의 척도를 낮게 평가한다. 또한 그들은 삶에 덜 만족하고, 덜 낙천적이다. 이런 사람은 수많은 후회 때문에 우울증에 걸릴 확률도 높다. 따라서 당신이 좀 더 행복해지고 싶다면 극대화자가 되기보다는 만족자가 되는 편이 낫다.

선택의 범위가 좁을 때 더 큰 만족감을 느끼는 것은 우리의 뇌가 복잡한 것을 싫어하기 때문이다. 뇌는 대안이 많을수록 감당하기가 점점 더 힘들어지지만 이를 인정하려 하지 않는다. 그래서 다양하게 제시된 제품이 별로 좋지 않다고 스스로를 설득함으로써 선택에 어려움을 느끼는 자신의 감정을 합리화하는 것이다.

2장

소비욕구는 조작된다

할인판매의 함정

아침마다 배달되는 일간지 사이에 신문 분량보다도 많은 광고지가 삽입되어 있는 것을 보고 짜증이 난 적이 있을 것이다. 대개는 주변에 있는 대형 할인매장과 슈퍼마켓에서 보낸 것들이다. 그들은 물건을 싸게 구입할 수 있는 알짜정보를 고객에게 전달한다고 홍보하지만, 실제 목적은 당신의 지갑을 터는 것이다. 합리적 사고를 가진 당신은 혹시 이런 의문을 가진 적이 없는가?

'왜 대형매장들은 물건을 싸게 팔지 못해 안달인가?'

아마 사람들은 다른 매장과의 치열한 경쟁 때문이라고 생각할 것이다. 다른 매장의 손님들을 빼앗기 위해, 혹은 다른 매장에 고객을 빼앗기지 않기 위해 가격을 낮춘다는 것이다. 우리가 알고 있는 경제상식에 따르면 경쟁관계에 있는 두 매장은 서로를 이기기 위해 가격을 낮춘다. 한 매장이 가격을 낮추면, 다른 매장 역시 가격을 낮추는 것이다. 이 경쟁은 한 매장이 망할 때까지 계속되거나, 두 매장이 최소한의 이익을 남기는 선에서 적절히 타협할 것이다. 결국 소비자는 두 매장의 경쟁을 통해 이익을 얻는다. 그만큼 물건을 싸게 살 수 있기 때문이다. 이것이 우리가 알고 있는 경쟁의 원리다.

하지만 대형매장들이 모든 상품의 실제 가격을 낮춘다고 생각한다면, 당신은 마케터들의 영악한 상술을 과소평가한 것이다. 그들은 결코 손해를 볼 생각이 없으며, 경쟁하고 있는 상점보다 적은 이익을 올리려고 하지도 않는다.

우편함에 꽂혀 있는 홍보물에는 대개 할인쿠폰이 실려 있다. 알뜰한 당신은 할인쿠폰을 모아두고 할인행사 기간을 확인할 것이다. 그들이 할인쿠폰을 제공하는 이유는 당신이 짐작하는 그대로다. 다른 매장보다 가격이 싸다는 것을 알리고, 당신이 쿠폰을 들고 매장을 방문하도록 유인하기 위한 것이다. 어떤 슈퍼마켓이 다른 슈퍼마켓보다 싼 가격에 물건을 판다면, 그 슈퍼마켓은 경쟁하고 있는 슈퍼마켓보다 적은 수익을 얻을 것이다. 그럼에도 불구하고 이웃의 슈퍼마켓이 망할지 모른다고 걱정할 필요는 없다. 매장주인들은 절대 손해나는 일을 하지 않는다.

할인쿠폰을 발급하는 첫 번째 목적은 당신을 매장 안으로 불러들이는 것이다. 영수증 추첨을 통해 경품을 제공하는 당첨 이벤트 행사도 마찬가지다. 슈퍼마켓은 고객서비스라고 설명하지만, 실제로는 다른 상품을 끼워 팔기 위한 미끼일 뿐이다. 일단 할인쿠폰을 들고 매장을 방문하면, 판매원들은 당신을 그냥 두지 않는다. 당신은 할인된 품목만 잽싸게 구매한 후 매장을 빠져나오기로 결심하지만, 대형매장에는 당신의 구미를 당기는 상품들이 너무나 많다.

당신이 어떤 백화점의 여성의류를 30퍼센트 할인해 주는 쿠폰을 갖고 있다고 하자. 할인쿠폰을 제시하면 판매원은 할인의류가 걸려 있는 곳으로 당신을 안내할 것이다. 짐작하건대, 할인의류를 둘러본 당신은 금세 실망할 것이다. 할인의류 진열대에는 촌스럽고 값싸 보이는 의류들이 방치되다시피 널려 있을테니.

30퍼센트를 할인하면 백화점 매장의 가격치고는 매우 싼 편이다. 하지만 당신은 그 의류가 마음에 들지 않는다. 판매원이 당신을 그곳으로 안내하면서 고급스럽고, 우아하며, 매우 비싸 보이는 의류가 있는 진열대를 통과했기 때문이다. 싸구려 원피스가 마음에 들지 않은 당신은 매우 비싸 보이는 의류 진열대를 가리키며 판매원에게 묻는다.

"저 쪽에 있는 옷도 30퍼센트 할인이 되나요?"

아마 판매원은 이렇게 대답할 것이다.

"죄송합니다, 손님. 프리미엄급 의류는 할인이 되지 않습니다."

그럼에도 불구하고 당신이 신제품이나 고급제품을 사기로 결심했다면 판매원은 당신에게 알맞은 사이즈의 옷을 권하며 이렇게 말할 것이다.

"손님, 정말 날씬하시네요. 55 사이즈인데 딱 맞아요."

기분이 좋겠지만, 속지 말라. 상당수의 여성의류 업체들이 실제 사이즈보다 줄여 표시하는 '허영 치수Vanity Sizing'를 사용하고 있기 때문이다. 거짓 사이즈에 속은 고객은 자신이 더 날씬해졌다고 믿으면서 기분 좋게 돈을 지불하게 된다.

고객을 설득하는 데 거울이 동원되기도 한다. 거울은 자의식self-awareness을 강화하는 도구다. 대형거울은 화장품, 의류, 식품, 스포츠용품, 미용용품 코너에 주로 놓여 있다. 자의식이 높지 않을 때는 기초적인 욕구에만 반응하지만, 자의식이 높아지면 소비자는 자신을 뒤돌아보게 된다. 거울 앞에 선 소비자는 날씬한 몸매와 건강한 피부를 떠올리면서 구매의욕도 함께 상승한다.

할인된 옷을 원하는 당신에게 고급의류가 눈에 띄도록 만든 것도 이미 계산된 것이다. 더운 물과 차가운 물에 각각 오른손과 왼손을 넣은 다음 두 손을 동시에 상온의 물에 넣으면, 동일한 온도임에도 불구하고 왼손과 오른손이 느끼는 온도감은 전혀 다르다. 이렇듯 이전의 상황에 따라 사물에 대한 인식이 변화하는 것을 대비효과contrast effect라 한다. 백화점은 이런 심리효과를 적절히 활용한다. 고가품을 먼저 보여주고 저가품을 나중에 보여줌으로써 저가품에 대한 매력을 빼앗아버리는 것이다.

이 수법은 부동산중개인들도 많이 사용한다. 부동산중개인은 반드시 팔아야 할 주택을 정한 후, 같은 가격의 다른 주택을 함께 보여준다. 중개인이 선택한 다른 주택은 가격이 비슷하지만 매우 낡아 있다. 일부러 낡은 집에 높은 가격을 책정했기 때문이다. 따라서 구매자는 선택의 고민 없이 중개인이 이미 점찍어둔 주택을 사게 되는 것이다.

마케터는 대비효과를 활용하기도 하지만, 이를 피하기도 한다. 당신이 그릇 세트를 구입하기 위해 백화점을 찾았다고 하자. 당신은 24피스로 구성된 그릇 세트가 가장 마음에 들었다. 그런데 옆에 마련된 할인코너를 보니 40피스로 구성된 그릇 세트를 판매하고 있는데, 그 중 16피스는 약간 깨지거나 흠집이 나 있다. 하지만 40피스 중 멀쩡한 24피스는 조금 전에 본 24피스짜리 세트와 동일한 품목으로 구성되어 있다. 당신은 어느 상품에 더 높은 가격을 지불하겠는가?

당신은 40피스짜리 세트에 더 높은 가격을 매길 것이고, 같은 가격이라면 40피스짜리 세트를 구매할 것이다. 그러나 두 상품을 비교하지 않고 따로 떼어놓았다고 가정하자. 심리학자들의 실험결과 사람들은 24피스짜리 세트에 더 높은 가격을 매겼다. 별도의 상품으로 대했을 때 사람들은 흠집이 있는 그릇의 가격을 형편없다고 생각한 것이다. 이는 비교대상이 존재하지 않기 때문에 발생한 현상이다. 이때 사람들은 가격을 판단의 기준으로 삼지 않고, 멀쩡한지 깨졌는지를 판단의 기준으로 삼는다.

따라서 어떤 매장은 상품을 대조할 수 없도록 별도로 진열한다. 국제적 브랜드의 명품만을 판매하는 매장이 대부분 여기에 해당한다. 명품들은 실제 가격에 비해 턱없이 높은 가격으로 판매된다. 만일 같은 품질의 국산 제품이 3분의 1 가격으로 같은 매장에 진열되어 있다면, 수입 명품 매장은 문을 닫게 될 것이다. 만약 매장주인이 대비효과를 활용한다면, 국산 제품 위주로 판매하면서 같은 품질의 해외 제품을 터무니없이 높은 가격으로 함께 진열해 놓을 것이다.

할인쿠폰에 숨은 또 다른 전략은 두 가지 가격으로 제품을 판매하는 것이다. 가격에 민감한 사람은 쿠폰을 통해 가격을 할인해 주고, 그렇지 않은 사람은 쿠폰 없이 정상가에 사도록 하는 것이다. 다시 말하면 쿠폰은 가격에 민감한 소비자 집단과 둔감한 소비자 집단이 지급해야 할 가격을 차별화할 수 있다. 쿠폰을 많이 배포하면 이익이 줄어들 수 있지만, 가격에 신경을 쓰지 않는 고객은 쿠폰에도 신경쓰지 않기 때문에 더 비싼 가격으로 상품을 구매한다.

정기 세일행사를 벌이는 매장을 보면서 당신은 이런 의문도 품었을 수 있다.

'왜 1년 내내 할인행사를 하지 않고 1년에 두 차례만 하는 것일까?'

1년 내내 5퍼센트를 할인해 준다면 그 슈퍼마켓은 다른 매장에 비해 경쟁력을 가질 수 있을 것이다. 하지만 이런 영업방식은 다른 매장을 자극하여 치열한 가격 경쟁을 불러올 수 있다. 출혈 경쟁은 어떤 매장도 원하지 않는다. 또 반복되는 세일은 고객들의 신뢰감을 떨어뜨려 싸구려 매장이라는 인식을 확산시킬 수 있다. 할인행사는 평소 가격을 높게 받다가 일정기간만 할인해 주어야 효과가 있다. 지나치게 자주 할인행사를 하는 것은 나중에 제값을 받을 때 가격을 인상했다는 인식을 갖게 한다. 잦은 할인행사를 경험한 소비자들은 권장가격이 정직하지 않다고 느낀다.

그래서 매장들은 일정 기간만 할인행사를 진행하고, 특정 품목만의 가격을 할인함으로써 고객들이 두 매장의 가격을 비교하지 못하도록 교란한다. 예를 들어 A백화점이 a브랜드의 의류를 30퍼센트 할인한다면, B백화점은 b브랜드의 의류를 30퍼센트 할인하는 식이다. 당신이 A백화점에서 a브랜드 한 벌과 b브랜드 한 벌을 구입했다면, B백화점에서 a브랜드 한 벌과 b브랜드 한 벌을 구입할 때와 같은 가격을 지불한 것이 된다. 만약 두 브랜드의 의류를 가장 싸게 사고 싶다면 A백화점과 B백화점을 따로 방문하면 된다. 그러나 두 브랜드의 의류를 한곳에서 구입한다면 당신은 어느 백화점이 싼 가격으로 판매하고 있는지 판단할 수 없다.

매장은 브랜드마다 가격을 불규칙하게 책정함으로써 당신의 판단을 흐리게 만든다. 백화점이 30퍼센트 세일을 대대적으로 홍보했다면, 30퍼센트를 할인해 주는 브랜드는 분명 존재한다. 그러나 할인코너에는 한 푼도 깎아주지 않고 제값을 받는 브랜드도 있다는 사실을 잊어서는 안 된다. 사실 매장은 30퍼센트를 할인해도 손실을 보지 않는다. 또 할인을 통해 줄어든 이익은 거짓으로 30퍼센트 할인가격을 붙인 브랜드에서 보충하면 된다.

'구두 90~30퍼센트 세일!'이라고 붙어 있는 현수막을 보고 매장에 들어섰다면, 당신은 '로우 볼 테크닉low-ball technique'에 걸려든 것이다. 이 수법은 낮은 볼을 던져 몸을 숙이게 만드는 마케팅 기법이다. 즉 낮은 가격이라는 미끼를 제시하여 구매의욕을 불러일으킨 후, 그 미끼를 제거하는 것이다. 당신이 들어간 매장에 아마 90퍼센트를 할인하는 상품은 매우 적거나 품절되었을 것이고, 대부분의 할인폭은 30퍼센트 정도일 것이다. 설령 90퍼센트를 할인하는 상품이 있다고 해도 눈에는 전혀 들어오지 않을 것이다. 너무나 볼품없기 때문이다. 그러나 당신이 구두를 구매하기로 한 결정은 쉽게 바뀌지 않는다. 그것만으로도 매장주인이 제작한 현수막은 그 역할을 다한 것이다. 광고지에는 사은품으로 가방을 준다고 한 후

조기에 품절되었다는 핑계를 대며 값싼 찻잔을 주거나, 할인 상품이 다 팔렸다며 유사한 다른 제품을 사도록 유도하는 것 역시 이런 기법 중 하나다.

남들이 사면 나도 산다

정기 세일의 함정은 또 있다. 매장은 저렴한 가격의 제품을 대대적으로 광고한 후, 다른 제품들을 할인행사에서 제외한다. 값이 싼 정어리를 대폭 할인하는 대신, 고가의 생선들을 할인 상품에서 제외하는 것이다. 매장주인은 당신이 생선코너에 오래 머물면서 정어리 세 마리와 농어 두 마리를 함께 사기를 원한다. 당신이 매장에 들어설 때부터 정어리 세 마리만 사기로 결심하지 않는 이상, 매장주인의 의도에 휘말릴 가능성이 높다.

더구나 판매원이 마이크를 들고 농어가 열 마리밖에 남지 않았다고 소리친다고 하자. 물론 판매원의 말은 거짓말이다. 매장 뒤편에 있는 냉동창고에는 며칠 동안 팔고도 남을 농어가 있다. 판매원이 소리치는 것은 '희소성'을 강조하여 고객의 구매심리를 재촉하기 위한 것이다. 물건이 한정되어 있다는 것은 나의 구매 기회가 사라질지도 모른다는 불안심리를 자극한다. 뿐만 아니라 어떤 상품이 거의 매진되어 간다는 신호는 '동조同調' 심리를 유발한다. 동조란 다수의 태도나 행동에 맞추어 자신의 행위를 바꾸는 것을 말한다. 일종의 군중심리인 셈이다. 그래서 많은 매장들이 '매진임박'이라는 구호를 내걸고, 일부러 고객의 행렬을 길게 만드는 것이다.

1960년대 미국의 사회심리학자 스탠리 밀그램Stanley Milgram과 레너드 빅맨Leonard Bickman, 로렌스 버코위츠Lawrence Berkowitz는 조교 한 명을 번화한 뉴욕 거리를 걷게 했다. 거리를 걷던 조교는 갑자기 걸음을 멈추고 마치 하늘에 나타난 UFO를 확인하려는 듯 허공을 바라봤다. 그가 바라보고 있는 것은 높은 빌딩과 텅 빈 하늘뿐이다. 거리를 지나는 행인들은 이 조교의 행동에 거의 관심을 기울이지 않았다. 하지만 걸음을 멈추고 동시에 허공을 바라보는 조교들의 숫자가 늘어나자 상황이 달라졌다. 조교 한 사람이 하늘을 보고 있을 때는 행인의 4퍼센트가 멈춰 서서 함께 허공을 바라보았지만, 조교 다섯 사람이 보고 있을 때는 18퍼센트의 행인들이 이 그룹에 합류했다. 연구자들이 허공을 바라보는 인원을 15명으로 늘리자 1분 동안 행인의 40퍼센트가 함께 허공을 바라보았다. 이 실험은 군중의 행위가 사람들에게 막대한 영향을 미친다는 것을 보여준다. 남들이 하면 따라하는 것이다.

판매원이 상품 매진이 임박했다고 외치면 사람들은 하나둘 판매대 앞으로 모여든다. 토마토를 고르던 당신은 사람들이 우르르 모여드는 곳에 관심을 갖게 된다. 판매대에는 얼마 남지 않은 감자가 쌓여 있다. 당신은 어젯밤에 이미 필요한 양의 감자를 사두었지만, 지금 판매대에 놓여 있는 감자를 사지 않으면 왠지 손해라는 기분이 들 것이다. 마음이 조급해진 당신은 줄을 서기 위해 경쟁을 벌이는 사람들 사이로 몸을 던진다.

주로 우화를 통해 자신의 주장을 전달하는 조직 이론가 데이비드 허친스David Hutchens는 《레밍 딜레마 *The Lemming Dilemma*》라는 그의 저작물을 통해 군중심리를 생생하게 보여주었다. 레밍은 '나그네쥐'로 알려진 쥐과 동물인데, 무리의 수가 일정 수준 이상으로 불어나면 집단을 이루어 절벽이나 호수로 몸을 던져 죽는 습성이 있다. 저자는 아무런 이유도 모른 채 앞사람을 쫓아가는 현상을 '레밍 딜레마'라 이름 붙이고, 군중이 행하는 대로 무작정 따라하는 사람들의 태도를 비판한다.

누구도 이 딜레마에서 자유롭지 못하다. 사람들이 모여 있는 곳이면 반드시 고개를 디밀고 확인해야 하는 것이 사람들의 심리다. 우리는 사람들이 길게 줄을 선 식당이 음식도 맛있을 거라 믿고, 사람들이 많이 구매하는 제품이 더 좋을 거라고 생각한다. 다수의 선택이 옳을 수도 있지만 그렇지 않을 수도 있다. 양떼 현상herding에 의해 유행을 쫓는 사람들은 자기 판단에 대한 확신이 부족하고, 자존감이 낮으며, 주체적인 삶보다 다른 사람의 시선에 민감하다.

미국 애리조나 주립대학교의 심리학자 로버트 치알디니Robert B. Cialdini의 호텔 타월 실험은 사람들의 동조심리를 잘 보여준다. 연구팀은 호텔 객실에 타월의 재사용을 권유하는 안내카드를 비치했다. 한쪽 객실에는 타월을 한 번 쓰고 세탁하는 것은 '환경과 후손에게 좋지 않다'는 안내카드를 비치했고, 다른 객실에는 '다른 손님들도 그렇게 하기로 했다'는 안내카드를 비치했다. 실험결과 다른 손님들도 그렇게 하고 있다는 안내카드를 접한 고객은 자신이 한 번 사용한 타월을 다시 사용한 비율이 30퍼센트나 더 높았다.

음악과 마케팅의 상관관계

판매자들은 고객의 오감五感까지도 마케팅 기법의 대상으로 삼는다. 당신은 대형매장과 백화점의 배경음악이 다르다는 것을 눈치챘을 것이다. 대개 대형매장은 경쾌한 음악을, 백화점은 부드럽고 느린 클래식 음악을 틀어준다. 경쾌한 음악을 들려주는 것은 고객들이 걸음을 빨리 옮겨 더 많은 상품을 보게 하기 위한 것이다. 또 고급매장에서 부드럽고 느린 음악을 들려주는 것은 매장에 오래 머물며 품질정보를 까다롭게 확인하고, 가능하면 비싼 제품을 구매하라는 의미다. 비싸고 품질이 좋은 제품을 사려면 좀 더 신중한 선택이 필요하기 때문이다.

1993년 찰스 아레니Charles Areni와 데이비드 김David Kim은 와인숍에서 연주되는 음악이 손님들의 소비에 어떤 영향을 주는지에 관한 연구를 진행했다. 최신 팝송과 클래식 음악을 번갈아 들려주자, 클래식 음악을 들은 손님들은 팝송을 들었을 때보다 평균 세 배 이상 비싼 포도주를 구매했다.

2007년에는 영국 해리엇와트 대학교의 에이드리언 노스Adrian North 교수팀이 유사한 실험을 진행했다. 그는 250명의 성인을 대상으로 각자 다른 방에서 네 가지 종류의 음악을 들으면서 와인을 평가하도록 요청했다. 실험 결과 사람들은 특정 음악을 들었을 때 해당 와인의 품질을 최대 60퍼센트까지 높게 평가했다. 다른 연구에서는 프랑스 음악을 들려주었을 때 피험자들의 77퍼센트가 프랑스 와인을 선택하고, 독일 음악을 들려주었을 때는 73퍼센트가 독일 와인을 선택했다.

배경음악은 장소, 시간, 계절, 주말 등 조건에 따라 변한다. 특히 식품매장은 느린 음악을 주로 사용하고 패스트푸드점은 빠른 음악을 사용한다. 패스트푸드점에서 빠른 음악을 들려주는 것은 '빨리 먹고 나가!'라는 뜻이다. 또 고급의류를 판매하는 곳은 느린 음악을 틀어주고, 10대가 주요 고객인 의류매장에서는 빠른 비트의 전자음악을 틀어준다. 최근에는 향기 마케팅이나 조명 마케팅이 유행인데, 빵 굽는 냄새를 풍겨 식욕을 자극하거나 색과 조명을 통해 구매 욕구를 높인다. 마케터들은 추가 조명이 켜져 있을 때 고객들이 좀 더 많은 제품을 만져보고 매장에 더 오래 머물며, 구매율도 높아진다는 것을 알고 있다.

명품매장이 넓고 고급스럽게 꾸며진 피팅룸을 갖추고 세련된 판매원을 배치하거나 고급 레스토랑에서 유명화가의 원작을 걸어놓는 것도 같은 이유다. 매장은 판매원들의 서비스 교육에 많은 투자를 한다. 품격을 갖춘 매장일수록 판매원들은 고객의 뒤를 따라다니며 고객이 뱉은 말을 메모하고, 그 내용을 되물어 확인한다. 이런 식이다.

"○○사 제품 △△사이즈보다 약간 작고, 핑크 컬러를 원하신다고 하셨습니까? 고객님?"

판매원들이 고객의 말을 다시 한 번 반복하는 이유는 두 가지다. 하나는 고객의 요구를 정확히 확인하기 위해서고, 다른 하나는 '카멜레온 효과Chameleon Effect'를 활용하기 위해서다. 사람은 무의식적으로 타인의 행동과 표정을 모방하려는 성향이 있을 뿐 아니라, 자신을 닮거나 모방하려는 사람을 선호하는 데 이를 카멜레온 효과라 한다. 이 때문에 고객은 자신이 뱉은 말을 반복해서 들려주는 판매원을 신뢰하게 된다.

이는 실험을 통해서도 확인된 바 있다. 1999년 뉴욕 대학교의 두 심리학자 타냐 사르트랑Tanya L. Chartrand과 존 바John A. Bargh는 78명의 학생들을 대상으로 실험한 결과 자신을 따라하는 사람을 더 긍정적으로 평가한다는 사실을 알아냈다. 또 2003년에는 반 바렌Van Baaren 연구팀이 식당에서 종업원이 주문을 받을 때 고객의 주문을 목소리로 따라한 경우와 주문만 받아 적은 경우를 비교 분석했다. 실험 결과 고객의 주문을 따라한 경우 팁을 남긴 고객의 비율이 78퍼센트였으나 주문만 받아 적은 경우는 52퍼센트였다. 고객이 남긴 팁의 평균금액도 3.18달러와 1.36달러로 차이가 있었다. 카멜레온처럼 따라한 경우 고객의 지출이 더 많았던 것이다. 좋은 대우를 받는 고객은 기꺼이 더 비싼 비용을 지불할 준비가 되어 있다.

상품 진열의 비밀

대형매장 입구에 도착한 당신은 무더기로 쌓여 있는 상품들을 보며 '떨이'라는 느낌을 받을 것이다. 그 매장의 가격이 싸다는 느낌이 들었다면 매장의 마케팅 전략은 일단 먹힌 것이다. 미국의 대형마트들은 창고형 상품진열을 통해 거품을 쏙 뺀 가격이라는 이미지를 고객에게 심어준다.

대형매장은 가격이 저렴한 매장이라는 인식을 심어주기 위해 싼 가격의 제품을 효과적으로 배치한다. 하지만 가게를 떠나는 순간, 당신은 상품의 정확한 가격을 기억할 수 없다. 따라서 매장은 소비자들의 관심이 집중되는 10개 제품의 가격을 대폭 낮추고, 나머지는 그대로 둔다. 실제로 이쑤시개 같은 물건은 싸든 비싸든 소비자들의 관심을 끌지 못한다. 그러므로 관심을 갖는 10개 품목의 가격만 낮추어도 소비자들은 아주 저렴한 매장으로 인식하는 것이다. 매장주인의 입장에서는 할인된 10개 품목에서 잃어버린 이윤을 다른 상품에서 챙기면 된다.

할인매장이라고 해서 모든 제품이 싼 것은 아니다. 인기 있는 제품은 할인에서 제외된다. 그렇다면 매장주인은 가격을 낮추어야 할 10개 품목을 어떻게 정할까? 실제로 어떤 매장은 상추 가격이 싼 반면, 어떤 매장은 양상추의 가격이 싸다. 이는 각 매장마다 표적으로 삼고 있는 소비자가 다르기 때문이다. 매장을 찾는 소비자의 기본 생필품이 무엇인가에 따라 가격이 달라지는 것이다. 부자 고객이 많은 매장은 상품을 다양하게 진열함으로써 선택의 기회를 높인다. 즉 같은 채소라도 다양한 색상의 채소뿐 아니라 유기농 채소를 함께 진열한다. 이때는 한 가지 채소의 가격을 대폭 낮추더라도 수익이 줄지 않는다.

대개 유기농 채소는 일반 채소와는 다른 진열대에서 판매한다. 이는 고객들의 쇼핑 편의를 위한 것처럼 보이지만, 실제로는 일반 채소와 가격을 비교하지 못하도록 하기 위한 것이다. 더구나 유기농 채소는 채소 가격 인상에도 도움이 된다. 물론 매장에서 판매되는 가격만큼 유기농 채소를 재배하는 농부들이 보상을 받는 것은 아니다. 농부들에게 지불되는 금액은 매장에서 판매되는 유기농 채소와 일반 채소의 가격차에 비하면 형편

없는 수준이다. 유기농 채소의 가격에 부담을 느끼는 고객들을 위해 매장 측은 '낱개 판매'라는 기법을 구사한다. 무 4분의 1토막은 1개 값의 4분의 1이 아니다. 낱개는 터무니없이 비싸다. 그럼에도 불구하고 사람들이 무 4분의 1토막을 사는 것은, 작은 토막을 원하는 사람들이 가격에 덜 민감하기 때문이다.

내용물이 적은 제품일수록 화려한 포장으로 내용물이 많아 보이게 하고, 같은 양의 동일한 제품에 비해 가격도 비싸다. 분량을 줄이는 대신 가격을 대폭 올리고 포장지에 '저칼로리'라고 표기하는 방식도 그런 사례에 속한다. 이런 제품에는 기능성 성분이 약간 첨가되어 있지만, 건강에 도움이 되지 않는 설탕이나 카페인 등은 그대로다.

유기농 제품을 접한 소비자는 땀 흘리는 농부의 진정성을 본다. 유기농 제품에는 항상 친환경, 그린, 공정, 윤리적 소비 같은 수식어가 따라붙지만, 그 대가로 지불해야 하는 것은 높은 비용이다. 따라서 유기농 제품은 소비자의 내면에 자리 잡은 윤리적 신념과 자연에 대한 동경심에 호소함으로써 과시적 소비를 유도한다.

기업들은 신선하고 청결한 이미지를 제품 생산단계부터 반영한다. 병뚜껑에 흰색 스티커 띠를 부착하는 것은 아무도 손을 대지 않은 신선한 제품이라는 것을 보여주기 위해서다. 호텔 욕실의 변기뚜껑에 흰색 띠를 두르는 것과 같다. 이 신선 띠fresh strip는 각종 식품과 위생용품에 부착된다. 병이나 캔을 딸 때 들리는 '뻥' 소리 역시 기업이 설계한 음향이다. 이 소리는 소비자에게 신선한 청량감을 제공한다. 레스토랑 입구의 칠판에 분필로 메뉴를 써놓는 것도 같은 이치다. 매일 신선한 식재료가 공급되고, 메뉴도 그에 따라 바꿀 수 있다는 의미를 전달하는 것이다.

대형매장은 당신이 충동적으로 구매할 수 있도록 상품을 진열한다. 5층짜리 진열대가 있다면, 당신의 키 높이에 맞는 세 번째나 네 번째 칸에 매장주인이 팔고 싶은 상품이 집중적으로 진열되어 있을 것이다. 이 공간은 소비자의 눈에 가장 먼저 들어오는 이른바 '골든 존'이다. 골든 존은 고객의 눈 위아래로 15도 지점에 위치한다. 이곳에는 구매 빈도가 높은 핵심 상품이 진열된다. 핵심 상품 중간중간에는 반값으로 할인되는 제품이나 '원 플러스 원' 제품을 진열해 놓는다. 이는 팔고 싶은 핵심 상품이 할인 상품과 마찬가지로 매우 싸다는 인식을 심어주기 위해서다. 또 진열대와 진열대 사이의 기둥에도 클립을 활용해 연관 상품을 진열해 놓는다. 주부들이 즐겨 찾는 기저귀 진열대 옆의 미세한 공간에 젖병 브러시, 아기용 면봉, 물티슈 같은 것들을 진열하는 것이다. 때문에 당신은 마케터가 설계한 동선에서 벗어나기 어렵다.

판매율을 높이기 위한 제품 진열전략을 '플래노그램Planogram'이라 한다. 이 전략을 수립하기 위해 마케터들은 소형 카메라가 달린 모자를 쓰고 매장을 촬영한다. 고객의 시선이 머무는 지점을 포착하여 상품을 진열하기 위해서다. 예를 들어 화장품은 색조화장품을 매장 입구 정면에 배치하고, 기초화장품은 그 뒤쪽에 배치한다. 색조화장품이 구매 결정에 더 오랜 시간이 걸리기 때문에 고객이 피부에 맞는 컬러를 쉽게 찾을 수 있도록 한 것이다.

대형매장들은 자신들이 구비한 제품이 다른 매장보다 저렴하다고 홍보하지만, 서로 다른 두 매장에서 구입한 물건의 전체 가격을 따지면 별 차이가 없다. 당신이 어느 매장이 비싸다고 인식하는 것은 그 매장의 가격이 비싸기 때문이 아니라 높은 마진을 붙인 상품을 골랐기 때문이다. 할인품목만 고르면 당신은 결코 손해를 보는 일이 없다.

데이터 마이닝

누구나 하나쯤은 갖고 있는 할인카드. 당신은 할인카드에 쌓인 마일리지를 계산하면서 연말에 무엇을 살 것인지 고민할지 모른다. 하지만 할인카드는 공짜가 아니다. 값을 할인받는 대신 당신은 마케터들에게 구매 정보를 제공하고 있다. 마케터는 당신의 구매 패턴을 분석해 등급을 나누고, 어떤 홍보물을 발송해야 하는지를 결정한다. 그것이 가격 할인의 대가다.

마케터들은 고객들의 정보를 모아 통계적 규칙이나 패턴을 찾아내는 '데이터 마이닝data mining' 작업을 수행한다. 소비자의 행동을 추적하고 분석하여 얻은 데이터는 다시 소비자를 설득하는 전략을 수립하는 데 사용된다. 당신의 정보는 신용카드, 포인트 카드, 인터넷, 모바일, SNS 등에서 무차별적으로 수집되어 마케팅 업체에 팔려간다. 당신의 자녀도 정보 제공자다. 아이들의 정보는 온라인 게임 같은 사이트에서 수집되어 평생을 그림자처럼 따라다닌다.

마케터들은 당신의 주머니를 털기 위해 온갖 아이디어를 동원한다. 물론 이 아이디어가 상점 주인의 머리에서 나온 것은 아니다. 주로 컨설턴트라는 직업을 가진 사람들이 이 몫을 담당하고, 경제학자와 심리학자들이 이론적 틀을 제공한다. 이런 역할을 담당하는 대표적인 기업이 뉴욕과 밀라노, 시드니에 본부를 둔 인바이로셀Envirosell이다. 이 기업은 매년 수만 명의 쇼핑객을 인터뷰하고, 수만 시간이 넘는 비디오 촬영을 통해 고객과 매장의 모습을 기록한다. 그렇게 수집한 자료를 토대로 고객에 대한 모든 정보와 행동을 낱낱이 분석해 제품과 매장에 적용할 정보를 추출한다. 이 기업의 최고경영자인 파코 언더힐Paco Underhill은 《쇼핑의 과학*Why We Buy: The Science of Shopping*》을 통해 자신들의 비법을 공개했다.

그에 따르면, 마케터의 목적은 분명하다. 최대한 많은 고객에게, 최대한 오랫동안, 최대한 많은 상품을 보여주는 것이다. 그가 처음 주목한 곳은 매장 입구였다. 대부분의 백화점은 매장 입구에 자신들이 가장 많이 팔아야 할 물건을 진열하지 않는다. 실제로 대부분의 백화점들은 매장 입구에 비싸지 않은 잡화 상품들을 진열한다. 이는 고객들이 오가는 사람들과 부딪힐까봐 상품에 집중하지 않는 부딪힘 효과butt-brush effect 때문이다. 이 때문에 통로 입구에 있는 매점의 매출은 하락한다.

여성 고객이 많은 백화점에 남성 화장실의 비율이 여성 화장실과 거의 같은 데도 이유가 있다. 파트너와 함께 백화점을 찾는 고객들의 구매율이 높기 때문이다. 여자 친구에게 선물하기 위해 백화점을 찾은 남성은 이미 예상보다 초과되는 지출을 각오한 셈이다. 그가 여자 친구와 함께 백화점을 찾아가 10만 원짜리 핸드백을 선물하기로 결심했더라도, 백화점에서 나올 때는 그보다 비싼 핸드백이 여자 친구의 손에 쥐어져 있을 것이다. 남자들은 파트너 앞에서 인색한 인간으로 보이고 싶어 하지 않는다. 수컷들은 남에게 자신의 능력을 보여주고픈 과시효과에 목을 맨다.

백화점은 당신의 이런 심리를 십분 활용한다. 고객은 파트너와 함께 백화점을 찾을 때 더 오랜 시간을 매장에 머문다. 그들은 상품을 구매할 뿐 아니라 같은 건물에 있는 카페에서 커피를 마시고, 영화를 보고, 저녁 식사를 하는 경우가 많다.

여성 파트너가 물건을 고르는 기다림의 시간을 견디지 못하는 사람도 있다. 백화점은 그런 사람을 위한 배려도 서슴지 않는다. 중간에 간이 의자를 배치하고, 때로는 대형 TV도 설치해 놓는다. 전자제품 코너에 왜 그렇게 많은 TV와 게임기들이 설치되어 있는지 짐작할 수 있을 것이다. 아이들이 엄마의 쇼핑을 방해하지 못하도록 각별히 배려한 것이다. 컨설턴트들은 여성들을 오랫동안 붙잡아둘 수 있는 장소를 집수지catchment basins라 부른다. 바로 집수지의 면적과 개수가 매출을 좌우한다.

반면 백화점이나 대형매장에 있는 간이식당의 의자는 불편하기 짝이 없다. 대개 이런 곳에는 패스트푸드점이 위치해 있는데, 판매되는 제품의 가격과 비교할 때 임대료가 워낙 비싸기 때문에 고객의 회전율이 수익을 올리는 중요한 요인이 된다. 패스트푸드점의 의자가 딱딱하고 좁게 만들어진 이유다. 물론 거기에는 다른 메시지도 숨어 있다. '빨리 먹고 일어나 쇼핑하라!'와 '쇼핑을 끝내고 배를 채웠으면 빨리 나가라!'는 것이다.

마케터들의 숨은 전략은 당신이 매장에 들어설 때부터 적용된다. 그들은 대개 오른쪽에 매장의 출입구를 설치한다. 소비자들이 시계 반대방향으로 이동할 때 2달러를 더 소비한다는 통계자료를 확보하고 있기 때문이다. 쇼핑객들은 대부분이 오른손잡이다. 오른손잡이는 시계 반대방향으로 움직일 때 물건을 고르기가 편하기 때문에 왼쪽으로 이동하는 경향이 있다. 또 대형매장은 큰 쇼핑카트를 출입구 근처에 배치한다. 사람들은 카트가 크면 클수록 더 많이 담으려는 성향을 갖고 있기 때문이다. 미국의 대형매장은 카트에 렌즈를 장착하거나 위치추적 장비를 부착하여 고객들의 구매습관을 수집하기도 한다. 이렇게 수집된 정보들은 상품 진열과 매대 구성에 활용된다.

계산대 옆에도 매장의 의도가 숨어 있다. 계산대 앞에서 길게 줄을 서는 것은 어느 매장에서나 흔히 볼 수 있다. 왜 대형매장들은 계산대 앞의 고객들을 오랜 시간 기다리게 만드는 것일까? 첫 번째 이유는 당연히 계산원을 줄여 인건비를 절감하기 위해서다. 하지만 다른 이유도 있다. 길게 줄을 선 동안 빠뜨린 물건이 없는지 다시 한 번 생각할 기회를 주는 것이다. 또 건전지처럼 미리 준비해 두어도 좋고, 준비하지 않아도 별 상관없는 물품들은 계산대 옆의 진열대에 꽂아두어 계산을 기다리는 동안 카트 속으로 던져 넣도록 한다.

길게 줄을 서 있으면, 사람들은 그 매장에서 파는 상품의 가격이 싸거나 품질이 좋아서 많은 사람이 찾는 것으로 여긴다. 하지만 여기에는 함정이 숨어 있다. 기다림의 시간에는 당신의 기회비용이 포함되어 있다. 붐비는 계산대 앞에 길게 줄은 선 사람들은 시간비용을 낮게 평가한 것이다. 쇼핑시간을 절약해 그 시간을 다른 일에 투자하는 것이 나은 사람들은 제품을 빨리 구매하는 것이 낫다. 백화점이 할인매장보다 가격이 비싼 이유 중 하나는 바로 이것이다. 할인된 가격보다 시간의 가치를 더 높게 평가하는 사람은 백화점으로 오라는 것이다.

반품을 막는 반품코너

이제 쇼핑은 끝났다. 슈퍼마켓이 제공한 할인쿠폰과 마일리지가 적립되는 회원카드까지 동원해 알뜰하게 계산을 끝냈다. 쇼핑한 물건을 박스에 포장하려는 순간, 아차! 하는 생각이 든다. 남편이 입던 청바지를 수선하여 아들에게 물려주기로 한 사실을 깜박 잊고, 무심결에 아들의 청바지를 새로 사버린 것이다. 당신은 청바지를 반품하려고 마음먹는다.

당신도 경험했겠지만 대부분의 매장은 계산대 바로 옆에 반품코너나 교환코너를 마련해 놓지 않는다. 대개 반품코너는 다른 층에 있거나 매장과 멀리 떨어진 일반 사무실 옆에 마련되어 있다. 대형매장은 반품 손님들이 다른 손님들의 계산시간을 지연시키기 때문이라고 변명하지만, 실제로는 반품을 포기하게 만들기 위해서다. 손에는 쇼핑한 물건이 가득 들려 있고 반품코너 앞에도 사람들이 길게 줄을 서 있다면, 상당수의 사람들은 자신이 저지른 실수를 정당화하며 반품을 포기할 것이다.

'아들 녀석도 새 청바지를 사달라고 노래를 불렀는데 뭐.'

당신이 반품을 포기했다면, 매장 측은 재고로 남아 있을지도 모를 한

벌의 청바지를 전혀 필요하지도 않은 당신에게 판 것이 된다. 우리는 의도하지 않은 결과를 맞았을 때 잘못을 인정하고 바로잡기보다는 오히려 자신의 오류를 정당화하려는 심리를 갖고 있다. 이런 심리는 이솝의 우화 〈여우와 신포도〉에서 확인할 수 있다.

어느 날, 배고픈 여우가 포도밭 옆을 지나다가 주렁주렁 매달린 포도송이를 보게 되었다. 여우는 입에 침이 고일 정도로 포도를 먹고 싶었지만, 포도송이는 자신의 키에 비해 너무 높이 달려 있다. 여우는 포도를 따기 위해 펄쩍펄쩍 뛰기 시작한다. 그러나 아무리 용을 써도 포도를 딸 수 없었다. 결국 여우는 포기하고 돌아서면서 이렇게 중얼거린다.

'저 포도는 아직 익지 않았을 거야. 신 포도는 싫어.'

우리는 자신의 내면에서 일어나는 갈등을 견디기 힘들어한다. 사람들은 심각한 내면의 갈등이 일어났을 때 양자의 대립을 통해 완전한 해결책을 모색하는 것이 아니라 가장 손쉬운 해결책에 의존한다. 그 해결책이란 갈등을 스스로 무마해 버리는 것이다. 프로이트는 이를 방어기제defense mechanism라고 표현했다. 방어기제란 자아가 위협받을 때 자신을 보호하는 심리적 메커니즘으로 부정, 억압, 합리화, 투사, 승화 같은 방법들이 사용된다.

포도를 먹지 못한 여우의 방어기제는 자기합리화다. 자기합리화는 매우 기만적인 자기정당화 방식이다. 미국의 정신의학자 찰스 포드Charles V. Ford는 《거짓말의 심리학*LIES! LIES! LIES!*》에서 유대인 포로들을 대상으로 인체실험을 했던 아우슈비츠 수용소의 의사들을 그 예로 들었다. 나치에 협력한 의사들은 자신들의 행위가 조국을 위한 의무였다고 합리화했다. 나치의 의사들처럼 우리는 내면의 조화를 깨뜨리는 행위를 저질렀을 때, 잘못을 인정하기보다는 후회를 피하기 위해 그 행위를 설명하기 위한 이유부터 찾는다. 이는 인간만이 가진 독특한 심리적 현상이다. 미국의 사회심리학자 엘리엇 애런슨Elliot Aronson과 캐럴 태브리스Carol Tavris는 《거짓말의 진화*Mistakes were made*》에 이렇게 썼다.

"개는 카펫에 오줌을 싼 것을 뉘우치지 않는 것처럼 보일지 몰라도 그 버릇을 정당화할 구실을 찾으려 하지는 않는다."

마케팅 전문가들이 환불이나 반품을 어렵게 만들어놓은 것은 단지 이익을 더 늘리기 위한 것만은 아니다. 놀랍게도 반품을 완전히 차단했을 때 구매자의 만족감은 더 높아진다. 자신의 선택을 바꿀 수 없을 때 심리적 면역체계를 발동시키기 때문이다. 즉 바꿀 수 없다면 만족해 버리는 것이다. 마케터들은 소비자들이 스스로의 선택을 합리화하는 심리적 기제를 작동시킨다는 것을 잘 알기 때문에 소비자가 선택을 되돌릴 수 없게끔 배수진 전략을 사용한다. 손쉽게 선택을 바꿀 수 있다면, 구매한 제품에 대한 만족도는 떨어지고 반품이나 환불 요구가 되풀이될 것이다.

인간은 스스로를 속이는 자기기만의 방어기제를 타고 났다. 우리의 뇌는 실제 경험하지 않은 것까지도 경험한 것처럼 위장하며, 극도의 심리적 압박을 받을 때는 스스로를 위로할 수 있는 망상까지 만들어낸다. 자기기만은 당초의 기대에서 벗어나거나 자신이 원하지 않는 정보를 처리할 때 발생한다. 이러한 심리적 현상 중 하나가 인지부조화cognitive dissonance다. 인지부조화 이론은 스탠포드 대학교의 사회심리학자 레온 페스팅어Leon Festinger가 1956년에 발표한 논문 〈예언이 틀렸을 때When prophecy fails〉에서 비롯되었다.

1954년 9월 미니애폴리스 주의 레이크시티에 살던 평범한 주부 매리언 키치Marian Keech는 사난다Sananda라는 외계 존재로부터 이상한 메시지를 받았다. 자동기술automatic writing을 통해 기록된 편지에는 12월 21일 밤 자정에 대홍수로 지구가 멸망한다는 내용과 함께 사난다의 존재를 믿으면 구원받을 수 있다고 적혀 있었다. 이 소문은 삽시간에 퍼져나갔고, 평소 비행접시의 존재를 확신했던 인근 의과대학의 암스트롱 교수도 열렬한 신도가 되었다.

당시 미네소타 대학교에 몸담고 있던 레온 페스팅어는 신도로 가장하여 이 사이비 종교집단에 숨어든 후 교주의 예언이 빗나갔을 때 신도들이 어떻게 심리적 변화를 일으키는지 관찰했다. 자정이 되자 신도들은 숨을 죽이며 종말을 기다렸지만 아무 일도 일어나지 않았다. 시간이 흐르자 매리언 키치는 흥미진진한 사기극을 취재하던 언론사 기자들을 안으로 불러들여 "신께서 세상을 구원하기로 결심하시고 홍수를 내리지 않았다"며 이 놀라운 은총을 보도진에게 전달해 달라는 메시지를 받았다고 전했다. 문제는 희대의 사기극으로 판명이 났음에도 일부 신도들이 더 열심히 포교활동을 벌였다는 사실이다.

인지부조화 이론은 두 가지 이상의 대립적인 심리적 요소들 사이에 부조화가 일어났을 때, 사람들이 부조화를 감소시키는 쪽으로 행동하는 성향을 말한다. 즉 강력한 반대 증거가 나타났음에도 불구하고 그것을 받아들이기보다는, 한 번 내린 결정을 끝까지 고수함으로써 자신의 선택을 합리화하려는 성향을 가리킨다. 집과 가족을 버리고 사이비 종교집단에 합류한 광신도들은 철석같이 지켜온 믿음을 버리기에는 너무나 큰 심리적 희생이 필요했다. 이 때문에 일부 광신도들은 집으로 돌아가는 것을 포기하고, 오히려 자신의 믿음을 정당화하는 길을 선택한 것이다.

레온 페스팅어와 메릴 칼스미스M. Carlsmith는 1959년의 실험에서도 이를 증명했다. 연구팀은 스탠포드 대학교에 다니는 60명의 남학생을 무작위로 20명씩 세 그룹으로 나누었다. A그룹은 실험실에서 한 시간 동안 지루하고 재미없는 작업을 시킨 후 1달러를 주었다. 그런 다음 작업을 하기 위해 밖에서 기다리는 학생들에게 작업이 재미있다고 말하도록 했다. 하지만 B그룹은 똑같은 일을 시키고 20달러를 주었으며, C그룹에게는 아무런 대가 없이 지루한 작업을 시켰다.

작업이 모두 끝난 후 참가자들에게 필요할 때 다시 작업을 해줄 수 있냐고 질문하자, 1달러와 20달러를 받은 그룹 모두 여기에 동의했다. 재미있는 사실은 1달러를 받은 피험자들이 20달러를 받은 피험자보다 작업을 더 재미있게 평가한 것이다.

왜 이런 결과가 나왔을까? 20달러는 거짓말의 대가로는 충분한 보상이기 때문에 심리적 부조화가 일어나지 않는다. 즉 20달러를 받았으니 거짓말을 해도 스스로를 위안할 수 있는 것이다. 그러나 1달러를 받은 사람은 지루한 작업이라는 진실과 거짓말의 대가로 받은 1달러 사이에 갈등이 일어난다. 따라서 1달러를 받은 사람은 이 갈등을 제거하기 위해 자기 최면을 걸어 자신이 한 작업이 흥미 있었다고 합리화하는 것이다. 즉 자신은 1달러 때문에 거짓말을 하는 것이 아니라, 진짜 그 작업이 흥미 있었다고 스스로를 기만하는 것이다.

당신도 비슷한 경험이 있지 않은가? 평소 꼭 사고 싶었던 노트북을 샀는데, 며칠 후 그 매장에서 신제품 출시 기념으로 똑같은 제품을 반값에 팔고 있다. 이때 당신은 배신감과 억울함 때문에 잠을 이루지 못할 것이다. 아마 머리카락을 쥐어뜯으며 "며칠만 기다릴걸!" 하며 자신의 선택을 후회할 것이다. 하지만 시간을 되돌릴 수는 없다. 이때 대부분의 사람들은 후회를 줄이기 위해 스스로의 선택을 합리화한다. 반값에 파는 노트북에는 뭔가 하자가 있을 것이며, 싼 게 비지떡이라고 스스로를 위안하는 것이다.

식당 앞에서 오랜 시간 줄을 섰다가 가까스로 점심시간에 맞춰 식사를 끝냈을 때도 이런 경험을 한다. 막상 그 식당에서 제공한 음식은 다른 식당과 큰 차이가 없다. 이런 평범한 음식 때문에 당신은 직장상사로부터 점심시간을 너무 오래 사용했다고 꾸지람을 들을 수도 있다. 하지만 당신이 30분 이상 기다렸다는 사실 자체는 돌이킬 수 없다. 이때 기다림의 시간과 음식의 맛 사이에 부조화가 발생한다. 그래서 당신은 그 식당의 음식이 정말 맛있었다고 자신의 선택을 합리화하거나, 사람들이 기다리는 데는 그만한 이유가 있을 것이라며 자신의 입맛을 부정한다.

우리의 인식에는 심각한 오류가 있다. 사람들은 기대나 선입관에 따라 사실을 다르게 인식한다. 주어진 정보가 기대와 다르고 무시하거나 왜곡할 수 없을 만큼 명확한 경우에도 그것을 그대로 인정하는 것이 아니라 사실을 왜곡한다. 즉 사실을 조심스럽게 변형하여 자신의 기대와 합치하도록 조작하는 것이다. 아니면, 정보를 애써 무시하거나 가치가 적다고 치부한다.

검사가 용의자를 기소하고 나서 무죄를 추정할 수 있는 새로운 증거가 발견되었다고 하자. 대부분의 검사는 이 증거를 무시하고 계속 유죄를 주장한다. 설령 무죄로 판단할 만한 결정적인 증거가 나타나더라도 그는 증거를 은폐하면서까지 용의자를 감옥에 보내기 위해 부단히 노력한다. 용의자가 법원에서 유죄를 확정받고 복역한 뒤 대법원에 재심을 청구했다고 하자. 다행히 대법원이 재심을 받아들여 무죄판결을 내렸다. 이때에도 검사는 자신의 행위를 정당화하기 위해 노력한다. 아마 모든 책임을 당시의 상황과 용의자의 태도, 목격자, 증인들에게 돌릴 것이다. 첫 재판에서 유죄를 선고했던 판사 역시 잘못된 판결에 대해 반성하는 대신 자기 정당화를 시도하게 된다.

기업과 장사꾼들은 인지부조화 같은 심리학적 용어를 사용하지 않는다. 하지만 그들은 당신이 어떻게 행동할지 알고 있다. 알뜰한 살림꾼이며, 현명한 소비자인 당신도 장사꾼들의 숨은 의도를 모두 알아차리기에는 역부족이다. 장사꾼들은 자신들이 고객을 속인다고 생각하지 않는다. 그들은 단지 과학적 마케팅 기법을 활용하고 있을 뿐이다. 당신 역시 이

훌륭한 심리학자들을 비난할 필요가 없다. 당신이 작은 가게를 운영하고 있다면, 당신도 그렇게 하고 있지 않은가? 당신은 경제학이나 심리학 교과서를 보고 이런 비법들을 배운 것이 아니다. 유용한 기법들은 늘 상인들의 입을 통해 전파되고, 대대로 전수된다. 시장이 학교인 셈이다.

3장
당신을 움직이는 마케팅 기법

공짜점심은 없다

공짜점심free lunch이라는 말은 미국 서부시대에 몇몇 술집에서 일정량 이상의 술을 마시는 손님들에게 공짜로 점심을 제공하던 관습에서 유래되었다. 술을 많이 마시는 사람은 점심이 공짜처럼 느껴지지만, 실제로는 그가 마신 술값에 점심값이 포함되어 있다. 그래서 공짜점심이 없다는 말을 경제용어로 풀이하면 '기회비용을 지불하지 않고 얻을 수 있는 이득은 없다'는 것이다. 모든 선택에는 대가가 따르는 법이다.

판매원들이 무료로 샘플을 제공하거나 신제품을 사용하게 하는 데도 의도가 숨어 있다. 사람들은 타인으로부터 받은 호의를 공짜가 아니라 미래에 갚아야 할 빚으로 여긴다. 따라서 판매원은 먼저 호의를 베풀어 상대방이 빚을 지고 있다는 생각을 갖게 한다. 권력자에게 뇌물을 주거나 선거운동에서 후보자에게 헌신적으로 봉사하는 것도 이 때문이다. 뇌물을 건네는 사람은 언젠가 자신에게 적절한 보상이 올 것이라는 사실을 알고 있고, 선거운동에 몸을 바치는 사람은 후보자가 당선되었을 때 돌아올 대가를 기대하는 것이다. 이는 마케팅에도 적용된다. 공짜 샘플을 제공하거나 공짜로 시식하게 하는 것은 결국 되로 주고 말로 받으려는 의도에 불과하다.

로버트 치알디니는 《설득의 심리학*Influence: The Psychology of Persuasion*》에서 이를 '상호성의 법칙'으로 설명했다. 상호성의 법칙은 은혜를 입은 만큼 갚아야 한다는 상호호혜相互互惠의 심리를 바탕으로 하고 있다. 만약 당신이 추첨행사에서 접시 한 세트에 당첨되었다면, 당신은 슈퍼마켓으로부터 호의를 입은 것으로 느낀다. 무료로 접시 세트를 제공한 슈퍼마켓에 은혜를 갚을 수 있는 방법은 여러 가지가 있다. 가장 손쉬운 방법은 그 슈퍼마켓의 단골손님이 되는 것이다.

또 당신은 당첨된 접시 가격만큼의 다른 상품을 구매할 확률이 높다. 어쩌면 공짜 물건을 받았다는 기쁨에 들떠, 굳이 구매하지 않아도 될 물건들을 충동 구매하는 경우도 있을 것이다. 슈퍼마켓 입장에서는 자신들이 베풀고 있는 고객 서비스를 홍보하고, 더 많은 고객을 불러 모으는 것만으로도 이미 본전을 뽑은 셈이다. 당신이 기분이 좋은 나머지 다른 상품을 구입했다면, 그리고 영원한 단골손님이 되어준다면, 그것은 순전히 슈퍼마켓의 수익이 된다. 파레토의 법칙으로 잘 알려진 80:20법칙은 슈퍼마켓에도 적용된다. 매상의 80퍼센트는 20퍼센트의 단골손님이 올려주는 것이다.

무료쿠폰, 시식권, 상품권, 현금할인, 포인트 적립, 그리고 상품을 주문할 때마다 빈 칸에 도장을 찍어 일정한 횟수를 채웠을 때 공짜를 제공하는 방식 역시 상호성의 법칙을 응용한 것이다. 고객에게 미끼상품이나 이득을 제공하는 기법은 '마중물 효과pump effect'를 이용하는 것이기도 하다. 본래 마중물 효과는 경기가 불황일 때 정부 지출을 늘려 경제 전반에 자극을 주는 것을 말한다. 일단 펌프에 물을 채우면 더 이상 물을 공급하지 않아도 지하수를 퍼 올릴 수 있다. 이처럼 소비자가 구매를 망설이고 있을 때 공짜로 상품을 제공하면, 보답심리가 발동하여 자연스레 소비로 이어진다.

판매자들이 공짜상품을 덤으로 제공하는 것은 대개 신제품을 출시했을 때다. 이런 경우 생산자는 시장조사 비용과 진입비용을 낮추기 위해 공짜상품을 이용한다. 즉 브랜드 인지도를 높이기 위해 엄청난 마케팅 비용을 부담하는 대신, 공짜를 통해 소비자들이 익숙한 브랜드에서 이탈하도록 부추기는 것이다.

사람들은 공짜일 때 실제보다 훨씬 큰 가치를 부여한다. 구매로 인한 손실의 두려움이 완전히 사라지기 때문이다. 그러나 공짜 상품의 가격은 이미 본 제품에 포함되어 있는 경우가 대부분이다. 기업은 대개 본 제품의 용량을 줄이는 속임수를 사용한다. 상당수의 음료제품은 리터당 가격이 적은 용량보다 대용량이 비싸다. 대용량이 쌀 것이라는 소비자의 기대심리를 이용한 악덕 상술이라 할 수 있다.

설령 속임수가 없더라도 당신에게는 결코 이득이 되는 거래가 아니다. 사람들은 공짜가 제공될 때 체면을 차리지 않는다. 250밀리리터짜리 우유 한 팩을 공짜로 얻기 위해 긴 줄을 서는 것은 시간과 선택의 자유를 포기하는 대가치고는 너무 적을 뿐 아니라, 우유회사가 유도하는 상품홍보에 공짜로 출연해 준 것이다.

한때 대부분의 백화점에서 주부들을 대상으로 문화센터를 운영했다. 주요 고객인 주부들에게 취미와 여가, 혹은 교양교육을 위한 강좌 서비스를 낮은 비용으로 제공한 것이다. 백화점은 지역사회에 거주하는 여성들에게 교육의 기회를 제공한다는 설명을 내놓고 있지만, 당신이 짐작하는 대로 진짜 이유는 고객들을 백화점 안으로 끌어들이는 데 있다. 백화점이 위치한 지역은 대개 교통의 요지이며, 임대료도 비싸다. 이런 곳에 주부들을 위한 공간을 대규모로 마련하는 것은 수지가 맞지 않는 일이다. 백화점이 주부들에게 질 높은 교육기회를 제공할 이유도 없다.

강좌가 이뤄지는 곳은 대개 백화점의 위층에 위치한다. 따라서 강좌를 마친 주부들은 한꺼번에 강의실에서 쏟아져 나와 아래층으로 향한다. 이들은 귀가하기 전에 매장을 둘러보며 필요한 물건을 쇼핑한다. 주부들을 위한 강의실을 백화점 위쪽에 위치시킨 것은 이른바 '폭포수 효과 waterfall effect'를 노리기 때문이다. 폭포수 효과란 상층부에 있는 시설을 이용한 고객이 아래에 위치한 상업시설로 내려오면서 유동인구가 증가하고, 이에 따라 상업시설을 이용하는 고객도 증가하는 현상을 말한다.

요즘에는 문화센터가 점차 사라지는 대신, 백화점이나 대형매장들은 영화관 같은 대규모 집객시설에 눈을 돌리고 있다. 영화 관람을 마친 고객들을 상업시설로 끌어들이는 것이다. 주차장을 지하가 아니라 옥상에 설치하는 데도 그만한 이유가 있다. 고객은 옥상에 주차한 뒤 아래층으로 이동하고, 아래층에서 쇼핑을 마친 뒤에는 다시 위층으로 올라가야 한다. 배추 한 포기를 사기 위해 매장을 찾은 고객도 지하에 있는 식품코너에 들르기 위해 각 층의 매장을 두 번 통과해야 하는 것이다.

이제 당신은 대형마트에서 엘리베이터를 타기가 왜 그렇게 힘든지 눈치챘을 것이다. 대형마트의 엘리베이터는 오피스 빌딩의 엘리베이터보다 훨씬 느리고, 상품이 담긴 카트를 끌고 타기 때문에 탑승인원도 매우 적다. 따라서 고객들은 불편한 엘리베이터 대신 무빙워크를 이용할 수밖에 없다. 대형마트가 당신에게 요구하는 것은 일찍 빠져나갈 생각 따위 하지 말고, 각 층을 돌아다니며 상품을 전부 구경하라는 것이다.

우리가 살아가는 시장은 냉정하다. 시장은 우리 조상이 살았던 시대까지 탐색의 촉수를 뻗치고, 그 탐색의 결과를 시장에 반영한다. 시장이 존재하지 않았던 시대에 우리 조상들은 사냥과 채집을 통해 생존의 문제를 해결했다. 그로부터 오랜 시간이 흘렀지만, 우리는 조상들의 습성을 그대로 물려받았다. 쇼핑을 하는 방식도 마찬가지다. 채집을 주로 했던 여성은 이곳저곳 돌아다니며 잘 익은 열매를 신중하게 선택한다. 그러나 사냥꾼이었던 남성은 마음에 드는 사냥감을 빨리 선택하고 신속하게 움직여야 한다. 따라서 파트너와 함께 매장에 들렀다면, 파트너의 행동에 신경쓰지 않는 것이 좋다. 나머지는 매장에서 알아서 해준다.

그러나 합리적 인간이라고 스스로를 평가하고 있는 당신은 뭔가 속고 있다는 기분이 들지 않는가? 그렇다면 당신이 자주 찾는 대형매장 안을 천천히 둘러보라. 당신을 길들이려는 시도들이 하나둘 눈에 들어오게 될 것이다. 그러다가 문득 지금이 몇 시나 됐지? 하는 생각이 들었을 때, 밖을 내다보라. 아마 당신이 둘러본 곳에는 창문과 시계가 없을 것이다.

피라미드 사기꾼의 수법

뉴스를 보다 보면 도통 이해가지 않는 일 중 하나가 사기다. 왜 똑똑한 사람들이 사기꾼에게 넘어가는 걸까. 소비자의 지갑을 열게 하려는 기업이나 상인들에게 제공되는 '소비자심리학'의 기법을 통해 이유를 알아볼 수 있다.

대표적인 것이 '문 안에 발 들여놓기foot in the door technique' 기법이다. 당신이 전업주부라면, 하루 종일 초인종 노이로제에 시달리고 있을 수도 있다. 집에 있다 보면 학습지 판매원, 보험외판원, 신문판매원, 우유판매원, 심지어 선교하려는 사람들까지 온종일 초인종을 눌러대기 때문이다. 가장 좋은 대처법은 아예 집이 비어 있는 척하며 인기척을 내지 않는 것이다. 하지만 이들은 판매교육을 받은 사람들이기 때문에 양심의 가책을 느끼지 않고도 거짓말을 밥 먹듯이 한다. 그들은 좋은 상품이나 '말씀'을 소개하는 것이 당신에게 이익이라는 확신을 갖기 때문에, 거짓말 따위는 크게 문제 삼지 않는다. 그들은 확신으로 무장한 봉사자이며 전도사들이다. 따라서 당신이 문을 열지 않으면 정작 손해를 보는 쪽은 당신이라고 믿는다. 하지만 잦은 방문과 속임수에 익숙해진 주부들은 좀체 문을 열어주지 않는다. 당신이 문 열기를 거부하면, 이들은 마지막 수단을 사용한다.

"10만 원짜리 백화점 상품권을 드리려고 하는데요. 한 장밖에 남지 않았습니다."

"지금 몹시 급한데 화장실만 잠깐 사용할 수 있을까요?"

"물 한 잔만 마실 수 있을까요?"

무척 익숙한 문장이지 않은가? 일단 당신이 문을 열면, 그들은 절반 정도는 성공했다고 믿는다. 이들은 어떤 요청을 하기 전에 훨씬 사소한 부탁을 먼저 하는데, 한 번 요청을 받아들인 사람은 그 다음 요구를 거절하기가 쉽지 않다. 심리학자들은 이러한 성향을 '일관성 편향consistency bias'이라 설명한다. 일관성 편향은 지금까지 행동해 온 것과 현재 자신의 행동이 일관되게 보이도록 하려는 욕구다.

1960년대 중반 스탠포드 대학교의 조너선 프리드먼Jonathan Freedman과 스코트 프레이저Scott C. Fraser 연구팀은 자원봉사자로 가장하고 캘리포니아 주택가를 돌아다니며 주민들에게 정원에 교통안전을 위한 광고판을 설치할 수 있는지를 물었다. 이와 함께 연구팀은 조악한 디자인의 커다란 광고판 사진을 주민들에게 보여주었다. 예상했던 대로 대부분의 주민들은 보기도 흉하고, 정원을 가리는 광고판 설치를 거절했다. 17퍼센트의 주민만이 연구팀의 부탁을 들어주었다.

연구팀은 다른 동네의 주민들에게 가서 작은 크기의 광고판, 즉 7.6제곱센티미터의 광고판을 보여주고 똑같은 요청을 했다. 지난번과는 달리이 동네주민들은 연구팀의 요청이 아주 작은 부탁이라고 판단했고, 대부분의 주민들이 광고판을 붙이는 것을 승낙했다. 2주일 뒤 연구팀은 다시 이들을 찾아가 정원을 가릴 정도의 큰 플래카드를 걸 수 있게 해달라고 요청했다. 뜻밖에도 76퍼센트의 주민들이 정원에 커다랗고 보기 흉한 플래카드를 설치하는 데 동의했다.

이 실험결과는 사소한 요청을 받아들인 사람일수록 더 큰 것을 요구할 때도 받아들일 가능성이 높다는 것을 의미한다. 당신은 결코 이런 꾐에 넘어가지 않을 것이다. 그러나 장담하기엔 아직 이르다. 전문 마케터들이나 사기꾼들은 당신의 심리를 빤히 들여다보고 있다. 판매원들이 소비자에게 직접 계약서 작성을 요구하는 것도 이러한 심리를 이용한 것이다. 어떤 것을 자발적으로 선택했을 때는 마음을 돌리기가 쉽지 않을뿐더러, 경우에 따라서는 적극 협조하기까지 한다.

기업이 설문조사원들을 모집하여 자사 제품에 대해 평가를 요구하거나 구매의사를 묻는 것도 당신을 낚기 위한 일종의 미끼다. 지금까지의 연구결과에 따르면 유권자들에게 투표 의향을 물었을 때 투표율이 무려 25퍼센트나 증가한다. 투표의사를 밝힌 사람들은 일관성 편향 때문에 투표장으로 향할 가능성이 높아지기 때문이다. 어떤 의도에 대해 질문받았을 때, 답변과 행동을 일치시킬 가능성이 높아지는 현상을 '단순-측정효과mere-measurement effect'라 한다.

기업은 여기에 만족하지 않고, 문 안에 발을 들여놓는 시점을 연령에 맞출 수도 있다. 이른바 시장진입 시점POME: Point of Market Entry 마케팅을 활용하는 것이다. 예를 들어 P&G는 여성 생리대를 팔기 위해 초경을 앞둔 10대 초반의 소녀들을 대상으로 마케팅을 집중한다. 분유업체들도 산부인과에 입원한 임산부들을 공략한다. 갓난아이들이 초유를 먹기 전에 분유를 무료로 제공함으로써 입맛을 길들이는 것이다. 분유에 입맛이 길들여진 아이는 이유기까지 분유업체의 장기 고객이 된다.

일관성 편향은 인류의 진화에 중요한 장점을 제공했다. 어떤 문제에 대해 생각하기를 중단하고 마음의 휴식을 취할 수 있게 한 것이다. 한번 결정한 것을 고수하려는 성향은 복잡한 인과관계를 따져야 하는 부담을 벗어던지게 함으로써 불필요한 스트레스를 줄여주었다. 스트레스는 판단력을 흐린다. 거대한 맹수가 당신을 삼키려는 상황에서 미래의 삶을 계획하는 것은 아무런 소용이 없다. 당장 취해야 할 행동은 도망치는 것이다. 따라서 일관성 편향은 마음의 갈등을 줄이려는 방어기제로 진화했다.

이 심리적 면역체계가 현실의 충격을 완화해 정신적 고통을 줄이는 역할을 한다. 사랑하는 연인을 잃고 금세 삶을 포기할 것 같은 사람이 몇 개월 후에 거짓말처럼 일상으로 돌아올 수 있는 것도 이 면역체계 덕분이다. 갈등이 줄어들면 마음의 상처도 덜 받는다. 마케팅 전문가들은 바로 이 짐을 이용하고 있는 것이다.

문 안에 발 들여놓기는 사기꾼들의 전형적인 수법이다. 사기꾼들은 인간이 품고 있는 욕망의 바다에 미끼를 던진다. 이때 사기꾼이 효과적으로 활용하는 것이 '반사영광효과basking in reflected glory'와 '후광효과halo effect'다.

반사영광효과는 유명인이나 유력한 권력자와의 관계를 이용해 자신의 가치를 높이는 것을 말한다. 따라서 그들은 학연이나 지연과 같은 인맥을 총동원해 상대방에게 신뢰를 주려 한다. 물론 사기꾼들은 유력한 인사들과는 아무 관계도 없는 사람들이다.

후광효과는 긍정적인 특성 하나가 그 사람 전체를 평가하는 데 결정적인 영향을 미치는 것을 말한다. 때문에 사기 집단에서 주역을 맡은 인물은 대개 허우대가 멀쩡하고, 고급 자동차를 타고 다니며, 여러 명의 수하를 거느린다.

첫 단계에서 사기꾼들은 주변으로부터 신뢰를 얻기 위해 상당한 투자를 한다. 그들은 본색을 숨긴 채 이웃에 헌신적이며, 돈에 쪼들리는 사람이 아니라는 사실을 알리기 위해 사치스런 생활을 한다. 또 명성을 쌓기 위해 기부와 자선활동을 벌이고, 정치적 영향력이 있는 모임에 가입하여 그 집단의 권위를 활용한다.

사람들이 신뢰하기 시작하면 사기꾼은 비로소 작업을 시작한다. 자신만이 알고 있다는 비밀정보를 알려주고 투자를 권하거나 돈을 빌리는 것이다. 사기꾼은 모든 이웃과 거래하지만, 이웃들은 오직 자신만이 고급정보를 알고 있다는 착각에 빠진다. 초기에는 투자자에게 고액의 수익금을 분배해 주지만, 사실 이 수익금은 다른 피해자들로부터 받은 돈일뿐이다. 사기꾼은 고급정보를 절대 비밀로 해달라고 부탁한다. 하지만 인간은 욕망하는 존재다. 미래의 피해자는 사돈의 팔촌에까지 소문을 내고, 자신이 빌릴 수 있는 모든 돈을 빌려 사기꾼에게 투자한다. 이때쯤 되면 사기꾼은 점점 대범해진다. 모든 사람들의 돈을 손 안에 쥐고 있기 때문이다.

설령 누군가 자신의 정체를 알게 되었다고 해도 사기꾼은 도망치지 않는다. 아직 목표로 한 금액을 모으지 못했기 때문이다. 오히려 그는 자신의 정체를 알아차리고 분노한 피해자와 타협을 시도한다. 한 사람의 투자자를 더 물어오면 원금을 보상하겠다고 제안하는 것이다. 이제 피해자는 가해자로 전환한다. 피해자가 투자한 돈을 찾을 수 있는 유일한 방법은 원금을 찾을 때까지 자신 외의 모든 사람이 그가 사기꾼임을 모르거나 경찰에 구속되지 않는 것이며, 또 다른 피해자를 모집하여 그 투자자금을 가로채는 것이기 때문이다.

하지만 이 방법마저도 피해자가 원금을 찾을 확률은 적다. 대개는 이런 사람이 사기꾼이 사라졌을 때 가장 먼저 사기꾼의 집 앞에 당도하는 사람이다. 사기꾼에 대한 배신감도 다른 피해자에 비해 훨씬 크다. 사기꾼의 협력자가 된 피해자의 심리는 본전에 대한 미련 때문에 전 재산을 날리는 도박꾼의 심리와 비슷하다. 그 피해자는 자신의 돈뿐만 아니라 이웃으로부터도 완전히 격리된다.

문 안에 발을 들여놓는 것은 매몰비용 오류sunk cost fallacy와 유사하다. 마케팅 전문가들은 이런 심리를 십분 활용한다. 피라미드 판매업자들도 스스로를 마케팅 전문가라고 소개하며 사람들을 유인한다. 사람을 판매하는 피라미드 조직은 언젠가 무너질 수밖에 없는 구조를 가지고 있다. 판매업자들은 수학적 모델을 들이대며 성공을 보장하지만, 그것은 환상일 뿐이다.

가장 먼저 사기에 말려드는 투자자 집단은 지나치게 작아도 커서도 안 된다. 집단이 지나치게 크면 두 번째 투자집단을 물색할 집단의 범위가 너무 커져서 빨리 본색이 드러나기 때문이다. 그 다음 단계에서는 이보다 약간 큰 규모의 투자집단이 필요하다. 두 번째 단계에 참여한 피해자들이 내는 투자금은 첫 번째 집단의 수익금으로 분배된다. 그 이후에는 다시 두 번째 집단보다 큰 세 번째 집단이 필요하다. 잘 굴러가기만 한다면 처음 투자자들 사이에서 대박신화가 탄생할 수도 있다. 그러나 누군가 라인에서 이탈하는 순간, 조직 전체가 무너지는 것은 시간문제다. 그렇기 때문에 피라미드 사기꾼은 조직원이 이탈하지 못하도록 매몰비용 오류를 이용한다.

잘 알고 있다시피 피라미드 조직이 판매하는 상품은 수백만 원짜리 고가상품이다. 조직원이 되려면 이 상품을 구입해야 하기 때문에 초기 투자자금이 필요하다. 일단 투자자금이 다른 사람의 손에 들어가면, 그때부터 우리가 알고 있는 모든 심리효과들이 힘을 발휘하기 시작한다. 사람들은 초기 투자자금을 되찾을 수 없는 매몰비용으로 인정하지 않고, 본전을 찾기 위해 사투를 벌이게 된다. 이 과정은 더 많은 비용의 투자를 요구하며, 결국 빈털터리가 될 때까지 계속된다.

불법조직만이 이런 수법을 활용하는 것은 아니다. 기업은 신제품을 출시할 무렵 대대적으로 주부 모니터 요원들을 모집한다. 기업은 모니터 요원들의 의견을 모아 향후 신제품 개발과 마케팅 전략에 반영하겠다고 홍보한다. 대개 이런 경우는 일정한 수의 모니터 요원을 선발하고, 이들을 통해 제품을 테스트하여 의견을 취합한다. 하지만 수천 명, 혹은 수만 명을 무작위로 선정하는 모니터 요원들의 의견은 전혀 반영되지 않는다. 이때 기업의 목적은 제품을 평가받는 것이 아니라 홍보하는 것이기 때문이다.

기업의 목적은 새로 출시된 제품과 소비자의 접촉을 확대하는 것이다. 일단 제품을 사용해 본 소비자는 그 제품에 대해 애착을 갖게 된다. 제품을 사용한 소비자는 문 안에 한 발을 들여놓은 셈이다. 그 제품을 사용한 후 평가하고 보고서를 작성하는 데 들인 시간과 노력을 매몰비용으로 처리하지 않기 때문이다. 더구나 제품을 우호적으로 평가한 소비자는 제품을 홍보하는 요원이 된다. 이들은 누군가 그 제품을 비판할 때 방어자로 나선다. 이러한 행동 역시 인지부조화와 일관성 편향으로 설명된다. 그래서 기업들은 제품을 판매하기 전에 설문조사를 실시하거나 소비자에게 직접 계약서를 작성하게 한다.

시장뿐 아니라 정부 내에서도 문 안에 발 들여놓기가 횡행한다. 나라 살림을 기획하는 부처에서는 예산을 따내기 위한 각 부처들의 로비가 치열하게 벌어진다. 예산을 얼마나 배정받는가에 따라 그 해의 사업이 결정되고, 해당부처의 힘도 증명되기 때문이다. 각 부처가 요구하는 예산에는 사업 규모에 비해 턱 없이 낮은 금액도 있다. 이런 예산은 대개 문 안에 발을 들여놓기 위한 것이다.

어느 지방자치단체에서 도로를 건설한다고 하자. 도로를 건설하기 위한 예산은 중앙정부의 지원이 필수적인데, 그만큼 예산을 배정받기 위한 경쟁도 치열하다. 도로 건설비 중 중앙정부에서 지원받아야 할 예산이 500억 원 정도라고 하자. 이 금액을 지원해 달라고 정부에 신청했을 때, 받아들여질 확률은 매우 희박하다. 따라서 지방자치단체는 500억 원을 신청하지 않고, 첫해에 1억 원만 신청한다. 도로 건설을 위한 타당성 조사 비용, 즉 교통량 측정이나 환경영향평가 비용만을 먼저 신청하는 것이다. 일단 정부가 1억 원을 지원하면 사업은 시작된 것이나 다름없다. 도로 건설에 5년 정도 걸린다면, 지자체는 다음해에 다시 설계비용으로 10억 원 정도를 신청하면 된다. 이 비용이 지원된다면, 그 지자체는 발을 담그는 데 성공한 것이다. 2년 동안 11억 원이 투입되었다면 사업이 백지화될 가능성은 점점 적어진다. 더구나 3년째에 100억 원의 예산이 지원되었다면, 설령 그 사업의 채산성이 맞지 않는다 해도 사업은 중단되지 않는다. 바로 '콩코드의 오류'가 재현되는 것이다. 이런 방식으로 쓸모없는 곳에 버려지는 세금의 규모가 얼마나 되는지는 예산을 배정하는 행정부처에서도 정확히 알 수 없다.

친구에게 보험 들게 되는 이유

문 안에 발을 들여놓는 기법과 반대되는 것이 '머리부터 들여놓기 기법face in the door technique'이다. 이 수법은 먼저 상대방이 받아들이기 힘든 요구를 한 뒤 상대방이 거절하면, 자신이 원하는 것을 요구하는 것이다. 이 수법은 어린아이들도 쉽게 활용한다. 비싼 장난감을 사달라고 떼쓰다가 거절당하면, 좀 더 싼 장난감을 고름으로써 엄마의 마음을 무너뜨리는 것이다. 예를 들어 당신에게 당장 50만 원이 필요하다고 하자. 당신은 친구에게 100만 원을 빌려 달라고 요구한다. 아마 친구는 이렇게 대답할지 모른다.

"내가 무슨 돈이 있어. 10만 원이면 몰라도."

이때 당신은 "그럼, 급한 대로 10만 원이라도 빌려줘"라고 말하면 된다. 이런 식으로 다섯 명의 친구만 찾아가면 당신은 원하는 50만 원을 구할 수 있다. 이 수법은 판매원들이 가장 많이 사용하는 수법이다. 외판원들은 홍보책자를 들고 다니며 최신 유행에 따르려면 가장 비싼 제품을 사라고 권한다. 하지만 고가제품을 사기에는 당신의 주머니 사정이 여의치 않다. 이때 외판원은 가장 비싼 제품부터 한 단계씩 밑으로 내려가며 제품을 소개한다. 당신은 제품을 구입할 생각이 전혀 없지만, 고가의 제품을 거절했다는 이유만으로 나머지 제품들이 갑자기 싸게 느껴진다.

판매원이 아는 사람일 때 이 수법은 거의 성공한다. 어느 날 당신은 고등학교 시절의 친구가 보험설계사가 되었다는 소식을 들었다. 당신은 그 친구가 언젠가 자신을 찾아올 거라고 예감한다. 그러나 어떻게 거절할 것인가? 미리 거절할 수 있는 방법들을 연습한다. 먼저 가입되어 있는 보험이 여러 개이며, 지금은 자라나는 아이들의 교육비 때문에 보험료를 납입하는 데 어려움이 있다고 설명하리라 마음먹는다. 그러나 친구 역시 당신의 변명을 미리 짐작한다. 친구는 대뜸 이렇게 말할 것이다.

"너 정도 되면 10억 원짜리는 가입해야 노후를 보장할 수 있어."

참으로 난감한 상황에 빠졌다. 보상금 1억 원짜리를 권유해도 고민할 판인데 10억 원이라니. 당신은 온갖 핑계를 대며 극구 사양한다. 이 과정에서 자존심은 맥없이 무너질 것이다. 자신의 궁색한 처지를 친구에게 열심히 설명해야 하기 때문이다. 친구는 당신을 매우 안타까이 여기면서 이렇게 말한다.

"너 잘 나간다고 하더니, 그 정도였어? 알았다. 그럼 1억 원짜리로 하자."

당신을 바라보는 친구의 동정어린 시선은 도대체 무엇인가? 왜 친구를 도와주고도 기분이 찝찝한 것이며, 일말의 죄책감마저 느껴야 하는가? 당신이 거절한다고 해도 친구는 결코 포기하지 않을 것이다. 그는 당신에게 상품을 파는 것이 아니라 당신의 위험을 관리해 주러 왔다는 확신을 갖고 있기 때문이다. 당신이 끝까지 버티면 친구는 이렇게 말할 수도 있다.

"오늘까지 실적 못 채우면, 나 쫓겨나."

그런 말을 듣고도 보험에 가입하지 않는다면, 당신은 냉혈한으로 취급받게 될 것이다.

4장

부동산시장의 매커니즘

주택가격이 하락하지 않는 이유

한창 부동산가격이 폭등할 무렵, 친구들을 만나면 집값이 얼마 올랐느냐가 술자리의 화젯거리였다. 또 주가가 한참 치고 올라갔을 때는 어떤 기업의 주식을 보유하고 있느냐가 관심의 대상이었다. 그러나 주택을 마련하지 못했거나 주식에 투자할 여력이 없는 친구들은 그런 얘기를 들으며 술자리에 앉아 있는 것이 고통스럽다. 남들은 이미 저만치 앞서 가고 있는데, 자신은 아무것도 이루어놓지 못했다는 자책이 가슴을 후비고 지나가는 것이다.

집의 크기로 부를 평가하던 시대는 지났다. 문제는 어느 지역에 부동산을 갖고 있느냐는 것이다. 신중하지 못한 선택으로 삶의 질도 바뀌었다. 같은 3억 원으로 집을 구입했던 친구들의 인생행로가 단 한 번의 선택으로 완전히 바뀌어 버린 것이다.

사람들은 집값이 오르면 정부의 부동산정책을 비난하며 아우성을 친다. 내 집 마련의 꿈을 이루지 못한 서민들에게는 집값 상승이 고통스러울 수밖에 없다. 하지만 주택을 소유한 사람이 그렇지 않은 사람보다 많다. 따라서 절반 이상의 사람들이 집값 상승으로 이득을 본다. 그런데도 이들이 집값 상승에 분노하는 것은, 자기 집보다 남의 집값이 더 올랐기 때문이다. 우리 모두 비열한 이중심리의 소유자들인 것이다. 주택 소유자들이 만족감을 얻으려면 자신의 집값은 그대로인데 남의 집값은 다 떨어지거나, 자신의 집값만 오르고 남이 집값은 오르지 않아야 한다.

놀라운 것은 주식의 경우 거품이 꺼질 때 가격이 폭락하는 데 비해, 주택가격은 중대한 경제적 위기가 오지 않는 한 좀체 내려가지 않는다는 것이다. 가격이 오를 때 급격히 오르지만, 한번 가격이 오르면 잘 내리지 않는 것을 '하방경직성stickiness'을 갖는다고 말한다.

주택가격이 이런 특징을 갖는 것은 가격이 변해도 수요나 공급이 즉각적으로 반응하지 않기 때문이다. 가격이 오르면 공급이 즉시 늘어나는 일반 상품과 달리, 주택은 가격이 올라도 갑자기 공급을 증가시킬 수 없다. 주택을 공급하기 위해서는 여러 해 동안의 건설기간이 필요하기 때문이다. 이러한 현상을 공급이 '비탄력적'이라고 표현한다.

경제학에서는 어떤 재화와 서비스가격이 변할 때 그 수요량의 변화를 가격탄력성price elasticity으로 나타낸다. 가격에 대한 수요량의 민감도에 따라 '탄력적elastic' 혹은 '비탄력적inelastic'이라고 표현한다. 따라서 가격 변화율보다 수요량 변화율이 크면 '탄력적'이며, 가격 변화율에 비해 수요량 변화율이 작으면 '비탄력적'이다. 대부분의 재화와 서비스는 탄력적이다. 공급이 충분하지 못하거나 갑자기 수요가 증가하면 가격이 가파르게 오르는 것이다.

경기침체로 주택에 대한 수요가 줄어드는데도 가격 하락폭이 크지 않은 이유는 무엇일까? 이 질문에 대해 경제학자와 심리학자는 같은 대답을 내놓고 있다. 집값이 내려가지 않는 것은 가격이 하락해도 집 소유자들이 매물을 내놓지 않기 때문이라는 것이다. 그러나 매물이 나오지 않는 이유에 대해서는 약간 다른 분석을 내놓고 있다.

경제학자는 주택시장의 특성에 주목한다. 주택은 입지가 고정되어 있어서 시장 자체가 특정 공간이나 계층에 한정되어 있다. 강남과 강북의 주택시장을 비교해 보면 이해하기 쉬울 것이다. 주택가격에 영향을 미치는 것은 지대rent인데 여기에는 교육, 교통, 환경, 이웃의 특성 등이 포함되어 있다. 따라서 주택을 매매한다는 것은 이러한 특성을 꾸러미로 거래한다는 것을 의미한다. 문제는 시장에 참여하는 주체들의 선호도가 높을수록 희소성은 더욱 높아지며, 이 때문에 공급을 확대하는 것이 더욱 어렵다. 희소성이 높은 지역에 주택을 소유한 사람들은 언젠가 가격이 오를 것이라고 확신하기 때문에 좀체 매물을 내놓지 않는 것이다.

주택은 필수품이기도 하지만 상품이기도 하다. 사용가치 측면에서 보면 한 가족이 한 채의 집을 가지면 충분하지만, 교환가치 측면에서는 몇 채든 사 모을 수 있다. 경기침체에 별반 영향을 받지 않는 부자들은 주택을 원하는 만큼 축적할 수 있다. 더구나 주택은 소유권과 사용권을 분리하여 거래할 수 있다. 즉 임대료를 받고 빌려줄 수 있는 것이다. 따라서 주택가격이 떨어지면 소유주들은 주택을 팔기보다 임대로 전환하여 가격이 오를 때까지 기다릴 수 있다.

정부정책 역시 주택시장에 영향을 미친다. 경기가 침체되면 주택 공급과 매매를 늘려 가격을 인상시키고, 경기가 과열되면 집값 인상을 억제하는 조치를 취한다. 이러한 정책으로 인해 주택 소유자들은 가격이 무작정 떨어지지 않을 것이라는 사실을 알고 있다. 정부가 보호막 역할을 할 것이라는 기대를 갖는 것이다.

시장원리주의자들은 정부의 정책에 매우 비판적이다. 정부 개입은 오히려 시장을 왜곡시키기 때문에 가만히 내버려두는 것이 상책이라는 것이다. 이들의 주장에 따르면, 주택가격이 오르는 것을 막기 위해서는 공급을 확대하는 수밖에 없다. 시장원리에 따라 가격이 오르면 정부가 개입하지 않아도 당연히 공급이 늘어난다. 하지만 주택 공급이 비탄력적이라는 데 문제가 있다. 이 문제를 해결하기 위해 시장은 정부에 도움을 요청한다. 건설업체들이 주택을 많이, 그리고 빨리 지을 수 있도록 각종 규제를 완화해 달라는 것이다. 이들이 요구하는 메뉴는 주로 그린벨트를 해제하고, 환경기준을 완화하고, 제한 없는 개발을 허용하고, 수요자들이 주택자금 대출을 쉽게 받을 수 있도록 해달라는 것이다.

반면 정부의 역할을 옹호하는 사람들은 주택시장을 불완전한 경쟁시장으로 간주한다. 가격이 왜곡되는 것은 공급자와 투기꾼들의 독점과 담합 때문이라는 것이다. 이들은 주택 소유가 부자들에게 편중되지 않도록 국가가 개입해야 하며, 주택을 투자의 대상이 아니라 필수품으로 인식하도록 하고, 개발로 얻는 과대한 차익을 국가가 환수해야 한다고 믿는다. 이들은 특정 지역의 집값이 오르게 된 환경적 요인들이 대부분 국가가 제공한 것이라는 데서 개입의 정당성을 찾는다.

강남에 처음 아파트 단지가 들어섰을 때는 주택 수요자들에게 그다지 인기가 없었다. 교통도 좋지 않았고, 기반시설도 갖추어진 것이 없었다. 특히 학교가 들어서지 않아 자녀를 둔 부모들이 입주를 꺼렸다. 1960년대까지만 해도 강남은 논밭과 구릉지로 이루어져 있었다. 그런데 한국전쟁 이후 베이비붐이 조성되고, 산업화와 함께 농민들의 도시 이주가 시작되면서 서울의 주거환경은 극도로 악화되었다. 박정희 정권은 서울의 인구를 분산하기 위해 1963년 한강 이남지역을 서울에 편입시켜 개발을 추진했다.

1969년 강남과 강북을 잇는 제3한강교(현 한남대교)가 준공되면서 강남 개발이 본격화되었다. 강남 개발은 인구분산 외에 다른 목적도 있었다. 경부고속도로 건설에 막대한 자금이 필요했던 정부가 강남의 토지를 팔아 재원을 확보하기로 한 것이다. 정부는 토지를 팔기 위해 1973년에 영동지구를 개발촉진지구로 지정하고, 강남으로 이주하는 사람들에게 각종 면세혜택을 부여했다. 또 당초 계획된 지하철 2호선을 강남 순환선으로 변경하고, 강북 도심에 있던 경기고 · 휘문고 · 서울고 · 숙명여중고 · 배제고 · 창덕여고 · 정신여고 · 경기여고 등 이른바 명문 9개교를 강남구와 서초구로 이전시켰다. 이른바 8학군이 만들어진 것이다.

정부는 강북지역 시민들의 강남 이주를 촉진하기 위해 강북지역에 대한 개발을 억제하는 정책까지 도입했다. 도심 인구의 과밀을 억제한다는 명목으로 각종 유흥시설의 신규허가는 물론 이전까지 불허한 것이다. 또 약 840만 평을 특별시설 제한구역으로 묶어, 사실상 강북주민들의 강남 이주를 압박했다. 결국 이 정책은 강북지역을 낙후시키고, 강남지역의 부동산가격을 상승시키는 결과를 초래했다.

강남에 각종 특혜가 주어지면서 강남을 바라보는 국민들의 시선이 달라졌다. 처음에는 공무원들에게 억지로 아파트를 할당할 만큼 인기가 없었지만, 정부가 부동산투기에 불을 지피면서 상황이 바뀐 것이다. 도로가 닦이고, 지하철이 들어서고, 강북을 잇는 다리를 놓고, 용적률을 낮추고, 기업들에게 본사 이전을 권고하고, 소위 명문학교들을 이전시키자 강남은 서울 최고의 노른자위 땅이 되었다. 오늘날 강남사람들의 자산가치가 늘어난 것은 타인의 희생 때문에 가능했던 것이다.

주택가격이 불완전한 경쟁시장이라는 것은 의심할 여지가 없어 보인다. 수많은 건설업체들이 치열한 가격경쟁을 벌이고 있는 것처럼 보이지만, 시장에서는 균형가격이 형성되지 않는다. 농부는 다른 농부보다 더 비싼 가격을 부르면 자신이 수확한 농산물이 시장에서 팔리지 않는다는 것을 안다. 따라서 농부는 시장에서 형성된 가격에 밀을 판매할 수밖에 없다. 그러나 주택은 다르다. 건설업자는 가격 차별화를 통해 입맛에 맞는 구매자를 고를 수 있다. 같은 면적의 주택이라 할지라도 지역에 따라 값을 달리 매길 수 있고, 설령 이웃에 지은 집이라 할지라도 사용된 자재와 여건에 따라 가격을 달리 매길 수 있다.

부동산시장에서의 보유효과

부동산가격이 오르면 거래량이 늘어난다. 이때 주택 소유자들이 더 높은 값을 받기 위해 시장에서 매물을 거둬들이면서 가격은 더욱 상승한다. 부동산가격이 하락할 때도 주택 소유자들은 매물을 내놓지 않는다. 주택 소유자들이 시장에서 형성된 가격을 수용하지 않으려는 성향을 갖기 때문이다. 경기가 악화되어도 그들은 자신이 매입한 가격보다 더 높은 가격을 부른다. 그래서 주택시장에서는 가격이 내려가도 매물이 나오지 않기 때문에 거래 자체가 감소한다.

경기침체 시에도 주택가격이 내려가지 않는 것은 '보유효과endowment effect'라 부르는 심리적 성향 때문이다. 보유효과란 자신들이 소유하고 있는 재화를 남에게 팔고자 할 때, 자신이 그 재화를 갖기 위해 지불할 용의가 있는 가격보다 높은 금액을 요구하는 성향을 가리킨다. 사람들은 똑같은 물건이라도 자신의 소유물을 타인의 소유물보다 더 높은 가치가 있는 것으로 여긴다. 이솝의 〈여우와 신포도〉에서 보듯이, 수중에 들어오지 않은 포도의 가치는 낮다. 만일 여우가 노력 끝에 포도송이를 땄다면, 설령 그 포도가 익지 않았더라도 높은 가치를 매겼을 것이다.

시장에서는 보유효과를 활용한 마케팅이 폭넓게 이루어지고 있다. 제품을 미리 사용해 보고 값을 지불하도록 하는 마케팅 전략이 대표적이다. 기업은 마음에 들지 않으면 반품하라고 광고하지만 실제 사용하던 물건을 반품하는 사람은 드물다. 또 무료 사용권이나 샘플 이용권, 일정기간 사용료 면제 같은 마케팅 전략을 구사하는 기업도 점차 늘고 있다. 일단 자신의 수중에 있으면 내놓고 싶어 하지 않는 사람들의 심리를 이용한 것이다.

부동산도 일단 매입을 하게 되면 손해를 보고 팔지 않으려는 게 사람의 심리다. 만일 당신이 1억 원에 아파트를 구입하여 5년이 지난 지금 3억 원으로 값이 올랐다고 하자. 5년 동안 2억 원이 올랐으므로 당신으로서는 매우 성공한 투자다. 그런데 최근 1년 동안의 부동산시장 침체로 아파트 가격이 조금씩 하락하기 시작한다. 더구나 언론에서는 연일 부동산 거품이 곧 꺼질 것이며, 머지않아 주택시장이 완전히 붕괴될 거라고 보도한다. 갑자기 불안해진 당신은 아파트를 팔기로 결심한다. 그런데 중개인에게 확인해 보니 한 달 전에 나왔던 급매물이 오늘 아침에 1억 원에 팔렸다는 것이다. 당신은 얼마에 아파트를 내놓겠는가?

당장 아파트를 팔지 않으면 안 될 만큼 사정이 급박하다면 최초로 구입한 가격인 1억 원에 여러 가지 부대비용을 추가하여 가격을 결정할 것이다. 집을 보유하고 있던 5년 동안 발생한 금융비용과 세금, 수리비, 관리비 등을 포함시킬 수도 있다. 무슨 비용이 포함되든 당신은 시장가격으로 형성된 1억 원의 집값을 인정하려 하지 않을 것이다. 1억 원에 파느니 차라리 전세를 놓은 후 그 돈으로 값이 싼 전세주택을 빌려 지내다가, 값이 오를 때 파는 게 낫다고 생각할 것이다. 십중팔구 오늘 아침 1억 원에 아파트를 팔아버린 이웃도 손해를 보고 팔지는 않았을 것이다. 아마 이웃은 당신이 이사오기 전, 1억 원보다 낮은 가격에 아파트를 구입했을 가능성이 높다. 보유효과가 발생하면 거래량이 줄어든다. 이때 부동산을 파는 사람은 매각을 손실로 인식하고, 시장가격보다 높은 가격을 제시하거나 매물을 거두어들인다.

보유효과는 소유과정에서 지불된 노력과 시간의 강도에 비례한다. 내일이 사랑하는 연인의 생일이라면, 당신은 연인에게 줄 생일선물을 무엇으로 해야 할지 고민할 것이다. 연인의 생일선물을 사기 위해 투자할 수 있는 돈은 10만 원이다. 물론 여기에 추가되어야 할 비용이 있다. 매장에 가기 위해 들여야 하는 시간과 비용, 그리고 마음에 드는 선물을 고르기 위한 부담감이 비용에 포함될 것이다. 그런데 왜 이런 고민을 해야 하는가? 사실 경제적 효용을 따져보면, 연인에게 현금 10만 원을 직접 전해주는 것이 합리적이다. 하지만 당신은 연인을 만나 10만 원의 현금이 든 봉투를 주지는 않을 것이다. 만약 그랬다간 연인으로부터 결별을 통보받을지도 모른다. 사랑은 돈으로 살 수 없다는 말은 틀린 말이 아니다. 연인이 요구하는 것은 경제적 효용이 아니라, 당신이 자신을 위해 무엇을 했느냐다. 즉 당신의 사랑이 어느 정도인지 보여달라는 것이다.

이러한 사실은 사람들이 시간을 투자하고 관심을 가진 만큼 더 가치가 있다고 생각한다는 것을 의미한다. 애착이 생기면 그만큼 가격이 올라가는 것이다. 이는 매몰비용 오류와도 유사하다. 일단 시간이나 비용을 투자하면 가치를 높게 평가할 뿐 아니라, 본전 생각이 간절하여 발을 빼기 어려운 것이다. 만약 당신이 팔아야 할 아파트가 꿈같은 신혼시절에 갖은 고생을 해가며 어렵사리 마련한 첫 주택이라면 손해를 보면서 팔기는 더욱 어려울 것이다.

부동산가격은 수요와 공급에 의해 형성되기보다는 심리적, 제도적 요인에 의해 형성되는 경향이 강하다. 대부분의 상품시장에서는 가격이 오를 때 수요가 감소하는 반면, 자산시장에서는 가격이 오를 때 오히려 수요가 증가하는 경우가 많다. 주식이나 부동산시장에서는 가격이 오를 때 투자자들이 몰려드는 경우가 흔하다. 거품 붕괴가 상품시장보다 금융이나 부동산 같은 자산시장에서 발생하는 것도 이 때문이다.

때로 부동산 소유자나 중개업자들은 가격을 담합하기도 한다. 아파트 소유자들은 일정 가격 이하로 매물을 내놓지 못하도록 담합하고, 중개업자들에게도 자신들이 정한 가격에 팔도록 요구한다. 정부에서 발표하는 실거래 가격지수는 미국의 케이스실러Case-Shiller 지수를 산정하는 반복매매repeat sales 모형을 따르고 있다. 즉 두 번 이상 거래된 동일주택의 가격 변동률로 지수를 산정한다. 그러나 이 지수가 적용되는 주택은 너무 적어서 표본으로서의 가치가 떨어진다. 더구나 지수를 산정할 때 적용하는 주택가격은 현실을 반영하지 못한다. 상당수의 거래자들이 세금을 피하기 위해 가격을 허위로 작성할 뿐 아니라, 부동산 중개업자들에 의해 가격이 조작되는 경우도 많기 때문이다.

부동산 불패신화

부동산가격이 요지부동이라 하더라도 거품이 끼면 언젠가 붕괴된다. 대개 부동산에 투자하는 사람들은 토지가 한정된 자원이며, 인구는 계속 늘어나고, 경제성장도 지속될 것이기 때문에 절대 가격이 떨어지지 않는다는 믿음을 갖고 있다. 그러나 이는 착각이다. 물론 10년 후에 당신의 아파트가격이 올라 있을 가능성은 매우 높다. 어느 나라든 집값은 꾸준히 상승하는 것처럼 보인다. 하지만 이중 상당수는 물가상승을 감안하지 않은 것이다. 일본의 경우 장기침체에 접어든 1991년부터 15년 동안 주요도시의 토지가격은 물가변동을 감안했을 때 68퍼센트나 하락했다.

미국에서는 2000년 이후 집값이 급등하기 시작했지만, 이는 금융기관이 대출기준을 완화하면서 생겨난 거품 때문이었다. 2000년 초 IT산업의 거품이 빠지면서 경기가 침체되자 미연방준비은행은 2000년 5월부터 기준금리를 인하하기 시작하여, 2000년 하반기 6퍼센트였던 금리를 2002년 11월 0.75퍼센트까지 낮추었다. 금리인하로 가장 큰 혜택을 본 업종은 건설업이었다. 많은 사람들이 은행에서 돈을 빌려 부동산에 투자했기 때문이다. 미국의 GDP는 2001년에서 2005년까지 4년간 11.2퍼센트 증가했으나 주택가격은 39퍼센트 상승했다. 금융기관들의 무분별한 모기지 대출mortgage loan이 주택투기를 부추긴 것이다.

하지만 거기까지였다. 주택경기가 지나치게 달아오르자 미연방준비은행은 과열을 가라앉히기 위해 2004년 6월 이후 기준금리를 인상하기 시작했다. 연속적인 금리인상에도 불구하고 주택가격은 2005년 상반기까지 상승세를 이어갔다. 그러나 2006년에 접어들면서 주택경기가 둔화되자 그해 말 서브프라임 모기지 대출자들의 연체율이 14퍼센트대로 상승했다. 미국에서는 주택담보 대출시 고객의 신용등급에 따라 프라임prime, 알트 에이Alt-A, 서브프라임sub-prime으로 구분하는데 서브프라임은 신용등급이 가장 낮은 사람들을 대상으로 한다. 따라서 금리가 매우 높은 비우량 주택담보대출이다.

서브프라임 쇼크가 발생한 것은 2007년 8월 9일이었다. 이날 프랑스의 BNP파리바은행은 미국 서브프라임 모기지 채권에 투자한 3개 펀드의 해약을 동결한다고 발표했다. 이를 계기로 세계 각국의 금융기관들은 대혼란에 빠져들었다. 증시는 폭락하고, 주택가격은 급속히 하락했다.

2008년 1월, 미국 20개 대도시 주택가격 추이를 나타내는 S&P/케이스실러 지수는 지난해 같은 기간에 비해 10.7퍼센트 하락했다. 또 2008년 9월에 집계한 지수는 지난해 같은 기간에 비해 17.4퍼센트나 하락했다. 서브프라임 사태 전인 2006년 6월 S&P/케이스실러 지수는 206.38이었지만, 2009년 5월에는 139.84까지 떨어졌다. 3년여 동안 약 32.3퍼센트가 하락한 것이다.

2007년 초, 서브프라임 모기지 회사들이 부도위기에 처했을 때만 해도 전문가들은 크게 우려하지 않았다. 서브프라임 모기지 대출은 전체 모기지 대출의 13퍼센트인 1조 2천억 달러 수준으로 전체 금융자산의 1.4퍼센트에 불과했기 때문이다. 하지만 그 여파는 상상을 초월했다. 대출 규모가 문제가 아니라 금융자본주의의 근본적인 모순들이 서브프라임에 집약되어 있었기 때문이다.

서브프라임 사태의 이면에는 심각한 도덕적 해이가 숨겨져 있었다. 이는 대출회사뿐 아니라 주택 실수요자와 투기꾼, 그리고 모기지 채권에 투자한 금융기관 등 모두에게 해당되었다. 돈을 빌려주는 금융기관은 애초부터 대출자들이 장기간 꼬박꼬박 원금과 이자를 갚으리라는 기대를 하지 않았다. 이들은 떼일지도 모르는 돈을 왜 빌려준 것일까?

그 이유는 주택가격 상승에 있었다. 아니, 정확히 말하면 주택가격 상승이 기대되었기 때문이다. 주택가격이 상승하면 대출기관이나 주택 구입자 모두에게 아무런 문제가 일어나지 않는다. 미국의 모기지 대출은 언제든지 다른 대출회사로 갈아탈 수 있다. 다른 금융기관에서 대출을 받아 기존 대출금을 갚아버릴 수 있는 것이다. 당신이 9천만 원을 모기지로 대출받아 1억 원짜리 주택을 구입했는데, 1년 만에 집값이 1억 5천만으로 올랐다고 하자. 대출총액 한도비율이 보유자산의 90퍼센트라면, 당신은 다른 금융기관에서 1억 3,500만 원을 대출받을 수 있다. 이 금액에서 기존의 금융기관에서 대출받은 9천만 원을 갚으면 4,500만 원이 남는다. 이 돈으로 당신은 고급 승용차를 구입하거나, 다시 대출을 받아 주택 한 채를 더 구입할 수 있다. 만약 주택 한 채를 더 구입하기로 했다면, 같은 방법으로 수십 채의 주택을 더 구입할 수 있다.

상당수의 주택 구입자들이 이 방법을 사용했다. 그들은 신규대출로 이전 대출을 돌려막고, 남는 돈으로 다른 주택을 구입하거나 흥청망청 소비했다. 주택가격이 폭락하여 담보 능력이 사라지면, 그동안 흥청망청 써버린 돈과 여기저기서 대출받은 돈은 모두 빚이 되고 만다. 서브프라임 등급의 채무자들은 대부분 대출금 갚기가 애초부터 불가능한 사람들이었다. 대출금을 갚을 생각이 없었으므로, 상환액이나 금리변동에도 신경쓸 필요가 없었다. 가만히 앉아서 돈을 벌 수 있는데, 무엇 때문에 대출금 상환에 노심초사하겠는가.

설령 돈을 갚지 못해도 아무런 문제가 되지 않았다. 서로 돈을 빌려주겠다는 대출기관들이 줄을 섰기 때문이다. 돈을 갚지 못하면 오히려 대출기관들이 나서서 다른 주택을 구입하도록 하고, 다시 거액을 빌려주었다. 서민들에게는 내 집 마련의 꿈이 실현되는 듯했다. 대출기관도 문제될 것이 없었다. 주택가격은 계속 오르고, 주택을 구입해서 돈을 벌겠다는 신규 구매자들도 시장에 계속 유입되었기 때문이다. 신규 수요자들이 있는 한 주택가격은 떨어지지 않는다.

신규 대출로의 전환은 주택 구입자나 대출기관 서로에게 돈벌이가 되었다. 대출기관은 주 수입을 중개수수료에 의존하기 때문에 대출 건수를 늘리는 것이 무엇보다 중요했다. 대출이 실행되면 즉시 고객과 주택판매회사로부터 현금이 입금되었다. 대출총액 한도비율이 있긴 하지만, 지속적으로 주택가격이 상승하는 시장에서는 아무 의미도 없다. 한도비율이 고정되어 있어도, 주택가격이 상승한 만큼 빌릴 수 있는 금액도 커지기 때문이다.

주택시장의 거품은 점점 커져 갔다. 거품을 알고 있으면서도 금융기관들은 왜 태평하게 부동산시장이 붕괴되는 것을 지켜보고 있었을까? 그들의 도덕적 해이 뒤에는 금융공학자들이 만든 수학적 모델에 대한 철석 같은 믿음이 자리 잡고 있었다. 금융기관들은 대출액을 그대로 보유한 것이 아니라 푸줏간의 소고기처럼 부위별로 채권이나 증권으로 쪼개어 세계 각국의 투자자들과 금융기관에 판매했다.

서브프라임 대출을 받은 사람들의 신용등급은 애초부터 낮았다. 돈을 빌릴 때부터 그것을 갚을 능력이 부족했다는 의미다. 물론 이들이 모두 돈을 떼먹는 것은 아니다. 경제가 정상적으로 돌아가는 상황이라면 대부분의 사람들은 허리띠를 졸라매며 대출금을 갚으려 할 것이다.

어떤 금융기관이 1만 명의 사람에게 서브프라임 대출을 했다고 하자. 이 중 10퍼센트가 빚을 갚을 능력이 없는 사람이라면, 나머지 9천 명은 꼬박꼬박 원금과 이자를 갚아나갈 것이다. 그렇다면 대출받은 사람의 10퍼센트인 1천 명이 동시에 빚을 갚지 않을 확률은 얼마나 될까? 이런 상황을 맞을 가능성은 매우 희박하다. 한 건의 대출에서 돈을 떼일 확률이 10퍼센트라면, 열 명의 대출자가 동시에 돈을 갚지 못할 확률은 100억분의 1(0.1^{10})로 줄어들고, 1천 명이 동시에 빚을 갚지 못할 확률은 거의 제로에 가깝다. 수가 크면 클수록 위험도가 평균 수준으로 수렴되는 '큰 수의 법칙law of great numbers'이 적용되는 것이다.

금융기관들은 위험을 분산하기 위해 이미 대출한 금액을 증권이나 채권 형태로 만들어 다수의 투자자들에게 팔았다. 먼저 다양한 실물자산을 모아 현금 흐름에 대한 권리를 한데 묶은 후, 그 권리를 잘게 쪼개어 개별 증권으로 만든다. 이 증권은 차용증을 담보로 한 일종의 파생상품이 된다. 파생상품이란 기초자산의 가치에서 시장가치가 파생되는 상품을 의미한다. 대표적으로 ABS(Asset Backed Securities), MBS(Mortgage Backed Securities), CBO(Collateralized Bond Obligation) 등을 들 수 있다. 이렇게 만들어진 증권들은 수많은 투자자에게 판매된다.

자산유동화증권으로 불리는 ABS는 빚을 받을 권리를 거래할 수 있도록 증권화한 것을 말한다. 즉 빚을 받을 권리가 있는 금융기관이 담보물을 처분하는 대신, 빚에 대한 권리를 증권으로 만든 것이다. ABS는 보통 회사채나 외상매출채권, 자동차 할부대출 등을 이용한 증권을 통칭하며, 서브프라임처럼 부동산을 대상으로 특화된 것을 MBS라 한다. CBO는 빚을 받을 권리를 담보로 하여 신용보증기관의 보증을 받아 발행하는 증권이다. 대개 기업의 신용등급이 낮아 자체적으로 회사채 발행이 어려운 경우 공동으로 위험을 부담하여 자금을 조달할 때 사용된다.

서브프라임 대출에서 사용된 증권은 MBS다. 판매된 증권은 대출금액을 모아서 나누었을 뿐이므로 현금 흐름의 총합은 같다. 금액을 잘게 쪼갰기 때문에 투자자들은 적은 금액으로도 증권을 살 수 있다. 이렇게 되면 위험은 잘게 쪼개진다. 뿐만 아니라 수학적으로 투자위험을 거의 제로 수준까지 낮출 수 있다. 위험이 낮은 자산과 위험이 높은 자산을 구분한 후 신용등급별로 판매할 수 있기 때문이다. 더구나 이자 지급에 대해 주택담보 대출회사가 일부 보전하고, 나머지 원금과 이자에 대해서도 모노라인Mono Line이라 불리는 채권보증회사가 보증한다. 따라서 투자의 위험은 거의 없어 보인다.

투자수익이란 결국 위험을 감수하는 대가이기 때문에 큰 위험을 감수할수록 수익은 높아진다. 문제는 대출기관들이 증권을 팔아 현금을 확보한 후 이 현금을 다시 대출해 주고, 이 대출을 바탕으로 다시 증권을 만들어 팔았다는 것이다. 만기에 받아야 할 대출금을 미리 현금화하고, 다시 신규 대출하는 과정은 몇 차례에 걸쳐 반복되었다. 따라서 최초 대출에 대한 위험은 사방으로 분산되어 건전성을 파악하기 어려워졌다. 투자자들도 대출자산을 증권 형태로 일부만 보유하기 때문에 잠재적인 위험을 전혀 알 수가 없었다.

MBS에 투자한 금융기관들도 이 증권을 모아 다른 증권으로 만들어 팔았다. 이것이 부채담보부증권CDO, Collateralized Debt Obligation이다. 본래 담보는 집 한 채였지만, 집 한 채에 대한 담보가 꼬리에 꼬리를 무는 식으로 파생금융상품이 생겨났고, 이 상품은 전 세계 금융기관과 투자자들에게 팔려 나갔다.

금융기관 역시 서브프라임의 위험성을 알고 있었다. 하지만 파생금융상품을 사는 사람이 있는 한, 폭주기관차는 멈출 수 없다. 위험을 감수하고라도 그것을 사는 사람이 있는데, 무슨 걱정이 있겠는가? 위험이란 내가 산 가격 이하로 팔 수밖에 없는 상황을 의미한다. 모두가 위험을 감수할 의사가 있으면, 그것은 위험이 아니다. 위험을 덤터기 씌울 만한 사람들이 끝없이 나타나기 때문이다. 이 때문에 위험을 예상했던 사람들조차 경고의 목소리를 내지 않았다.

이제 부풀 대로 부푼 풍선에 누군가 뾰족한 바늘을 댈 일만 남아 있었다. BNP파리바의 펀드 동결선언이 바로 그 순간이었다. 주식시장이 폭락하고, 곧이어 주택가격이 하락하기 시작했다. 값이 오른 주택을 담보로 대출을 받은 사람들이 빚을 갚지 못하게 되자 위험은 금융시장 전체로 전염되었다.

서브프라임 쇼크로 많은 금융전문가들이 월가를 떠났다. 하지만 이들의 미래를 걱정할 필요는 없다. 이들은 언제 어디서든, 다시 거품을 만들어낼 것이다. 그것이 이들의 능력이며, 창의성이다. 하지만 탐욕은 결국 붕괴를 낳는다. 탐욕은 성장의 힘이지만, 탐욕이 끝까지 성공한 예는 역사상 한 번도 존재하지 않았다.

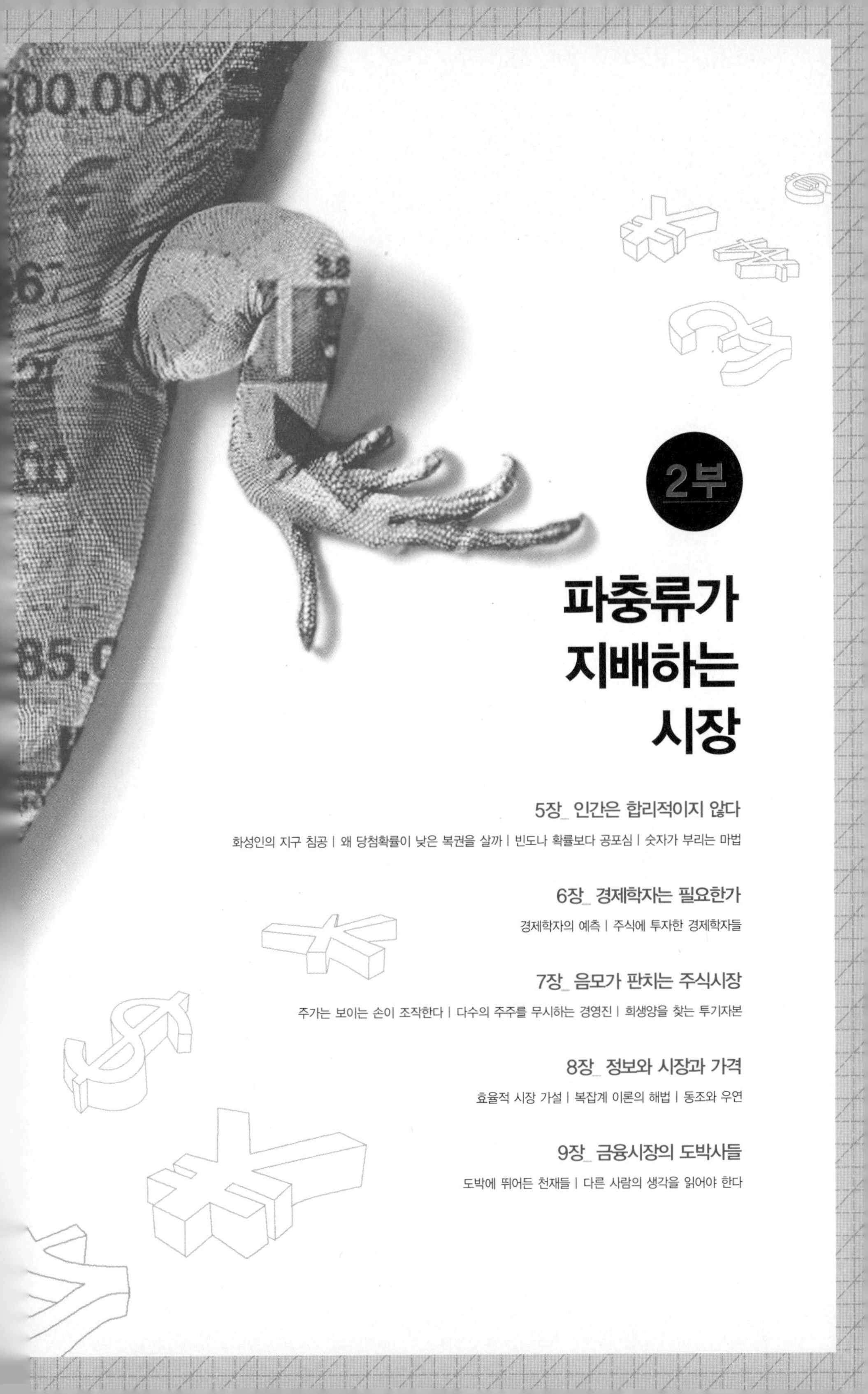

2부

파충류가 지배하는 시장

시장은 대부분의 사람들을 실패하게 하는 쪽으로 움직인다. (……) 비열한 시장이란 사람들이 체계적으로 기회와 반대 방향으로 움직이게 하는 시장이다. 비열한 시장에서 우리의 도마뱀의 뇌는 폭락 직전에 매수하라고 고함치고, 상승장 직전에 공포에 떨며 매도하게 만든다. _테리 번햄, 《비열한 시장과 도마뱀의 뇌》

5장

인간은 합리적이지 않다

화성인의 지구 침공

1938년 10월 30일 일요일 저녁, 미국 CBS라디오 프로그램인 〈머큐리 극장The Mercury Theatre on the Air〉은 영국의 소설가 허버트 조지 웰스Herbert George Wells가 1898년에 출간한 《우주전쟁*The War of the Worlds*》을 각색한 드라마를 방송했다. 화성인들의 지구 침공을 소재로 한 이 소설은 지금도 SF의 고전으로 인식되고 있다. 당시 드라마 연출을 맡은 오손 웰즈George Orson Welles 감독은 뉴스를 보도하는 형식의 장면과 일반 시민들의 인터뷰를 드라마 속에 삽입하여 실감을 더했다. 방송국은 청취자들에게 이 드라마가 허구를 바탕으로 제작된 것임을 미리 알려주었다.

그럼에도 불구하고 드라마를 청취한 시민들은 집단 공황상태에 빠졌다. 방송이 송출된 뉴저지 주 일대의 시민들이 이 드라마를 허구가 아니라 현실로 받아들인 것이다. 방송을 듣던 수천 명의 시민들이 방송국으로 확인 전화를 걸어왔고, 시민 중 일부가 급히 대피하는 소동이 벌어졌다.

훗날 이 소설의 말미에 실린 해설에 따르면, 청취자들의 소동은 한

번에 그치지 않았다. 1944년 11월 12일, 칠레 산티아고의 라디오방송국이 오손 웰즈의 연출기법을 모방하여 드라마를 방송하자 칠레 정부가 화성인들을 격퇴하기 위해 군대를 출동시켰다. 또 일부 시민들은 거리로 뛰쳐나와 바리게이트를 치는 등 심리적 공황상태에 빠지기도 했다. 1949년 2월 12일에는 에콰도르에서 뉴스속보 형식으로 드라마를 제작하여 방송했다. 연출자들은 한술 더 떠 장관 역을 맡은 배우를 등장시켜 담화까지 발표하도록 했다. 그러자 수천 명의 시민들이 공포에 질려 거리로 뛰쳐나왔으며, 이 상황이 드라마라는 사실을 깨달은 일부 군중들은 방송국으로 몰려가 불을 지르고 폭력을 휘둘렀다. 이때 미처 피신하지 못한 방송국 직원 20여 명이 사망했다.

이 소설은 1953년과 2005년에 영화로 제작되었다. 특히 2005년에 제작된 영화는 톰 크루즈가 주연배우를 맡고, 스티븐 스필버그가 감독으로 참여하여 영화 팬들의 이목을 끌었다. 이 영화는 단순하고 형편없는 스토리를 바탕으로 했지만, 외계인에 대한 미스터리와 공포심이 극심했던 과거에는 외계인의 지구 침공이라는 모티브가 매우 설득력이 있었던 것이다. 그렇다고 해도 시민들이 보여준 과민반응은 이해가 쉽지 않다.

상상해 보라. 공포에 질린 눈빛을 번들거리며, 쏜살같이 퇴로를 찾는 도마뱀 떼가 연상되지 않는가? 이런 무리 속에 있을 때는 합리적 이성이 아무 소용이 없다. 앞에 무엇이 있는지도 모르면서 무리를 좇아 강물로 뛰어드는 레밍처럼, 생존하기 위해 다수의 무리에 섞여 도망칠 뿐이다. 공포에 질린 무리 속에 섞여 있을 때, 당신은 한 마리 파충류에 지나지 않는다.

과학 저널리스트인 샹커 베단텀Shankar Vedantam은 《히든 브레인*The Hidden Brain*》에서 사람들이 의사를 결정하는 과정에서 보이는 태도를 충격적인 사건을 통해 보여주었다. 2001년 9월 11일, 테러리스트에게 납치된 여

객기가 세계무역센터에 충돌하는 사건이 일어났다. 당시 남쪽 타워 88층과 89층에는 키프, 브뤼엣 & 우즈Keefe, Bruyette & Woods라는 투자금융회사가 입주해 있었다. 테러 당일 유나이티드 항공 175편은 남쪽 타워 77층에서 85층까지 대각선으로 충돌했다.

이 회사의 사무실에 근무하고 있던 직원은 모두 120명이었다. 그런데 놀라운 일이 벌어졌다. 120명의 직원 중 67명이 사망했는데, 88층에서 사망한 직원은 1명에 불과한 반면 89층에서 사망한 직원은 66명이나 되었다. 생존자의 증언에 따르면 88층 직원들은 폭발음이 들린 후 곧바로 계단을 이용해 탈출을 시작했고, 89층 직원들은 사무실에 남아서 사태의 추이를 지켜보기로 했다.

결국 이들의 의사결정은 삶과 죽음의 길을 갈라놓았다. 그렇다면 누가 탈출할 것인지, 남을 것인지를 결정했을까? 만일 이 판단을 각자에게 맡겼다면, 각 사무실의 사망자와 생존자 비율은 비슷했을 것이다. 문제는 어떤 식으로든 의사가 결정되었을 때, 직원들 모두 그 결정에 따랐다는 사실이다. 나중에 확인된 바에 따르면 88층에서는 한 사람이 직원들에게 대피하라고 소리쳤고, 89층은 그렇게 하지 않았다.

불확실한 상황일수록 사람들은 집단적으로 행동하려는 성향을 보인다. 집단이 결정한 의사가 틀렸다는 사실을 깨달았다 해도, 선뜻 반론을 제기하지 못하고 행동을 일치시키려 하는 것이다. 모든 사회적 동물이 그렇듯이, 인간도 집단에 동조하도록 진화했다. 집단에 의존하는 것이 생존 확률을 높이기 때문이다. 때로는 잘못된 신호가 집단 전체를 멸종에 이르게 할 수도 있다. 하지만 위험에 직면했을 때, 혹은 불확실한 상황에 직면했을 때, 우리는 파충류 시절의 뇌에 의존한다. 우리의 원초적인 뇌는 무리에 속해 있는 것이 좀 더 안전하다는 신호를 보낸다.

화성인들이 도시를 침공했다는 소식을 처음 접한 사람은 가장 먼저 가족과 함께 대피할 것이다. 이때 당신이 얻을 수 있는 정보는 이웃 사람들이 떼를 지어 피난 대열에 합류했다는 것뿐이다. 당신 또한 거리를 가득 메우고 있는 사람들 틈에 섞여 재빨리 도시를 벗어나려 할 것이다.

당신이 피난 대열에 합류함으로써 이웃집 남자도 영향을 받는다. 아마 정부는 심상찮은 사태를 파악하고 재빨리 기자회견을 열어 화성인의 침공이 사실무근임을 발표할 지도 모른다. 이때 이웃집 남자는 두 가지 정보, 즉 거리를 가득 메우고 있는 피난민들과 정부의 발표 중 하나를 선택해야 한다. 이웃집 남자는 빨리 피난을 가야 하는가, 아니면 정부의 발표를 믿어야 하는가?

눈치 빠른 당신은 이미 가족들과 함께 도시를 떠났다. 정부의 발표가 사실이라면 당신은 크게 손해를 보는 일이 없다. 다시 집으로 돌아가면 되기 때문이다. 하지만 정부의 발표가 국민들을 안심시키기 위해 지어낸 거짓말이라면, 당신은 가장 먼저 죽을 위험으로부터 벗어난 것이다. 정말 화성인들이 도시를 침공했다면 정부의 발표만 믿고 도시에 남아 있는 사람은 가장 먼저 공격당할 위험이 크다. 아마 그는 레이저 광선총에 희생되거나 흡착반이 달린 화성인들의 문어 다리에 피를 빨리며 죽어갈 것이다.

인간에게 공포심은 생존을 위한 일종의 방어기제다. 위험이 닥쳤을 때 재빨리 공포를 느끼고 도피하는 것은 결코 비효율적인 행위가 아니다. 목숨이 걸린 상황에서 위험한 정보가 거짓인지 아닌지를 가리느라 시간을 허비하는 것이야말로 비효율적이다. 정보가 거짓일 때는 약간의 손실을 입지만, 사소한 정보를 무시했다가 위험한 상황을 맞으면 생존 자체를 위협받기 때문이다. 우리는 약간의 손실을 감수하더라도 최대한의 위험을 피하도록 진화해 왔다. 자연선택은 큰 대가를 치러야 하는 오류를 피해 비용이 적은 오류 쪽으로 추론하도록 우리를 추동한 것이다. 생물학에서는 이를 '적응적 오류adaptive errors'라 한다.

이러한 오류로 인해 우리는 어떤 상황에 직면했을 때, 일단 위험을 회피하려는 성향을 보인다. 가장 좋은 방법은 무리 속에 숨는 것이다. 설령 자신이 속한 무리가 최악의 선택을 하더라도, 혼자 고립되어 있는 것보다는 덜 위험하다.

인간은 결코 합리적으로만 행동하지 않으며, 합리성이 시장을 움직이는 것도 아니다. 지금도 당신이 합리적이고 이성적인 경제주체라고 믿는다면, 시카고 대학교의 경제학자 리처드 탈러Richard H. Thaler와 하버드 대학교의 법률학자 캐스 선스타인Cass Sunstein이 《넛지 *nudge*》에서 제시한 문제에 답해보자.

먼저 첫 번째 질문이다. 여기 장갑을 만드는 기계가 있다. 다섯 대의 기계로 장갑 5켤레를 생산하는 데는 5분이 걸린다. 그렇다면 100대의 기계로 100켤레의 장갑을 만드는 데 걸리는 시간은 얼마인가?

두 번째 질문이다. 당신 집 앞에 커다란 호수가 있다. 호수는 커다란 수련睡蓮 잎들로 가득 덮여 있는데, 겨울에 자취를 감추었다가 여름이면 수면을 가득 메운다. 수련 잎이 자라는 속도는 매우 빠르다. 일단 잎이 수면 위로 올라오면 호수에서 수련이 차지하는 너비는 매일 두 배로 증가한다. 호수 전체를 완전히 덮는 데는 48일이 걸린다. 그렇다면 호수의 절반을 덮는 데는 며칠이 걸리는가?

만일 문제를 푸는 데 오랜 시간이 주어진다면, 당신은 이 질문의 함정을 눈치채게 될 것이다. 따라서 당신은 질문에 즉각 답해야 한다. 첫 번째 질문의 정답은 5분이며, 두 번째 질문의 정답은 47일이다. 장갑을 만드는 기계 1대가 한 켤레를 생산하는 데 5분이 걸리므로, 100대가 100켤레를 생산하는 시간도 5분이다. 또 48일째에 이르러 호수가 완전히 수련으로 뒤덮였다면, 수련의 면적은 매일 두 배씩 증가하므로 그 전날에 호수의 절반이 수련으로 뒤덮였을 것이다.

질문을 받자마자 두 가지 질문의 정답을 맞혔다면 당신은 수학적 능력을 타고난 것이다. 하지만 대부분의 사람들은 당신처럼 셈에 밝지 못하다. 첫 번째 질문에서 사람들은 5대의 기계와 5켤레의 장갑, 그리고 5분을 한 묶음으로 여긴다. 이 때문에 사람들은 자연스럽게 100대의 기계와 100켤레의 장갑, 100분을 한 묶음으로 연상하게 된다. 또 두 번째 질문에서는 매일 두 배씩 면적이 증가한다는 사실은 무시한 채, '제곱' 대신 '절반'에 가중치를 부여한다. 따라서 48일의 절반인 24일을 가장 먼저 떠올리는 것이다.

왜 당첨확률이 낮은 복권을 살까

인간이 그다지 합리적인 존재가 아니라는 것은 복권을 통해서도 확인된다. 45개의 숫자 중 6개를 맞혀야 하는 로또복권의 당첨확률은 대략 800만분의 1이다. 당신이 평균수명을 누린다면 앞으로 16만 년 동안 매주 한 장씩 복권을 사야 당첨될 수 있는 확률이다. 계산방식에 따라 조금씩 다르긴 하지만 당신이 평생 동안 벼락에 맞을 확률보다 훨씬 낮다. 이 정도의 확률은 거의 무시해도 좋은 수준이다. 애초부터 당신이 당첨될 확률은 거의 없는 것이다.

> 이득의 기회가 과대평가되는 것은 복권당첨을 통해 확인할 수 있다. 이 세상에 완전히 공평한 복권당첨이라는 것, 즉 전全 이득이 전 손실을 보상하는 복권당첨은 없었고, 앞으로도 없을 것이다. (……) 복권을 많이 사면 살수록 그만큼 손실을 입을 기회는 많아진다. 이보다 확실한 수학적 명제는 없을 것이다. 어떤 복권의 전부를 구입하면 그 사람의 손실은 더욱 확실해

진다. 따라서 구입한 복권이 많으면 많을수록 더욱더 이 확실성에 근접하게 된다.

애덤 스미스Adam Smith, 《국부론 *The Wealth of Nations*》

애덤 스미스의 지적은 옳다. 예를 들어 어떤 도시에서 1만 원짜리 복권 1만 매를 발행하여 액면가 총액의 50퍼센트를 당첨자 1명에게 지급한다고 하자. 당신이 1억 원을 들여 복권을 모두 구입하여 당첨확률을 100퍼센트로 만든다고 해도, 받을 수 있는 돈은 5천만 원이기 때문에 당신은 50퍼센트의 손실을 보게 된다. 복권 한 장의 가치는 상금의 크기와 당첨될 확률을 곱한 기댓값으로 표현된다. 따라서 복권의 기댓값은 복권을 구입한 가격보다 항상 낮기 때문에 복권을 구입하는 것은 자선행위나 다름없다. 사람들은 돈을 잃기 위해 복권을 구입하는 것이다. 그럼에도 불구하고 사람들이 매주 복권을 사는 이유는 무엇인가?

먼저 기대심리를 들 수 있다. 사람들은 복권을 살 때 기댓값을 계산하지 않는다. 그들이 사는 것은 상상의 가치, 즉 미래의 가능성을 사는 것이다. 그래서 복권사업은 경제가 불황일 때 더욱 호황을 누린다. 미래에 대한 전망이 불투명하면 사람들은 합리적인 것에 기대지 않으려는 심리를 발동시킨다.

상상의 가치를 구입할 때 확률은 커다란 의미가 없다. 중요한 것은 거의 매주 당첨자가 나온다는 사실이다. 당첨확률은 매우 낮지만 이웃집 아저씨가 복권에 당첨되었다면 얘기는 전혀 달라진다. 이때 복권의 행운은 당신에게 상상의 가치가 아니라 현실이 된다. 실제로 당신은 벼락 맞아 죽은 사람에 대한 소문은 들은 적이 거의 없지만, 로또복권에 당첨된 사람에 대한 소문은 간간히 들었을 것이다.

좀 이상하지 않는가? 왜 벼락 맞는 것보다 복권에 당첨될 확률이 낮은데도 당첨자는 매주 나오는가? 이는 얼마나 많은 사람들이 그 사건에 관계하느냐에 달려 있다. 천둥과 벼락이 칠 때 들판 한가운데 서 있거나 골프를 치는 사람은 거의 없는 반면, 복권은 매주 수백만 명이 산다. 당신이 복권에 당첨될 확률은 매우 낮지만, 수백만 명 중 한 명이 당첨될 확률은 100퍼센트에 가까운 것이다. 반면 당신이 번개가 치는 날 네 시간 동안 골프장 한가운데를 서성거린다면, 벼락에 맞을 확률은 무척 높아진다. 집 안에 앉아 있는 수백만 명이 벼락에 맞을 확률은 상당히 낮아지지만, 용감한 당신에게 벼락이 떨어질 확률은 폭발적으로 증가하는 것이다.

1등 당첨자를 여러 명 배출했다는 '복권 명당'에 대한 소문도 마찬가지다. 처음 1등 당첨자를 냈을 때는 순전히 확률적인 운이었을 것이다. 하지만 이런 곳이 언론에 소개되거나 입소문이 퍼지면 상황은 달라진다. 전국에서 엄청난 사람들이 명당가게를 찾아와 복권을 구입하기 때문이다. 복권이 많이 팔리면 그만큼 당첨자가 나올 확률도 증가한다. 그렇다 해도 각 구입자에게 주어진 당첨확률은 변하지 않는다. 단지 많은 복권을 판매한 가게에서 당첨자가 나올 확률이 높아질 뿐이다.

이렇듯 과정을 무시한 채 눈에 보이는 결과만을 과신하는 심리적 편향을 '생존 편의survivorship bias'라 한다. 이런 심리를 가진 사람들은 늘 좋은 결과만을 기억하려 한다. 연예인이 되고자 하는 청소년들의 심리가 그렇다. 연예인 지망생들은 화려한 조명 아래에서 팬들의 환호를 받는 스타들의 모습만을 선망한다. 연예계에 지망했다가 실패한 수많은 사람들은 애써 외면하는 것이다.

복권 명당으로 알려진 그 가게에는 수없이 많은 실패자들이 존재한다. 예를 들어 1만 장의 복권이 100곳의 복권가게에서 팔리고 있다고 하자. 복권이 모두 팔린다고 가정하고, 명당으로 소문난 복권가게에서 매주 전체 복권의 50퍼센트가 판매된다고 하자. 그러면 이 가게에서 당첨자가 나올 확률은 50퍼센트다. 그러나 당신이 어느 가게에서 복권을 구입했든, 당신이 당첨될 확률은 변하지 않는다.

사람들은 실패한 자들을 기억하지 않는다. 명당가게는 당첨자를 배출할 확률이 50퍼센트이므로 평균적으로 2주에 한 번 꼴로 당첨자를 탄생시킬 것이다. 하지만 이 가게는 매주 5천 매의 복권을 판매하므로 2주 동안 9,999명의 실패자도 함께 배출한 셈이다.

한편 우리는 복권당첨자들을 폄훼하려는 심리를 갖고 있다. 질투와 시기심이 작용하는 것으로, 우리 사회는 조직적으로 이들의 성공을 깎아내리려 한다. 복권당첨자들의 행복지수가 당첨 이후 시간이 갈수록 낮아지고, 마침내는 평범한 사람들과 같아진다는 연구결과는 많다. 하지만 언론은 기를 쓰고 이들의 말로가 비참하다는 사실을 강조한다. 이들이 복권에 당첨되지 못한 사람들보다 행복해진다는 근거는 없지만, 더 불행해진다는 것 역시 과장되었다. 설령 가족 간의 재산 싸움이나 투자 실패, 혹은 이혼과 같은 불행한 사태로 당첨금을 모두 날렸을지라도 이는 아주 드문 경우다.

언론이 복권당첨자들의 불행을 과장하는 것은 근면과 노력을 통해 성공을 일궈야 한다는 자본주의 신화에 위배되기 때문이다. 자본주의 사회에서 뜻하지 않은 행운은 결코 미덕이 아니다. 게으른 사람이나 순전히 운에 기대서 사는 사람이 성공하는 것을 우리 사회는 용납하지 않는다. 그들의 성공은 곧 악덕의 승리이기 때문이다. 그래서 우리는 대개 복권을 구입할 때 떳떳하게 행동하지 않는다. 그것은 확률을 계산하지 못하는 멍청이라는 사실이 알려질까 두려워서가 아니라, 운에 인생을 맡기는 나태한 자로 낙인찍힐까 싶어서다.

우리는 복권을 구입할 때 큰 기대를 하지 않는다. 당연히 낙첨될 것이라고 스스로를 위안하며, 때로는 복권사업을 통한 이윤이 어려운 사람을 돕는 데 쓰인다는 사실에 안도한다. 또 번호를 추첨할 때는 잔뜩 긴장하다가도 막상 낙첨되었을 때는 별일 아닌 듯 복권을 구입했었다는 사실조차 금세 잊어버린다. 이는 자신의 행동을 정당화하려는 인지부조화에 따른 것이다. 자신은 당첨금을 노린 것이 아니라 단순한 재미로, 혹은 남을 돕기 위해 복권을 구입했다고 자기정당화를 시도하는 것이다.

문제는 열심히 복권을 사는 사람들이 대개 가난한 사람들이라는 점이다. 수입이 안정적이지 못할수록, 미래가 불안할수록, 사람들은 불확실한 승률에 배팅한다.

빈도나 확률보다 공포심

비행 중인 항공기에서 떨어져 나온 부품에 맞아 죽는 것과 상어에게 물려 죽는 것 중 미국인의 사망원인으로 더 확률이 높은 것은 어느 쪽인가?

이 질문은 코넬 대학교의 심리학자 토머스 길로비치Thomas Gilovich가 《인간, 그 속기 쉬운 동물*How we know what isn't so*》에서 던진 것이다. 당신의 생각은 어떤가? 항공기 부품에 맞아 사람이 사망했다는 뉴스를 들은 적이 있는가? 별로 들어보지 못했을 것이다. 반면 상어의 습격으로 어부가 목숨을 잃었다는 소식은 심심찮게 접했을 것이다. 그러나 길로비치에 따르면 상어의 습격으로 목숨을 잃는 것보다 공중에서 떨어진 항공기 부품에 맞아 사망하는 미국인이 30배 정도 많다고 한다. 그런데도 상어에 물려죽은 사람이 더 많다고 생각하는 것은 아무도 항공기 부품에 맞아 죽는 사람을 상상하지 않기 때문이다. 반면 상어의 습격은 주목받기 쉽고, 상상하기도 쉽다.

이처럼 손쉽게 이용하거나 생각할 수 있는 가능성을 기준으로 판단하는 것을 '가용성 편향availability bias'이라 부른다. 사람들은 어떤 사건의 빈도나 확률을 판단할 때, 실제 일어나는 빈도에 근거하기보다는 가장 먼저 떠오르는 구체적인 예에 의존한다. 즉 얼마나 친숙한지, 두드러지는지, 최근의 것인지 등 실제 빈도나 확률과 관련이 없는 요인들을 기준으로 삼기 때문에 편향된 판단을 하게 된다는 것이다.

핵에 대한 두려움도 가용성 편향의 좋은 예다. 핵은 매우 위험한 존재지만 실제 핵으로 인한 사망자 수는 화석연료에 의한 사망자 수보다 적다. 핵은 그 위험성 때문에 관리와 통제가 엄격하게 이루어지는 반면, 화석연료는 그렇지 않다. 화석연료는 채굴과 운송과정에서 일상적으로 사망자가 발생하며, 연소 후 발생하는 다양한 오염물질은 생태계 전체를 위협한다. 그럼에도 불구하고 화석연료에 의한 위험성은 크게 부각되지 않지만, 핵으로 인한 사고는 재앙 수준으로 부각된다.

가용성 편향에 영향을 미치는 요인들은 다양하다. 얼마나 쉽게 떠오르는가(탐색효과에 의한 편향), 얼마나 쉽게 상상할 수 있는가(상상가능성 편향), 얼마나 생생한 정보인가(최신효과), 두 사건이 얼마나 자주 함께 발생하는가(상관관계에 의한 착각), 얼마나 호의적으로 기술했는가, 그 결과가 얼마나 부정적인가 등이 판단에 영향을 미친다. 또 성공한 사례만 기억하는 생존 편의, 처음 제시된 내용에 영향을 받는 첫머리효과primacy effect, 부각된 장점을 일반화하여 적용함으로써 긍정적으로 인식하는 후광효과, 부각된 단점을 일반화하여 적용함으로써 부정적으로 인식하게 하는 악마효과evil effect도 여기에 포함된다.

하지만 판단의 기초가 되는 정보들은 확률로 정확히 계산된 것이 아니라, 언론이나 미디어에 의해 가공된 것이 대부분이다. 우리는 부정확한 정보를 바탕으로 사건이 발생할 수 있는 빈도를 추정하는 것이다. 《선택의 심리학*The Paradox of Choice*》의 저자인 미국의 사회심리학자 배리 슈워츠

Barry Schwartz는 실험에 참여한 응답자들에게 사람들이 사망할 수 있는 40가지 원인을 제시하고, 각 원인에 의한 연간 사망자 수를 추정해 보도록 했다. 그 결과 응답자들은 사고로 인한 사망자 수와 질병으로 인한 사망자 수를 비슷하게 평가했다.

그러나 현실은 달랐다. 질병으로 인한 사망은 사고로 인한 사망보다 16배나 많고, 특히 심장마비에 의한 사망은 범죄에 의한 사망보다 11배 많았다. 사람들은 일상적으로 사람의 목숨을 앗아가는 질병에 대해서는 과소평가하는 반면, 언론에 쉽게 노출되는 사고에 대해서는 과대평가하는 경향을 보인 것이다. 또 배리 슈워츠는 신문기사에 실리는 빈도와 응답자들의 사망자 수 추산이 거의 일치한다는 사실도 알아냈다. 수백만 명의 사람들이 똑같은 뉴스를 보고 들으면, 다수가 잘못된 이해를 공유하게 될 가능성이 높다. 또 많은 사람들이 그것이 진실이라고 믿을수록 우리의 기억은 강화되며, 결국 잘못된 합의를 초래하게 된다.

2008년 11월까지 인간 광우병으로 인한 사망자는 200여 명에 이르고 있다. 이는 영국에서 인간 광우병으로 사망한 164명을 포함한 숫자다. 영국을 제외한 전 세계 나머지 지역에서 광우병으로 사망한 사람은 40명 정도밖에 되지 않는다. 광우병으로 인해 사망할 확률은 자동차사고나 질병, 흡연 등으로 사망할 확률에 비하면 무시해도 좋은 수준이다. 그런데도 사람들은 광우병에 대해 엄청난 공포를 갖고 있으며, 광우병 발생이 시장에 미치는 영향도 막대하다.

광우병뿐 아니라 우리는 핵에 대해서도 대단한 공포심을 갖고 있다. 미국 웨슬리언 대학교의 심리학자 스콧 플라우스Scott Plous가 《심리학 카페 *The Psychology of Judgment and Decision Making*》에 소개한 바에 따르면, 담배 1.4개비를 피운 사람은 핵발전소로부터 반경 32킬로미터 내에 150년 동안 사는 것과 사망확률이 같다고 한다. 그만큼 핵의 위험성이 과장되었다는 것이다. 전문가들은 핵으로 인해 사망할 확률이 자전거를 타다가 사망하는 것보다 낮다고 평가한다.

독일의 학술저널리스트 슈테판 클라인Stefan Klein이 《우연의 법칙*Alles Zufall*》에서 제시한 예를 보자. 통계적으로 1만 명 중 1명이 HIV에 감염되고, 병원에서 실시하는 에이즈 테스트는 99.99퍼센트의 신뢰도를 갖고 있다. 이때 당신의 친구 한 사람이 에이즈 테스트를 실시했는데 양성반응으로 나타났다. 아마 그 친구는 99.99퍼센트라는 테스트 신뢰도 때문에 곧 절망에 빠질 것이다.

하지만 그 친구가 에이즈 환자로 입증될 확률은 50퍼센트에 불과하다. 1만 명 당 1명이 에이즈에 감염된다면 감염자는 100퍼센트 양성으로 판정될 것이며, 감염되지 않은 9,999명 중에 99.99퍼센트는 음성으로 판정될 것이다. 즉 1만 명 중 9,998명은 음성으로 판정될 것이다. 다시 말하면 양성으로 판정된 두 사람 중 한 사람은 테스트 실수로 양성으로 나온 것이다. 따라서 양성으로 판정된 두 사람이 에이즈 환자일 확률은 각각 50퍼센트이다.

확률에 대한 그릇된 인식은 전문가조차 예외가 아니다. 1978년 쉔버거A. schoenberger 연구팀은 하버드 의과대학에 다니는 학생 및 의료종사자 60명에게 이런 질문을 던졌다. 어떤 바이러스의 감염 여부를 100퍼센트 진단할 수 있는 검사법이 있다. 그런데 바이러스에 감염되지 않았는데도 양성으로 판정될 가능성도 5퍼센트다. 또 500명 중 1명은 바이러스 보균자다. 검사 결과 당신이 양성으로 판정되었다면, 바이러스에 감염되었을 확률은 얼마인가?

절반 이상의 응답자들은 자신이 바이러스에 감염되었을 확률이 95퍼센트라고 대답했다. 100퍼센트 진단확률에서 판정오류율 5퍼센트를 제한 것이다. 하지만 500명 중 1명이 바이러스 보균자이므로 499명은 바이러스에 감염되지 않았다. 또 바이러스에 감염되지 않았는데 감염되었다고 진단받는 사람은 5퍼센트다. 즉 판정오류로 양성으로 판정된 사람은 500명 중 25명이다. 따라서 500명 중 양성으로 판정되는 사람은 확실한 보균자 1명과 판정오류로 인한 25명을 합쳐 26명이다. 하지만 26명 중 실제로 감염된 사람은 1명뿐이다. 그러므로 당신이 양성 판정을 받았다면 26명 중 1명일뿐이다. 실제 감염확률은 4퍼센트에도 못 미친다.

우리는 어떤 위험에 노출되었다고 생각될 때, 확률을 무시하고 위험을 과대평가하는 경향이 있다. 또 위험이 가까이에서 목격되었을 때 더욱 공포를 느낀다. 100만 명 중 1명이 에이즈 환자라면 거의 위험을 느끼지 않지만, 이웃집 아저씨가 에이즈에 걸렸다는 사실이 알려지면 불안감은 증폭된다. 사람들에게 널리 알려진 유명인이 연루되었을 때도 위험은 과장된다. 시골에서 농사를 짓는 사람이 뱀에 물려 사경을 헤매고 있다면 별 관심을 두지 않지만, 스타 가수가 뱀에 물려 병원에 입원하게 되면 뱀에 대한 위험성을 과장해서 받아들이는 것이다.

진화심리학자들은 광우병에 대한 과장된 공포심이 진화과정에서 프로그램된 것으로 여긴다. 과거 조상들이 상한 고기로 인해 겪었던 전염병에 대한 경계심과 공포심이 우리의 뇌에 각인되어 있다는 것이다. 이러한 공포는 조상들의 생존율을 높이는 데 긍정적인 역할을 했을 것이다. 공포심을 가졌던 조상들이 조심성 없이 행동한 조상들보다 생존할 확률이 높았을 것이기 때문이다.

따라서 광우병이나 에이즈에 대한 공포를 탓할 수만은 없다. 광우병이나 에이즈에 걸릴 확률이 매우 낮기는 하지만, 대개 병원체는 빠른 전염성을 갖고 있다. 핵으로 인해 사망할 확률 역시 매우 낮지만, 방사능 누출이나 핵공격을 당하는 지역에 거주하는 사람들은 궤멸 수준의 재앙을 입는다. 더구나 전염병이나 핵전쟁은 자신이 통제력을 발휘하여 억제할 수 있는 것이 아니다.

벼락에 맞을 가능성이 거의 없어도 전 국민이 매일 한 시간씩 골프장을 어슬렁거린다면 상황은 달라진다. 광우병에 걸린 쇠고기를 먹을 확률도 희박하지만, 모든 국민들이 일주일에 한 번씩 쇠고기를 먹고, 그 중 한 마리가 광우병에 걸렸다면 상황은 달라진다. 확률이 낮다는 것과 위험하지 않다는 것은 전혀 다른 차원인 것이다. 확률이 낮아도 복권에 당첨되는 사람은 늘 나타나기 때문이다.

숫자가 부리는 마법

슈퍼마켓에서 가장 쉽게 접할 수 있는 숫자는 '9'이다. 상당수의 가격표는 19,900원, 29,000원처럼 9라는 숫자가 유독 많이 사용된다. 본래 9는 점원들의 횡령을 방지하기 위해 가격표에 사용되었다고 한다. 비양심적인 일부 점원들이 가격이 1달러 단위로 되어 있을 때 1달러짜리 지폐를 호주머니에 슬쩍 집어넣은 것이다. 그러나 가격이 99센트라면 1달러짜리 지폐를 받고 잔돈 1센트를 거슬러주어야 했다. 이때 점원은 거스름돈을 주면서 매출을 기록해야 하고.

하지만 오늘날에는 할인된 가격이라는 인상을 주기 위해 숫자 9를 사용한다. 1996년 매사추세츠 대학교의 로버트 쉰들러R. M. Schindler와 토머스 키배리언T. M. Kibarian의 연구에 따르면 9로 끝나는 가격이 구매를 활발하게 촉진시킨다고는 할 수 없지만, 소비자들이 더 많은 돈을 사용한 것으로 나타났다. 또 식당메뉴를 대상으로 한 또 다른 연구자의 실험에서는 9로 끝나는 가격표가 붙은 음식을 가장 많이 선택했으며, 가격표보다 더 싼 가격으로 기억했다. 즉 6.99달러를 6달러로 기억하고 있었다. 이는 오른쪽에 있는 숫자, 즉 소수점 이하의 숫자는 잘 기억되지 않기 때문이다.

사람들은 숫자의 뒷자리가 복잡하면 더 작은 것으로 인식하는데, 이를 '숫자 정밀성 효과'라 부른다. 199,990원은 199,900원보다 90원이 더 비싼데도 사람들은 오히려 싼 것으로 인식한다. 이러한 가격정책에 대한 연구결과는 균일하지 않고, 소비자를 착취한다는 명백한 증거도 없지만 판매효과가 있다는 증거는 많다.

우리의 뇌는 5배수와 10배수에 익숙해져 있다. 이는 두 손의 손가락이 10개이기 때문이다. 그래서 오늘날 모든 국가가 사용하는 미터법은 10진법으로 되어 있고, 10배수에서 모자라는 숫자는 싸다는 느낌을 갖게 한다. 반대로 자신이 갖고 있는 것이 10배수에서 모자라면, 10배수를 채우고 싶은 욕망을 느낀다. 그래서 판매자들은 구매자에게 마일리지를 제공하고, 이를 화폐수단으로 전환할 수 있는 기준을 설정하여 소비자들이 해당 상품을 더 많이 구매하도록 유혹한다. 즉 5천 점의 마일리지를 채워야 현금으로 전환할 수 있도록 함으로써 일회성 구매자들의 추가 구매를 유도하는 것이다.

이런 사례는 주위에서 흔히 찾아볼 수 있다. 일정금액 이상 구매자에게 추가 마일리지를 제공하거나 일정금액 이상의 신용카드 사용자에게 현금 또는 경품을 제공하는 것도 이런 판매전략 중 하나다. 사람들은 꽉 채워지지 않은 것을 참지 못하기 때문에 약간의 인센티브만 제공해도 모자라는 점수를 채우려고 기를 쓴다. 더구나 판매자는 고객의 영수증에 할인받은 금액을 따로 표시함으로써 구매를 통해 이익을 얻었다는 만족감을 느끼게 만든다.

우리는 늘 숫자를 가까이하며 살고 있지만, 당신이 보고 있는 숫자가 늘 진실의 표지는 아니다. 우리가 속기 쉬운 숫자 중 하나는 바로 통계다. 델라웨어 대학교의 사회학자 조엘 베스트Joel Best는 《통계라는 이름의 거짓말*Damned Lies and Statistics*》에서 한 대학원생의 논문을 통계 오류의 예로 들고 있다. 이 논문에는 "1950년 이래 총기로 희생된 미국 어린이 수가 매년 두 배로 증가했다"고 되어 있었다. 대학원생이 논문을 작성하면서 인용한 학술지에도 같은 문장이 들어 있었다. 하지만 이는 불가능한 일이다. 1950년 이후 매년 두 배로 증가했다면, 기하급수적으로 늘어난 것이 된다. 따라서 1950년에 1명의 어린이가 총기사고로 희생되었다면, 1960년에는 1,024명, 1970년에는 100만이 넘고, 1980년에는 10억이 넘고, 인용한 학술지가 발간된 1995년에는 무려 35조 명이 총기사고로 희생된 것이 된다. 실상은 '1950년 이래 두 배가 되었다'는 것이었다. 즉 1994년에 총기사고로 희생된 어린이 사망자 수가 1950년보다 두 배가 되었다는 것이다.

전혀 다른 통계로 만들어지는 변이통계mutant statistics는 의심 없이 인용되고, 널리 유포된다. 더구나 일반인들은 전문가들이 통계를 만들었다는 생각 때문에 엉터리 통계를 그대로 믿어 버리는 경향이 있다. 하지만 상당수의 통계는 만들어질 때부터 엉터리일 수 있고, 유통 과정에서 변형되거나 조작하는 경우도 허다하다. 대개 이런 통계들은 대중의 믿음을 반박하거나 선동하는 데 사용된다. 이런 통계는 결국 세상에 대한 이해를 왜곡시킨다.

조엘 베스트의 표현대로 "엉터리 통계는 온갖 종류의 대의를 조장하기 위해" 사용될 수 있다. 이런 통계를 의도적으로 생산하거나 유통시키는 사람들은 특정한 입장을 지지하거나 반대하기 위해 통계를 이용한다. 이때 통계는 정치투쟁의 무기가 되고, 대중매체들은 자신들이 지지하는 당파를 지원하기 위한 수단으로 활용한다. 따라서 통계는 누가, 왜, 어떻게 만들었는가를 주목해야 한다.

미국의 사회심리학자이자 저널리스트인 대럴 허프Darrell Huff는 《새빨간 거짓말, 통계*How to Lie with Statistics*》에서 통계로 사기치는 방법들을 소개한다. 통계를 조작하는 방법 중에는 표본추출 방법 및 크기, 질문방법 및 질문자의 왜곡, 그래프 조작, 과장된 다이어그램, 상관관계가 없는 통계 인용 등이 있다. 최근에는 여론조사 기법이 발달하고, 공신력 있는 여론 조사 기관이 많이 생겨나 조사결과를 왜곡하기는 어렵다. 하지만 누군가 나쁜 의도를 가지고 있다면, 여론은 얼마든지 조작할 수 있다.

> 통계자료의 왜곡과 조작이 언제나 전문 통계학자들의 손으로 이루어지는 것은 아니다. 통계학자의 책상 위에서 도출되는 순진한 숫자들은 영업사원이나 광고전문가, 언론사 기자들, 또는 카피라이터들에 의해서 왜곡되고, 과장되고, 극단적으로 생략되며, 임의로 선택된다.
>
> 대럴 허프, 《새빨간 거짓말, 통계》

우리가 흔히 속기 쉬운 것이 평균값이다. 평균값에는 산술평균, 중앙값, 최빈값이 있다. 산술평균은 전체 합을 개수로 나눈 것이다. 중앙값은 한가운데 위치한 값이며, 최빈값은 가장 많이 발생하는 값이다.

산술평균은 가장 객관적일 것 같은 느낌이 들지만 실제로는 그렇지 않다. 예를 들어 당신 회사의 평균연봉이 5천만 원이라 하자. 사람들은 이 회사 직원들이 평균적으로 5천만 원의 연봉을 받는다고 생각할 것이다. 이 회사의 직원 수는 사장을 포함하여 총 11명이다. 하지만 사장이 4억 5천만 원을 받는다면, 나머지 직원 10명의 평균연봉은 1천만 원에 불과하다. 산술평균은 최고값과 최저값의 편차까지 말해주지 않는다. 편차를 고려하지 않은 평균은 오해를 불러일으킬 수 있다.

통계조작의 대표적인 경우는 2008년 노벨경제학상 수장자인 폴 크루그먼Paul Robin Krugman이 《경제학의 향연*Peddling prosperity*》에서 지적한 바 있다. 그는 레이건 정부와 함께 일한 보수 경제학자들이 레이거노믹스가 성공했다는 점을 보여주기 위해 어떻게 통계를 조작했는지 비꼬았다. 시장원리주의자들에게 성장은 경제정책의 모든 것이다. 이들은 성장만 할 수 있다면 빈부 격차가 해소되고, 세수도 많아져 재정적자를 해결할 수 있다고 주장한다.

시장원리주의자들은 레이건 정부의 경제성장 정책이 성공했다는 것을 보여주기 위해 통계 마사지data massage를 했다. 1976년에서 1982년까지 6년 동안 미국경제는 평균 1.8퍼센트의 낮은 성장률을 기록했다. 이어 1982년부터 1990년까지는 3.6퍼센트의 높은 성장률을 나타냈다. 로널드 W. 레이건 대통령의 임기는 1981년부터 1988년까지였으며, 이후 조지 H. W. 부시 대통령이 취임하여 1992년까지 집권했다. 모두 12년 동안 보수정권이 집권한 것이다.

앞에 제시된 성장률 수치만 보면 1982년까지 1.8퍼센트의 낮은 성장률을 기록하다가 레이건 취임 이후에 성장률이 3.6퍼센트로 급격히 높아진 것처럼 보인다. 하지만 1980년 말부터 1992년까지 공화당 집권기의 평균 성장률은 2.1퍼센트였다. 이 수치를 1947년부터 1973년까지의 평균 성장률 3.4퍼센트와 비교하면 레이건과 부시의 경제정책이 대단한 것이 아니었음을 알 수 있다. 또 1979년부터 1990년까지의 성장률 2.3퍼센트, 1973년부터 1979년까지의 성장률 2.4퍼센트, 1969년부터 1979년까지의 성장률 2.8퍼센트와 비교해도 레이건과 부시가 집권했던 1980년대의 성장률은 만족할 만한 수준이 아니다.

보수주의자들이 집권한 12년 동안 괄목할 만한 성장을 했다는 증거가 없다. 그럼에도 불구하고 집권 초기의 책임을 전임 대통령에게 전가하고, 통계 구간을 유리하게 구분함으로써 수치를 조작한 것이다. 실제로 레이건과 부시의 집권기 동안 미국은 재정적자에 시달렸다. 이는 부자들에 대한 대규모 감세와 군비 경쟁에 따른 것이다.

6장

경제학자는 필요한가

경제학자의 예측

하버드 경영대학원의 객원 연구원인 테리 번햄Terry Burnham은 《비열한 시장과 도마뱀의 뇌*Mean markets and Lizard Brains*》에서 이렇게 묻는다.

"전구를 갈아 끼우는 데 몇 명의 경제학자가 필요할까?"

정답은 한 명도 필요 없다는 것이다. '보이지 않는 손'이 해결해 줄 것이기 때문이다. 미국의 경제평론가 찰스 윌런Charles Wheelan은 《벌거벗은 경제학*Naked economics*》에서 미국의 33대 대통령인 해리 트루먼과 경제학자에 얽힌 재미있는 일화를 소개한다. 트루먼은 경제학의 모호함에 진저리를 쳤다고 한다. 경제학자를 불러 정책에 대한 자문을 구할 때면, 경제학자들은 한 손on the other hand으로는 정책을 제안하고, 다른 손On the other hand으로는 그 정책이 가져올 부정적 측면들을 설명했다. 더구나 그들의 논리는 지루하고 재미없으며, 모호하기 짝이 없는 수많은 가정들로 채워져 있었다. 트루먼은 짜증을 내며 "차라리 팔이 하나인 경제학자를 데려오라"고 말했다.

경제학자 무용론이 제기된 것은 어제오늘의 일이 아니다. 실제로 우리나라에서 최고의 경제 분석가들이 모여 있다는 경제연구소에서 예측한 내년도 경제성장률과 당신이 막연하게 예측한 경제성장률은 거의 차이가 없을 것이다. 당신의 예측이 빗나가더라도 걱정할 필요는 없다. 당신이 틀렸다면 경제학자들의 예측도 틀린다. 당신의 예측이 상당 폭의 오차를 보였다면 내년도 경제는 그만큼 불확실성이 증가했다는 것이고, 이 불확실성을 정확히 예측할 수 있는 경제학자는 없다.

간혹 경제학자의 예측이 정확히 맞을 때도 있다. 2008년 미국의 서브프라임 모기지 사태로 인한 금융위기를 정확히 예측했다는 뉴욕 대학교의 누리엘 루비니Nouriel Roubini 교수가 대표적이다. 그는 서브프라임 모기지 문제가 불거지기 2년 전인 2006년 7월, 미국경제와 금융시장이 붕괴되는 12단계 시나리오를 역설하여 주목을 받았다. 하지만 이는 수많은 경제학자들이 예측한 한 가지 가정이 현실화된 것일 뿐이다. 그 역시 2년 후의 경제를 지금 정확히 예측할 수는 없다. 지금도 지구 어디에선가는 1년 내에 지진이 일어날 것이라고 예측하는 예언가가 있고, 지구 어디선가는 1년 내에 지진이 발생할 것이 분명하다.

표준경제학은 인간이 합리적이고 이기적인 호모에코노미쿠스homo economicus라는 전제에서 출발한다. 그러나 행동경제학은 인간이 부분적으로만 합리적인 존재라는 사실을 입증하고 있으며, 진화심리학과 게임 이론은 인간이 이기적인 동시에 이타적인 존재라는 사실을 증명한다.

인간이 합리적이고 이기적이라면, 경제학자들은 보통사람들보다 더 합리적이고 이기적일까? 최후통첩게임ultimatum game을 고안한 독일 훔볼트 대학교의 베르너 구트Werner Güth 연구팀은 1981년에 경제학을 전공한 학생이 다른 집단의 학생보다 더 이기적인지를 실험했다.

최후통첩게임은 일정한 액수의 돈을 두 사람이 나누는 게임이다. 이

때 제안자가 분배비율을 결정하는데, 수용자는 그 비율을 수용할 것인지 거부할 것인지를 결정할 수 있다. 만일 수용자가 분배비율을 거부하면 두 사람은 한 푼도 받지 못하고 게임이 끝난다. 이 게임에서는 수용자가 어떤 조건이든 받아들이는 것이 이익이다. 거부하면 두 사람 모두 한 푼도 받지 못하기 때문이다. 제안자는 이 사실을 잘 알고 있기 때문에 자기 몫에 욕심을 낼 수 있다.

하지만 대부분의 실험에서 제안자는 수용자가 받아들일 만한 분배비율을 제시하는 것으로 나타났다. 즉 상대방의 입장을 배려하는 이타주의를 보였던 것이다. 그렇다면 경제학도는 어떨까? 베르너 구트 연구팀의 실험에서는 경제학도가 다른 전공의 학생들에 비해 탐욕적인 것으로 나타났지만, 학년이 높아질수록 탐욕은 감소했다. 이후에도 경제학도를 대상으로 한 실험은 다른 학자들에 의해 반복되었지만 결과는 크게 다르지 않았다.

주식에 투자한 경제학자들

만약 경제학자들이 주식에 투자한다면 어떻게 될까. 경제이론에 해박하기 때문에 이들이 손해볼 확률은 일반인보다 적을 것이다. 하지만 이러한 추측을 확인할 만한 자료를 찾기는 거의 불가능하다. 때문에 경제학자들이 주식시장에서 평균적으로 얼마만큼의 수익이나 손실을 나타내고 있는지는 알 수 없다. 하지만 몇몇 사례들은 확인할 수 있다.

하버드 대학교의 로버트 머튼Robert C. Merton과 스탠포드 대학교의 마이런 숄스Myron S. Scholes는 1997년에 노벨경제학상을 공동수상했다. 두 사람의 공로는 주식옵션과 다른 파생물의 가치를 측정하는 방안을 제시한 것이었다. 특히 숄스는 1973년에 피셔 블랙Fischer Black과 함께 옵션거래 등의 경제 분야에 적용되는 편미분 방정식인 '블랙-숄스 공식'을 발표하여 유명해진 학자였다. 이 공식은 파생금융상품 시장의 높은 위험부담을 줄이는 데 도움이 되었다.

1994년 투자회사 살로만브라더스 출신의 투자전문가 존 메리웨더John W. Meriwether는 전설적 헤지펀드인 '롱 텀 캐피털 매니지먼트Long Term Capital Management, LTCM'를 설립했다. 1990년대 초반 수많은 헤지펀드가 등장한 월가에서 상당한 명성을 얻은 회사가 바로 LCTM이다. 설립자 존 메리웨더는 당시 최고의 금융이론가로 평가받던 로버트 머튼을 중역으로 채용한 데 이어 마이런 숄스까지 고용했다.

LTCM은 10억 달러 규모의 펀드를 조성하고, 1994년 3월부터 본격 투자에 나섰다. 이 회사는 그해 말 20퍼센트의 순수익을 올렸다. 최고의 전문가들이 이 회사에 속속 모여들었는데, 그 중에는 MIT 출신으로 하비드 경영대학원 교수였던 에릭 로젠펠드Eric Rosenfeld도 있었다. 이후 LTCM은 승승장구했다. 1995년에 43퍼센트, 1996년에 41퍼센트의 순수익을 올렸고, 억만장자들이 돈을 맡기기 위해 몰려들었다. 1997년에는 다소 부진한 17퍼센트의 수익을 올렸지만, 펀드 규모는 71억 달러로 급증했다. 펀드 규모는 날로 커져 마침내 운용자금이 1천억 달러를 돌파했다.

그러나 운용자금이 많아질수록 투자기회는 부족해졌고, 결국 더욱 위험한 자산에 투자하지 않으면 안 되었다. 이들의 신화는 오래가지 않았다. 몇 년이 지나지 않아 LTCM은 위기에 봉착했다. 1997년 동남아시아와 한국에서 외환위기가 발생했고, 그 여파로 러시아가 모라토리엄을 선언하는 사태가 발생한 것이다. LTCM은 1997년에 러시아 재무부 채권에 투자했다. 금리가 40퍼센트에 달하는 정크 본드였다. 문제는 이 회사가 금융기관으로부터 엄청난 양의 돈을 빌려 투자했다는 것이다. LTCM은 자본 1달러

당 29달러를 차입함으로써 약 30배수의 레버리지를 사용했다.

1998년 7월, 국제통화기금IMF은 위기에 처한 러시아 은행들에 170억 달러를 융자해 주었다. 하지만 이 중 45억 달러는 부정한 자들의 손에 들어갔다. 1998년 8월이 되자 러시아 재무부가 발행한 채권의 지급 금리는 70퍼센트까지 상승했다. 결국 러시아 정부는 1998년 8월 17일 루블화 평가절하와 함께 채권에 대한 모라토리엄을 선언했다. LTCM은 일주일 동안 5억 5,100만 달러의 손실을 입었다. 금융기관들은 LTCM에 신규 대출을 중단하고, 현금보증을 요구했다.

1998년 9월 23일 뉴욕연방은행은 LTCM이 거래하던 은행 및 투자회사들과 함께 컨소시엄을 구성해 36억 2,500만 달러를 투입하기로 결정했다. 이때 LTCM의 자산은 정점에 있을 때에 비해 44억 달러가 줄어 있었고, 결국 손실을 견디지 못한 채 파산하고 말았다. LTCM에 몸담았던 두 천재 이론가가 노벨경제학상을 받은 이듬해였다.

행동경제학의 이론적 틀을 제공한 리처드 탈러 역시 1990년대 중반에 '풀러 & 탈러 자산운용'이라는 회사를 세워 자신의 이론을 직접 실물경제에 적용했다. 리처드 탈러는 대중의 심리적 요인에 근거한 투자 모델을 만들어 많은 수익을 창출했지만, 이 회사도 IT거품이 붕괴되던 2000년대 초에 큰 손실을 입었다. IT주에 심각한 거품이 있다는 사실을 알았지만, 그 거품이 언제 꺼질지는 알 수 없었기 때문이다.

7장

음모가 판치는 주식시장

주가는 보이는 손이 조작한다

경제학자들조차 투자게임에서 패하는 마당에 주식시장에 발을 담근 일반인들이 수익을 올릴 확률은 매우 적다. 간혹 주식투자로 백만장자의 꿈을 이룬 사람들이 나타나지만, 아주 극소수일 뿐이다. 개인은 기관이나 외국인 투자자들에 비해 자금력과 정보력이 약하다. 외국인 투자자 역시 대부분 개인이 아니라 투자기관이라는 점을 감안하면, 개인투자자들은 이들의 계획된 의도에 따라 속수무책으로 당할 수밖에 없다.

자금력과 정보력을 가진 '세력'들의 움직임을 사전에 예측하고, 이들과의 심리게임에서 우위를 점하는 투자자만이 수익을 거둘 수 있다. 대규모 수익을 거둔 개인투자자 역시 일반 개인투자자들에 비해 더 많은 자금력을 확보한 '세력'일 가능성이 높다. 이들의 성공은 대개 특정한 소규모 기업의 주식을 대량 매집했다가 되팔아서 거둔 수익이기 때문이다. 일종의 매점매석買占賣惜 행위인 셈이다.

주식시장에 나도는 애널리스트들의 리포트도 전혀 믿을 만한 것이

못 된다. 대개 이런 리포트들은 뒷북을 치는 것이거나, 자신들에게 연봉을 지급하는 기관의 보유주식을 처분하기 위해 이용된다. 그래서 주식시장에는 애널리스트들의 리포트 내용과 반대로 주식을 매매하는 투자자들도 있다. 매도하라는 리포트가 나온 주식을 사고, 매입하라는 리포트가 나온 주식을 파는 것이다.

> 증권시장은 자기인용 방식으로 운영된다. 애널리스트들은 경제연구소나 동료들이 언급한 내용을 인용하고, 확산하면서 개념을 만들어간다. 이는 동일한 이데올로기로 구성되어 있다. 예외 없이 자유주의 교육에 세뇌되었고, 경쟁 프레임으로 세상을 본다. 한 신용평가사가 등급을 내리면 다른 회사들도 등급을 내린다.
>
> **베르나르 마리스**Bernard Maris, **《무용지물 경제학***Antimanuel d'économie***》**

《괴짜심리학*Quirkology*》의 저자 리처드 와이즈먼Richard Wiseman은 영국 허트포드셔 대학교의 심리학 교수로, 프로 마술사라는 독특한 이력도 가지고 있다. 그는 2001년 영국과학진흥협회BAAS로부터 한 가지 실험을 부탁받았다. BAAS는 1년에 한 번씩 1주일 동안 과학 이벤트를 여는데, 이 행사의 하나로 점성술이 주식투자에 효과가 있는지를 알아봐 달라는 것이었다.

제의를 받은 리처드 와이즈먼은 7년 경력의 투자전문가와 점성가, 그리고 런던 출신의 네 살배기 아이를 실험대상으로 삼았다. 네 살배기 아이의 이름은 '티아'였다. 그는 세 사람에게 5천 파운드가 있다고 가정하고 투자를 권유했다. 투자 대상은 영국의 100대 기업이었다. 문제는 의사표현 능력이 없는 티아였다. 그래서 그는 100대 기업의 이름이 적힌 종이쪽지를 허공에 날린 후, 티아에게 종이쪽지 네 개를 마음대로 선택하도록 했다.

세 사람이 투자한 결과에 대한 판정은 영국의 투자회사 바클레이즈 증권에 맡겼다. 1주일 후 세 사람이 선택한 기업의 주가를 바탕으로 심사가 이루어졌다. 실험이 있었던 기간은 세계적으로 주식시장이 매우 좋지 않았기 때문에 참가자 모두 돈을 잃었다. 점성가는 10.1퍼센트의 손실을 입었고, 투자전문가는 7.1퍼센트, 티아는 4.6퍼센트의 손실을 기록했다. 그러나 1주일간의 주가로 이들의 능력을 판단할 수는 없었다. 그는 실험 기간을 1년으로 연장했다. 그해 영국의 주식시장은 전체적으로 16퍼센트나 하락했다. 결국 1년이 지난 후 투자전문가는 46.2퍼센트의 손실을 기록했고, 점성가는 6.2퍼센트의 손실을 입었다. 하지만 네 살배기 티아는 5.8퍼센트의 수익을 거두었다.

리처드 와이즈먼은 침팬지와 인간의 투자 대결도 소개한다. 스웨덴의 한 신문사가 나섯 명의 경력 있는 투자자와 '올라'라는 침팬지에게 1,250달러를 지급하고 수익률 게임을 벌였다. '올라'는 기업 이름이 적힌 판에 다트를 던져 투자처를 선택했다. 한 달 뒤 수익률을 분석한 결과 침팬지 '올라'의 수익률이 인간 투자자들보다 나았다.

이런 사례들은 인간의 존재를 우습게 만들어 버린다. 주식에 투자하면서 순전히 우연에 기댈 수밖에 없다면, 우리는 왜 기를 쓰고 기업의 경영 상태를 분석하고 경제학을 공부하는가? 당신이 주식시장을 기웃거려 본 적이 있다면, 이 어리석은 물음에 고개를 끄덕일 것이다. 기업의 가치를 평가하고, 주식의 적정가격을 산정하는 방식은 많다. 하지만 그 가격이 적정한 가격인지에 대해서는 아무도 확신을 가질 수 없다. 리처드 탈러는 《승자의 저주*The Winner's Curse*》에서 이렇게 말한 바 있다.

"'가격은 내재적 가치와 같다'라는 진술은 검증되어야 할 명제이지, 공리가 아니라는 사실을 깊이 새겨두어야 한다."

개인투자자들은 기업이 발표하는 경영실적을 믿을 수밖에 없다. 대개 주가는 6개월 후의 실적을 미리 반영하기 때문에 기업이 좋은 경영실적을 발표하면 그때부터 주가가 하락한다. 사전에 정보를 확보한 큰손들은 미리 주식을 매집했다가 기업의 좋은 경영실적이 알려질 때부터 서서히 매도해 버리기 때문이다. 반면 초보투자자들은 기업이 좋은 실적을 발표할 때 주식을 사들인다. 가장 높은 가격에 주식을 사는 것이다.

이때부터 그 기업의 주가는 끝 모르게 하락한다. 초보투자자들은 떨어지고 있는 주가가 매우 싸다고 느끼기 때문에 가진 돈이 마를 때까지 그 주식을 사들이고, 나중에는 돈을 빌려 주식을 사 모은다. 하지만 소위 '세력'으로 불리는 큰손들은 개인들이 수익을 올리도록 내버려두지 않는다. 그들은 돈을 벌기 위해 주식시장에 참여한 것이지, 당신에게 자선을 베풀기 위해 시장에 나온 것이 아니다.

당신은 어느 정도까지는 그 기업의 주가가 계속 떨어지기를 원할 것이다. 그래야 주가가 올랐을 때 수익을 올릴 가능성이 더 높으니까. 하지만 주가가 더 하락하면 당신이 갖고 있던 현금은 거의 바닥나게 될 것이다. 그럼에도 불구하고 게임을 주도하는 세력은 당신의 사정을 전혀 고려하지 않는다. 주가를 더 떨어뜨린다. 이들은 이미 오래전에 현재의 주가보다 더 낮은 가격에 주식을 매입했기 때문에, 당신에게 마음껏 주식을 팔 수 있다. 설령 지금보다 높은 가격에 매입한 주식이 있더라도 이들에게는 전혀 손해가 아니다. 지금의 손실을 감수할 만큼의 수익을 이미 올려놓았거나, 지금 매도한 가격보다 더 낮은 가격으로 주식을 되살 것이기 때문이다. 이들에게 싼 가격으로 주식을 내던지는 것은 공포심에 사로잡힌 개인투자자들이다.

결국 당신은 한없이 떨어지는 주식을 사기 위해 빚을 낸다. 당신의 절망과 포기는, 더 이상 빚을 낼 수 없고, 빚을 갚을 방법도 없다는 판단이 내려졌을 때 절정을 이룬다. 이때는 손실을 감수하고 보유한 주식을 파는 수밖에 없다. 당신의 계좌는 이제 반 토막이 되어버렸다. 하지만 당신이 주식을 파는 그 순간부터 주가는 오르기 시작한다. 당신의 자금이 바닥났다는 것을, 그들은 알고 있기 때문이다.

세력들은 이때 주식을 대량으로 매집한다. 당신이 더 이상 견딜 수 없어 싼값에 내던진 주식을 도로 거두어들이는 것이다. 경험이 많은 투자자들도 이때 주식을 산다. 세력들이 주식을 사면서 주가가 오르기 시작하면, 온갖 헛된 정보들이 시장에 떠돈다. 당신은 잃은 돈을 만회하기 위해 다시 주식시장에 뛰어든다. 그러나 그 정보가 당신의 귀에 들어왔을 즈음 주식을 매입했다면, 이미 때는 늦었다. 당신이 기대에 부풀어 있을 그 순간, 주가는 다시 곤두박질치기 시작한다.

주식투자로 확실한 수익을 얻을 방법은 있다. 모든 시장참여자들이 주식을 산 다음, 팔지 않기로 약속하는 것이다. 주식을 파는 사람이 없으면, 주가는 수요공급의 법칙에 의해 오르게 되어 있다. 하지만 주가가 오르면 누군가는 약속을 어기고 보유한 주식을 팔 것이다. 바로 '죄수의 딜레마prisoner's dilemma'가 현실화되는 것이다. 투자자들은 상대방을 믿을 수 없기 때문에, 상대가 주식을 팔기 전에 먼저 팔려고 할 것이다. 서로 협력을 하면 수익을 얻을 수 있다는 것을 알지만, 결국 투자자들은 상호배신을 선택할 수밖에 없다.

모든 가격이 수요와 공급이 만들어낸 '보이지 않은 손'에 의해 결정된다는 믿음은 착각이다. 물론 주식시장에서도 수요와 공급은 주가에 매우 중요한 영향을 미친다. 하지만 주식시장에서 개별 종목에 대한 수요와 공급은 '보이지 않는 손'에 의해서가 아니라 '보이는 손'에 의해 의도적으로 조작된다.

다수의 주주를 무시하는 경영진

2001년, 미국의 에너지기업 엔론Enron이 대규모 회계부정 사건으로 파산한 사건을 기억할 것이다. 레이건 정부에서 에너지 담당 차관보를 역임한 케네스 레이Kenneth Lay는 1984년 42세의 나이로 텍사스의 작은 가스유통회사인 휴스턴천연가스HNG의 경영을 맡은 후, 회사이름을 엔론으로 바꾸었다. 그는 1992년 부시 대통령 선거위원회 의장을 맡을 만큼 석유재벌인 부시 가문과 가까웠고, 역시 석유업계의 거물이자 훗날 부통령에 취임하는 딕 체니와도 친밀한 관계를 유지했다. 이들과의 탄탄한 관계를 바탕으로, 케네스 레이는 15년 동안 미국 정부가 에너지사업 관련 규제를 완화하도록 영향력을 행사했다.

짧은 시간에 엔론은 거대기업으로 변모해 갔다. 1994년 미국 가스 및 전기 시장의 4분의 1을 통제했으며, 1999년에는 《포춘》지로부터 미국에서 7번째 큰 기업으로 선정되기도 했다. 2001년 제프리 스킬링Jeffrey Skiling 회장이 취임하자, 케네스 레이는 이사회 대표로 물러앉았다. 그런데 그해 8월 14일 제프리 스킬링 회장은 270억 달러어치의 주식을 매도한 뒤 회장직에서 사임했고, 케네스 레이가 회장으로 복귀하여 다시 370억 달러어치의 주식을 매도했다.

이 무렵 UBS페인웨버 은행의 한 금융 컨설턴트가 엔론 주식에 대해 매도하라는 의견을 냈다. 그는 곧 해고되었고, 이틀날 은행간부들은 다시 매입 의견을 냈다. 2001년 10월 9일 골드만삭스는 엔론을 '최고 중의 최고best of best' 기업이라는 평가를 내렸다. 그러나 10월 16일 엔론은 6억 1,800만 달러의 손실 실적을 발표했다. 11월 8일 엔론은 소규모 경쟁회사인 디너지Dynegy에 자사를 매각하는 안을 수용했으나, 11월 28일 엔론의 재무 상태를 평가한 결과 빚이 300~400억 달러에 달한다는 사실을 안

디너지는 인수를 포기했다.

회사가 최악의 상황으로 치닫고 있는 가운데, 11월 29일 엔론은 임원들에게 5,500만 달러의 보너스를 지급했다. 같은 날 디너지가 인수를 포기하자 신용평가기관인 무디스가 신용등급을 낮추었고, 다음날이 되어서야 모든 평가기관들이 엔론의 신용등급을 낮추는 데 동참했다. 그로부터 불과 사흘 후인 12월 2일 엔론은 파산을 신청했다. 엔론의 주가는 하루아침에 폭락했다. 2000년 8월 17일에 90달러로 급등했던 주가는 파산을 신청한 직후인 2001년 12월 5일에 1.01달러로 폭락했다. 주요 주주와 경영진은 파산을 신청하기 직전에 무려 1조 달러 상당의 주식을 처분해 버렸다. 결국 엄청난 손실을 입은 건 개인투자자들이었다.

이후 엔론의 회계조작이 속속 드러났다. 엔론의 외부 회계감사법인 아서 앤더슨Arthur Andersen사는 회계감사뿐 아니라 경영자문 서비스를 동시에 수행한 것으로 드러났다. 감시자로서의 의무와 역할을 방기한 것이다. 아서 앤더슨은 2000년 한 해에만 엔론으로부터 회계감사 수임료와 자문서비스 대가로 5천만 달러 이상의 수수료를 받았다. 더구나 이들은 미증권거래소SEC에 엔론과 관련한 회계기록을 넘기지 않으려고 관련 문서와 컴퓨터 파일을 모두 파기하기까지 했다.

경영진의 도덕적 해이도 속속 밝혀졌다. 파산하기 약 두 달 전, 창업주인 케네스 레이와 CEO 제프리 스킬링 등이 참석한 회의에서 셰론 왓킨스Sherron Watkins 재무담당 임원이 회계처리에 중대한 문제가 있음을 보고하자 이들은 보유주식을 대량 매각함으로써 자신들만이 살 길을 찾았다.

부당한 거래도 비일비재했다. 엔론은 이해관계자 거래Related-party transaction를 회사의 손실을 은폐하는 도구로 활용했다. 어떤 임원은 자신이 소유한 회사나 이해관계가 있는 기업으로 하여금 엔론과 거래하고 있는 것처럼 위장하여 손실을 은폐했다. 이러한 사적 거래를 통해 그들은 개인적 이익을 얻었다.

창업주 케네스 레이는 엔론 파산 후 6개월여 만에 갑자기 심장병으로 사망했다. 2006년 10월 23일, 미국 휴스턴 지방법원은 최고경영자인 스킬링에게 24년 4개월의 징역형을 선고했다. 무려 17년 동안 회계가 조작되고 있었는데도, 엔론의 경영 상태에 대해 그 누구도 경고하지 않았다. 엔론 몰락의 배경에는 부패한 경영진, 권력과의 유착, 회계법인의 공모, 금융전문가들의 무소신, 언론의 띄워주기가 있었다. 이들의 무책임하고 부도덕한 행위로 인하여 1991년부터 2000년까지 엔론의 주가상승률은 무려 1,415퍼센트에 달했다.

경영자의 도덕적 해이는 '주인-대리인 문제principal-agent problem'로 설명된다. 미국식 주주자본주의에서 기업의 주인은 주주들이다. 경영진도 대개 주주지만, 거대기업의 경우에는 수많은 주주들이 존재한다. 따라서 경영진은 주주들로부터 경영의 권한을 위임받은 대리인이라 할 수 있다.

주주들은 대리인의 능력에 대해 정확히 알 수 없기 때문에 지나치게 높은 보수를 지급하거나, 능력이 없는 사람을 경영자로 선택할 수도 있다. 물론 소액주주들은 이 과정에서 거의 영향력을 행사할 수 없다. 최고경영자는 이사회에서 결정되며, 이사회는 대주주들의 대리인들로 구성되어 있다. 그렇다고 해서 이들이 주식의 과반 이상을 대리하는 것은 아니다. 대기업의 경우 주식의 소유는 분산되어 있으며, 다수의 개인들이 소량의 주식을 보유하고 있기 때문이다.

대개 이사회에서 논의된 내용은 공개되지 않는다. 그 기업에 근무하고 있는 사람일지라도 임원이 아니면 이사회에서 논의된 내용을 확인할 길이 없다. 이사회 회의록을 공개하는 기업도 많지만, 회의록을 형식적으로 작성하거나 조작하는 경우도 흔하다. 이러한 일을 방지하기 위해 사외이사 제도를 두고 있지만, 이사회에 참여하는 사외이사들은 대개 경영진에게 유리한 인사들로 구성된다. 거수기인 동시에 일종의 액세서리로 기능하는 것이다.

이 때문에 경영자는 다수의 소액주주를 고려하지 않고, 자신들의 이익을 위해 행동할 수 있다. 경제학 교과서에는 이러한 문제를 해결하기 위해 경영자에게 성과급을 지급하거나 스톡옵션과 같은 인센티브를 주는 방법, 그리고 경영자의 책임성을 강화하고 감시할 수 있는 시스템 구축 방안을 권고한다. 그러나 이러한 방안을 누가 채택하는가? 중요한 것은 소액주주인 당신이 결정하지 않는다는 것이다. 설령 소액주주들이 90퍼센트의 지분을 갖고 있다 해도 말이다.

대개 대리인 역할을 맡은 경영자들의 지분을 모두 합해도 5퍼센트를 넘지 않는다. 이들의 천문학적인 연봉은 주가에 의존하며, 주가는 실적이 좋아야 오른다. 이 때문에 경영자는 늘 성공을 날조하고 싶은 유혹에 흔들린다. 도덕적 해이는 이들이 실적을 과장하거나 적자를 숨기려는 과정에서 발생한다.

희생양을 찾는 투기자본

이 책을 쓰기로 마음먹었을 즈음, 나는 주식시장에 직접 참여해 보기로 했다. 실제 주식거래를 해보는 것이 시장을 이해하는 지름길이라고 믿었기 때문이다. 하지만 시기가 좋지 않았다. 당시는 서브프라임 모기지에 대한 우려가 고개를 들고 있던 시점이었다. 하지만 주가는 연일 상승했다. 그것이 거품이라는 것을 깨달은 것은 한참 뒤의 일이다. 주식시장을 관찰하면서 느낀 생각들을 정리하려면 별도의 지면이 필요할 것이다.

게이오 대학교의 경제학자 오바타 세키小幡績가 자신의 투자경험을

바탕으로 쓴 《버블경제학すべての經濟はバブルに通じる》은 내가 주식시장에서 느낀 점들을 가장 잘 반영했다. 그는 투기금융자본들이 어떻게 거품을 만들고, 거품을 꺼뜨리는지를 실감나게 보여준다. 그는 개인투자자들을 향해 경고한다.

"당신의 환상과 다르게 프로페셔널 투자자들은 버블을 최대한 이용하려고 한다. 좀 더 정확히 말해 그들은 버블을 앞장서 조장하고 당신처럼 평범한 사람들을 끌어들이려고 갖은 애를 쓴다."

그에 따르면 버블 발생에는 이유가 없다. 세계를 유령처럼 떠도는 투기자본은 버블을 찾아다니고 버블을 만든다. 버블 붕괴란 자산을 팔고 싶어도 팔기 어려운 상황을 말한다. 즉 사려는 사람이 없는 것이다. 때문에 버블이 붕괴될 때는 아주 적은 거래량만으로도 자산가치가 폭락한다.

사려는 사람이 없을 때, 투기자본은 구매자를 만들어낼 수밖에 없다. 즉 막판에 덤터기를 쓸 희생자가 필요하다. 대개 이때는 성실한 사람들마저 도박판에 뛰어든다. 이른바 거품이 만들어지는 것이다. 하지만 높은 가격에 사려는 투자자는 적다. 이런 상황에서 투기자본은 적은 거래량만으로 주가를 폭등시킬 수 있다. 자칭 투자 전문가라는 사람들이 가세하여 장밋빛 전망을 내놓고, 여기에 신용평가 회사들까지 개입하여 거품은 더욱 부풀려진다. 버블이 버블을 키우는 것이다.

버블이 없으면 투기자본은 이윤을 얻기 어렵다. 세계적인 투자회사들도 위험이 도사리고 있다는 것을 알지만, 경쟁자보다 조금이라도 수익률을 높이기 위해 버블에 편승한다. 이렇게 되면 가격이 너무 높아 망설이던 보수적인 투자자조차 버블에 동참하게 된다. 이제 남은 것은 버블 붕괴이며, 가장 마지막에 뛰어든 성실한 투자자들이 희생양이 된다.

버블이 붕괴할 때는 모두가 패닉 상태에 빠진다. 이것 역시 투기자본이 노리는 함정이다. 이들은 군중심리를 선동함으로써 투매를 부추긴다.

하지만 엄청난 손실을 감수하고 투매했을 때, 반전이 시작된다. 주가가 급등하는 것이다. 급등의 속도는 매우 빠르다. 투매를 부추긴 세력이 주식을 되사기 때문이다. 이때는 폭락 직전의 가격을 대부분 회복한다. 성실한 투자자들은 그때까지 참지 못하고 헐값에 매도해 버린 자신의 인내력을 탓하며 후회와 자기혐오의 감정에 빠진다. 그러나 이미 손실을 입고 주식을 투매했기 때문에 팔 주식이 없다. 후회 때문에 잠을 못 이루던 사람들은 손실을 만회하기 위해 반 토막 난 자금으로 다시 주식을 매입할 기회를 노린다.

바로 이 지점에 두 번째 함정이 도사리고 있다. 투기자본은 주식을 사기 위해 기다리고 있는 투자자들에게 미끼를 던진다. 가격을 계속 등락시킴으로써 적당한 가격에 주식을 매입할 기회를 주는 것이다. 사실 그들은 처음 투매를 조장할 때 보유주식을 충분히 처분하지 못했다. 이들이 가격을 등락시킴으로써 매입 기회를 주는 것은 두 번째 희생양을 찾기 위해서다. 따라서 두 번째 희생양들이 기분 좋게 막차에 올라타면, 진짜 붕괴가 시작된다.

투기자본이 이용하는 것은 투자자들의 공포감이다. 두 번째 폭락과 함께 진짜 거품이 붕괴되면, 주가는 형편없는 가격에서 장기간 미세한 조정을 거친다. 투기자본에게는 이때가 최고의 기회다. 이때 주식을 매입한 사람들은 돈을 벌 수 있지만 안타깝게도 개인투자자들은 주식을 살 돈이 없다. 주머니 속의 돈은 이미 반의 반 토막으로 줄었기 때문이다. 성실한 투자자들이 고통을 겪는 동안 투기자본은 다시 거품을 만들 기회를 노린다.

거품의 형성과 붕괴에 대한 이론은 이미 1980년대 중반에 하이만 민스키Hyman Minsky가 제시했다. '금융 불안정성 가설financial instability hypothesis'로 불리는 그의 모델에서 거품 붕괴의 원인은 '부채의 누적'이다. 그의 이론에 따르면, 금융시장은 안정적이지 않으며 자원의 배분이 자동적으로 최적 상태를 유지하는 것도 아니다.

경기가 상승하게 되면 투자자들은 위험을 감수하고 적극적으로 투자에 나서기 때문에 자산가치는 상승하고, 그만큼 리스크도 증가한다. 자산시장이 과열되면 어느 시점에서 자산가치가 하락하기 시작하면서 투자자들은 투자를 위해 빌렸던 돈을 갚기에도 벅차게 되고, 불안감을 느낀 금융기관들은 채무자들에게 상환 압력을 가하게 된다. 하지만 자산가치가 하락했기 때문에 빌린 돈을 갚기 위해서는 우량자산까지 매각해야 한다. 이는 자산가치를 더 하락하게 만들고, 현금을 구하기 위한 자산매각 경쟁을 불러일으킨다. 이때가 바로 투기적 거품이 붕괴되는 시점으로, '민스키 모멘텀Minsky momentum'이라 부른다.

민스키는 채무자를 헤지hedge, 투기적speculative, 폰지ponzi 등 세 단계로 구분했다. 헤지 단계 채무자는 빌린 돈을 제때 갚을 능력이 있는 우량 채무자들이다. 투기적 단계에 있는 채무자는 곧바로 빚을 갚지 못하더라도 이자를 낼 수 있는 이들이다. 이들은 한꺼번에 빚을 상환할 경우 다시 빚을 내야 하기 때문에 부채를 만기연장roll over하고 싶어 한다. 반면 폰지 단계에 있는 채무자는 원금은 고사하고 이자조차 갚지 못하는 불량 채무자들이다. 이들은 빚을 갚기 위해 무엇이든 팔아치워야 하기 때문에 자산가치를 떨어뜨리는 역할을 한다. 투기적 혹은 폰지 채무자의 비중이 클수록 금융시스템의 안정도는 떨어진다.

거품이 터지면 투기적 채무자들은 이자를 지급할 능력이 있는데도 금융시장에서 더 이상 대출을 받을 수 없기 때문에 폰지 채무자로 전락하게 된다. 이때가 본격적인 금융위기의 출발점이다. 민스키의 모델은 2007년 세계 금융위기를 통해 증명되었다.

미국의 경제학자 찰스 P. 킨들버거Charles P. Kindleberger는 《광기, 패닉, 붕괴 금융위기의 역사*Manias, Panics and Crashes*》에서 금융시장에서 광기가 발생할 때마다 유사한 패턴이 존재한다는 것을 보여주었다. 첫 번째 패턴은 가계의 부가 증가하고 지출이 늘어나며, 이보다 더 좋았던 적이 없다는 인식이 퍼져나간다는 것이다. 그러는 사이 자산가격이 치솟았다가 급격한 하락으로 이어지며, 이는 시장붕괴나 금융위기로 이어진다. 거품은 투기의 광기가 동반되어야 형성된다. 이때 통화와 신용이 팽창하면서 거품은 최고조에 이른다.

경기순환이 투기와 밀접한 관련이 있다는 주장은 이제 새삼스러운 이론이 아니다. 예일 대학교의 경제학자 로버트 실러Robert J. Shiller는 《이상과열*Irrational exuberance*》에서 뉴욕증권거래소의 S&P 지수자료를 1872년까지 거슬러올라가 외삽extrapolation하는 방식으로 주식시장의 패턴을 분석했다. 로버트 실러는 이 분석방법을 통해 미국 주식시장이 정보의 흐름이나 기업의 가치에 의해서가 아니라 투기거품speculative bubble에 의해 움직인다는 것을 밝혀냈다. 그는 경제학자나 금융이론가들이 증시활황의 이유로 제시한 갖가지 이유가 실제로는 거의 영향을 미치지 않았으며, 주식시장은 일종의 폰지 사기ponzi scheme와 유사하다고 주장했다.

잘 알려져 있다시피 전설적인 금융사기꾼 찰스 폰지Charles Ponzi는 1920년대에 국제우편연합 우표를 매입하여 국가간 통화 스프레드를 이용한 사업을 구상했다. 그는 45일 이내에 50퍼센트, 90일 이내에 100퍼센트 이자를 지불한다는 신문광고를 내어 4만 명으로부터 1,500만 달러를 모았다. 찰스 폰지는 회사를 차려 투자자를 모집했고, 투자자를 끌어오는 대리인들에게는 수수료를 지급했다. 오늘날의 금융피라미드와 유사한 방식이라 할 수 있다.

이 사업이 수지맞는다는 소문이 퍼지면서 많은 사람들이 대출을 받아 투자했다. 폰지가 사용한 방법은 아주 간단했다. 새로 유입된 투자금의 일부를 예전에 투자한 사람들에게 지급하거나, 발생한 수익을 재투자하도록 유도하는 것이다. 이러한 금융사기는 자금이 바닥나지 않는 한 들키지 않으며, 신규투자자와 돈이 유입되는 한 사기행각은 지속된다. 사기행각이 발각되는 시기는 시장에 큰 변동이 생길 때다. 불경기에는 투자자들이 자금을 회수하려고 하기 때문에 신규자금을 끌어오기 어렵고, 결국 피라미드는 붕괴된다.

주식시장은 경제학자들이 가장 이상적으로 여기는 시장이다. 이런 주식시장을 폰지 사기와 비교하는 것은 너무 심하지 않을까? 하지만 주식시장이 거품 때문에 존재할 수 있다는 점을 생각하면 그다지 틀린 비유도 아니다. 금, 석유, 곡물, 부동산 등 현물을 매매하는 시장도 크게 다르지 않다. 대규모 자본이 움직이는 시장은 어디든 사기와 거품이 있어야 큰 수익을 남길 수 있다.

주식시장에는 일명 '주도주'라는 것이 있는데, 시장 환경이 좋아 가까운 미래에 좋은 실적이 기대되는 업종의 주식을 말한다. 상승장은 대개 이런 주식들이 주도하며, 하락장에서도 주도주가 교체되지 않는 한 이 주식들은 좀체 가격이 떨어지지 않는다. 다른 주식은 다 오르는데, 왜 내가 보유한 주식만 오르지 않느냐는 개인투자자들의 불평이 나오는 것은 이 때문이다. 나머지 주식들은 말짱 도루묵이다. 주도주를 보유하고 있지 않다면, 주가지수가 두 배로 올라도 큰 수익을 기대하기 어렵다.

주도주를 골라내고 상승장의 주역으로 등극시키는 것은 거대자본을 가진 투기세력들이다. 이들은 정보의 우월성을 바탕으로 재료가 될 만한 주식들을 매집하기 시작한다. 매집이 완료되면 조금씩 주가를 올리기 시작하고, 어느 정도 가격이 오르면 이 '재료'는 전문투자가들을 거쳐 고급정보로 포장되어 시장에 유포된다. 이때부터 새로운 투자자들이 시장으로 유입된다. 투기자본이 기존에 매집했던 주식을 고가에 팔 수 있는 조건이 형성되는 것이다.

새로운 투자자가 지속적으로 유입되는 한, 주가는 계속 올라간다. 만약 부담스런 가격이 형성되어 투자자들이 주식매입을 망설이면, 투기자본은 조금씩 가격을 조정함으로써 순진한 투자자들이 낚시바늘을 물게 만든다. 다수의 투자자들이 매입에 동참하는 순간부터 이 주식은 진짜 주도주가 된다. 주도주는 가격이 조금만 하락해도 매입하려는 투자자가 많기 때문에 가격이 좀체 하락하지 않는다. 이제 투기자본은 본격적으로 가격을 올리기 시작한다. 이때를 맞추어 애널리스트들과 언론매체들이 그 기업의 주식에 대해 장밋빛 전망을 쏟아내기 시작한다.

그동안 투자를 망설이고 있던 순진한 투자자들은 이때 미끼를 물어버린다. 투기자본은 조금 더 가격을 올린다. 이 시기가 손실을 보지 않고 보유주식을 팔 수 있는 마지막 기회지만, 통제할 수 없는 욕망이 이를 가로막는다. 통제할 수 있는 욕망은 욕망이 아니다.

갑자기 주가가 하락하기 시작한다. 주식시장에는 "떨어지는 칼날은 받지 말라"는 격언이 있지만, 인간의 욕망 앞에서는 무용지물이다. 주도주를 사고 싶어 안달하던 순진한 투자자들이 절벽에서 떨어지는 칼날을 받겠다고 줄지어 대기하고 있다. 이때 투기자본은 엄청난 차익을 남기면서, 또 개인투자자들을 손바닥 안에 갖고 놀면서 자신들이 보유하고 있던 주식들을 모두 털어낼 수 있다.

순진한 투자자의 손에 남겨진 것은 엄청난 손실뿐이다. 주식을 팔고 싶어도 제 가격에 사줄 사람이 없다. 그나마 우량주는 낮은 가격에라도 팔 수 있지만, 별 볼 일 없는 주식에 돈을 댔다면 투자액 모두를 날릴 수도 있다. 매도물량은 잔뜩 쌓여 있는데, 매수해 줄 사람이 아무도 없기 때문이다. 이렇듯 주식시장은 새로운 투자자들을 계속 끌어들임으로써 낙관적인 기대를 갖게 만든다. 이 기대는 지속적으로 유입되는 다른 투자자들과 자본의 힘에 굴복한 언론매체들에 의해 지지되면서 거품을 향해 질주한다.

투기 광풍은 어김없이 반복된다. 금융시장에 규제가 필요한 것은 이 때문이다. 시장원리주의자들은 시장이 스스로 자기조정과 정화 능력을 갖추고 있다고 주장하지만, 시장은 인간의 비이성적 충동을 자극하고 이용하면서 수익을 창출한다.

8장

정보와 시장과 가격

효율적 시장 가설

주식가격이 랜덤워크random walk를 따른다고 생각한 최초의 사람은 프랑스의 수학자 루이 바실리에Louis Bachelier였다. 그는 1900년경에 파리 증권시장의 변동을 분석하여 박사학위 논문을 제출했다. 그는 주식가격이 시장의 모든 정보와 예측을 반영한다면 미래의 가격변화는 전혀 예측 불가능하다고 주장했다. 그러나 당시 무명이던 바실리에의 논문은 학계의 주목을 받지 못했다.

한편 대공황이 덮친 미국에서는 개인투자자 알프레드 콜스Alfred Cowles가 주식가격을 예측할 수 있는 모형을 개발하는 데 심혈을 기울였다. 콜스는 대공황 이전부터 미국에서 발행되는 주요 간행물들을 모두 구독하고 있었는데, 그 중에서 대공황을 예측한 곳이 하나도 없다는 사실에 실망했다. 그는 당시로서는 최첨단장비인 IBM 펀치카드 계산기로 시장정보를 분석하여 1938년에 콜스 지수를 개발했다. 이 지수는 오늘날 S&P 500지수로 발전했다.

랜덤워크 가설이 전면에 등장한 것은 1950년대에 이르러서였다. 1953년 영국의 통계학자 모리스 켄달Morris Kendall은 반세기 동안의 밀가격을 분석한 결과, 결코 밀가격을 예측할 수 없으며 똑같은 원리가 주식시장에도 적용될 수 있다고 주장했다. 그의 주장은 기존 경제학에 심대한 타격을 입혔다. 경제학이란 사물과 현상이 어떻게 예측 가능한지를 다루는 학문이기 때문이다.

1950년대 중반, 랜덤워크 가설에 이의를 제기한 사람은 미국의 경제학자 폴 새뮤얼슨Paul A. Samuelson이었다. 새뮤얼슨은 바실리에의 아이디어를 대부분 받아들임으로써 바실리에의 천재성을 세상에 알렸다. 그러나 새뮤얼슨은 랜덤워크 가설이 주가가 0 이하로 떨어지지 않는다는 점을 무시했다고 지적했다. 랜덤워크 가설에 따르면 주가는 0 이하로 떨어져 마이너스가 될 수도 있다. 그러나 투자액이 마이너스가 되는 일은 일어나지 않는다. 새뮤얼슨은 이런 모순을 해결하기 위해 주식가격이 무작위적인 양만큼 상승하거나 하락하는 것이 아니라, 무작위적인 비율만큼 상승하거나 하락하는 것으로 바실리에의 모형을 수정했다.

새뮤얼슨에 따르면, 정보는 예측 불가능하기 때문에 주가에도 무작위로 반영된다. 정보는 주식가격을 변동시키지만 전혀 예측할 수 없는 순간에 시장에 전달되기 때문이다. 따라서 주식시장은 쉽게 예측할 수도 없고, 확실하게 얻을 수 있는 수익도 없다. 개인은 결코 시장을 이길 수 없다. 시장은 개인보다 너무 많은 것을 알고 있기 때문이다. 물론 주가는 항상 기업의 내재적 가치를 반영한다. 따라서 무작위로 움직이는 것은 투기적 가격일 뿐이다.

새뮤얼슨의 논리는 그의 제자 로버트 머튼으로 승계되고, 유진 파머Eugene Fama에 의해 '효율적 시장 가설efficient market hypothesis'로 정식화된다. 효율적 시장 가설을 한마디로 요약하면, 시장은 공정하게 주식가격을 결정한다는 것이다. 다만 운에 의해 돈을 버는 사람은 어쩔 수 없다. 운 좋은 투자자를 제외하면 시장보다 더 나은 수익을 올리는 사람은 없다.

1970년 유진 파머는 효율적 시장을 약형weak form, 준강형semi-strong form, 강형strong form 등 세 가지로 구분하여 시뮬레이션 테스트를 실시한 결과 어떤 정보를 이용하든 모든 투자자가 시장을 이길 수 없다고 결론지었다. 효율적 시장 가설에 따르면 시장에서 차익을 얻는 것은 불가능하다. 수익을 올리려면 시장 자체가 성장하거나, 운이 좋거나, 시장을 능가할 수 있는 정보력을 가져야 한다. 하지만 장기적으로는 시장수익률을 뛰어넘지 못하며, 설령 일시적으로 수익을 올렸더라도 평균적으로 보면 수익률은 제로다.

효율적 시장 가설을 빗댄 유머는 널리 알려져 있다. 길거리에 100달러짜리 지폐 한 장이 떨어져 있다. 그러나 당신은 그 지폐를 주울 수 없다. 누군가 먼저 주워갈 것이기 때문이다. 효율적 시장 가설이 사실이라면 투자자는 주식을 매매할 때 손실을 입을까봐 두려워할 이유가 전혀 없다. 주식은 항상 균형가격에 머물 것이기 때문이다. 즉 주식은 절대로 고평가되지도, 저평가되지도 않는 적정 가격을 유지할 것이다. 또 주식시장 참여자들은 매우 합리적이기 때문에 아무도 낮은 가격에 팔지 않고, 높은 가격에 사지도 않을 것이다. 설령 저평가된 주식이 있다 해도 당신은 그 주식을 손에 넣을 수 없다. 길거리에 떨어진 지폐처럼 누군가 먼저 그것을 가져갈 것이기 때문이다.

시장이 효율적이라면 자산가격에 거품이 존재하지 않아야 하며, 가격은 늘 자산의 가치를 정확히 반영해야 한다. 가만 내버려두어도 시장은 안정적인 균형 상태로 수렴하며, 그 균형은 최적의 상태여야 한다. 또 모든 자산은 가격을 예측할 수 없지만, 가격의 움직임 분포는 예측할 수 있어야 한다. 그러나 우리가 매일 바라보는 시장은 불연속적이고 불규칙하다.

효율적 시장 가설은 시장에서 일어나는 사전정보를 아무도 갖지 않는다고 전제한다. 그러나 시장에는 더 정확한 정보를, 더 빨리 습득하는 사람들이 있다. 효율적 시장 가설은 이런 이의제기에도 해답을 준비해 놓았다. 특별한 정보를 얻은 사람도 결국은 수익을 얻지 못한다는 것이다. 그가 남들보다 나은 정보를 얻기 위해서는 거래비용이 필요하기 때문이다. 예를 들면 우월한 정보를 얻기 위해 당신이 지출해야 하는 술값 같은 것 말이다.

결국 효율적 시장 가설이란 정보의 효율성과 관련되어 있다. 이 가설에 따르면 자본시장에서 형성되는 모든 정보는 주가에 즉각 반영된다. 정말 그럴까? 이런 경우를 생각해 보자. 어떤 제약회사가 대머리를 치료할 수 있는 약품을 개발했다. 이는 회사의 일부 경영진만 알고 있는 극비사항이다. 하지만 누군가 그 기밀을 알아차렸다고 해도 수익을 얻지는 못한다. 그 기업이 정보를 공개하기 전에 이미 주가에 반영되어 충분히 올라 있을 것이기 때문이다. 하지만 이런 논리는 상식적으로 보아도 성립되지 않는다. 내부정보를 이용하여 수익을 올리는 사람들이 존재할 뿐 아니라, 사회는 이들을 범죄자로 다스리기 때문이다.

앞으로 일어날 사건들을 예측하여 리스크를 관리하는 현재의 금융시스템은 효율적 시장 가설에 바탕을 두고 있다. 하지만 이런 예측시스템은 오히려 위험 대비를 소홀히 하는 결과를 초래할 수도 있다.

복잡계 이론의 해법

효율적 시장 가설에 따르면 주가는 미래에 배당될 가치를 현재의 가치로 계산한 것이다. 즉 주가는 미래가치에 대한 합리적 예측을 바탕으로 결정된다. 그러나 미래의 가치 변화를 현재 시점에서 완벽하게 예측할 수는 없다. 따라서 효율적 시장 가설에서는 주가가 무작위로 변동할 수밖에 없다고 말한다. 경제학자들의 표현을 빌면, 주식시장은 과거를 기억하지 않는다. 만약 시장이 어떤 주식의 옛날 가격을 기억하고 있다면, 주가는 과거의 가격 근처에서 맴돌 것이고, 그렇다면 우리는 어느 정도 주가를 예측할 수 있게 된다.

주가를 예측할 수 있다면 누구도 주식시장에서 손실을 입지 않을 것이다. 주식시장에서 가격경쟁이 일어나고, 기대 차익을 챙긴 투자자들은 주식을 팔 것이므로 가격은 다시 조정될 것이다. 이때 주가는 그 기업의 가치를 정확하게 반영할 것이다. 가격을 움직일 수 있는 요인은 불특정한 정보와 예기치 않은 사건들뿐이다. 이런 정보와 사건은 뜻하지 않게 발생할 것이므로, 주가 역시 무작위로 변동된다. 효율적 시장 가설에 따르면 과거, 현재, 미래의 주가는 아무런 상관성을 보이지 않기 때문에 주가를 예측하는 것 역시 아무런 의미가 없다. 즉 주가는 술에 만취한 사람의 걸음걸이처럼 무작위로 움직인다.

프랙탈fractal 이론의 창시자로 알려진 수학자 베누아 만델브로Benoît Mandelbrot는 1960년대에 면화가격의 변동을 관찰하면서 바실리에의 랜덤워크 이론으로는 가격변동을 충분히 설명할 수 없다는 사실을 알아냈다. 랜덤워크 과정에서 가끔씩 상당한 크기의 변화가 발견된 것이다. 복잡계 이론complexity theory에서는 주가변동이 일정한 패턴으로 자기조직화self-organization한다고 주장한다. 과학자들은 1980년대 이후 복잡계 이론을 주식시장에 적용했다. 복잡계 이론의 핵심은 어떤 상태가 임계값에 이르게 되면 평형 상태에서 벗어나 격변을 일으키며, 이 격변이 궁극적으로는 일정한 패턴을 형성한다는 것이다.

복잡계 이론을 설명할 때 자주 인용되는 모래더미 모델sand pile model

을 보자. 이 실험은 컴퓨터 시뮬레이션으로 진행된다. 완만한 경사의 모래더미가 있다. 시뮬레이션 프로그램은 모래더미의 경사가 일정한 수준으로 가팔라지면 무너지도록 설계되어 있다. 이 모래더미의 경사면에 모래 한 알씩을 떨어뜨리면, 모래알은 계속 쌓이다가 임계 상태critical state에 이르렀을 때 산사태를 일으킨다.

물리학자들의 실험결과 산사태를 일으키는 전형적인 패턴은 존재하지 않았다. 그러나 임계 상태에 도달하면 예측 불가능한 변화가 일어난다. 산사태의 크기는 완벽한 멱함수 법칙power law을 따른다. 무너지는 모래알의 수가 두 배가 되면, 산사태는 두 배쯤 드물게 발생한다. 즉 두 배 큰 사태가 일어날 가능성은 2.14배 감소한다.

이런 예를 들어보자. 당신 회사에는 100명의 직원이 일하고 있다. 어느 날 건강검진을 받기 위해 이들의 몸무게를 재보았다. 당신 또래의 성인이라면 100명의 평균적인 몸무게가 65~75킬로그램쯤 될 것이다. 100킬로그램이 넘거나 60킬로그램에 미달하는 사람도 더러 있겠지만, 40킬로그램에 미치지 못하거나 150킬로그램을 넘는 사람은 찾아보기 힘들 것이다. 이들의 몸무게 분포를 그래프로 그리면 종형곡선bell curve으로 나타날 것이다. 70킬로그램이라는 중심축에서 양쪽으로 멀어질수록 그 숫자는 점점 줄어드는 것이다. 다시 말하면 평균값에서 크게 벗어난 값은 매우 드물게 나타난다.

평균값은 무언가를 예측할 수 있는 중요한 기준이 된다. 적어도 우리는 당신의 회사동료 중에서 몸무게가 200킬로그램을 넘는 사람이 없다고 예측할 수 있다. 따라서 어떤 사건이 일어날 확률은 평균값에서 멀어질수록 매우 적다는 것을 알 수 있다. 몸무게 100킬로그램인 사람이 3명이라면 150킬로그램인 사람은 그보다 적다. 어떤 유형의 측정법이든 중간값에서 극단적으로 멀리 있는 값이 존재한다. 평균값에서 멀어지는 값일수록 극단값의 빈도는 점점 줄어들지만, 변이는 오히려 커진다. 이를 '멱함수 법칙'이라 부른다.

미국의 이론 물리학자이자 과학 저널리스트인 마크 뷰캐넌Mark Buchanan이 《세상은 생각보다 단순하다*Ubiquity*》에서 제시한 예를 보자. 당신이 냉동 상태의 감자를 벽에 던진다. 그러면 감자는 무수히 많은 조각들로 부서질 것이다. 부서진 감자조각들을 전부 그러모아 무게별로 분류하면 역시 종형곡선이 나타난다. 중간 크기의 조각이 가장 많고, 크거나 작은 조각들은 평균값에서 멀어질수록 점점 드물게 나타날 것이다. 마크 뷰캐넌은 감자조각들 사이에서도 멱함수 법칙이 나타날 것이라고 말한다. 즉 조각의 무게가 2배 증가할 때마다 조각의 숫자는 6배 줄어든다는 것이다.

복잡계 이론에 따르면 멱함수 법칙은 모든 시스템에 적용된다. 야간에 인공위성에서 촬영한 지구 사진을 확대하면 빛이 흩어져 있는 모습이 확대하기 전의 모습과 유사하다. 마크 뷰캐넌에 따르면 인구 1천만의 대도시 하나에 인구 500만의 도시 네 개가 딸려 있고, 다시 인구 250만의 도시 16개가 딸려 있다. 또 미국인들의 재산 분포를 살펴보면 10억 달러를 가진 사람이 5억 달러를 가진 사람보다 네 배 많으며, 다시 2억 5천만 달러를 가진 사람은 5억 달러를 가진 사람보다 네 배 많다.

이러한 패턴은 관계를 맺고 있는 모든 사물과 생명체에서 나타난다. 나뭇잎의 잎맥, 눈의 결정, 달의 분화구 분포, 바다에 떠 있는 플랑크톤, 무역 네트워크, 송전망, 뇌의 신경세포, 언어, 인터넷망, 하천의 지류, 인용되는 논문의 수, 항공노선, 전염병의 전파, 세포 내의 분자구조, 심장박동, 심지어는 테러리스트 조직망에서도 발견된다. 어떤 구조를 확대하면 그 안에 같은 구조가 나타나고, 그것을 확대하면 다시 같은 구조가 발견되는 것이다. 물리학에서는 자기유사성self-similarity을 가지고 스스로 조직한 질서를 '프랙탈'이라 부른다.

임계 상태는 과도하게 민감해진 상태라 할 수 있다. 자연은 대개 임계 상태를 스스로 해결한다. 숲은 자연적으로 발생한 산불에 의해 자기조직화한다. 하지만 최근에는 인위적으로 숲을 보호하기 때문에 대규모 산불이 일어날 가능성이 높다. 죽은 나무와 낙엽이 바닥에 축적되어 임계 상태를 넘어설 수 있기 때문이다. 그래서 소방관들은 일부러 불을 질러 대규모 산불을 예방한다.

지금까지의 연구결과에 따르면 시장에도 멱함수 법칙이 적용된다. 경제학자들은 늘 미래상황을 예측하려 하지만, 대부분은 틀려 왔다. 그들은 단순한 경기변동조차 예측하지 못한다. 우리가 경제학자들의 예측이 어느 정도 맞는다고 여기는 것은, 소수의 경제학자들이 예측한 결과가 맞았기 때문이다. 복잡계 이론이 맞는다면, 우리는 경제학자들의 예측에도 멱함수 법칙을 적용할 수 있다. 일반인들도 쉽게 예측할 수 있는 평균값에서 멀리 벗어난 예측을 한 경제학자는 매우 드물 것이며, 만일 그의 예측이 맞는다면 경기변동의 폭이 매우 크다는 이야기다. 누리엘 루비니가 예측한 금융위기가 이런 경우에 해당한다.

무작위로 움직이는 주가 역시 예외가 아니다. 일정기간의 주가를 나타낸 그래프는 유사한 패턴을 반복하면서 규칙적인 분포를 보인다. 10년간의 그래프나 1년간의 그래프, 혹은 하루 동안의 가격변동을 나타낸 그래프도 같은 패턴을 반복한다. 1995년 보스턴 대학교의 물리학자 진 스탠리Gene Stanley와 로사리오 맨테그너Rosario Mantegna는 미국의 S&P 500지수를 분석한 결과 주가가 5년 주기로 일정한 패턴을 보인다는 것을 발견했다. 또 진 스탠리는 1984년부터 1996년까지 13년 동안에 기록된 S&P지수를 15초 단위로 분석함으로써 주가의 변동폭이 두 배 커질 때마다 그런 일이 16배로 드물게 발생한다는 것을 발견했다.

효율적 시장 가설을 바탕으로 한 경제학자들의 믿음과 달리, 복잡계 이론은 투자가의 전략적 행동에 따라 주가의 등락이 결정되는 것이 아니라 주식거래 자체의 구조나 응력에 더 좌우된다고 본다. 다시 말하면 주가의 등락은 투자자의 합리적 판단이나 정보가치의 반영에 의해 이루어지는 것이 아니라 어느 정도는 기계적으로 이루어진다는 의미이다. 따라서 투자자들이 무작위로 주식을 선택했다면 굳이 정보사냥에 나설 필요가 없다. 인내심과 감정을 절제할 수 있는 능력, 그리고 약간의 이성만 있으면 당신은 큰돈을 잃지 않을 수 있다.

동조와 우연

격변을 일으키는 것은 아주 사소한 변화이며, 이 변화는 다른 사람의 선택에 의해 증폭되거나 소멸된다. 1999년, 독일 본 대학교의 경제학자 토머스 룩스T. Lux와 이탈리아 칼리아리 대학교의 전기공학자 미셸 마르세시M. Marchesi는 주식거래에 참여한 투자자들이 서로 영향을 주고받는다는 사실을 밝혀냈다. 연구팀은 1천 명의 가상 거래자들이 참여하는 컴퓨터 시뮬레이션 게임을 통해 시장참여자들의 거래행위가 가격에 미치는 영향을 분석했다. 이 프로그램에는 타인의 선택이나 행위에 따라 참가자들이 전략을 바꿀 수 있는 규칙을 포함시켰다.

실험결과 투자자들은 모든 선택의 순간마다 다른 사람들의 태도에 영향을 받았다. 매우 안정적인 종형곡선에서도 때때로 주가의 급락과 급등 현상이 발생한 것이다. 이러한 가격변동은 실제 시장에서 일어나는 현상과 거의 일치했다. 또 연구팀은 주가 그래프가 자기유사성을 갖고 있으며, 멱함수 법칙을 따른다는 것도 발견했다.

스위스의 경제학자 토르스텐 헨스Thorsten Hens 역시 유사한 실험을 했다. 연구팀은 가상 거래자들을 다섯 명씩 짝을 지어 몇 개의 그룹으로 만든 후 컴퓨터로 주식을 거래하도록 했다. 가격은 수요와 공급에 따라 정해졌으며, 각 팀마다 예기치 않은 요인들을 배치하여 주식시장에 영향을 미치도록 했다. 거래자들은 서로가 누구인지 알 수 없으며, 가격곡선을 통해서만 다른 사람들이 어떤 주식을 매매하는지 유추할 수 있었다. 이들이 거래하는 주가 역시 안정적인 종형곡선을 나타냈다. 그러다가 예기치 않은 요인이 작용하여 한 주식의 매물이 대량으로 나오자 거래자들은 패닉 상태에 빠졌다. 한 사람이 불안한 마음에 주식을 처분하기 시작하자 다른 사람들도 주식을 팔아치운 것이다. 결국 이 종목의 주가는 폭락했다.

> 시장은 대부분의 사람들을 실패하게 하는 쪽으로 움직인다. (……) 비열한 시장이란 사람들이 체계적으로 기회와 반대방향으로 움직이게 하는 시장이다. 비열한 시장에서 우리의 도마뱀의 뇌는 폭락 직전에 매수하라고 고함치고, 상승장 직전에 공포에 떨며 매도하게 만든다.
>
> 테리 번햄, 《비열한 시장과 도마뱀의 뇌》

시장붕괴 직전에 시장참여자들은 아주 낙관적인 태도를 보인다. 1997년 외환위기 직전에 우리 정부와 국내 언론들이 보인 낙관적 태도나 2007년 세계 금융위기 직전에 나타난 주식시장 과열이 좋은 예다. 반면 주식시장이 강세장으로 가기 직전에는 투자자들이 매우 비관적인 태도를 보인다. 세계 금융위기 직후 주식시장이 붕괴되자 주가가 더 하락할 것이라는 분위기가 지배적이었던 점을 떠올려보라.

왜 투자자들은 이런 심리적 성향을 보이는 것일까? 투자자들은 작은 불균형을 스스로 증폭시키는 경향이 있다. 낙관론이 지배적일 때는 낙관론이 확산되면서 주가가 상승하는 연쇄반응이 나타난다. 하지만 주가가 무작정 오르는 일은 있을 수 없다. 어느 임계점에 이르면 상황은 역전된다. 먼저 비관적인 태도를 가진 투자자들이 주식을 팔면서 가격이 하락하기 시작한다. 이때부터 비관론이 점차 확산되면서 주가가 지속적으로 하락하는 연쇄반응이 나타난다.

이러한 연쇄반응은 주기적으로 반복되는 패턴으로 나타난다. 이러한 패턴을 알 수 있다면, 우리는 시장의 변동을 어느 정도 예측할 수 있을 것이다. 하지만 우리는 어느 지점이 임계값인지 정확히 알 수 없다. 설령 임계값을 안다고 해도 그 변곡점이 확장으로 향할 것인지, 아니면 붕괴로 이어질 것인지도 확신하기 어렵다.

복잡계 이론은 선형linear을 다루는 것이 아니라 비선형nonlinear을 다룬다. 선형이 필연적 결과를 다룬다면, 비선형은 우연을 다룬다. 선형 방정식에서는 부분의 합이 전체와 일치하지만 비선형 방정식에서는 부분의 합이 반드시 전체와 일치하지 않는다. 비선형은 다양한 형태로 존재하거나 변형될 수 있기 때문이다.

비선형 방식의 대표적인 사례는 기후변화다. 이는 카오스 이론을 태동시킨 기상학자 에드워드 로렌츠Edward N. Lorenz가 자신의 논문 부제로 사용한 "브라질에 있는 나비 한 마리의 날갯짓이 텍사스 주에 토네이도를 일으키는가?"라는 구절에 압축되어 있다. 그는 자신의 이론을 '나비효과butterfly effect'라고 표현했다. 나비 한 마리의 날갯짓이라는 우연적 요소는 엄청나게 다른 결과를 낳을 수 있다.

시장에서도 우연적 요소가 강력한 영향을 미친다. 우연적 요소를 증폭시키는 것은 시장참여자들이다. 이미 밝혔듯이 사람들은 다른 사람의 행동이나 선택에 영향을 받고, 또 영향을 미친다. 이러한 행동패턴은 집단행동으로 이어지는 경향이 있는데, 무리의 행동을 추종하려는 동조현상 때문이다.

지금까지의 연구결과에 따르면 동조현상은 생물계와 물질계, 그리고 인간사회에서도 발생한다. 달의 공전과 지구의 자전 사이에 동조현상이 발생하며, 이는 지구에 사는 생물체에 영향을 미친다. 조석潮汐의 변화는 달을 현재의 궤도에 묶어놓았고, 생물들은 태양과 달의 리듬에 자신의 생체주기를 맞추어왔다. 생체주기에 영향을 미치는 것은 빛이다. 우리도 이 주기에 맞추어 잠을 자고 활동한다. 무생물도 동조현상에 반응하는 것을 보면, 인간이 동조현상을 보이는 것은 전혀 이상한 일이 아니다. 잘 알려져 있다시피 가임기에 있는 여성들은 함께 생활하는 것만으로 배란주기를 일치시킨다. 코넬 대학교의 수학자 스티븐 스트로가츠Steven Strogatz는 동조를 인간의 제2의 본성이라고 주장했다.

> 우리는 함께 노래를 부르거나 춤을 추고 보조를 맞춰 걸으며 여럿이 일치해서 박수를 칠 수 있다는 것을 당연하게 받아들인다. 동조는 우리에게 제2의 본성이다.
>
> 스티븐 스트로가츠, 《동시성의 과학, 싱크*SYNC*》

우리가 남에게 동조하려는 심리를 갖게 된 것은 그것이 생존에 유리했기 때문이다. 거친 자연 속에서 생존해야 하는 개체는 혼자 문제를 해결하는 것보다 집단 속에 있는 것이 더 안전하다. 무시무시한 포식자가 공격할 경우 고립된 개체보다는 무리에 섞여 있는 개체의 생존확률이 높다. 우리 뇌의 일부는 파충류로부터 만들어진 것이다. 이 단순한 부위는 위기상황에 민감하다. 남들이 도망칠 때 함께 도망치는 것은 단순하고도 명백한 생존법칙이다. 남들이 도망칠 때 혼자 포식자와 대결하는 것은 어리석은 일이다.

시장이 합리적 판단과 정보의 가치에 의해 움직인다는 효율적 시장 가설은 시장원리주의자들의 이상일 뿐이다. 마크 뷰캐넌은 효율적 시장 가설이 "경제학 역사상 가장 놀랄만한 오류"라고 지적했다. 시장은 항상 균형에 도달해 있는 것이 아니라 우연적 요소에 의해 변동하며, 때로는 광기 어린 변화를 보인다. 시장원리주의자들의 주장처럼 시장을 그대로 내버려두면 시장은 랜덤워크로 움직이다가 언젠가 스스로의 규칙을 만들어낼 수도 있다. 그러나 이 과정에서 시장은 때로 상상할 수 없을 만큼의 변이를 만들어낼 것이다. 문제는 이 변이 속에서 궤멸적인 타격을 입는 사람들이 존재하며, 이 타격이 회복 불가능할 수도 있다는 점이다.

파충류의 본성에 의해 발생하는 시장의 붕괴는 늘 발생했고, 앞으로도 발생할 것이다. 붕괴를 방지하기 위한 방법들은 이미 존재한다. 자유방임 대신 시장의 규칙을 정하는 것이다. 일부 경제학자들이 제시하고 있는 방법 중 하나는 토빈세를 도입하는 것이다. 토빈세는 노벨경제학상을 수상한 예일 대학교의 경제학자 제임스 토빈James Tobin이 1978년에 주장한 것으로, 국제투기자본에 세금을 부과하는 것이다.

오늘날 대부분의 경제위기는 투기자본의 급격한 이동으로 발생한다. 엄청난 규모의 투기자본이 급격히 이동하게 되면 각국의 통화가치가 급변하여 금융위기가 발생한다. 하지만 이 방법도 완전하지는 않다. 투기자본은 토빈세가 없는 곳을 찾아 이동할 것이기 때문이다. 따라서 이 제도가 효과를 발휘하려면 모든 국가의 참여가 필요하다. 모든 투기거래에 세금을 부과하게 되면, 각국은 도마뱀 무리처럼 몰려다니며 세계경제를 교란하는 국제투기자본으로부터의 폐해를 최소화할 수 있을 것이다.

9장

금융시장의 도박사들

도박에 뛰어든 천재들

도박은 확률에 의존하지만, 주식시장은 정보에 의존한다. 도박에서 사전 정보는 그리 중요하지 않다. 상대가 있는 카드 도박에서는 경쟁자의 습관을 사전에 파악하는 것이 중요하겠지만, 카지노에서 딜러와 게임을 할 때는 이런 정보가 아무 소용이 없다. 더구나 룰렛게임처럼 순전히 운에 맡겨야 하는 도박에서 정보는 무용지물이다.

그럼에도 불구하고 복잡계 이론을 시장에 접목시킨 몇몇 투자회사들은 쏠쏠한 수익을 올리는 것으로 알려져 있다. 환율을 예측하는 올슨 & 어소시에이츠사Olsen & Associates, 그리고 로스알라모스 국립연구소 비선형 연구센터의 도인 파머James Doyne Farmer와 전 일리노이 대학교의 물리학자 노만 패커드Norman Packard가 설립한 산타페 프리딕션 컴퍼니Santa Fe Prediction Company가 대표적이다.

도인 파머는 본래 캘리포니아 연안에 있는 산타크루즈 대학교에서 천체물리학을 연구했다. 그는 1975년 라스베이거스의 카지노를 들락거리면서 룰렛게임에 흥미를 느꼈다. 그는 자신이 전공한 물리학을 룰렛게임에 적용하여 구슬의 경로를 계산할 수 있다면 떼돈을 벌 수 있다고 생각했다. 카지노에서의 오랜 관찰 끝에 그는 구슬이 움직이는 물리적 규칙을 발견할 수 있다는 확신을 가졌다.

그는 자신의 방을 실험실로 꾸민 후 룰렛게임기를 들여놓고 실험을 시작했다. 또 동료들을 끌어들여 운동방정식을 적용하고 공기저항을 계산하여 구슬의 운동성을 예측할 수 있는 마이크로프로세스 프로그램을 제작했다. 룰렛의 회전판에 구슬을 던지면 규칙적으로 가장자리를 회전하다가 공기저항으로 점점 중심에서 멀어진다. 그런 다음 구슬은 가장자리의 마름모꼴에 부딪힌 후 이리저리 튕기다가 38개의 숫자가 적혀 있는 하나의 칸에 정지하게 된다. 속도와 공기저항을 정확히 알 수 있다면 구슬이 처음에 어떤 마름모꼴에 부딪히는지 알 수 있고, 이후에는 회전속도만 알면 어떤 칸에 멈출 것인지를 알 수 있었다.

도인 파머는 오랜 실험 끝에 구슬의 경로를 꽤 정확하게 예측할 수 있었다. 그러나 도박장에 컴퓨터를 가지고 들어갈 수 없는 게 문제였다. 그는 컴퓨터를 휴대할 수 있도록 옷을 개조하고, 발로 조작할 수 있도록 연습했다. 컴퓨터를 몸 안에 숨기려면 온몸을 전선으로 감싸야 했고, 동료들과 숨겨진 안테나를 통해 무선으로 교신해야 했다. 그는 동료들과 피부에 전기충격을 주는 방식으로 신호를 교환했다. 이 과정에서 동료 여성이 가슴에 부상을 입자 컴퓨터의 크기를 줄여 구두창 안에 장착했다. 1978년 그의 팀은 라스베이거스 도박장에서 컴퓨터 프로그램을 시험 가동했다. 첫 시험 이후 그의 팀은 1달러를 베팅할 때 1.40달러를 버는 승률을 기록했다. 무려 40퍼센트의 이익을 거둔 것이다. 하지만 부자가 되지는 못했다. 컴퓨터 장치의 고장으로 엄청난 액수를 잃는 경우도 있었기 때문이다.

이때의 경험은 그들을 복잡계 이론의 선구자로 만드는 역할을 했다. 도인 파머는 4인방으로 불리는 동료들과 함께 뉴멕시코 주 산타페 복잡계시스템연구소에서 자신들의 이론을 경제현상에 접목시키는 연구를 계속했다. 그는 1991년 산타페 프리딕션 컴퍼니를 설립하여 자신들의 연구성과를 금융시장을 예측하는 데 활용했다.

2005년 1월, 도인 파머는 복잡계 이론을 런던주식시장에 적용한 연구결과를 미국 국립과학원회보PNAS에 공개했다. 그는 주식투자자들이 맹목적으로 행동하는 것이 아니라 최소한의 이성을 가지고 주식을 매매한다고 가정했다. 다시 말하면 투자자들이 전형적인 시장상황에서 일반적인 거래규칙에 의거하여, 최소한의 정보처리능력을 가지고 무작위로 매매를 한다고 가정한 것이다. 최소한의 정보처리능력은 투자자들이 매매가격에 관한 사항들만 알고 있다는 뜻이다. 그는 이 모델을 사용하여 런던주식시장에서 거래되는 11개 주식의 데이터를 21개월간 취합했다. 그 결과 주가를 정확히 예측할 수는 없었지만 주가등락폭과 등락률을 상당 정도 예측할 수 있었다.

도인 파머의 룰렛게임은 1960년대 초반 MIT 수학 강사였던 에드워드 소프Edward Thorp의 시도를 모방한 것이다. 에드워드 소프에 관한 이야기는 윌리엄 파운드스톤William Poundstone의 흥미로운 저작 《머니 사이언스 *Fortune's Formula*》에 상세히 소개되어 있다. 이 책은 도박과 투자의 세계에서 승리의 공식을 찾고자 했던 사람들에 관한 기록이다.

1956년, 미국의 물리학자 존 켈리John L. Kelly, Jr.는 'Gmax=R', 이른바 '켈리 공식'이라는 베팅 시스템을 만든다. 이 공식에서 G는 부의 크기 또는 부의 성장속도이며, max는 최댓값, R은 정보의 확실성을 뜻한다. 다시 말하면 최대수익률을 결정하는 것은 R, 즉 정보의 순도純度다. 결국 켈리 공식은 가장 정확한 정보를 획득할 때 최대의 수익률을 얻을 수 있다는 것을 의미한다. 하지만 투자자가 100퍼센트 확실한 정보를 얻는 것은 사실상 불가능하고, 확실하다고 믿는 정보 역시 정확성을 장담할 수 없다. 따라서 투자자는 자신이 정보를 믿는 만큼씩 투자금액을 분산해야 한다.

정보전쟁은 1900년대 초 미국의 마권업자들로부터 본격화되었다. 당시 사설 마권업자들은 미대륙의 시차를 이용하여 누가 먼저 정보를 전달하느냐에 승부를 걸었다. 이들은 전신선을 임대한 후 경마장에서의 결과를 도박장으로 전송했는데, 다른 사람보다 먼저 경마의 결과를 알고 있는 마권업자는 떼돈을 벌 수 있었다. 이 때문에 마권업자들은 경쟁자의 전신선을 도청하는 것도 서슴지 않았다. 최대 통신회사였던 AT&T사는 경마사업자들에게 전신선을 임대해 주면서 함께 성장할 수 있었다.

그러나 통신기술이 발달하면서 아날로그적인 방식은 점차 빛을 잃었다. 전자통신시대의 서막을 알린 인물은 '디지털의 아버지'로 불리는 클로드 섀넌Claude E. Shannon이다. 그는 MIT에서 전기공학과 수학을 공부한 후, 벨 전화연구소Bell Telephone Laboratories에서 일하다가 1949년에 동료인 워런 위버Warren Weaver와 함께 2진법, 즉 비트bit를 통해 정보를 전달하는 방법을 고안함으로써 정보이론의 기초를 마련했다. 이후 그의 이론은 디지털 기술의 토대가 되었다. 그는 1956년 MIT 객원교수로 자리를 옮겼고 1958년 종신교수에 임명되었다.

섀넌이 MIT 교수로 자리를 옮길 무렵, 에드워드 소프는 UCLA 물리학과 대학원에 다니고 있었다. 그는 블랙잭 게임을 연구하다가 룰렛게임에 흥미를 느껴 물리학 이론을 통해 구슬의 방향을 예측할 수 있다는 생각을 하게 되었다. 이후 그는 구슬의 움직임을 예측할 수 있는 전자장치 개발에 몰두했다. 그는 중고 룰렛 회전반을 구입한 다음, 구슬을 굴려 그 움직임을 영사기로 촬영했다.

대학원을 졸업한 후 소프 역시 MIT 수학 강사로 일하게 되었다. 이 무렵 그는 블랙잭 게임을 연구했고, 같은 학교에 근무하던 클로드 섀넌에게 자신의 연구결과를 소개하기도 했다. 섀넌 역시 젊은 과학자의 연구에 흥미를 느꼈다. 두 사람은 룰렛 예측장치를 개발하기로 뜻을 모으고 신형 룰렛 회전반을 구입하여 구슬의 궤적을 연구했다.

여러 차례 실험을 거듭한 결과 구슬의 목적지를 얼추 짐작할 수 있게 되었다. 두 사람은 12개의 작은 트랜지스터로 담배갑 크기의 예측장치를 개발하는 데 성공했다. 이 장치는 주머니 속에 들어갈 수 있을 만큼 작았다. 이 장치를 소지한 사람은 회전판 위의 한 점이 마음속의 준거점을 통과할 때 신발 속에 감추어둔 발가락으로 작동 스위치를 누른다. 회전자가 한 바퀴 돌아 다시 준거점을 통과하면 또 스위치를 누른다. 이런 식으로 스위치를 네 번 누르면 주머니 속의 예측장치가 구슬이 안착할 곳을 예측했다.

섀넌과 소프는 룰렛 예측 컴퓨터를 더 정교하게 가다듬었다. 두 사람은 가느다란 전선을 이용하여 휴대용 예측장치에 이어폰을 연결하고, 피부에 전선을 고정시킨 후 분장용품을 이용하여 피부와 머리칼 색깔에 맞추어 색칠했다. 1961년 6월, 소프 부부와 섀넌 부부는 각자 역할을 분담하고 카지노에서 예측장치를 실험했다. 그러나 전선이 자주 끊어져 실험은 성공하지 못했다.

소프는 1964년부터 카지노 대신 주식시장에 관심을 갖기 시작했다. 그는 주식시장의 확률분포를 계산하여 워런트를 거래하기 시작했고, 1967년에는 4만 달러를 10만 달러로 불렸다. 성공을 확신한 그는 주위로부터 자금을 빌려 100만 달러 이상을 투자했다. 그는 1969년에 주식중개인이던 제임스 리건James Regan과 헤지펀드를 설립해 이듬해 13.04퍼센트, 1971년에 26.66퍼센트의 수익률을 기록했다. 1970년 S&P 500의 평균 수익률이 3.22퍼센트였으므로, 이들이 올린 수익은 놀라운 것이었다.

헤지펀드로 성공을 거둔 소프는 저명한 수학자와 물리학자들을 고용했다. 훗날 노벨경제학상을 수상하고 LTCM에 입사하게 되는 로버트 머튼도 이때 영입되었다. 또 4년 후에 '블랙-숄스' 공식을 발표한 마이런 숄스도 영입했다.

소프는 1974년에 헤지펀드 명칭을 '프린스턴뉴포트파트너스'로 변경하고 1974년에는 자본 규모를 투자원금의 2배로 만들어 놓았다. 그는 13년 연속 시장보다 높은 수익률을 기록함으로써 누구도 시장보다 높은 수익률을 기록할 수 없다는 '효율적 시장 가설'을 웃음거리로 만들었다. 그러나 소프의 신화도 영원히 지속될 수는 없었다. 1983년 6월, 루돌프 줄리아니 연방검사가 프린스턴뉴포트파트너스의 내부거래와 위장매각을 통한 세금탈루 혐의에 대해 조사를 시작했다. 1987년 12월 17일, 사무실이 압수수색을 당하자 투자자들은 자금을 회수하기 시작했다. 결국 이 헤지펀드는 1988년 12월에 해체되고 말았다.

1969년 헤지펀드 설립 당시 투자되었던 1달러는 1988년 해체 당시 14.78달러로 증가해 있었다. 이는 시장보다 6퍼센트 이상 높은 수익률이었다. 1989년 7월 31일, 배심원들은 헤지펀드 관련 피고인들에게 유죄를 평결했지만, 에드워드 소프는 기소되지 않았다.

세상에는 시장수익률보다 높은 이득을 챙기는 사람이 분명히 존재한다. 윌리엄 파운드스톤은 투자의 귀재로 불리는 워렌 버핏Warren E. Buffett이 1984년에 제안한 게임을 예로 들었다. 이 게임은 이렇게 진행된다.

먼저 2억 1,500만 명의 미국인이 두 명씩 짝을 지어 1달러를 걸고 동전던지기 게임을 한다. 게임에서 진 사람들은 1달러를 내고 탈락하고, 이긴 사람들은 토너먼트 방식으로 두 명씩 짝이 되어 2달러를 걸고 게임을 한다. 게임이 반복될수록 판돈은 두 배로 올라간다. 이런 식으로 게임을 20번 반복하고 나면 215명의 승자가 남고, 이들은 100만 달러 이상을 따게 된다. 수익률이 100만 퍼센트에 달하는 것이다.

경제학자들은 이를 불가능하다고 생각하지만, 분명 215명의 승자는 존재할 것이다. 소수의 투자자들은 시장의 틈새를 비집고 성공을 거두는 것이다. 물론 이 게임은 논리적으로 몇 가지 한계를 지니고 있다. 이 게임은 한 사람의 실패가 다른 사람의 이익으로 전환하는 제로섬 게임이며, 실패자들은 곧바로 시장에서 퇴출된다는 전제를 깔고 있다. 하지만 시장은 한 사람의 손실이 반드시 다른 사람의 이익으로 전환되는 제로섬 게임이 아니다. 또 한 사람의 승자가 다른 사람의 손실을 이득으로 챙기는 승자독식 방식으로 진행되지도 않는다. 시장에 참여하는 사람들은 익명의 다수이며, 이들은 한 사람과 게임을 하는 것이 아니라 복잡한 관계망 속에서 게임을 진행한다.

다른 사람의 생각을 읽어야 한다

1960년대 말 예루살렘 헤브라이 대학교의 심리학자 대니얼 카너먼Daniel Kahneman과 아모스 트버스키Amos Tversky는 전투기 조종사의 훈련성과를 높이려면 어떤 방식의 교육이 필요한지를 논의했다. 당시 카너먼의 제자였던 비행훈련 교관은 조종사들에게 혹평을 하는 것이 칭찬보다 더욱 효과적이라는 생각을 갖고 있었다. 대개 교관들은 오랜 경험을 통해 혹평을 당한 생도들이 다음 비행에서는 반드시 좋은 성과를 올리고, 칭찬을 받으면 오히려 비행이 나빠진다고 믿었다. 그러나 두 심리학자의 생각은 전혀 달랐다. 그들은 좋은 점수를 올리거나 나쁜 점수를 받은 생도들이 교관의 자극에 관계없이 평상시의 실력으로 되돌아온다는 사실을 알아냈다.

두 심리학자는 1973년 이 사실을 실험을 통해 증명했다. 연구팀은 실험참가자들을 모집한 후 교사 역할을 맡겼다. 교사들은 컴퓨터 앞에 앉아 화면에 나타나는 학생들의 등교시간 기록을 살핀다. 학생들의 등교시간 기록은 15일 동안 나타나는데, 교사들은 등교시간을 확인한 후 학생들을 지도해야 한다. 교사들의 지도방법은 꾸중, 칭찬, 무반응 등 세 가지였다. 실험결과 교사들은 대개 칭찬을 하든지 꾸중을 했다. 학생들의 등교시간은 8시 30분으로 이미 정해져 있었기 때문에 교사들의 지도는 학생들에게 아무런 영향을 미치지 못했다.

그럼에도 불구하고 칭찬받은 학생들은 이튿날 등교시간이 늦어지는 경향을 보였고, 야단맞은 학생들은 등교시간이 조금 빨라지는 경향을 보였다. 그 결과 실험에서 교사 역할을 맡은 참가자 중 79퍼센트가 꾸중이 칭찬보다 효과가 있다고 결론지었다. 그러나 학생들의 평균적인 등교시간은 거의 변화가 없었다. 이들이 등교시간에 변화를 보인 것은 단지 지각한 다음날 일찍 등교하고, 일찍 등교한 다음날엔 다소 늦게 등교하는 '평균회귀 효과regression effect' 때문이었다.

평균회귀는 찰스 다윈Charles Darwin의 사촌인 프랜시스 골턴Francis Galton이 처음 발견했다. 그는 천재가 유전된다는 생각을 갖고 있었는데, 콩의 유전을 연구하다가 콩의 평균 크기가 전체 모집단의 평균에 가깝다는 사실을 알아냈다. 400명의 부모와 그 자녀들을 대상으로 신장을 조사한 결과에서도 그는 자녀들의 신장이 평균으로 회귀한다는 사실을 밝혀냈다. 키가 큰 부모는 키 큰 자녀를 갖는 경향이 있지만, 자녀들의 키는 전체 어린이들의 평균에 가까웠던 것이다.

평균회귀란 두 변수가 상관관계에 있기는 하지만 그 관계성이 불완전할 때, 한 변수가 극단적 값을 보이면 다른 변수는 보다 평균에 가까운 값을 보이는 통계적 경향을 말한다. 올 시즌 특별히 성적이 좋았던 프로야구팀, 혹은 경영실적이 뛰어났던 회사는 내년에 그만큼의 실적을 올리지 못할 가능성이 높다는 것이다. 하지만 사람들은 평균회귀를 인정하지 않으려는 성향이 있다. 조종사를 훈련시키는 교관처럼, 어떤 외부요인이 영향을 미쳤다고 생각하는 것이다. 이런 심리적 성향을 '통계적 회귀오류statistical regress fallacy'라 부른다. 통계적으로 평균회귀 현상에 불과한 것을 깨닫지 못하고, 전혀 다른 인과논리로 현상을 설명하려는 심리적 오류다.

이런 예를 주위에서 흔하게 찾아볼 수 있다. 지난해 사상최대의 실적을 올렸다가 올해 경영성과가 좋지 않으면 최고경영자는 구성원들의 태만 탓으로 돌린다. 또 경제성장률이 급격히 하락했다가 조금 회복될 기미가 보이면 정부는 그동안 추진한 적절하고 효과적인 경제정책 때문이라고 착각한다. 또 경찰은 범죄가 빈발하다가 범죄 건수가 조금 줄어들면 강력히 추진한 법집행 덕으로 간주한다.

주식가격 역시 평균회귀 효과의 영향 아래 놓여 있다. 미국 리치먼드 대학교의 톰 아놀드Tom Arnold와 존 얼John Earl, 데이비드 노스David North 등 세 명의 학자는 1983년부터 2002년까지 《비즈니스 위크》《포브스》《포춘》의 1면을 장식한 549개 기업의 주가를 분석하여 두 가지 특징을 찾아냈다. 잡지에 소개된 시점에 기업은 최고의 성과를 기록했지만, 동시에 그 시점이 하락의 시작이었다는 점이다.

리처드 탈러는 《승자의 저주》에서 주식시장에서의 평균회귀 효과를 보여주는 다양한 연구사례를 제시하고 있다. 만약 주가가 평균회귀 현상을 나타낸다면, 우리는 어느 정도 미래의 주가를 예측할 수 있다. 리처드 탈러가 자신의 노하우를 이용하여 투자회사를 설립했다는 사실은 앞에서 밝힌 바 있다. 그는 과거에 가장 많이 가격이 떨어진 주식을 매수하여 수년간 평균 이상의 수익을 거두었다. 평균회귀 효과에 의해 폭락한 주식은 언젠가 원상으로 회복된다는 믿음에 근거한 투자였다.

그러나 이 전략도 한계를 드러냈다. 누군가 성공한 기법은 다른 사람들이 곧바로 따라하기 때문이다. 그럼에도 불구하고 평균회귀 효과는 여전히 유효하다. 투자한 기업이 위험이 노출될 염려가 적은 우량기업이라면 대개는 평균으로 회귀하는 양상을 보이기 때문이다. 문제는 기업의 미래가 영원히 보장되는 것은 아니라는 데 있다. 아무리 유망한 기업도 흥했다가 망하는 것이 다반사다.

평균회귀 효과를 기억하고 있더라도 반드시 조심해야 할 점이 있다. 평균회귀 효과를 염두에 두고 주식에 투자할지라도 상당수의 투자자들이 '최신 편향recency bias'에 매몰되는 경향이 있다. 이 심리적 편향은 오랜 기간 이어져온 평균을 무시하고 최근의 현상에만 집중하는 것을 말한다. 현재 가격이 5만 원인 주식이 있다고 하자. 최근 1년간 이 주식의 평균가격이 10만 원이었다고 해서 다시 10만 원으로 회귀하는 것은 아니다. 최근 10년간 평균가격이 1만 원이었다면, 이 주식은 1만 원 미만으로도 하락할 수 있다. 따라서 최근 1년간의 평균가격 10만 원을 회귀의 기준으로 삼아 집중적으로 투자하는 것은 위험을 자초하는 것일 수도 있다.

경제학자들은 오랫동안 주가의 움직임에 대한 설득력 있는 설명을 제시하려 노력했지만 누구도 성공하지 못했다. 주가의 변동은 금리, 배당금, 수익 등에 영향을 받기는 하지만, 이것만으로는 설명되지 않는다.

주가가 랜덤워크로 움직인다면 당신은 어떤 주식을 사든지 상관없다. 내일의 주가를 아무도 알 수 없기 때문이다. 주식전문가를 자처하는 이들이 주가차트를 분석하는 것도 쓸모없는 짓이다. 당신 역시 이런 전문가들을 매우 미심쩍은 눈으로 바라볼 것이다. 다른 투자자들에게 종목을 추천하고, 가격을 예측하며, 온갖 투자기법을 설명해 주는 그들은 왜 부자가 되지 못했을까? 무엇이 아쉬워서 유선방송에 얼굴을 팔아가며 자신을 홍보하고, 힘들게 투자 강의를 하면서 살아가는가?

증권사의 애널리스트들은 주가 흐름을 맞히면 운이 좋은 것이고, 못

맞히면 무능하다는 평가를 받는다. 이런 상황에서는 족집게처럼 주가를 맞혀야 할 이유가 없다. 이들에게는 다수의 무리 속에 몸을 숨기고, 다른 늑대들과 함께 울부짖는 게 안전하다. 이러한 심리적 성향을 '밴드웨건 효과bandwagon effect'라 한다. 밴드왜건은 악단을 선도하는 마차를 가리키는데, 가야 할 길이 정해지지 않은 상태에서 대부분의 사람들은 앞 사람이 가는 길을 좇는다. 당신이 다수의 소비자가 추구하는 유행을 좇는 것도 밴드웨건 효과다. 물론 효율적 시장 가설에서는 유행을 인정하지 않는다. 합리적 소비자는 남의 행동이나 따라하는 멍청이가 아니라는 것이다.

하지만 우리는 멍청이이며, 당신도 마찬가지다. 다른 사람들이 주식을 팔아 주가가 폭락하는데도, 합리적인 당신이 기업의 가치 운운하면서 주식을 보유하고 있다면 손실만 커질 뿐이다. 따라서 당신은 정신 나간 무리가 하는 대로 따라 해야 한다. 이것이 주식시장의 본질이다. 결국 주가는 기업의 정보뿐 아니라 투자자들끼리 서로 영향을 끼친다. 주식투자는 기업의 미래가치를 평가하는 일이기도 하지만, 동시에 다른 사람의 생각을 읽는 기술이기도 한 것이다.

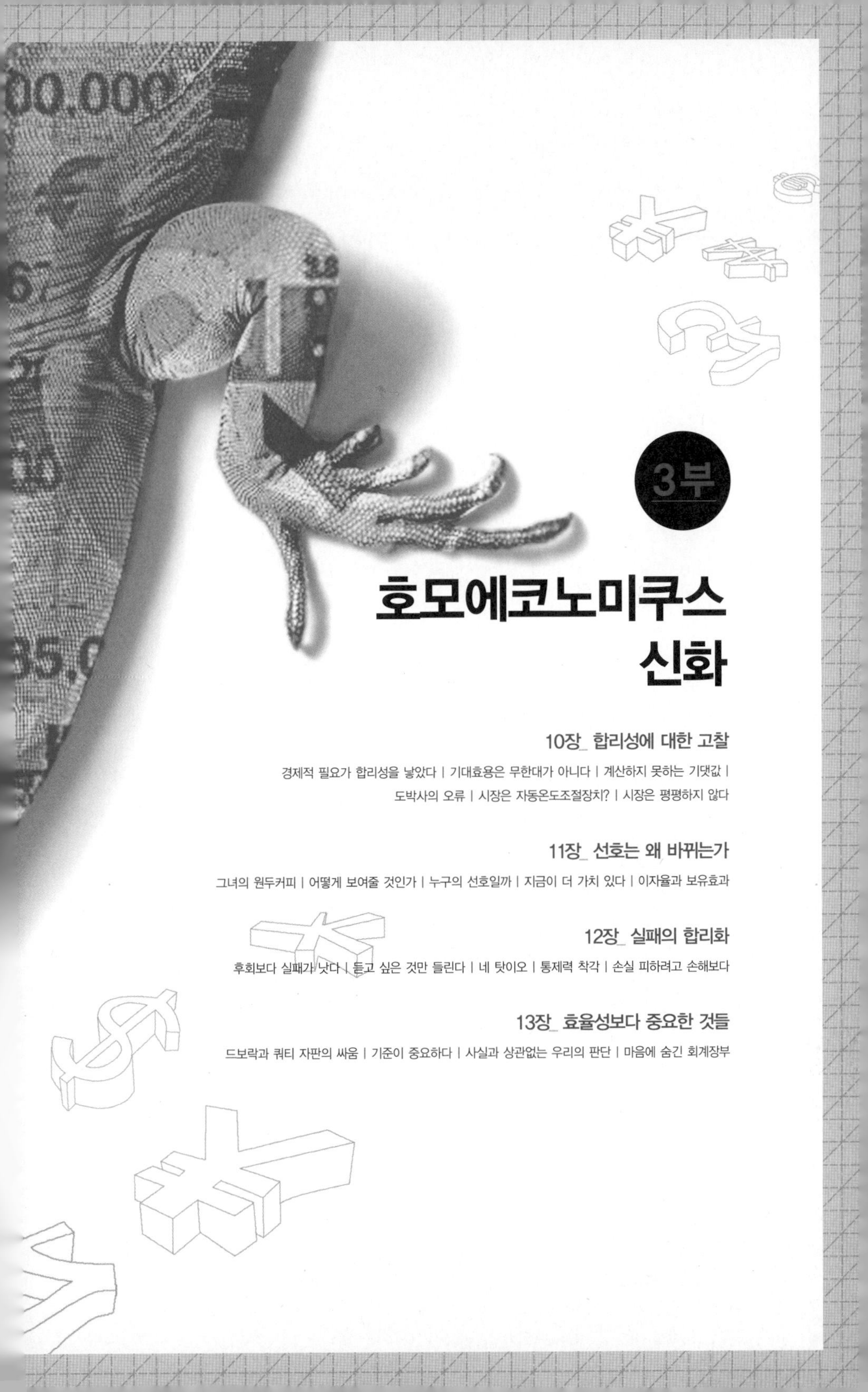

3부

호모에코노미쿠스 신화

경제학 서적을 들춰보면 호모에코노미쿠스는 알베르트 아인슈타인처럼 사고하고, IBM 컴퓨터처럼 뛰어난 기억용량을 갖고 있으며, 마하트마 간디와 같은 의지력을 발휘할 수 있는 존재처럼 느껴진다. _리처드 탈러 & 캐스 선스타인, 《넛지》

10장
합리성에 대한 고찰

경제적 필요가 합리성을 낳았다

막스 베버Max Weber는 서양에서 자본주의가 발전하게 된 이유를 서구인들의 합리적 사고방식과 태도에서 찾았다.

> 이미 지구상의 모든 문명화된 나라들에 자본주의적 경영이 존재해 왔다. 그러나 이제 서양은 자본주의를 양적인 정도로 그리고 이전에는 다른 곳에서 존재한 적이 없는 유형, 형태, 그리고 방향으로 발전시켰다. 즉 자유로운 노동의 합리적 자본주의적 조직화가 그것이다.
>
> 막스 베버, 《프로테스탄티즘의 윤리와 자본주의 정신*The Protestant Ethic and the Spirit Capitalism*》(1905)

베버는 자본주의 경영의 합리적 조직이 두 가지 요소에 의해 가능하다고 평가했다. 하나는 가사와 사업의 분리이고, 다른 하나는 합리적 부기簿記이다. 그는 서구 외의 다른 지역에서는 노동의 합리적 조직화가 존재하지 않았으며, 부르주아와 프롤레타리아라는 개념도 존재하지 않았다고 말한다. 따라서 서구문화에만 존재하는 특수하고 독특한 합리성이 자본주의 발전의 원동력이 되었다는 것이다.

베버는 영리를 추구하는 경제체제에서는 모든 주체가 원칙적으로 경제적 자율성을 갖고 있고, 경제적 관심만을 목표로 고도로 계산적인 합리성을 구비하고 있다고 생각했지만, 현실경제에서는 비합리적인 부분이 있음을 인정했다.

> 아직도 실질적인 비합리성이 형식상의 합리성에 잠입해 있다. 이는 비합리적 소득분배의 방식으로 나타나기도 하고, 불합리한 가계 관심 내지 투기적 관심에 의해 나타나기도 한다.
>
> 막스 베버, 《사회경제사 *Wirtschaftsgeschichte*》(1923)

조지프 슘페터 Joseph A. Schumpeter 역시 인간은 일상의 경제적 행위를 통해 합리적 사고와 합리적 행위를 훈련받으며, 경제적 양식은 이 논리적 모형에 의한 것이라고 설명했다. 그는 《자본주의, 사회주의, 민주주의 *Capitalism, Socialism and Democracy*》(1942)에서 일체의 논리가 경제상의 결정양식으로부터 도출된다고 확신했다.

슘페터는 인간의 합리적 태도가 경제적 필요에 의해 요구되었을 것이라고 가정하면서, 원시인이 사용했던 최초의 도구를 예로 들었다. 어떤 원시인이 막대기를 사용하다가 부러뜨렸다. 만일 그가 주문을 암송해서 부러진 막대기를 되돌릴 수 있다고 생각한다면, 그는 합리적 사고 이전의 단계에 있는 것이다. 그러나 막대기를 붙이기 위해서 혹은 다른 막대기를 얻기 위해서 어떤 방법을 모색했다면 그는 합리적 존재다. 슘페터에 따르면, 이러한 행위는 경제적 영역을 구분하기 시작한 데서 비롯되었다. 즉 합리적 습관은 경제적 욕망과 충족의 부단한 반복에서 기인한 것이며, 경험의 공유를 통해 점차 다른 영역으로 침투함으로써 마침내 인류는 '사실'에 눈을 뜰 수 있게 되었다.

경제학은 경제활동에 참여하는 주체들이 합리적 존재라고 가정한다. 또 경제학자들은 모든 사람들에게 선호選好가 이미 주어져 있으며, 그 선호는 장기간에 걸쳐 변하지 않는다고 가정해 왔다. 예를 들어 어떤 사람이 A를 B보다 좋아하고, B를 C보다 좋아하면, A를 C보다 좋아한다는 이행성 원리transitivity principle다. 쉬운 말로 옮기면 인간은 이기적이고 합리적인 존재이기 때문에, 소비자는 자신의 효용을 극대화하는 쪽으로 선택한다는 것이다.

그러나 현실에서는 상황에 따라 선호도가 달라진다. 즉 A보다 B가 좋고, B보다 C가 좋더라도, C보다 A를 좋아할 수 있다는 것이다. 쉬운 예를 하나 들어보자. 당신 앞에 만 원짜리 지폐 한 장과 5천 원짜리 지폐 한 장이 놓여 있다. 당신에게 하나를 골라 가지라고 하면 어느 지폐를 선택할 것인가. 두 말할 필요도 없이 만 원짜리 지폐를 고를 것이다. 그래서 당신은 합리적인 인간이다. 하지만 여기에서 상황을 약간 바꿔보자. 만 원짜리 지폐는 당신이 길을 걷다가 우연히 주운 것이고, 5천 원짜리 지폐는 한쪽 다리에 장애를 가진 당신의 작은아들이 처음으로 하루 종일 아르바이트를 해서 벌어온 돈이다. 자, 당신은 어느 쪽을 선택할 것인가?

이 경우에도 가장 합리적인 선택은 만 원짜리 지폐를 갖는 것이다. 만 원짜리 지폐를 5천 원짜리 두 장으로 바꾼 후, 한 장을 작은아들이 번 돈이라고 생각해 버리면 그만이다. 하지만 이런 경우 선택을 망설이는 사람도 있다. 인지부조화 이론에 따르면 개인은 자신의 여건이나 상황을 고려해 선호를 변경할 수 있다. 이는 경제학이 가정하는 합리적 행동 이론을 전면으로 부정한다. 왜 이런 일이 생겨날까?

기대효용은 무한대가 아니다

지금 당신은 동전 하나를 놓고 게임을 하려는 참이다. 동전을 던져 앞면이 나오면 1천 원을 받는다. 두 번째 던졌을 때 또 앞면이 나오면 첫 번째 던졌을 때의 두 배인 2천 원을 받는다. 세 번째도 앞면이 나오면 4천 원을 받고, 이 게임은 무한히 반복된다. 물론 당신은 매 게임마다 판돈을 걸어야 한다. 당신이 이기면 게임은 처음부터 다시 시작된다.

이 게임의 전략은 '곱 지르기'이다. 이길 때까지 계속 돈을 두 배로 거는 것이다. 불운은 계속되지 않기 때문에 언젠가 당신은 이기게 되어 있다. 운이 좋아 연속해서 앞면이 나온다면, 동전 던지기를 계속할수록 받을 돈은 무한히 늘어난다. 이제 내가 게임에 참여할 의사가 있는지 묻는다. 자, 당신은 이 게임에 참여할 것인가?

당신이 참여 여부를 결정하기 전에 기댓값expected value을 이해할 필요가 있다. 기댓값이란 어떤 사건이 벌어졌을 때의 이득과 그 사건이 벌어질 확률을 곱하여 모두 합한 값이다. 다시 말하면 어떤 확률적 사건에 대한 평균값이라 할 수 있다.

주사위 놀이를 해보자. 주사위를 한 번 던졌을 때, 하나의 수가 나올 확률은 1/6이다. 따라서 주사위 놀이의 기댓값은 $1\times1/6+2\times1/6+3\times1/6+4\times1/6+5\times1/6+\times6\times1/6$의 값인 21/6, 즉 3.5가 된다. 당신이 어떤 숫자에 내기를 걸든, 당신이 주사위를 던졌을 때 기대할 수 있는 값은 3.5라는 것이다. 그렇다면 맨 처음 제시한 동전 던지기 게임의 기댓값은 얼마일까?

동전의 앞면이나 뒷면이 나올 확률은 1/2이다. 따라서 처음 동전을 던질 때의 기댓값은 1천 원×1/2=500원이다. 두 번 던져서 같은 면이 나올 확률은 1/4이므로 2천 원×1/4=500원이다. 연속해서 세 번 같은 면이 나올 확률은 1/8이므로 판돈이 올라가도 기댓값은 역시 500원이다. 이 게임은 무한히 지속되므로 기댓값은 500+500+500+500+……으로 무한대가 된다. 무한대의 기댓값을 얻는다면 당연히 게임에 참여하는 것이 이득이다. 자, 다시 질문하겠다. 당신은 이 게임에 참여하겠는가?

'무한대'라는 것이 고민스럽다면, 게임의 횟수를 10번으로 한정해 보자. 10번째 던졌을 때 기댓값은 500원×10=5천 원이다. 이 게임이 10번째까지 계속되었다면 당신은 10번째 게임에 51만 2천 원을 걸어야 할 것이다. 하지만 당신은 9번째 게임까지 이미 51만 1천 원(1,000+2,000+4,000+8000+16,000+32,000+64,000+128,000+256,000)을 잃었다. 따라서 당신이 10번째 게임에서 이긴다면 1천 원을 번 것이 된다. 결국 이 게임방식으로 당신이 한 게임에서 딸 수 있는 최대의 돈은 첫 게임에 걸었던 액수다. 즉 첫 번째 게임에서 이기든 100번째 게임에서 이기든, 당신은 1천 원의 이득을 보장받는다.

아마 당신은 이 게임에 참여하고 싶지 않을 것이다. 판돈이 기하급수적으로 증가하기 때문이다. 운이 나빠 19번째 게임까지 돈을 따지 못하고 잃었다면 20번째 게임에서는 5억 2,428만 8천 원을 판돈으로 걸어야 한다. 물론 판돈을 무한정 갖고 있다면 한 차례의 게임에서 무조건 1천 원을 따겠지만, 부족한 판돈 때문에 당신이 먼저 빈털터리가 될 것이다.

기댓값이 무한대인데, 왜 사람들은 이 게임에 참여하고 싶지 않은 것일까? 1713년, 이 의문을 던진 사람은 스위스의 수학자 니콜라스 베르누이Nicolaus Bernoulli였다. 오늘날 이 딜레마를 '상트페테르부르크의 역설St. Petersburg paradox'이라 부른다. 이 역설은 25년이 지난 후 니콜라스 베르누이의 사촌 다니엘 베르누이Daniel Bernoulli가 해결을 시도했다. 그는 돈의 효용은 그 양이 증가함에 따라 점차 감소한다고 생각했다. 오늘날의 경제학에서 말하는 '기대효용'이 무한대가 아니라는 것을 밝혀낸 것이다.

사람들은 자신이 얻게 될 이득 때문에 의사결정을 하는 것이 아니라, 그 수익에 대한 주관적인 가치를 기준으로 의사를 결정한다. 동전 던지기 게임에서 잠재적인 판돈을 지불하기 위해서는 무한한 부를 소유해야 한다. 따라서 이 게임에 참여하는 것은 아무런 가치도 없다. 나중에 살펴보겠지만 사람들은 위험을 회피하려는 성향이 있다. 확실히 얻을 수 있는 수익은 높이려 하지만, 수익이 높아지는 만큼 위험이 커지면 그 위험을 수익보다 더 크게 평가한다.

10억 달러까지 상금이 걸려 있다고 하더라도 첫 게임을 1달러부터 시작하면 31번째 게임에서 이겼을 때의 상금은 10억 7,374만 1,824달러이다. 그러나 이때의 기댓값은 15.93달러에 불과하다. 다니엘 베르누이는 부가 증가할수록 효용이 증가하지만 효용이 증가하는 속도는 점차 둔화된다는 것을 알아냈다.

우리는 돈의 가치를 평가할 때 주관적 가치를 부여한다. 부가 증가해도 효용은 그만큼 증가하지 않는다. 이득의 크기가 커질수록, 추가되는 단위에서 얻는 추가적 만족의 양은 오히려 줄어든다. 효용은 이미 소유한 재화의 양에 반비례하는 것이다. 다니엘 베르누이는 가치는 가격이 아니라 효용에 바탕을 둔다고 생각했다. 이 이론은 '기대효용 이론'을 거쳐 '한계효용 이론'으로 뿌리를 내리면서 표준경제학의 근간을 이루게 된다.

계산하지 못하는 기댓값

기댓값은 일정한 확률이 주어진 상황에서 경제행위를 통해 얻을 수 있는 경제적 효용이라 할 수 있다. '한계효용체감의 법칙'은 이득이 증가할수록 위험을 회피하려는 심리도 함께 증가한다는 것을 의미한다.

100달러의 이득이 100단위의 만족을 준다고 해서 200달러의 이득이 200단위의 만족을 주는 것은 아니다. 이득의 크기가 커질수록 각각의 추가 단위에서 얻는 만족의 양은 줄어든다. 부자들이 더 부자가 되어도 추가되는 부가 가져다주는 만족감은 점점 작아지는 것이다. 100달러의 손실과 200달러의 손실에서도 같은 효과가 나타난다. 처음 100달러를 잃는 것은 다음에 100달러를 잃는 것보다 더 불쾌하다. 하지만 200달러를 잃어도 100달러를 잃었을 때보다 2배 더 불쾌하게 느끼지는 않는다. 가장 좋은 것은 아무것도 잃지 않는 것이다. 그래서 사람들은 아무것도 잃지 않는 경우의 수가 있을 때 모험을 건다.

도박에 참여하는 모든 사람에게 기댓값은 동일하다. 하지만 어떤 사람은 전 재산을 잃고, 스스로를 파멸의 길로 이끈다. 프랑스의 시나리오 작가 장클로드 카리에르Jean Claude Carriere의 《현자들의 거짓말*Le cercle des menteur*》에는 도박에 관한 재미있는 이야기가 실려 있다.

유명한 도박꾼이 말년에 가족과 뿔뿔이 흩어진 후 마침내 외로이 늙어 죽었다. 하지만 그의 손자는 근면과 끈기로 열심히 일하여, 할아버지가 도박으로 잃어버린 목장을 재건하고 큰 성공을 거두었다. 어느 날 그가 은행에서 인부들에게 줄 임금을 찾아 나오는데, 어디선가 낯익은 목소리가 들렸다. 자세히 들어보니 이미 하늘나라로 떠난 할아버지의 목소리였다.

"얘야, 너에게 중요한 충고를 해주기 위해 왔다. 내가 있는 곳에서는 뭐든지 훤히 알 수 있지."

"무슨 충고죠? 할아버지?"

"내가 시키는 대로만 하면 된단다. 우선 은행에 돌아가서 네 돈을 모두 찾아라. 그리고 가지고 있는 주식과 보석, 그리고 목장과 그곳에 있는 가축들도 모두 팔아라."

"전부 말입니까?"

"날 못 믿겠다는 거냐? 내가 어디에 있는지 생각해 보거라."

하늘에서 들려오는 할아버지의 목소리를 들은 손자는 시키는 대로 모든 재산을 팔아 돈을 마련했다.

"이젠 어떻게 하죠?"

"이제 너에게 행운이 올 거다. 돈을 몽땅 가지고 카지노로 가거라."

"카지노예요?"

"걱정할 것 없다. 이게 내가 가족들한테 지은 죄를 보상할 수 있는 기회란다."

손자는 할아버지의 영혼이 가르쳐주는 대로 카지노로 향했다. 카지노로 들어서자 다시 할아버지의 목소리가 들려왔다.

"룰렛 테이블에 앉아라."

손자는 룰렛 테이블에 앉았다.

"14번에 몽땅 걸어라. 전부 말이야."

손자는 모든 재산을 14번에 걸었다. 워낙 거금이었기 때문에 카지노 측에서는 회의를 거듭했다. 결론은 판돈을 모두 받아주자는 거였다. 긴장된 분위기 속에서 게임이 시작되었다. 그러나 나온 숫자는 17이었다. 손자는 절망했다.

"할아버지, 도대체 어떻게 된 거예요!"

그러자 할아버지의 목소리가 다시 들려왔다.

"얘야, 우리가 잃었구나!"

합리적 인간이라면, 큰돈을 잃지 않아야 한다. 도박꾼들이 큰돈을 잃는 것은 주관적 가치기준, 즉 위험에 대한 평가를 달리하기 때문이다. 도박으로 인해 파멸의 길로 들어서는 사람들은 대체로 위험을 선호하는 사람들이다. 도박이란 평균 이상의 수익을 노리는 것이기 때문이다.

도박은 중독자를 만들어낸다. 뇌과학자들은 알코올중독자들이나 마약중독자, 혹은 도박중독자들이 보통사람들보다 적은 양의 도파민 수용체를 가지고 있다는 사실을 밝혀냈다. 이들은 자극을 얻기 위해 모험에 나서지만, 일단 쾌감을 느낀 후에는 지독한 무기력증에 시달린다. 호르몬이 일정한 수치에 이르면 일시적으로 도파민 수치가 감소하기 때문이다. 그래서 쾌락을 즐긴 후에는 나른함에 빠지고, 그 시간이 지나면 다시 자극을 찾아 나선다. 자극에 대한 적응은 더 큰 자극을 원하도록 만들기 때문에, 결국 그는 중독자가 될 수밖에 없다. 앞에 소개한 유머는 도박이 죽어서까지 잊지 못할 만큼 중독성이 강하다는 것을 보여준다.

선택에 참여하는 개인은 기댓값이 큰 것을 선호한다는 합리적 행위 이론은, 게임 이론의 창시자이기도 한 존 폰 노이만John Von Neumann과 오스카 모르겐슈테른Oscar Morgenstern이 제창한 기대효용 이론으로 경제학에 많은 영향을 미쳤다. 하지만 경제학자들의 믿음과 달리 우리는 어떤 행위를 선택할 때 기댓값, 혹은 확률을 정확히 계산하지 못한다.

널리 알려진 '몬티 홀monty hall의 딜레마'를 보자. 이 딜레마는 미국의 몬티 홀이 진행하던 퀴즈쇼 〈흥정합시다Let's make a deal〉에서 이름을 따온 것이다. 출연자가 경쟁자들을 물리치면 상품을 선택할 권리가 주어진다. 그런데 모든 승리자가 원하는 상품을 가질 수 있는 게 아니다. 굳게 닫혀 있는 세 개의 문에서 하나를 골라야 한다. 그 중 하나에는 고급 승용차가 감춰져 있다. 하지만 다른 두 문 뒤에는 염소가 한 마리씩 서 있다.

당신이 퀴즈 왕이 되었다면, 진행자는 세 개의 문에서 하나를 선택하라고 요구한다. 어느 문을 고르든 당첨될 확률은 1/3이다. 마침내 당신은 한 곳을 선택한다. 그러나 진행자는 얄궂다. 진행자는 어느 문 뒤에 고급 승용차가 있는지 알고 있다. 진행자는 당신의 고민을 덜어주기 위해 염소가 매어져 있는 하나의 문을 연다. 이제 당신은 쾌재를 부를 것이다. 적어도 한 군데는 제외되었기 때문이다. 당신은 이 순간 고급 승용차에 당첨될 확률이 50퍼센트라고 생각한다. 그런데 진행자가 당신의 마음을 흔들어버린다.

"딱 한 번 선택을 바꿀 기회를 드리겠습니다."

당신은 이제 딜레마에 빠졌다. 처음 선택을 그대로 밀고 나갈 것인가? 아니면 바꿀 것인가?

이 딜레마는 1990년 잡지 《퍼레이드*Parade*》의 어느 독자가 〈마릴린에게 물어보기Ask Marilyn〉라는 연재칼럼 기고자에게 던진 질문이다. 칼럼을 쓰는 사람은 마릴린 서번트Marilyn vos Savant였다. 그녀는 IQ 228로 세계에서 가장 머리 좋은 사람으로 기네스북에도 올랐으며, 1986년부터 일요일마다 지면을 통해 독자들의 궁금증을 상담해 주고 있었다. 그녀가 독자의 질문에 내놓은 답은 이렇다. 당신의 선택지는 두 가지다. 첫째, 선택을 바꾸지 않는 것이다. 이때 당첨될 확률은 2분의 1이다. 물론 선택을 바꾸어도 확률은 2분의 1이다. 둘째, 선택을 바꾸는 것이다. 이때는 당첨 확률이 3분의 2로 높아진다. 따라서 선택을 바꾸는 것이 유리하다.

좀 더 쉽게 설명해 보자.

경우의 수	A	B	C
1	○	×	×
2	×	○	×
3	×	×	○

문 뒤에 고급 승용차가 있을 경우의 수는 A · B · C 세 가지다. 1번 상황에서 당신이 A문을 선택했다고 하자. 이 상황에서 사회자는 B나 C의 문을 열어 보여준다. 표를 보면, B나 C로 선택을 변경할 경우 탈락한다. 그러나 2번에서는 B로 변경하면 당첨되고, 3번 상황에서도 C로 변경하면

당첨된다. 따라서 당첨확률은 3분의 2로 높아진다는 것이다.

마릴린의 해법이 지면에 게재되자 미국 전역에서 이의가 쇄도했다. 약 1만여 통의 편지가 잡지사로 날아들었는데, 이 중 92퍼센트 정도는 정답이 틀렸다고 주장하는 편지였다. 편지를 보낸 사람들 중에는 수학자와 경제학 교수들도 많았는데, '에르되시 수'를 고안한 헝가리 출신의 저명한 수학자 폴 에르되시Paul Erdös도 있었다.

오늘날의 수학자들은 서번트의 답이 옳았다고 생각한다. 세 개의 문이 아니라 1천 개의 문이었다고 가정해 보자. 진행자는 두 개의 문만 남겨놓고 998개의 문을 열어 당신에게 보여줄 것이다. 그래도 당신은 처음 선택을 끝까지 고수할 것인가? 당신이 처음 문을 선택할 때 당첨될 확률은 1천분의 1이었다. 그러나 이제는 1천분의 998로 당첨확률이 높아졌다. 만일 당신이 선택을 바꾸면 당첨 확률은 2분의 1이 아니라 1천분의 999로 높아진 것이다.

캐나다 온타리오 대학교의 사회심리학자 닐 로즈Neal Roese가 《If의 심리학*If Only: How to turn regret into Opportunity*》에서 제시한 해답은 좀 더 쉽다. 게임이 처음 시작될 때 당첨확률은 33.3퍼센트다. 하지만 두 번째 선택을 할 때 남은 문은 두 개이고, 이때 두 개의 문에 고급 승용차가 있을 확률은 66.6퍼센트로 높아진다. 따라서 당신은 선택을 바꾸는 것이 유리하다. 3개의 문에서 선택할 때보다 2개의 문에서 선택하는 것이 당첨확률을 두 배 높이는 것이다.

도박사의 오류

그동안 경제학자들은 비합리적으로 보이는 인간의 행동을 합리적으로 설명하기 위해 많은 노력을 기울여 왔지만 성공을 거두지는 못했다. 그러나 최근 심리학이 경제학에 접목되면서 그동안 확고히 자리 잡았던 경제이론들이 조금씩 흔들리기 시작했다. 인간이 합리적이고 이기적이라는 경제학자들의 가정이 하나둘 부정되고 있기 때문이다.

우리가 경제활동을 하면서 매우 합리적이고 이성적으로 판단한다는 생각은 착각이다. 흔히 '도박사의 오류gambler's fallacy'로 불리는 예를 보자. 어느 날 당신은 라스베이거스에 있는 카지노에 들렀다. 자리가 비어 있는 슬롯머신이 여러 대 있다면, 당신은 한동안 잭팟jackpot이 터지지 않은 슬롯머신을 선택할 것이다. 물론 오랫동안 잭팟이 터지지 않았다고 해서 확률이 높아지는 것은 아니다. 슬롯머신은 과거를 기억하지 않는다. 다시 말하면 슬롯머신은 옛날에 터트린 잭팟을 기억하지 못하도록 설계되어 있다. 따라서 수년 동안 잭팟이 터지지 않은 슬롯머신은 방금 잭팟을 터뜨린 슬롯머신과 동일한 승률을 갖는다.

다시 한 번 동전 던지기 게임을 해보자. 동전을 열 번 던졌을 때 우연히 네 번 연속 앞면이 나왔다고 치자. 그런데 다섯 번째 던질 때 상대방이 판돈을 걸어보자고 제안한다. 이때 당신은 앞면에 판돈을 걸 것인가, 아니면 뒷면에 판돈을 걸 것인가?

아마 대부분의 사람들은 다섯 번이나 연속 앞면이 나왔으니 다음에는 뒷면이 나올 확률이 훨씬 높을 것이라고 판단할 것이다. 하지만 어느 경우든 앞면이 나올 확률은 50퍼센트이며, 뒷면이 나올 확률도 마찬가지다. 이것이 바로 '도박사의 오류'다. 다섯 번째에 같은 면이 나올 확률을 떼어놓고 생각하면 확률은 이미 1/2로 결정되어 있지만, 이 확률을 다섯 번 연속 같은 면이 나올 확률 1/2×1/2×1/2×1/2×1/2=1/32로 착각하는 것이다. 도박사는 앞서 일어난 사건의 영향을 받아 확률이 변화될 것으로 오판하는 것이다.

《매거진 *The Magazine*》의 수석 편집자인 개리 벨스키 Gary Belsky와 심리학자 토머스 길로비치가 공동 저술한 《돈의 심리학 *Why smart people make big money mistakes and how to correct them*》에는 네바다 주에서 농담처럼 떠도는 이야기 하나가 소개되어 있다.

윌리엄은 아내와 함께 도박의 도시 라스베이거스에서 3일간의 허니문을 즐기고 있다. 그런데 허니문 3일째가 되던 날, 윌리엄은 수중의 1천 달러를 카지노에서 모두 날려버리고 말았다. 돈을 잃었다는 자책감과 후회 때문에 그는 침대에 누워 뒤척이고 있었다. 그때 윌리엄은 화장대 위에 무언가 빛나고 있는 것을 발견했다. 가까이 가보니 기념으로 놓아둔 5달러짜리 카지노 칩이었다. 희한하게도 칩 표면에는 17이라는 숫자가 뚜렷이 빛나고 있었다.

'이는 분명 신의 계시다!'라고 생각한 윌리엄은 급히 룰렛 도박장으로 내려가 숫자 17에 5달러 칩을 걸었다. 게임에서 이기면 35배의 돈을 벌 수 있는 기회였다. 놀랍게도 룰렛 구슬은 숫자 17에서 섰고, 윌리엄은 판돈의 35배인 175달러를 벌었다. 운이 좋다고 생각한 윌리엄은 다시 175달러를 숫자 17에 걸었고, 구슬은 또 17에서 멈춰 수중의 돈은 총 6,125달러로 불어났다.

윌리엄은 행운의 여신이 자신을 돌보고 있는 확신을 갖고 계속 게임을 벌였다. 결과는 놀라웠다. 윌리엄은 계속 승리하여 무려 2억 6,200만 달러를 벌었다. 흥분한 윌리엄은 그 돈을 다시 17에 걸었다. 하지만 구슬은 18에서 멈췄고, 결국 그는 자신이 벌어들인 2억 6,200만 달러를 모두 잃고 말았다. 무일푼이 된 윌리엄은 터벅터벅 호텔로 되돌아왔다. 침대에 누워 있던 아내가 물었다.

"어디 갔다 왔어?"

"룰렛을 하고 왔어."

"어떻게 됐어?"

"나쁘진 않았어. 5달러를 잃은 것 외엔……."

그는 사실 2억 6,200만 달러를 잃은 것이지만, 5달러를 잃었다고 자신을 위안한다. 우리는 이익을 얻고 나면, 더 위험한 선택을 하려는 성향을 갖고 있다. 특히 아마추어 도박꾼이나 초보 주식투자자들은 큰돈을 따면 그것을 순수한 자기 돈으로 생각하지 않고, 공돈이라고 생각하는 경향이 있다. 우발적 이익을 얻었을 때 선뜻 위험을 감수하려는 것도 이 때문이다.

이런 사람들은 자신의 밑천이 2억 6,200만 달러가 아니라 5달러라고 착각한다. 밑천이 5달러라고 여기는 사람은 기꺼이 위험을 감수한다. 잃어봐야 5달러이기 때문이다. 반면 2억 6,200만 달러를 갖고 있다가 모두 잃은 사람은 본전이라도 찾기 위해 위험에 뛰어든다. 이것이 아무리 승률이 좋은 도박꾼이라도 부자가 될 수 없는 이유다.

상대방에게 딴 돈으로 도박할 때와 자기 돈으로 도박할 때, 당신은 어느 경우에 더 큰 판돈을 걸겠는가? 사람들은 도박으로 딴 돈을 자기 돈과 동일시하지 않기 때문에 마치 공돈으로 내기하는 것처럼 행동한다. 이러한 현상은 '랜즈버거 효과Landberger effect'와 유사하다. 소액의 추가소득은 지출을 늘려 소비를 촉진하지만, 고액의 추가소득은 오히려 지출을 줄이고 저축을 높이는 현상을 말한다.

1966년 이스라엘의 경제학자 마이클 랜즈버거Michael Landsberger는 제2차 세계대전 후 서독정부로부터 정기적으로 배상금을 받은 이스라엘인들을 대상으로 흥미로운 연구를 진행했다. 그는 서독정부가 이스라엘인들에게 지불한 배상금의 사용처를 분석했다. 연구결과 아주 흥미로운 사실이 발견되었다. 이스라엘인들이 받은 돈은 그들이 흘린 피의 대가였지만, 상당수의 사람들은 이를 공돈으로 여겼다.

이스라엘인들이 서독정부로부터 받은 배상금은 개인과 가족이 겪은 피해 정도에 따라 차이가 있었다. 어떤 사람들은 연봉의 3분의 2에 해당하는 배상금을 받은 반면, 어떤 사람들은 연봉의 7퍼센트밖에 받지 못했다. 그런데 연봉의 3분의 2를 받은 사람들이 배상금의 23퍼센트를 지출하고 나머지 77퍼센트를 저축한 반면, 연봉의 7퍼센트를 받은 사람들은 자신이 받은 돈의 두 배를 지출했다. 즉 고액을 받은 사람들은 100만 원을 받았을 때 23만 원만 지출했지만, 소액을 받은 사람들은 100만 원을 받았을 때 200만 원을 지출한 것이다.

우발적으로 얻은 소득은 부를 증가시키는 것이 아니라 오히려 갖고 있던 재산까지 위협한다. 당신이 지난겨울에 입었던 외투 속에서 10만 원짜리 수표를 우연히 발견했다고 하자. 아마 당신은 그 돈을 저축하기보다는 그 돈에 10만 원을 더 얹어 평소 갖고 싶었던 물건을 사고 싶을 것이다. 반면 1년 전 돌아가신 아버지의 유언장을 우연히 발견했는데, 100억 원 상당의 부동산을 유산으로 남겨두었다는 사실을 알았다고 하자. 당신은 이 돈을 당장 지출하고 싶지 않을 것이다. 며칠간을 기쁨에 겨워 흥청망청 돈을 쓸지 모르지만, 곧 마음을 다잡고 그 돈을 우선 은행에 넣어둘 것이다.

> 가장 간단하고 안전한 시스템은 도박을 하지 않는 것이다. 만약 여러분이 라스베이거스에 1천 달러를 가져가서 최소한 500달러를 남겨오겠다고 결심했다면 여러분은 500달러는 호텔 금고 속에 넣어두고, 이 돈으로는 도박을 하지 말아야 한다.
>
> 윌리엄 파운드스톤, 《머니 사이언스》

시장은 자동온도조절장치?

경제학은 상호 경쟁하는 대상들에 대한 선호를 다루는 학문이라 할 수 있다. 우리가 무언가를 선택했다는 것은, 다른 대안보다 그것을 더 선호한다는 것을 의미한다. 가족들과 함께 외식을 하기로 했다면 당신은 집에서 먹는 음식보다 식당 음식을 선호하거나, 집에 있는 시간보다 밖에 있는 시간을 선호한 것이다. 또 먹을 음식으로 초밥을 선택했다면 당신은 비슷한 가격의 불고기보다 생선을 선호한 것이다. 마찬가지로 집 앞에 있는 일식집 대신 자동차를 타고 바닷가 식당을 찾았다면, 어떤 이유에서든 당신은 바닷가의 식당을 선호한 것이다. 이때 당신은 선택이라는 의사결정을 통해 경제적 행위를 하고 있는 것이다. 만약 당신이 집에서 저녁을 먹은 후 영화관을 가기로 했더라도, 이 선택 역시 경제적 행위다.

경제적 가치의 원천은 인간의 욕구다. 우리는 어떤 물건을 다른 물건보다 선호할 수밖에 없다. 경제학에서는 당신이 어떤 것을 선택했다면, 그것이 다른 대안들보다 더 큰 효용을 가져다준 것으로 간주한다. 효용은 다양한 대안들에 대한 선택으로 설명된다. 따라서 효용은 당신이 선택한 것에 대한 대가이며, 이때 선택은 당신의 선호로 해석된다.

기대효용 이론은 인간의 선택행위를 효용을 극대화하는 것으로 간주하고, 효용을 측정할 수 있다고 보았다. 하지만 이 이론이 성립하려면 몇 가지 전제가 필요하다. 이 전제를 설명할 때 완비성completeness, 이행성transitivity, 연속성continuity 같은 난해한 용어들이 사용되지만, 쉽게 말하면 모든 소비자는 최선의 방법으로 효용의 극대화를 추구하는 합리성을 갖추고 있으며, 변덕스럽지 않은 일관된 성격에, 이기적이라는 것이다. 그러나 이런 전제조건을 완벽하게 충족시키는 인간은 존재하지 않는다. 우리는 때로 합리적이지 않고, 일관된 태도를 갖고 있지도 않으며, 항상 이기적이지도 않다.

경제학 교과서는 시장에서의 선호를 논의할 때 무차별 곡선indifference curve을 제시한다. 무차별 원리principle of indifference란 어느 하나의 대안이 다른 대안들을 물리치고 선택되어야 할 충분한 이유가 없을 때, 모든 대안이 동일하게 선택될 확률을 갖는 것을 말한다. 예를 들어 평소 자주 찾는 단골식당이 없고 특별히 선호하는 음식이 없다면, 식당을 고르기로 작정한 그 자리에서 눈에 띄는 모든 식당은 같은 확률로 선택될 수 있다는 것이다.

미국의 경제학자 스티븐 랜즈버그Steven E. Landsburg는 《안락의자의 경제학자*Armchair Economist*》에서 다음과 같이 무차별 원리를 설명한다. 그는 "샌프란시스코와 네브래스카 주 링컨 중에서 어느 곳에 살고 싶은가?"라고 묻는다. 샌프란시스코에는 멋진 쇼핑센터와 문화시설들이 많다. 반면 링컨에서는 아름다운 고택을 샌프란시스코의 원룸 가격에 구입할 수 있다. 샌프란시스코는 국제적인 도시라는 매력에 대해 높은 점수를 받고, 링컨은 양질의 주택을 구입할 수 있다는 점에서 높은 점수를 받는다. 따라서 특이한 취향이나 재능을 가진 경우를 제외하면 모든 선택은 동일하게 매력적이다.

A와 B, 두 도시가 있다. A는 쾌적한 환경도시이고, B는 공장이 밀집한 도시다. 이 경우 사람들은 A로 집중되고, B의 인구는 줄어들 것이다. 반면 사람이 모여들면서 A의 주택가격은 상승하게 되고, B는 인구가 줄어들어 주택가격이 하락하게 된다. 그 결과 인구가 집중된 A의 매력은 사라지고 주택가격이 싼 B의 매력은 상승한다. 결국 두 도시의 매력이 같아진다는 것이 무차별 원리의 핵심이다.

무차별 원리는 노동시장에도 적용된다. 스티븐 랜즈버그가 제시한 예는 이렇다. 식당 손님들이 어느 날부터 접시닦이한테도 팁을 주기 시작하면서 접시닦이의 수입이 증가한다. 그렇게 되면 이웃집 청소부도 접시닦이가 되고 싶어 할 것이다. 접시닦이가 되고 싶어 하는 사람들이 많아지면 경쟁이 심해져 임금이 하락하므로 접시닦이에 대한 매력이 조금씩 감소한다. 따라서 접시닦이로의 전직은 팁으로 얻는 이득과 임금 감소분이 서로 상쇄될 때까지 계속되다가 나중에는 일정한 평형 상태를 유지하게 된다. 접시닦이와 청소부는 동일한 매력을 갖게 되는 것이다.

접시닦이의 임금이 줄면 식당주인이 이득을 볼 것 같지만, 천만의 말씀이다. 주인에게도 무차별 원리가 적용되기 때문이다. 식당주인이 접시닦이에게 싼 임금을 지불하면서 이득을 보고 있다는 소문이 나면, 이웃집 신발가게 주인이 가게 문을 닫고 식당을 열 것이다. 식당을 개업하려는 사람이 많아지면 음식가격은 하락하고, 이익은 줄기 시작한다. 주인이 접시닦이의 임금을 줄여 얻었던 이득은 판매 감소로 인한 손실과 상쇄되기 때문에, 식당과 신발가게도 동일한 매력을 갖게 된다.

> 노동과 자본을 사용할 때 이익과 불이익은 (……) 완전히 균등하든지, 끊임없이 균등하게 되어가는 경향이 있다. 만약 인접한 지방에서 어떤 직업이 다른 직업보다 다소라도 유리할 경우에는 많은 사람들이 그 직업으로 몰려들게 될 것이며, 불리할 경우에는 그 직업에서 벗어나게 되므로 그 직업의 이익은 곧 다른 직업 수준으로 돌아가게 될 것이다. 이것은 적어도 사물이 자연의 추이에 맡겨져 있는 사회, 각자가 적당한 직업을 선택할 수 있고, 적당하다고 생각할 때마다 그것을 바꿀 수 있는 완전한 자유가 있는 사회에서는 적어도 사실일 것이다. 모든 사람의 이해는 유리한 직업을 구하게 되고, 불리한 직업을 피하도록 각자를 자극할 것이다.
>
> 애덤 스미스, 《국부론》

무차별 원리는 곧 경쟁원리와 같다. 경쟁이 이루어지는 시장에서는 어떤 대안의 매력이 계속 우위를 점하는 것을 용납하지 않는다. 어떤 대안이 우위를 점하는 순간, 무수한 경쟁자들이 달려들기 때문이다. 시장원리주의자들이 시장이야말로 가장 효율적인 시스템이라고 주장하는 것은 이 때문이다. 소비자는 공급자들의 경쟁을 통해 이익을 본다. 경쟁시장에서는 가장 싼값에 재화를 구매할 수 있고, 이때 공급자의 이윤은 제로에 가깝다.

스티븐 랜즈버그도 지적했듯이, 무차별 원리가 모든 사람에게 적용되는 것은 아니다. 한정된 자원을 소유한 사람은 이 원리에서 예외가 될 수 있다. 예를 들어 공업도시인 B가 강력한 환경규제법을 실시하여 대기를 맑게 했다고 하자. 이때 이득을 보는 사람들은 B에 부동산을 소유한 사람들이다. 그동안 B의 매력을 감소시킨 요인이 사라졌으므로, 많은 사람들이 거주지를 B로 옮길 것이고 부동산가격은 급등할 것이다.

노동시장에서도 마찬가지다. 접시닦이와 청소부는 한정된 자원이라고 볼 수 없지만, 변호사는 한정된 자원이다. 따라서 접시닦이와 변호사 사이에는 무차별 원리가 적용되지 않는다. 물론 접시닦이도 사법시험에 합격하여 변호사 시장에 진입할 수 있지만, 이는 매우 드문 경우이며 변호사의 수도 한정되어 있다. 변호사가 접시닦이보다 더 많은 이득을 얻는 것은 이 때문이다.

시장원리주의자들의 주장에 따르면 기술혁신이나 구조조정이 이루어져도 일자리 자체는 큰 변화가 없다. 100명이 삽으로 땅을 파는 대신 1명이 포크레인으로 작업하면 나머지 99명은 일자리를 잃는 것이 아니라 다른 일을 찾을 수 있는 기회를 갖는다는 것이다. 99명이 노동시장에 몰려들면 임금이 하락하여 기업의 생산성이 증가하고, 기업은 다시 고용을 늘린다. 따라서 생산성의 증가는 실업자를 양산하는 것이 아니라 경제성장의 바탕이 된다는 것이다.

이제 우리는 무차별 원리를 다음과 같이 정리할 수 있다. 어떤 선택이 다른 대안보다 선호된다면 사람들은 그것을 선택하고, 이 선택은 그것이 더 이상 선호되지 않을 때까지 계속된다. 그러나 한정된 자원에는 이 원칙이 적용되지 않고 경제적 이득을 창출한다.

경제학자들은 시장이 자동온도조절장치처럼 작동한다고 믿는다. 1950년대 중반에 정립된 일반균형 이론은 모든 정보가 시장에 즉각 반영되고, 시장은 스스로 조절과 조정을 거쳐 균형을 이룬다고 설명한다. 자동온도조절장치에 부착된 센서가 자동적으로 온도변화를 감지해 보일러를 가동시킴으로 일정하게 온도를 유지하는 시스템과 같다. 이때 온도를 감지하는 센서 역할을 하는 것은 가격이다. 가격은 시장정보를 가장 민감하게 반영하며, 수요와 공급을 조절하는 역할을 한다.

이 이론은 무작위 속에서 질서가 창출된다는 복잡계 이론을 연상시킨다. 복잡계 이론이 주장하듯이 시장도 자기조직화의 요소를 안고 있을 수 있다. 하지만 자기조직화에 주목한 경제학자들이 모두 이 이론을 지지하는 것은 아니다. 폴 크루그먼은 경제 분야의 자기조직화를 다룬 《자기조직의 경제 *The Self-organizing Economy*》에서 이렇게 말했다.

> 경기순환은 마치 자기조직화 현상처럼 보이지만, 기존의 상식이나 거시경제학적 균형이라는 신념을 다치지 않고는 언급하기 힘든 주제이기도 하다. 또 경기순환에 정말로 확실한 실증적인 규칙성이 있다고 해도 나는 사실 이런 것을 인정하지 않는다.

균형은 상호작용하는 사물들이 조정을 거쳐 안정된 평형에 이른 상태를 말한다. 컵에 담긴 물에 잉크방울을 떨어뜨리면 잉크는 무작위로 점차 확산되다가 결국엔 안정된 평형 상태에 이른다. 시장원리주의자는 모든 사람들이 시장의 미래를 예측하고 그 예측에 맞추어 합리적으로 행동하기 때문에 물속의 잉크방울처럼 효율적으로 균형에 도달한다고 본다. 이들의 믿음대로 시장이 작동하려면 모든 사람은 시장에서 발생하는 정보를 완전히 알아야 하고, 미래를 정확히 예측할 수 있어야 하며, 재산권이 완전히 보장되어야 한다. 또 사람들은 원하는 만큼 소유하고, 아무 제한 없이 자유롭게 재산권을 거래하며, 이 과정에서 외부효과가 발생하면 거래비용 없이 협상을 통해 가격이 지불되어야 한다. 그러나 이러한 기대와 달리, 인간은 그다지 합리적인 존재가 아니다. 리처드 탈러와 캐스 선스타인은 인간을 합리적 존재로 가정한 표준경제학을 이렇게 비꼬았다.

> 경제학 서적을 들춰보면 호모에코노미쿠스는 알베르트 아인슈타인처럼 사고하고, IBM 컴퓨터처럼 뛰어난 기억용량을 갖고 있으며, 마하트마 간디와 같은 의지력을 발휘할 수 있는 존재처럼 느껴진다.
>
> 리처드 탈러 & 캐스 선스타인, 《넛지》

시장은 평평하지 않다

서울의 강남지역은 편리한 교통 인프라와 교육문화시설을 갖추고 있으며, 조성 당시부터 환경을 고려하여 계획적으로 설계된 지역이다. 따라서 주택가격이 매우 높다. 반면 강북지역은 계획적으로 설계되지 않은 구 시가지가 대부분을 차지하며, 빈민촌도 산재한다. 그렇기 때문에 강북의 집값은 강남의 소형아파트 값으로 대형아파트를 구입할 수 있을 만큼 낮다.

무차별 원리에 따르면, 강남에 대한 사람들의 선호는 강북과의 차이가 사라질 때까지 계속되다가 결국 두 지역의 매력이 같아지게 된다. 언젠가는 그렇게 될 수 있을지 모르지만, 아직 그럴 가능성은 보이지 않는다. 무차별 원리가 성립하려면 강남은 주민들이 견디기 힘들 만큼 혼잡해지거나 주택가격이 더 올라야 하고, 강북은 지금보다 더 많은 인프라를 구축하고 주택가격은 떨어져야 한다. 하지만 이런 일이 일어날 수 있을까?

경쟁시장의 장점은 효율성이다. 시장원리주의자들에 따르면, 시장은 개인의 선호에 따라 분배가 가능하다. 개인은 스스로의 이득을 위해 항상 최선의 의사결정을 내리며, 이러한 경제적 행위로 인해 사회도 이득을 얻는다. 하지만 효율성은 분배를 왜곡할 수 있다.

정부에서 아시아 최대의 공연시설을 서울에 건립하기로 결정했다고 하자. 강남과 강북에 실내 공연장을 지을 수 있는 동일한 면적의 국유지가 있다고 가정할 때, 어느 곳에 건립하는 것이 좋을까? 사실 두 지역의 균형적 발전을 위해서는 강북에 건립하는 것이 옳다. 그러나 정부는 형평성 대신 효율성을 선택할 가능성이 높다. 효율성을 추구할 때는 대개 투입비용 대비 산출편익을 분석한다. 강남은 이미 인프라가 갖추어져 비용이 적게 들고, 유동인구가 많으며 접근성도 좋다. 따라서 정책 담당자는 강남에 공연장을 건립하는 것이 더 많은 시민들에게 혜택이 돌아간다고 판단할 것이다. 물론 어느 지역에 미술관이 들어서든, 근방의 부동산 소유주들은 이익을 얻는다. 아시아 최대의 공연시설이 들어서게 되면, 관련 시장과 편의시설이 인근지역에 형성될 것이다. 부익부 현상이 더욱 심해지는 것이다.

지방자치단체들은 서로 인구를 끌어들이지 못해 안달이다. 하지만 모든 사람에게 거주 이전의 자유가 주어지는 것은 아니다. 지자체들은 아무나 자신의 행정구역에 유입되는 것을 원치 않는다. 강남의 지자체들은 부자들의 재산세를 서로 인하해 주겠다고 경쟁함으로써 부자들이 다른 지역으로 이탈하는 것을 방지한다. 이들은 부자들의 세금을 낮춰 주고 쾌적한 주거환경을 유지하는 데 많은 관심을 기울이지만, 빈민들에 대한 사회복지 지원에는 그다지 관심을 기울이지 않는다. 강남의 사회복지체제가 잘 갖추어져 있으면, 빈민들이 무허가주택을 짓고 대거 유입될 가능성이 많아지기 때문이다.

자치단체장은 사회복지를 노리고 유입되는 사람들을 배제하거나 떠나도록 유도함으로써 복지예산을 절감할 수 있을 것이다. 하지만 모든 지자체가 동시에 그렇게 할 수는 없다. 죽거나 나라 밖으로 나가지 않는 한, 이들은 어느 도시에든 머물러 있을 것이기 때문이다. 자치단체장은 저소득층을 위한 임대주택을 짓지 않음으로써 이들의 유입을 막을 수도 있다. 주택 사정이 나쁘면 저소득층이 그 지역을 떠날 것이고, 들어오는 사람도 없을 것이다. 실제로 상당수의 도시주민들과 지방자치단체는 기존 아파트를 재건축할 때 임대주택 비율을 축소하기 위해 안간힘을 쓴다. 하지만 한 지역의 성공은 다른 지역의 실패를 의미한다. 이는 지독한 지역이기주의일 뿐이다. 모든 도시가 균등한 기회를 갖고 성공할 수 있는 두 가지 방법이 있다. 한 가지는 주택사정을 더욱 악화시켜 빈민들이 도시 근처에 얼씬거리지 못하게 하는 것이고, 다른 하나는 전체 빈곤층의 수를 다함께 줄이는 것이다.

> 주거지역을 선택한다는 것은 이웃을 선택하는 것과 같다. 예컨대 좋은 학교가 있는 동네를 선택하는 것은 좋은 학교를 원하는 사람들이 사는 동네를 선택하는 것이다.
>
> **토머스 셸링** Thomas C. Schelling, 《미시동기와 거시행동 *Micro motives and Macro behavior*》

2005년 노벨경제학상을 수상한 토머스 셸링은 1978년에 출간한 《미시동기와 거시행동》에서 다양한 차이를 가진 사람들이 환경에 따라 어떻게 균형을 이루며 군집을 이루는지에 대한 설명을 시도했다. 그는 바다에서 서핑을 하는 사람과 해수욕을 하는 사람이 어떻게 서로 부딪히지 않고 해변을 나누어 쓰는지를 예로 들었다.

서핑을 하는 사람들은 서핑보드에 다른 사람의 머리가 부딪히는 것을 싫어할 것이다. 하지만 이를 더 싫어하는 사람은 실제로 서핑보드에 머리가 부딪히는 사람들이다. 해변에서 휴가를 보내는 사람들은 누가 어디에서 서핑을 하고 해수욕을 할 것인지에 대해 합의한 적이 없다. 그 누구도 바다를 어떻게 나눠 쓸 것인가에 대해 조정하려 들지 않을 것이다. 그럼에도 불구하고 이들은 뚜렷이 구별되는 집단처럼 행동한다. 하지만 그 결정을 내린 것은 집단이 아니라 개인이다. 서핑보드가 위험하다고 생각하는 사람들은 그들을 피해 수영할 곳을 선택할 것이다. 서핑을 하는 사람들 역시 다른 사람들에게 방해받고 싶지 않기 때문에 서핑이 자유로운 곳을 선택할 것이다.

토머스 셸링은 이러한 조정을 사람들이 서로에 대해 반응하기 때문이라고 결론짓는다. 우리는 다른 개인들로 이루어진 환경에 개인적으로 반응함으로써 어떤 균형에 도달하는 것이다. 그럼에도 불구하고 그는 이 과정에서 한쪽으로 선택이 치우칠 수 있음을 지적한다. 만약 개인들의 의사소통 시스템이 한쪽으로 치우친다면, 이 집단은 기존의 동질성을 유지하면서 더욱 확대될 수 있다. 즉 부자들만이 계속 강남에 진입하는 결과가 발생하는 것이다.

결국 세상은 무차별 원리에 의해 더 평평해지는 것이 아니라 유유상종類類相從의 계층 분화가 심해진다. 가난한 사람들이 유입되면, 부자들은 세금을 더 내야 한다. 강남주민들이 임대주택이나 소형아파트가 들어서는 것을 반대하는 것도 이 때문이다.

강남과 강북이 균형을 이루려면 강북의 자치단체에 보조금을 주거나 인센티브를 줘야 한다. 물론 시장원리주의자들은 이 의견에 반대할 만한 논리를 갖고 있다. 예를 들어 재래시장이 어려운 상황에 처해 있어도 정부는 재래시장 상인들에게 보조금을 지급하지 않는다. 정부가 재래시장에 보조금을 지급하게 되면, 무차별 원리에 의해 재래시장에 가게를 여는 경쟁자들이 늘어나기 때문이다. 경쟁자가 증가하면 상인들의 이득이 감소하고, 결국 보조금으로 주어진 이득이 상쇄된다.

하지만 이미 지적했듯이 한정된 자원은 무차별 원리에서 예외다. 농민들의 경우, 많은 국가에서 보조금 제도를 운영하고 있다. 보조금 지급에도 불구하고 농사를 짓겠다고 귀농하는 사람들은 대폭 증가하지 않는다. 농지는 한정된 자원이기 때문에 새로운 농지를 만들어내기 어렵기 때문이다. 이런 경우 정부는 농민들에게 보조금을 지급하여 소득을 보전해 주어야 한다.

11장

선호는 왜 바뀌는가

그녀의 원두커피

인스턴트커피가 처음 선보인 것은 경제대공황이 몰아닥친 직후였다. 이전까지 소비자들은 직접 원두를 구입하여 집에서 갈아 마셔야 했다. 당시 네슬레는 오랜 연구 끝에 인스턴트커피인 '네스카페'를 개발하고 1938년부터 판매를 시작했다. 주부들을 대상으로 한 블라인드테스트에서 소비자들은 기존 제품과 인스턴트커피의 차이를 구분하지 못했다. 테스트 결과에 고무된 네슬레는 큰 기대를 걸고 시장 공략에 나섰지만 판매는 신통치 못했다.

판매부진의 원인을 파악하는 데 골몰하던 네슬레는 소비자의 내면을 알아보는 간접투사indirect projection 방식을 통해 그 원인을 찾아냈다. 경영심리학자 메이슨 헤어Mason Haire는 1950년 이 조사결과를 분석한 논문을 《마케팅 저널*Journal of Marketing*》에 발표했다.

네슬레가 실시한 조사방법은 이렇다. 우선 100명의 주부들을 무작위로 두 그룹으로 나눈다. 그런 다음 두 그룹의 주부들에게 가상의 쇼핑목록을 보여주었다. 두 그룹의 주부들이 받은 쇼핑목록은 한쪽에 네스카페 인스턴트커피, 다른 한쪽에 원두커피가 들어 있는 것 외에는 모두 똑같았다. 주부들은 쇼핑목록을 본 후, 그 쇼핑목록을 들고 쇼핑하는 여성의 개성과 특성을 간략하게 적어야 했다.

그 결과 48퍼센트가 인스턴트커피를 구매하는 주부를 게으르다고 평가하고, 4퍼센트만이 원두커피를 구매하는 주부를 게으르다고 평가했다. 또 48퍼센트의 응답자가 인스턴트커피를 구매하는 주부는 살림을 잘 못할 것이라고 평가하고, 12퍼센트만이 원두커피를 구매하는 주부가 살림을 잘 못할 것으로 평가했다. 인스턴트커피는 게으르고 살림을 잘못하는 주부들이 구매하는 제품이라는 부정적인 이미지를 갖고 있음이 밝혀진 것이다. 그밖에도 인스턴트커피를 구매하는 주부는 늦잠을 잘 것 같고 칠칠찮아 보이는 여자로 평가된 반면, 원두커피를 구매하는 주부는 검소하고 현실적이며, 요리를 좋아하고 분별 있는 여자로 평가되었다.

이 조사결과는 원두커피를 사는 이유가 커피맛 때문이 아니라 현명한 주부로 인식되고 싶어 하기 때문이라는 것을 보여준다. 즉 주부들은 원두커피를 마시며 현명하고, 검소하며, 부지런하고, 지성을 갖춘 여자로 인식되기를 바란 것이다. 조사결과가 나온 후 네슬레는 판매전략을 바꾸었다. 여성들은 단지 편리하기 때문에 인스턴트커피를 구매하는 것이 아니라 부지런하고, 활동적이며, 계획적이고, 세심하기 때문에 구매한다는 광고 이미지를 만들어낸 것이다. 오늘날에도 인스턴트커피를 광고하는 여성모델은 남편을 배려하는 부드러운 성격의 소유자일 뿐 아니라 매우 활동적인 직장여성인 동시에, 삶의 여유를 만끽하는 여성으로 묘사된다.

결국 우리는 어떤 것을 선택할 때, 그것의 가치를 객관적으로 평가하는 것이 아니라 주관적 가치에 의해 평가한다.

어떻게 보여줄 것인가

선호는 일관된 것이 아니라 수시로 바뀐다. 그런데 개인의 선호가 어떤 상황이나 기준에 의해 수시로 변한다면, 소비자선택 이론의 핵심인 무차별 곡선은 의미를 잃게 된다. 상황에 따라 선호가 뒤바뀌는 현상을 '선호역전preference reversals'이라 한다. 선호역전을 일으킬 수 있는 요인은 다양하다. 의사결정 이론가인 제이 루소Jay Russo는 1977년 슈퍼마켓의 가격체계에 관한 실험을 실시했다.

연구자들은 슈퍼마켓에 진열된 상품 밑에 일일이 가격을 표시했다. 각 제품의 단위가격을 알게 되자 소비자들은 잡화를 구매하는 데 평균 1퍼센트의 비용을 절약했다. 이들은 주로 가격이 낮은 브랜드보다 대용량 제품을 매입함으로써 지출을 줄였다. 또 다양한 브랜드의 가격을 함께 비교할 수 있는 리스트를 만들어 붙이자 평균 3퍼센트를 절약했다. 이때는 대용량 제품 대신 가격이 저렴한 브랜드를 선택했다. 소비자들의 선호가 변한 것이다. 지금까지 알지 못했던 새로운 정보를 추가로 제공한 것이 아니라 단지 각 브랜드 옆에 가격을 비교할 수 있는 리스트를 비치한 것뿐인데도 말이다.

기대효용 이론에 따르면 개인의 선택은 대안을 제시하는 방식에 아무런 영향을 받지 않는다. 그럼에도 불구하고 가격을 표시한 리스트는 소비자에게 중대한 영향을 미쳤다. 특히 가격정보를 비교할 수 있도록 한 장의 종이에 표시했을 때, 소비자의 선택은 크게 변했다.

1953년 프랑스의 경제학자 모리스 알레Maurice Allais는 오늘날 '알레의 역설Allais' paradox'로 불리는 문제를 제기했다. 알레의 역설이란 불확실성이 존재할 경우, 개인들의 선택은 반드시 기대효용을 따르지 않는 것을 말한다. 즉 소득기댓값이 높아지더라도 만족효용이 항상 소득에 비례하는 것은 아니라는 것이다. 냉정한 이성을 동원하여 다음 두 가지 중 하나를 선택해 보자.

A. 100만 달러를 받을 확률 100퍼센트

B. 250만 달러를 받을 확률 10퍼센트, 100만 달러를 받을 확률 89퍼센트, 한 푼도 받지 못할 확률 1퍼센트

당신은 어느 쪽을 선택하고 싶은가? 기댓값을 계산하면 A는 100만 달러이고 B는 114만 달러(0.1×2,500,000+0.89×1,000,000+0.01×0)다. 당신이 완전히 합리적이라면 기댓값이 높은 B를 선택했을 것이다. 하지만 대부분의 사람들은 A를 선택한다. 이 게임과 비슷하지만 제시방법이 약간 다른 게임을 해보자.

A. 100만 달러를 받을 확률 11퍼센트, 한 푼도 받지 못할 확률 89퍼센트

B. 250만 달러를 받을 확률 10퍼센트, 한 푼도 받지 못할 확률 90퍼센트

아마 당신은 재빨리 기댓값을 계산해 보았을 것이다. 당신의 짐작대로 B의 기댓값이 25만 달러로 A의 기댓값 11만 달러보다 크다. 그렇지만 당신은 기댓값을 계산하지 않고도 십중팔구 B를 선택했을 것이다. A와 B는 돈을 받을 확률과 한 푼도 받지 못할 확률이 각각 1퍼센트밖에 차이 나지 않는다. 따라서 당신이 선택을 할 때, 확률은 고려의 대상이 되지 못한다. 당신의 선택에 영향을 미친 것은 100만 달러와 250만 달러라는 금액의 차이다. 어떤 것을 선택할 때, 공통적인 요소를 고려하지 않고 차이점에만 집중하는 심리적 현상을 '고립효과isolation effect'라 한다.

위의 두 가지 게임에서 선택에 영향을 미친 요인은 서로 다르다. 첫

번째 게임에서 사람들은 불확실한 확률보다는 100만 달러를 확실히 얻을 수 있는 '확실성'을 선호했다. 하지만 두 번째 게임에서는 확실성이 아니라—두 번째 게임은 확실성에서 A가 약간 높다—큰 금액을 선호했다. 두 게임을 통해 알 수 있는 것은 대안들이 어떤 방식으로 제시되는지에 따라 개인의 선호가 달라진다는 사실이다.

아시아에서 매우 희귀한 전염병이 발생했다. 세계보건기구는 이 전염병으로 인해 600명이 사망할 것으로 예상하고 해당 정부에 전염병 방역을 위해 두 가지 시나리오를 제시했다. 먼저 첫 번째 시나리오를 보자. 당신이라면 다음 두 개의 방안 중 어느 것을 선택할 것인가?

A. 200명을 살릴 수 있다.

B. 600명 모두를 살릴 수 있는 확률이 3분의 1이다.

이번에는 시나리오를 약간 바꾸어보자.

A. 400명이 죽는다.

B. 600명 모두 사망할 확률이 3분의 2이다.

이 시나리오는 아모스 트버스키와 대니얼 카너먼이 1981년에 제시한 '아시아 질병문제asian disease problem'다. 눈치챘겠지만, 첫 번째 시나리오와 두 번째 시나리오는 동일한 상황을 표현만 달리한 것이다. 즉 200명을 살린다는 것은 400명이 죽는다는 것이고, 600명을 살릴 수 있는 확률이 3분의 1이라는 것은 600명이 죽을 확률이 3분의 2이라는 의미다.

현명한 당신은 이 시나리오를 받았을 때 바보 같은 질문이라고 생각했을 것이다. 차이가 전혀 없기 때문이다. 그러나 트버스키와 카너먼이 설문조사를 실시했을 때, 뜻밖의 결과가 나왔다. 첫 번째 시나리오에서 A안을 선택한 사람은 22퍼센트 B안을 선택할 사람은 78퍼센트였다. 반면 두 번째 시나리오에서는 A안을 선택한 사람이 72퍼센트 B안을 선택한 사람이 28퍼센트였다.

똑같은 상황임에도 불구하고, 첫 번째 시나리오와 두 번째 시나리오를 대하는 사람들의 태도가 완전히 달라진 것이다. 이처럼 제시하는 방식에 따라 선택이 달라지는 것을 프레이밍 효과framing effects라 한다. 프레임의 변화가 판단이나 선택에 영향을 미치는 것이다. 프레이밍 효과가 인간의 선택에 끼치는 영향은 프린스턴 대학교의 심리학자 엘다 샤퍼Eldar Shafir 교수팀의 1993년 연구결과에서도 확인할 수 있다.

어느 부부가 이혼을 하기로 결정했는데, 서로 아이에 대한 양육권을 고집했다. 결국 부부는 법정에서 양육권을 둘러싼 공방을 벌이게 되었다. 연구팀은 이러한 상황을 가정하고, 부부의 성향을 제시하는 방법에 따라 배심원들이 어떤 선택을 하는지 알아보았다. 연구팀은 판단의 객관성을 유지하기 위해 부부의 성性을 제시하지 않았다. 설문 참여자들이 엄마인지 아빠인지를 알게 되면 판단에 영향을 미칠 수도 있었기 때문이다. 따라서 부부는 부모 1과 부모 2로만 표기했다. 두 사람의 성향은 아래와 같이 제시되었다.

부모 1: 보통 수준의 수입, 건강 상태 보통, 업무량 보통, 아이와의 관계 보통, 사회생활 보통.

부모 2: 평균 이상의 고수입, 사소한 건강상 문제, 업무상 출장이 잦음, 아이와의 관계가 친밀함, 활발한 사회활동.

이제 첫 번째 질문을 던져보자. 누구에게 양육권을 주어야 하는가?

이번에는 두 번째 질문이다. 누구에게 양육권을 주면 안 되는가?

두 질문의 내용은 동일하다. 한 사람에게 양육권을 준다는 것은, 다른 사람에게 양육권을 주지 않는 것과 같은 의미이기 때문이다. 하지만 두 가지 질문에 대한 응답자의 태도는 전혀 달랐다. 첫 번째 질문에서는 약 64퍼센트가 부모 2에게 양육권을 맡겨야 한다고 대답했다. 그러나 두 번째 질문에서는 55퍼센트가 부모 2에게 양육권을 주면 안 된다고 대답했다. 다수의 사람들이 양육권을 주어야 한다고 평가한 사람을, 질문 방식이 바뀌자 양육권을 주어서는 안 될 사람으로 대답한 것이다.

대니얼 카너먼의 또 다른 실험을 보자. 여기 두 가지 시나리오가 있다.

A. 고통스러울 정도로 차가운 물에 60초 동안 손을 담근다.

B. 고통스러울 정도로 차가운 물에 90초 동안 손을 담근다. 단, 처음 60초 동안의 물은 같은 온도를 유지한다. 다음 30초 동안은 물의 온도를 약간 높이기 때문에 차갑지만 고통스러울 정도는 아니다.

고통을 느끼는 시간은 두 가지 모두 60초이다. 그럼에도 불구하고 A는 60초를 견디면 고통을 끝낼 수 있다. 반면 B는 고통까지는 아니지만 30초 동안 더 불쾌감을 느껴야 한다. 그렇다면 A안을 선택하는 것이 합리적일 것이다. 하지만 실험결과는 그렇지 않았다. 자발적으로 실험에 참여한 사람들에게 두 가지 모두를 체험하게 한 후, 다시 손을 담근다면 어느 쪽에 담그겠냐고 묻자 80퍼센트 이상이 B를 선택했다.

기억은 믿을 만한 것이 못된다. 우리는 60초와 90초 동안의 고통을 기억하는 것이 아니라 마지막 30초의 느낌을 편향되게 기억하는 것이다. 더 고통스럽지만 마지막에 좋은 기억을 남긴 대안을 선호하는 것이다.

기억은 선사유적지의 뼈처럼 뇌의 어딘가에 묻혀 있는 것이 아니다. 모처럼 뽑아낼 수 있는 것도 아니며 캐냈을 때 완벽하게 보존되어 있는 것도 아니다. 우리는 우리에게 일어난 모든 것을 다 기억하지 못하며 하이라이트만을 선택한다.

엘리엇 애런슨 & 캐럴 태브리스, 《거짓말의 진화》

누구의 선호일까

프레이밍 효과 중 대표적인 것이 제시된 정보의 순서에 따라 첫인상의 강도가 다르게 느껴지는 위치효과position effect다. 위치효과에는 첫머리효과primacy effect와 최신효과recency effect가 있다. 첫머리효과는 첫머리에 제시된 특징에 영향을 받는 현상이며, 최신효과는 마지막에 제시된 특징에 영향을 받는 현상이다. 즉 사람들은 자신이 민감하게 받아들이는 특성이 어디에 배치되느냐에 따라 선호가 달라진다.

가장 잘 알려진 예로 《열자列子》〈황제편〉에 나오는 조삼모사朝三暮四의 우화를 들 수 있다. 춘추전국시대 송나라의 저공狙公은 집에 원숭이들을 기르고 있었는데, 먹이가 부족해지자 원숭이들에게 이렇게 말했다.

"앞으로 아침에 3개, 저녁에 4개씩 도토리를 주겠다."

그러자 원숭이들은 아침에 3개를 먹고는 하루를 견딜 수 없다며 화를 냈다. 난감해진 저공이 다시 말했다.

"그렇다면 아침에 4개를 주고 저녁에 3개를 주겠다."

그 말을 들은 원숭이들은 몹시 흡족해했다.

하루에 일곱 개의 도토리를 먹는 것은 마찬가지지만, 원숭이들은 첫머리효과에 농락당한 것이다. 첫머리효과나 최신효과는 한순간에 대한 판단이 전체 사건에 대한 인상을 지배할 수 있음을 보여준다.

이러한 사례들을 통해서 우리는 어떻게 선호가 변화되는지를 이해할 수 있다. 아시아 질병문제에서 선호를 변화시킨 요인은 손실과 이득을 받아들이는 우리의 태도다. 즉 '죽는다'는 부정적 표현을 치명적 손실로 인식하고, '살릴 수 있다'는 긍정적 표현을 이득으로 인식한 것이다. 또 양육권을 다투는 부모의 문제에서 선호를 변화시킨 요인 역시 질문의 긍정적 표현과 부정적 표현이다. 누가 양육권을 맡아야 하느냐는 긍정적 질문에는 장점을 찾는 프레임을 활성화하고, 누가 양육권을 맡아서는 안 되는가 하는 부정적 질문에는 단점을 찾는 프레임을 활성화한 것이다.

프레이밍 효과는 선택지를 제공하는 사람이 자신의 의도대로 선택결과를 유도할 수 있음을 의미한다. 여론조사를 하는 사람이 원하는 결과를 얻고 싶다면, 설문문항을 조작할 수도 있다. 때문에 설문문항을 공개하지 않은 여론조사 결과는 신뢰할 만한 것이 못 된다.

프레이밍 효과는 시장에서도 널리 활용된다. 예를 들어 주스를 생산하는 기업은 제품 표면에 당분 5퍼센트 첨가라고 표시하지 않고, 대신 무가당 95퍼센트라고 표시한다. 두 제품 모두 당분 5퍼센트를 첨가했지만, 소비자들은 무가당 95퍼센트라고 표시된 제품을 선호한다.

앞에서 우리는 상품가격에 대한 정보만 제시해도 선호역전이 일어날 수 있다는 것을 확인했다. 이렇듯 선호는 조건만 변경해도 변할 수 있다. 1992년 아모스 트버스키와 캘리포니아 대학교 비즈니스스쿨 조교수 이타마 시몬슨Itamar Simonson은 하나의 대안이 다른 대안과 비교됨으로써 선택의 가치가 올라가거나 내려간다는 사실을 알아냈다. 연구팀이 제시한 조건은 다음과 같다.

A. 에머슨 전자레인지 : 용량 15리터. 109.99달러에서 35퍼센트 할인된 가

격에 판매

B. 파나소닉 전자레인지: 용량 23리터. 179.99달러에서 35퍼센트 할인된 가격에 판매

A와 B를 비교할 때 어느 쪽을 선택하든 큰 이점은 없다. 즉 선택의 당위성을 설명해 줄 수 있는 결정적 요인이 없다. 이때 선택에 영향을 미치는 요인은 크기와 가격이다. 즉 자신이 지불할 수 있는 금액 내에서 크기를 결정하면 된다. 실제로 연구팀이 조사한 결과 사람들은 57퍼센트가 A를 선택했고, 43퍼센트는 B를 선택했다. 연구팀은 이 조건에 한 가지 선택지를 추가했다.

A. 에머슨 전자레인지 : 용량 15리터. 109.99달러에서 35퍼센트 할인된 가격에 판매

B. 파나소닉 전자레인지: 용량 23리터. 179.99달러에서 35퍼센트 할인된 가격에 판매

C. 파나소닉 전자레인지: 용량 35리터, 209.99달러에서 20퍼센트 할인된 가격에 판매

결과는 바뀌었다. A를 선택한 사람이 27퍼센트, B를 선택한 사람이 60퍼센트, C를 선택한 사람이 13퍼센트였다. 왜 이런 일이 생겼을까? C가 추가되면서 B에는 두 가지 이점이 발생했다. 크기는 중간이며, 가격도 같은 회사 제품인 C에 비해 매우 낮게 책정되었다는 느낌이 든 것이다. 이 실험은 다양한 대안이 제시되었을 때, 소비자는 양 극단을 피하고 중간에 위치한 것을 선호한다는 것을 보여준다. 이를 '극단 회피extremeness aversion 성향'이라 한다. 따라서 선호는 소비자의 합리적 선택에 의해 생겨나는

것이 아니라 누군가에 의해 '구성'될 수 있다.

경쟁적인 대안이 등장했을 때 개인의 선호에 영향을 준다는 사실은 1992년 트버스키와 엘다 샤퍼의 연구에서도 입증되었다. 지금 CD플레이어를 구입하려는데 어느 매장 앞에 하루 동안 할인을 한다는 팻말이 붙어 있다. 할인가를 보니 소니의 대중적인 모델이 99달러다. 연구팀은 스탠포드 대학교와 프린스턴 대학교의 학생들을 두 그룹으로 나눠 소니제품을 구입할 의사가 있는지 물었다. 그러자 제품을 구입하겠다는 사람이 66퍼센트였고, 다른 모델을 살펴본 후 결정하겠다는 사람은 34퍼센트였다.

이번에는 질문을 바꾸었다. 소니제품에 아이와의 최고급 모델을 추가한 것이다. 매장에는 대중적인 소니 모델 99달러, 아이와 최고급 모델은 169달러에 판매한다고 적혀 있다. 어느 제품을 구입할 것인가? 조사결과 소니를 구입하겠다는 사람이 27퍼센트, 아이와를 구입하겠다는 사람이 27퍼센트, 나중에 결정하겠다는 사람이 46퍼센트였다.

연구팀은 다시 질문을 바꾸었다. 대중적인 소니 제품은 99달러이고, 인기가 없는 아이와 제품은 일반 가격목록에 105달러로 적혀 있다. 어느 제품을 구입하겠는가? 조사결과 아이와 제품을 구입하겠다는 사람은 3퍼센트에 불과했고, 소니 제품을 구입하겠다는 사람이 73퍼센트, 나중에 결정하겠다는 사람이 24퍼센트였다. 주목해야 할 점은 새로운 선택지가 하나 더 생김으로써 선택을 보류하거나 포기한 사람이 대폭 증가했다는 것이다.

시장에서 선호를 구성하는 사람은 소비자가 아니라 공급자다. 시장원리주의자들은 수요와 공급의 균형이라는 '보이지 않는 손'에 의해 시장질서가 창출된다고 믿는다. 그러나 시장의 균형은 공급자에 의해 재구성될 수 있으며, 또 조작될 수 있다. 한 기업이 동일한 성능의 제품을 디자인과 가격이 다른 다양한 모델로 출시함으로써 소비자의 선택에 영향을 미칠 수 있는 것이다. 실제로 이런 심리학적 연구성과를 가장 효과적으로 활용하는 곳은 기업과 광고회사다.

지금이 더 가치 있다

선호는 시간에 따라서도 달라질 수 있다. '시간선호time preference'는 어떤 재화나 서비스의 가치를 미래에 받는 것보다 지금 받는 것을 선호하는 경향이라 할 수 있다. 소비자선택 이론에서는 소비자가 미래의 소비보다 현재의 소비를 얼마나 더 선호하는가를 '시간선호율positive rate of time preference'로 표현한다. 다음의 우화를 보자.

> 스승이 제자들에게 물었다.
> "여기 한 달 동안 먹을 사과 30개가 들어 있는 상사가 있다. 30개의 사과 중 10개는 싱싱하고 10개는 조금 상했고, 나머지 10개는 이미 썩었다. 하루에 하나만 꺼내 먹을 수 있다면 어떤 사과부터 먹겠느냐?"
> 제자들이 대답했다.
> "썩은 사과요."
> "왜 썩은 사과인가?"
> "먼저 썩은 사과를 먹고, 그 다음 조금 상한 사과, 마지막으로 싱싱한 사과를 먹는 것이 낫습니다."
> 그러나 스승은 고개를 저으며 말했다.
> "처음에는 썩은 사과가 10개뿐이지만 썩은 사과부터 골라 먹는 동안 나머지 싱싱한 사과까지 조금씩 썩기 때문에 결국 너희들은 한 달 내내 썩은 사과를 먹게 된다."
>
> 박노성 외, 《이코노미 에피소드》

싱싱한 사과를 맨 나중에 먹겠다는 제자들의 선택은 대니얼 카너먼의 '차가운 물에 손 담그기' 실험결과와 같다. 맨 마지막에 느끼는 만족감에 가중치를 부여하여 선택이 이루어진 것이다. 그러나 '조삼모사'에 등장하는 원숭이들은 나중에 얻을 만족감보다 현재의 만족감을 더 선호했다. 지금 당장 먹을 수 있는 도토리 네 개가 저녁에 먹게 될 도토리 네 개보다 더 가치 있다고 판단한 것이다.

> 현재는 미래보다 선호되며, 현재가 미래에 비해 얼마나 선호되는지를 나타내주는 할인율의 크기는 고정되어 있다는 것이 경제이론의 전제다.
>
> 리처드 탈러, 《승자의 저주》

시간선호는 이자율과 관련이 있다. 현대 거시경제학의 선구자 중 한 사람인 스웨덴의 경제학자 쿤트 빅셀Johan G. K. Wicksell은 이미 19세기 말에 이자율이 본질적으로 '시간의 가격'이라고 정의한 바 있다. 우리는 소득이 발생하면 두 가지 중 하나를 선택할 수 있다. 소비할 것인가, 아니면 저축할 것인가. 저축이란 금융자산을 매입하여 누군가에게 대부하고 이자를 받는 것이다. 저축 역시 결국은 소비행위로 이어진다. 단지 지금 소비할 것인지, 나중에 소비할 것인지가 다를 뿐이다.

리처드 탈러의 표현을 빌면, 이자율은 '미래가치를 현재가치로 환산할 때 사용되는 비율'이다. 미래에 얻게 될 소득을 지금 받을 수 있다면, 얼마까지 할인해서 받을 용의가 있는가의 문제인 것이다. 아버지가 당신에게 유산을 물려준다고 가정하고, 다음 두 가지 중 하나를 선택해 보자.

A. 지금 당장 1천만 원을 받는다.

B. 열흘 후에 1,100만 원을 받는다.

열흘 후에 어떤 일이 벌어질지는 아무도 모르기 때문에 당신은 A를 선택하는 것이 유리하다고 생각할 것이다. 이번에는 질문을 바꾸어보자.

A. 1년 후에 1천만 원을 받는다.

B. 1년하고 열흘 후에 1,100만 원을 받는다.

1년은 결코 짧지 않은 세월이다. 1년을 기다렸다면, 열흘 정도 더 기다리지 못할 이유가 없다. 따라서 당신은 B를 선택할 가능성이 높다. 두 경우 모두 일주일을 기다리면 100만 원을 더 받을 수 있지만, 당신의 선택이 다르게 나타난 것은 시간에 따라 선호역전이 일어날 수 있음을 보여주는 것이다.

이자율이 시간의 가격이란 의미는 바로 이런 것이다. 1년 후에 1,100만 원을 받는 대신 지금 당장 1천만 원을 받기로 했다면, 미래의 이득에 대한 현재의 할인율은 10퍼센트다. 이는 곧 1년 후에 받게 될 이자율이 10퍼센트란 의미다. 따라서 현재 당신의 호주머니에 들어 있는 1만 원은 미래의 1만 원보다 값지다. 이자율을 고려하면 미래의 1만 원은 현재 시점에서 시간의 가격만큼 할인된 것이다. 1만 원을 지금 사용하면 1만 원의 효용을 얻지만, 1년 후에 사용되는 1만 원은 현재보다 낮은 효용을 얻을 수밖에 없다. 이 때문에 사람들은 미래의 것보다 현재의 것을 더 중시한다.

시간선호 현상은 시장에서도 자주 나타난다. 당신은 에어컨을 구입하기 위해 전자상가에 들렀다. 당신이 구입하기로 마음먹은 에어컨의 가격은 200만 원이다. 그런데 상가에 들어서자 새로 출시된 모델이 전시되어 있다. 신제품을 자세히 살펴보니 사양이나 품질은 당신이 구입하기로 마음먹은 모델과 전혀 다른 것이 없고, 단지 에너지소비 효율등급이 개선되어 있을 뿐이다. 그런데도 가격은 50만 원이나 비싸다. 이때 당신은 어떤 에어컨을 구입하겠는가?

아마 당신은 앞으로 1년간 에어컨을 사용하면서 절약될 전기요금이 얼마인지 알기 위해 계산기를 두드리지는 않을 것이다. 설령 앞으로 1년 동안 50만 원의 전기요금이 절약된다 해도 그 가치는 지금 당신이 이득을 보는 50만 원과 전혀 다르게 느껴질 것이다. 전기요금은 매달 분할해서 청구되기 때문에 당신은 전기요금을 큰 손실로 인식하지 않을 것이며, 1년 후의 50만 원은 너무나 추상적인 가치다. 따라서 1년 안에 추가비용을 모두 회수할 수 있음에도 불구하고, 현재가치에 대한 선호 때문에 비합리적인 소비를 하게 되는 것이다.

하지만 이러한 설명도 완벽한 것은 아니다. 대부분의 소비자는 '절전형'이라는 인센티브에 크게 영향을 받지 않는다. 오히려 자신이 살고 있는 아파트 면적이 얼마인지, 또 이웃집 여자가 최근 어떤 에어컨을 구입했는지가 구매 결정의 더 큰 요인으로 작용한다.

주택을 구입할 때도 시간선호가 작용한다. 당신이 집을 사면서 1억 원의 주택담보대출을 받아 매달 대출이자로 60만 원을 은행에 지불한다고 하자. 당신의 월급이 200만 원이라면, 대출이자로 지출되는 금액은 결코 적은 돈이 아니다. 아마 매달 통장에서 빠져나가는 대출이자를 확인하면서 살이 에이는 듯한 고통을 느낄 것이다. 그런데 어느 날, 당신은 1억 원짜리 복권에 당첨되었다. 그때 은행직원이 찾아와 1년 후 9.5퍼센트의 금리를 받을 수 있는 투자상품에 가입하라고 권유한다. 당신이 대출금리와 투자상품의 금리를 면밀히 비교하여 선택한다면, 당신은 합리적인 사람이다. 그러나 상당수의 사람들은 당장 빚부터 갚고 싶어 할 것이다. 1년 후에 얻을 이득보다 현재 통장에서 빠져나가는 현금을 더 가치 있다고 여기기 때문이다. 결국 이자율이란 미래에 더 많은 것을 얻기 위해, 지금 그것을 포기하는 대가다.

이자율과 보유효과

우리는 앞으로 얻게 될 이득을 미래에 유보해 두기보다는 당장 실현하고 싶어 한다. 반면 당장 입을 수 있는 손실에 대해서는 미래로 연기하고 싶어 한다. 미국 카네기멜론 대학교의 조지 뢰벤스타인Geroge Loewenstein 교수가 1987년에 행한 실험을 보자. 뢰벤스타인 교수는 설문조사에 참여한 사람들에게 다음에 제시하는 다섯 가지 결과를 지금 얻기 위해서 얼마를 지불할 용의가 있는지 물었다.

A. 4달러 수익
B. 4달러 손실
C. 1천 달러 손실
D. 110볼트 전기충격
E. 자신이 선택한 여배우와의 키스

이번에는 다른 질문이다. 위와 같은 다섯 가지 결과를 1일 후, 3일 후, 1년 후, 10년 후로 연기할 수 있다면, 각각 얼마를 지불할 용의가 있는가?

조사결과 사람들은 수익은 빨리 얻고 싶어 하고, 손실은 연기하고 싶어 했다. 4달러의 수익은 당장 갖고 싶어 했지만, 110볼트의 전기충격은 '10년 후'라는 조건에 더 높은 값을 지불하려 했다. 10년 후라는 시간은 신경쓰지 않고도 살 수 있는 긴 세월이다. 재미있는 사실은 자신이 원하는 여배우와의 키스를 '3일 후'에 하고 싶어 했다는 점이다. 당신이라면 4달러의 수익을 지금 실현하는 것보다 꿈에 그리던 여배우와의 키스를 당장 하고 싶지 않겠는가? 하지만 참가자들은 매우 낭만적이었다. 여배우와 키스하기 전에, 그 꿈같은 상황을 사흘 동안 음미하고 싶어 한 것이다.

시간선호는 곧 상은 먼저 받고 매는 나중에 맞겠다는 심리와 유사하다. 그러나 사람들이 늘 현재만 선호하는 것은 아니다. 현재의 경제상황이 최상이고, 1년 후에 경제상황이 나빠질 것이라고 믿으면, 지금 갖고 있는 1만 원은 1년 후 1만 원의 가치보다 낮다.

지금 경기가 좋아서 당신이 매월 200만 원의 수입을 올리고 있는데, 1년 후에는 경기가 좋지 않아 매월 100만 원밖에 벌 수 없다고 하자. 수입이 200만 원일 때의 1만 원과 100만 원일 때의 1만 원은 효용이 다르다. 따라서 지금 200만 원을 벌고 있는 당신은 수입이 줄어들 1년 후를 대비해 1만 원을 지금 소비하기보다 1년 후에 소비하는 것이 낫다고 생각할 것이다. 따라서 앞으로 경기가 후퇴할 가능성이 높으면, 사람들은 소비보다는 저축을 선호할 것이다. 반면 지금 경제상황이 최악이고, 앞으로 경기가 호전될 것이라 기대하면 현재의 소비는 늘고 저축은 감소할 것이다.

하버드 대학교의 진화심리학자 스티븐 핑커Steven Pinker는《마음은 어떻게 작동하는가*How the mind works*》에서 "번식을 위한 투쟁은 일종의 경제학"이라고 말한 바 있다. 모든 유기체는 현재의 자원을 지금 사용할지, 아니면 미래를 위해 저축할지 결정해야 한다. 긴 수명을 누릴 수 있다고 확신하는 유기체는 미래를 기대할 수 있다. 그러나 미래가 불확실한 유기체는 나중에 보상을 받는 것보다 당장 보상을 받는 것이 낫다고 여긴다.

이러한 사실은 경제학에도 똑같이 적용된다. 미래가 불안한 사람이라면 나중에 1달러를 받는 것보다 당장 1달러를 받는 것이 낫다. 특히 인플레이션이 없다면 현재의 1달러는 1년 뒤의 1달러보다 높은 가치를 갖는다. 물론 지금의 1달러가 1년 뒤에 더 큰돈이 될 수도 있다. 1달러어치 옥수수 씨앗을 사서 노동을 투여한다면, 또 운이 좋아 1년 후에 옥수수 값이 폭등한다면, 현재의 1달러가 1년 후에는 수백 달러가 될 수도 있다. 하지만 우리는 1년 후의 일을 예측하지 못하며, 설령 예측할 수 있다고 해도 다른 사람도 그런 예측을 할 수 있기 때문에 승패를 가늠하기 어렵다.

따라서 당신은 지금 1달러를 가질 것인지, 1년 후에 가질 것인지를 선택해야 한다. 만일 1달러를 지금 갖기로 결심했다면, 당신은 미래의 가능성을 포기하는 것이다. 또 1년 후에 1달러를 갖기로 했다면, 당신은 그 대가로 이자를 요구할 것이다.

현재의 1달러가 미래의 1달러보다 낫다고 생각하는 것은, 수중에 있는 1달러는 긴급한 상황에서 즉시 사용할 수 있지만, 1달러를 빌려줄 경우 돌려받는다는 보장이 없기 때문이다. 또 1년 안에 당신이 죽으면 그 돈은 아무런 의미도 없다. 그러므로 미래를 저평가하는 사람은 현재 돈을 쓰는 것이 이득이다. 조상들은 수명이 짧았고, 미래를 예측할 수 있는 능력이 약했으며, 불확실하고 위험한 상황에 노출되어 있었다. 이런 상황에서는 수중의 새 한 마리가 숲 속을 날아다니는 두 마리 새보다 낫다. 우리가 보유효과에 민감한 것은 위험한 삶을 영위한 조상들로부터 비롯한 것이다.

미래가 불확실한 상황에서는 오랫동안 포기할수록 더 많은 대가를 요구해야 한다. 기다림의 시간이 길어질수록 대가를 받을 확률이 줄어들기 때문이다. 하지만 인간의 수명은 200~300여 년 전보다 무려 두 배 가까이 늘었다. 오래 사는 자에게는 현재가치보다 미래가치가 더욱 중요하다. 그럼에도 불구하고 우리는 기간이 길어질수록 오히려 요구하는 대가가 적어진다. 우리의 뇌는 여전히 석기시대의 정보를 담고 있기 때문이다.

이렇듯 인간은 먼 미래일수록 어떤 것의 가치를 더 낮게 평가한다.

이 때문에 우리는 금연이나 다이어트, 또는 노후를 위한 저축에 인색하다. 금연은 당장 실행해야 하는 것이지만, 그 대가인 건강은 먼 미래의 가치다. 연초에 금연을 결심했다가 시간이 흐르면서 결심이 흐트러지는 것도 이 때문이다. 당초 결심과는 달리 당장 담배를 포기하려면 더 높은 인내의 비용이 필요하다. 노후연금과 같은 장기저축도 이와 유사하다. 금융기관은 장기저축일수록 더 높은 이율을 지급하지만, 사람들은 당장 납입해야 하는 돈에 대해 더 높은 이자율을 받아야 한다고 생각한다. 따라서 막상 어떤 선택을 실행할 때쯤에 이르러 당초의 결심은 눈 녹듯이 사라져 버린다. 이처럼 어떤 선택을 했는데, 상황이 변화함에 따라 선택이 달라지는 것을 '시간불일치성time inconsistency'이라 한다.

오늘 잃는 것과 1년 후에 잃는 것은 전혀 상황이 다르다. 귀중한 것일수록 나중에 잃기를 원할 것이다. 그러나 얻어야 하는 것이라면 당장 얻기를 원할 것이며, 시간을 연기할수록 더 많은 대가를 요구할 것이다. 즉 전기쇼크와 같은 손실은 최대한 시간을 연기하는 것이 좋고, 아버지의 유산은 빨리 받는 것이 좋다.

그러나 선망하는 여배우와의 키스는, 당신에게 가장 소중한 것이지만 당장 그 꿈을 이루기보다는 뒤로 미루고 싶어 한다. 광고에서도 소비자들의 호기심을 잔뜩 불러일으킨 후, 나중에 상품을 공개하는 티저 광고teaser advertising를 활용한다. 기다리다가 얻었을 때 만족감이 더 크게 느껴지는 스트립티즈 효과striptease effect를 노린 것이다. 하지만 지나치게 시간을 미루면 여배우와의 키스는 실현되지 않을 수도 있다. 따라서 당신이 상상 속의 즐거움을 충분히 누릴 수 있을 만큼만 적당히 미루는 것이 좋다.

12장

실패의 합리화

후회보다 실패가 낫다

A와 B는 같은 시간, 다른 비행기에 탑승하도록 예정되어 있다. 두 사람은 리무진 버스를 타고 시내 중심가를 출발하여 공항으로 향했지만, 교통체증 때문에 비행기 출발시간보다 30분 늦게 공항에 도착했다. A는 자신이 탑승할 비행기가 정확한 시각에 이륙했다는 말을 들었다. 반면 B는 자신이 탈 비행기가 예정시각을 25분 넘긴 5분 전에 이륙했다는 말을 들었다. 누가 더 화가 나겠는가?

이 시나리오는 1979년 대니얼 카너먼과 아모스 트버스키의 연구사례에 등장한다. 카너먼과 트버스키가 표본학생들을 대상으로 조사한 결과 96퍼센트의 학생들이 B가 더 화가 났을 것이라고 대답했다. 두 사람 모두 비행기를 놓친 것은 같다. 즉 비행기에 탑승하지 못했다는 사실은 변하지 않는다. 또 두 사람은 리무진 버스 안에서 비행기가 이미 이륙했다는 사실을 충분히 예상했으며, 이 명확한 사실을 되돌릴 방법도 없다. 따라서 서둘러 공항에 도착했지만 비행기가 자신들을 기다려줄 것이란 기대는 하지 않았을 것이다. 그런데 왜 학생들은 B가 더 화가 났을 거라고 생각했을까?

그 이유는 B가 비행기가 5분 전에 이륙했다는 사실을 뒤늦게 알았기 때문이다. 즉 B는 A보다 비행기를 탈 가능성이 더 높았다는 사실을 깨달았다. 5분 일찍 도착할 수 있는 방법을 상상하는 것이 30분 일찍 도착하는 방법을 떠올리는 것보다 쉽다. B는 머릿속으로 온갖 상상들을 하게 될 것이다. 조금만 더 일찍 사무실을 나섰더라면, 택시를 탔더라면, 운전기사가 버스에 잘못 오른 노인과 실랑이만 벌이지 않았더라면……, 5분 정도는 줄일 수 있을 것이다.

가능할 수도 있었는데 실현되지 못한 것에 대한 후회는 뼈아프다. 이러한 심리적 효과를 흔히 '간발효과nearness effect'라고 부른다. 그러나 이러한 사고는 합리적 사고가 아니다. 이미 상황은 종료되었고, 무슨 방법을 쓰든 상황이 변하지도 않는다.

1995년 미국 코넬 대학교의 사회심리학자 빅토리아 메드세크Victoria Medcec와 앨런 파두치Allen Parducci는 1992년 바르셀로나 올림픽에 참가해 입상한 은메달리스트와 동메달리스트들의 표정을 분석했다. 게임이 종료된 후와 시상식 후로 구분하여 수상자들의 표정을 분석한 결과, 은메달리스트보다 동메달리스트들이 더 행복한 표정을 지은 것으로 나타났다. 동메달 수상자는 메달을 땄다는 사실만으로도 행복감을 느꼈으나 은메달 수상자들은 금메달을 따지 못했다는 사실 때문에 덜 행복해했다. 은메달리스트들은 '조금만 더 잘 했으면, 심판이 더 공정했으면' 하는 수많은 가정들 때문에 침통해한 것이다.

비행기에 탑승하지 못한 두 사람도 마찬가지다. 비행기에 탑승할 수도 있었다고 상상하면 후회는 더 깊어지고, 어차피 탑승하지 못했을 거라고 상상하면 후회는 줄어든다. 불쾌한 경험을 자꾸 떠올리게 되면 "이렇게 할 수도 있었는데……" 하는 대안들이 끊임없이 생성되면서 후회를 더 깊게 만든다. 이렇듯 지나간 일을 후회하며 이루어질 수 없는 대안들을 만들어내는 것을 '사후가정 사고' 또는 '반사실적 사고counter-factual thinking'라 한다.

이런 사고 때문에 많은 사람들이 후회 속에 살아간다. 그때 주식을 샀어야 하는데, 그때 팔았어야 하는데, 그 회사에 취직했어야 하는데, 더 일찍 그 회사를 그만뒀어야 하는데……. 후회는 끝이 없다. 따라서 실제로 일어난 일보다 더 좋은 쪽으로 상상하기보다는, 더 나쁜 쪽으로 상상하는 것이 후회를 줄일 수 있는 방법이다.

사후가정 사고가 항상 부정적인 결과를 초래하는 것은 아니다. 오히려 이런 사고들은 합리적 선택을 위해 필요하다. 후회하고 반성하면서 다른 대안들을 모색하는 것이야말로 더 나은 삶을 위해 준비된 심리적 면역체계이기 때문이다.

우리는 후회를 줄이려는 성향을 본능적으로 타고났는데, 이를 '후회회피 편향regret aversion bias'이라 부른다. 후회회피는 주식시장에서도 나타난다. 미국의 사회심리학자 배리 슈워츠가 《선택의 심리학》에서 든 예를 보자.

폴은 A회사 주식을 보유하고 있는데 지난해에 B회사 주식으로 바꿀까 하다가 그만두었다. 현재의 주가를 보건대, 그때 바꾸었더라면 1,200달러의 이득이 예상되었다. 반면 조지는 B회사 주식을 보유하고 있는데, 지난해에 A회사 주식으로 바꾸었다. 만약 그렇게 하지 않았다면 1,200달러의 이득이 예상되었다. 그렇다면 둘 중 누가 더 후회하고 있을까?

두 사람 모두 B회사 주식을 갖기로 결정했다면 1,200달러씩의 이득을 얻는다. 그러나 응답자의 92퍼센트는 조지가 더 기분이 나쁠 것이라고 답했다. 같은 손실이 예상될 때, 가만히 있었던 것보다 실행에 옮긴 사람이 더 후회할 것이라고 판단한 것이다. 사람들은 좋은 결과가 나올 수 있는 행동을 실천에 옮기지 않은 것보다, 실천으로 옮겨 나쁜 결과가 나온 것을 더 후회하는 것이다. 이 때문에 주식시장에 참여한 투자자들의 하루는 온통 후회의 감정으로 점철되어 있다. 이러한 후회를 줄이기 위해 우리는 스스로를 위안하는 방법을 고안해 냈다. 바로 '사후예견 편향hindsight bias'이다. 그래서 우리는 후회할 만한 선택을 하여 손실을 입었을 때, 이렇게 외치는 것이다.

"그럴 줄 알았어!"

사후예견 편향은 이미 사건이 벌어진 후 그 사건을 사전에 예상할 수 있었다는 과장된 느낌을 말한다. 이러한 심리는 사건의 원인을 하나에만 집중하기 때문에 생긴다. 첫 번째 떠오른 원인이 그럴 듯하면 자신의 예상이 깔끔하게 들어맞는 것 같은 느낌이 든다. 이때 사람들은 후회의 고통 대신 약간의 만족감을 얻음으로써 심리적 안정을 꾀한다.

당신은 로또를 구입할 때 그런 경험이 없는가? 당신이 지금까지 당첨된 복권들을 연구한 끝에 특정 숫자가 당첨된 확률이 매우 높다는 것을 알았다고 하자. 당신은 정성스레 고른 6개의 숫자를 되뇌며 복권가게로 향했다. 그런데 갑자기 마지막 숫자 하나가 기억이 나질 않는다. 마감시간이 다가왔기 때문에 집으로 돌아가 신문지 한 귀퉁이에 메모해 놓은 숫자를 확인할 시간이 없다. 결국 기억을 더듬어 '39'를 생각해 냈다. 그런데 집에 돌아와 어젯밤 연구한 숫자들을 확인해 보니 '39'가 아니라 '36'이었다.

이 상황에서 두 가지 경우를 상상해 보자. 첫 번째는 '39'를 써넣는 바람에 1천만 원에 당첨된 경우다. 두 번째는 당첨된 번호가 '36'이어서 한 푼도 받지 못한 경우다. 이 상황에서 대부분의 사람들은 숫자를 바꾸어 당첨된 기쁨보다, 숫자를 바꿈으로써 입은 손실을 더 아프게 받아들인다. 리처드 탈러가 1980년에 제시한 시나리오를 보자.

> A. A영화관에서 고객을 위한 특별 이벤트를 준비했다. 영화관 측은 10만 번째 입장하는 고객에게 100달러의 상금을 지급하기로 했다.
>
> B. B영화관에서 고객을 위한 특별 이벤트를 준비했다. 영화관 측은 100만 번째 입장하는 고객에게 1천 달러, 100만 1번째 입장하는 고객에게 150달러의 상금을 지급하기로 했다.

이제 당신에게 묻는다. A에서 10만 번째 고객이 되어 100달러의 상금을 받은 것과 B에서 100만 1번째 고객이 되어 150달러를 받은 것 중 어느 것이 더 만족스러운가?

리처드 탈러의 실험에 따르면, 대부분의 사람들은 첫 번째 경우를 더 만족스러워했다. 상금이 50달러나 적은데도 첫 번째 경우를 선호한 것은, 두 번째 경우가 후회를 불러오기 때문이다. 두 번째 경우에서 당신은 한 사람만 제쳤어도 1천 달러를 벌 수 있었다. 하지만 당신은 후회를 줄이기 위해 첫 번째 경우를 더 선호하는 것이다. 결국 50달러는 후회를 줄이기 위해 지불한 비용인 셈이다.

워싱턴 주립대학교의 경제학자 존 R. 노프싱어John R. Nofsinger는 《투자의 심리학*The Psychology of Investing*》을 통해 사람의 심리가 투자에 미치는 영향을 상세히 소개한다. 그 역시 후회회피를 투자실패의 주요 요인으로 파악한다.

사람들은 주가가 하락하기 시작하면 다시 상승하여 본전이 될 때를 기다린다. 하락했을 때 팔았다가 주가가 오르면 후회가 막심하기 때문이다. 반면 주가가 올랐을 때는 빨리 팔고 싶어 한다. 주식을 보유하고 있다가 주가가 하락하면 '그때 팔았어야 했는데'라는 후회 감정을 피하고 싶기 때문이다. 따라서 개인투자자들은 이익이 날 가능성이 있는 종목을 너무 일찍 팔아버림으로써 이익을 최소화하고, 손실이 날 가능성이 있는 종목을 끝까지 보유함으로써 손실을 최대화한다. 이것이 당신이 주식시장에서 성공하지 못하는 이유다.

이러한 심리적 현상은 미국 UCLA 앤더슨스쿨의 마크 그린블래트 Mark Grinblatt와 핀란드 경제학자 매티 케로하주 Matti Keloharju의 연구결과에서도 확인되었다. 두 사람은 1995년부터 1996년까지 핀란드의 모든 주식거래를 조사했다. 그 결과 지난주 수익률이 높으면 투자자의 매도 성향이 두드러지게 증가하고, 주가가 대폭 하락하면 주식보유율이 크게 증가한다는 사실을 밝혀냈다. 개인투자자는 물론 기관투자자들도 이익이 난 종목을 매도하고, 손실을 보고 있는 종목을 보유하려는 성향이 강하게 나타난 것이다.

산타클라라 대학교의 허쉬 셰프린 Hersh M. Shefrin과 메어 스탯먼 Meir Statman은 이미 1985년에 이러한 심리적 현상을 '기분효과 disposition effect'로 명명했다. 당신이 어떤 회사의 주식을 매입하려고 하는데, 당장 갖고 있는 현금이 없어 기존에 보유한 주식을 처분해야 한다고 하자. 당신은 두 종목의 주식을 보유하고 있으며, 한 종목을 처분하면 당신이 갖고 싶은 주식을 살 수 있다. 그런데 A종목은 20퍼센트의 수익률을 내고 있는 반면, B종목은 20퍼센트의 손실을 보고 있다. 당신은 두 종목 중 어느 종목을 팔겠는가?

대부분의 사람들은 당장 이익을 내는 A종목을 팔겠다고 대답했다. 이익을 보고 있는 종목은 당신의 선택이 옳았다는 것을 입증한다. 따라서 A종목을 팔아 이익을 실현하면 만족감이 높다. 하지만 손실을 보고 있는 B종목은 당신의 선택이 오류였다는 것을 의미한다. 따라서 B종목을 팔아 손실을 확정짓는 것은 스스로 오류를 인정하는 셈인 동시에 후회의 감정이 들게 한다. 당신은 후회를 피하기 위해 B종목을 보유하고, A종목을 매도하는 것이다.

인지부조화도 후회회피 편향의 하나다. 자신의 선택이 명백히 잘못되었다는 것을 알면서도 후회를 줄이기 위해 자신의 선택을 정당화하고, 그 선택의 근거를 왜곡하는 것이다. 대개 사람들은 부정할 수 없는 증거에 직면하면 기존의 신념을 더욱 공고히 하기 위해 명백한 증거를 비판하거나, 왜곡하거나, 퇴치시킬 방법을 찾는다.

이러한 심리적 편향으로 인해 우리는 대개 미래를 예측하는 데 실패한다. 그러다가 예기치 않은 사건이 벌어진 다음에는 마치 처음부터 그 일이 일어날지 알고 있었던 것처럼 행동함으로써 자신을 위안한다.

듣고 싶은 것만 들린다

자신에게 불리한 증거에 대해 트집을 잡고, 유리한 정보만을 받아들임으로써 자신의 확신을 더욱 강화하는 심리적 왜곡을 '확증 편향confirmation bias'이라 한다. 확증 편향에 사로잡힌 사람들은 다른 대안에 대해서는 전혀 눈을 돌리지 않고, 특정 신념이나 가설을 뒷받침하는 증거들만 찾는다. 이런 증거들을 통해 자신의 잘못된 판단을 정당화하는 것이다.

에모리 대학교의 심리학자 드루 웨스턴Drew Westen은 《감성의 정치학 *The Political Brain*》에서 2004년 미국 대통령 선거를 전후하여 진행한 흥미로운 실험을 소개했다. 연구팀은 열성적인 민주당원들과 공화당원들에게 슬라이드를 통해 정보를 제공한 후, 피험자들이 슬라이드를 읽을 때 기능적 자기공명영상장치fMRI로 뇌를 촬영했다. 슬라이드에 적힌 내용은 대통령 후보들의 여러 논평이었다. 피험자들은 후보자들의 발언에서 모순을 발견할 때마다 점수로 모순의 정도를 평가했다.

실험결과 반대편 후보자의 모순에 대해서는 냉혹하게 평가하고, 자당 후보의 모순에 대해서는 관대하게 평가했다. 자신이 지지하는 후보의 단점은 무시한 반면 상대편 후보의 단점은 정확하게 집어낸 것이다. 이때 이성을 관장하는 뇌 부위는 침묵을 지켰으나 감정을 담당하는 부위는 활성화되었다. 지지할 후보를 정한 다음에는 더 이상 이성적 판단을 하지 않고 감정적 판단을 한 것이다. 결국 인간은 듣고 싶은 이야기만 듣는다. 입장이 정해지면 상대방 입장은 논리적 결함이 있든 없든 완전히 배제해 버리는 것이다.

투자자들도 자신에게 유리한 정보만을 수용하려는 확증 편향을 갖고 있다. 주식을 매입한 기업에 대해 자신이 입수한 정보를 과신함으로써 반대정보를 고의적으로 배척하는 경우가 여기에 해당된다. 이런 투자자는 결국 폭락하는 주식을 끝까지 보유하고 있다가 큰 손실을 입은 다음에야 매도한다. 그러나 당신만 그런 것은 아니다. 뇌는 시각적 맹점만이 아니라 심리적 맹점도 갖고 있다. 뇌는 스스로를 위안하기 위해 부질없는 망상을 제공하도록 진화했다.

자신에 대한 지나친 과신 역시 판단을 그르칠 수 있다. 당신은 우리 사회에서 어느 부류에 속한다고 생각하는가? 《동아일보》가 2009년 3월 창간 89주년을 맞아 코리아리서치센터KRC에 의뢰하여 실시한 여론조사 결과에 따르면, 우리나라 국민들은 "경제적으로 어느 계층에 속한다고 생각하느냐"는 질문에 절반 정도(50.9퍼센트)가 '중산층'이라고 답했다. 스스로 중산층이라고 생각하는 '주관적 중산층'은 특히 서울지역(60.8퍼센트)과 화이트칼라(64.5퍼센트), 대도시 거주자(54.4퍼센트)에서 많았다. 반면 상류층이라고 생각한 사람은 1.2퍼센트였다.

중산층을 정의하는 기준은 다양하지만 가장 널리 사용되는 것은 '중산층 가구의 비중'을 기준으로 하는 방법이다. 이 방법은 전체 가구에서 중산층 가구가 차지하는 비중을 기준으로 분류하는데, OECD 등에서 주로 사용한다. 이 방법을 사용하면 가구소득을 기준으로 중위소득의 50퍼센트 미만을 빈곤층, 중위소득의 50~150퍼센트를 중산층, 150퍼센트 이상을 상류층으로 정의한다. 한국개발연구원KDI에서 2008년 6월에 발표한 보고서 〈중산층의 정의와 추정〉에 따르면, 1996년 68.5퍼센트를 차지하던 중산층은 2006년에 58.5퍼센트로 감소했다. 이는 1997년 말 외환위기 이후 스스로를 중산층이라고 생각하는 사람들이 줄어들고 있음을 보여준다.

여론조사에서 화이트칼라와 대도시 거주자일수록 스스로 중산층이라고 여기는 사람이 많았다는 것은 의미가 있다. 사람들은 자신의 소득에 관계없이 학력이 높거나 대도시에 산다는 이유로 중산층일 가능성이 높다고 판단하는 경향이 있다. 스스로를 과대평가하는 것이다. 이는 '과잉확신 편향overconfidence bias'이다.

심리학자 토머스 길로비치는 이러한 심리적 성향을 '레이크 워비건 효과Lake wobegon effect'라고 이름 붙였다. '레이크 워비건'은 미국의 방송인 개리슨 케일러Garrison Keillor가 진행하던 라디오 시리즈 〈프레어리 홈 컴패니언A Prairie Home Companion〉에 등장하는 가상의 마을 이름이다. 이 마을에 사는 여자들은 강인하고, 남자들은 잘생겼으며, 아이들은 평균 이상의 능력을 지니고 있다. 이 마을에 사는 아이들은 대학에 진학해서야 자신이 평균적인 아이임을 깨닫는다. '워비건 호수 효과'는 자신을 과대평가하는 심리적 성향을 가리킨다.

대개 사람들은 자신이 보통사람들보다 머리가 좋고, 더 공정하며, 편견이 적고, 운전을 잘하며, 도덕적일 뿐 아니라 자신의 선택이 옳다고 믿는다. 2010년 4월 19일, 서울시가 발표한 조사결과가 이를 단적으로 증명한다. 서울시가 2009년 12월부터 2010년 3월까지 시민과 공무원 등 1,383명을 대상으로 법의식 실태조사를 한 결과에 따르면, 응답자의 67.2퍼센트가 자신은 법을 잘 지킨다고 응답했다. 반면, 다른 사람도 법을 잘 준수한다고 생각하는 응답자는 28퍼센트에 불과했다. 자신은 도덕적이지만, 남들은 그렇지 않다고 생각하는 것이다.

이런 심리적 성향은 주위에서도 흔히 찾아볼 수 있다. 성적이 좋은 학생은 학교에서 치르는 시험이야말로 능력과 지식을 평가할 수 있는 최적의 시스템이라 생각하지만, 성적이 나쁜 학생은 모든 시험이 자의적이고 불공정한 평가시스템이라고 생각한다. 교사들 역시 학생들이 좋은 성적을 올리면 자신이 열심히 지도한 덕이라 생각하고, 나쁜 성적을 거두면 학생들의 능력과 노력이 부족한 탓이라 여긴다. 우리는 모두 아전인수의 전문가들인 셈이다.

언론을 통해 쉽게 이름을 접하는 전문가들도 예외는 아니다. 이들은 기회가 있을 때마다 자신의 신념을 설파하고 다른 의견을 가진 사람들을 공격하지만, 이들의 판단력 또한 믿을 만한 것이 못 된다. 전문가들의 과잉확신 편향은 1968년 미국의 심리학자 데이비드 로젠한David Rosenhan의 실험에서 확인되었다. 로젠한은 사람들의 선택적 인지성향을 알아보기 위해 재미있는 실험을 고안했다. 그는 8명으로 실험참여자를 구성했는데, 그중에는 훗날 긍정심리학을 체계화한 심리학자 마틴 셀리그만Martin Seligman도 포함되어 있었다.

8명의 실험참가자들은 정신질환자로 위장하여 여러 정신병원을 찾았다. 이들이 의사에게 호소한 증상은 이유 없이 '쿵'소리가 들리는 것 같은 환청 증세였다. 실험이 예정된 기간은 한 달이었다. 정신과 의사들은 병원을 찾은 가짜 환자들의 증세를 파악한 후 정밀검사를 실시했다. 정밀검사가 행해지는 동안에는 가짜 환자들도 솔직하게 대답했다. 하지만 정밀검사에서 꾀병으로 판정받아 병원을 나온 사람은 한 사람도 없었다. 초라하고 핼쑥한 몰골의 가짜 환자들은 정신병동에 있는 동안 환청 증세를 호소하지 않았으며, 정상인처럼 활동했다. 다만 병원 측에서 제공하는 진정제는 삼키지 않고 버렸다.

정신병동에 입원한 8명 중 1명은 일주일 만에 퇴원했다. 하지만 이 실험을 주도한 로젠한은 태연한 연기 덕분에 52일 만에 퇴원했다. 가짜 환자들에게 내려진 병명은 대부분 '일시적 정신분열 증세'였고, 한 사람은 조울증 진단을 받았다. 이들이 체류한 기간은 7일에서 52일까지로 평균 19일이었으며, 환자들이 병원으로부터 제공받은 알약은 모두 2,100개였다. 1973년 로젠한은 이 실험을 바탕으로 작성한 〈정신병원에서 제정신으로 지내기On Being Sane Insane Places〉라는 논문을 《사이언스》에 발표했다.

논문이 발표되자 정신과 전문의들로부터 비난이 쏟아졌다. 정신과 전문의들은 아무런 이유 없이 정신병원에 오는 사람은 없기 때문에 꾀병 환자를 예상하면서 진료할 수는 없다고 항변했다. 더구나 실험대상에 포함되었던 한 병원은 꾀병 환자를 예상할 수 있는 상황에서는 가짜 환자를 구별해 낼 수 있다고 장담했다. 그러자 로젠한은 그 정신병원을 지정하여 3개월 동안 가짜 환자를 보낼 테니, 이들을 구별해 달라고 요청했다. 3개월 동안 그 병원을 찾은 정신질환 의심환자들은 193명이었다. 병원 측은 이 중에서 41명의 가짜 환자를 찾아냈다고 발표했다. 그러나 로젠한은 그 병원에 한 명의 가짜 환자도 보내지 않았다.

전문가들도 오래된 사고방식에 얽매여 문제 해결에 필요한 통찰력을 잃어버린다. 콜롬비아 대학교 경영대학원의 마이클 모부신Michael Mauboussin 교수는 《왜 똑똑한 사람이 어리석은 결정을 내릴까?*Think Twice*》에서 이러한 현상을 '전문가 열세'라고 표현했다. 전문가로 자처하는 사람들이 이럴진대 보통사람들은 더 말할 나위가 없다. 우리는 명확하고 진실한 기준으로 세상을 바라보지 않는다. 우리가 끼고 있는 렌즈가 어떤 것이냐에 따라 눈앞의 세상을 왜곡하고 변형하는 것이다.

네 탓이오

자신의 판단이나 행위를 추켜세우는 방법이 과잉확신 편향만 있는 것은 아니다. 오히려 자신을 열등하게 보임으로써 스스로를 정당화하는 방법도 있다. 평소 당신은 수영을 잘하는 사람으로 친구들에게 알려져 있다. 물론 실상은 다르다. 친구들과 수영을 할 기회가 오지 않으리라 생각하고, 그동안 허풍을 떨었던 것이다. 친구들은 당신이 물속에 빠진 사람을 여럿 구해주었으며, 한때 국가대표급 수영선수들과 친분을 유지하고 있다고 믿는다. 그때 위기가 찾아왔다. 친구 한 사람이 아들에게 수영을 가르쳐 달라고 요청한 것이다.

마침 당신은 그 친구의 가족과 함께 여름휴가를 떠난 상태였고, 눈앞에는 초등학교에서 수영선수로 활동하고 있는 열두 살짜리 소년과 푸른 바다가 보인다. 당신은 어렸을 때 '물개'라는 별명을 가지고 있긴 했지만, 초등학교 수영선수를 이길 수 있을지에 대해서는 확신이 없다. 이때 당신은 친구에게 어떤 반응을 보일 것인가? 아마 당신은 이렇게 말할 것이다.

"수영해 본 지가 언젠데……, 요즘 내가 허리가 안 좋은 거 알지?"

수영이 아니더라도 당신은 지금까지 살아오면서 이런 변명을 숱하게 늘어놓았을 것이다. 학생 시절로 돌아가 보자. 당신과 성적을 놓고 경쟁하는 학생이 있다. 하지만 이번 기말시험은 경쟁자를 이길 자신이 없다. 최근 경쟁자는 당신보다 열심히 공부했고, 소문에 따르면 개인교습까지 받는다고 한다. 그런데 시험이 있는 날 아침, 경쟁자가 당신의 어깨를 치며 이렇게 말한다.

"공부 열심히 했어?"

당신은 십중팔구 이렇게 대답할 것이다.

"아니. 어젯밤에 그냥 잤어."

당신은 이제 빠져나갈 구멍을 만들었으며, 경쟁자보다 시험성적이 덜 나와도 핑계를 댈 수 있게 되었다. 미국의 사회심리학자 에드워드 존스Edward E. Jones와 스티븐 버그래스Steven Berglas는 이런 전략을 '자기 열등화 전략self-handicapping strategy'이라 이름붙였다. 이는 불리한 여건을 상대방에게 제시함으로써, 나중에 실패했을 경우 상대방이 그 실패를 가볍게 보도록 유도하는 전략이다. 즉 상대방보다 낮은 단계의 목표를 제시하고, 실패를 조작된 상황 탓으로 돌리는 것이다.

심리학에서는 어떤 행동의 결과에 대해 그 원인을 찾는 것을 귀인 이론attribution theory으로 설명한다. 문제는 원인을 엉뚱한 데서 찾는 귀인오류fundamental attribution error다. 특히 자신의 기대대로 결과가 도출되었을 때 그 원인을 자신의 능력 탓으로 돌리고, 실패했을 때 외부원인 탓으로 돌리는 자기귀인 편향self-attribution bias이 흔하다. 자신의 행동에 대해서는 개인적 이유보다 상황적 이유를 더 많이 들고, 타인의 행동에 대해서는 상황적 이유보다 개인적 이유를 더 많이 든다. 또 긍정적 결과에 대해서는 개인적 요인으로 귀착시키고, 부정적 행동에 대해서는 상황적 요인으로 귀착시키는 경향이 있다. 뿐만 아니라 자신이 초래한 긍정적인 결과에 대해서는 과대평가하는 반면, 부정적인 결과에 대해서는 과소평가하는 경향이 있다. 이를 '자기고양적 편향self-enhancement bias'이라 한다. 잘되면 내 탓, 못되면 조상 탓으로 돌리는 것이다.

주식투자자나 노름꾼들의 경우 실패의 원인을 외부로 돌리는 경향이 강하다. 주식투자자들은 수익을 올렸을 때 자신의 정보분석이나 종목선택이 탁월했기 때문이라고 믿는다. 사실 이런 경우는 자신의 노력이 아니라 장이 반등하여 시장수익률을 따라갔거나 단순히 운이 좋았을 뿐인 경우가 많다. 반면 손실이 났을 때는 그 원인을 종목을 추천한 사람이나 경제적 환경, 해당 기업의 미숙한 대응 탓으로 돌린다. 이런 심리적 편향이 강한 사람들은 주식을 매매하는 횟수가 많고 수익률도 낮다.

노름꾼도 실패의 원인을 찾아내지만, 그 원인을 자신에게 돌리지 않는다. 실패의 원인은 가지고 있던 판돈이 부족했기 때문이거나 누군가 자신의 판단에 영향을 미쳤기 때문이다. 그는 자신의 실패를 인정하지 않는 반면, 성공은 액면 그대로 받아들인다. 이 과정을 통해 노름꾼은 근본적인 원인을 짚어내지 못한 채 성공과 실패의 역사를 고쳐 쓴다. 그는 돈을 잃은 판을 '딸 뻔했던 판'으로 변형시킴으로써 자신의 실패를 정당화한다. 노름꾼이 노름판을 떠나지 못하는 것은 이 때문이다.

귀인오류는 집단 단위에서도 발생한다. 조직은 항상 그 자체가 지닌 결함을 인정하려 들지 않고, 다른 데서 실패의 원인을 찾는 데 골몰한다. 조직이 성공하면 대개 그 원인을 CEO나 특정 개인에게 귀착시킴으로써 영웅을 만들고, 실패하면 외부환경에서 그 원인을 찾는다. 어떤 기업이 적자에서 흑자로 전환하면 최고경영자는 언론에 오르내리고, 흑자에서 적자로 전환하면 경기침체나 원자재가격 인상 같은 환경 변화에 그 책임을 돌리는 것이다.

통제력 착각

하버드 대학교의 심리학자 앨런 랭어Ellen J. Langer는 피험자를 두 그룹으로 나눈 후 한 그룹에게는 번호가 모두 적힌 복권을 주고, 다른 그룹에는 사흘에 걸쳐 하루에 한 자리씩만 알려주었다. 복권 추첨 전날, 랭어 교수는 피험자들에게 사정이 생겼으니 복권을 바꿔줄 수 있느냐고 물었다. 그 결과 처음부터 복권번호를 모두 지정해 준 사람은 63.6퍼센트가 요구에 응한 반면, 하루에 한 자리씩 번호를 알게 된 사람은 31.6퍼센트만이 요구에 응했다.

또 다른 실험에서는 한 그룹에게 이미 번호가 정해진 복권을 나눠주고, 다른 그룹에게는 스스로 번호를 선택하도록 했다. 그런 다음 추첨 전날, 피험자들에게 복권을 팔아야 한다면 얼마에 팔겠느냐고 물었다. 번호가 정해진 복권을 구입한 사람은 평균 1.96달러를 제시했고, 자신이 직접 번호를 고른 사람은 8.16달러를 제시했다. 자신이 번호를 선택했다는 이유만으로 복권가격이 4배 이상 차이가 난 것이다.

앞에서 우리는 낮은 가격에 아파트를 팔지 못하는 심리적 성향을 보유효과로 파악한 바 있다. 보유효과는 애착비용을 포함한다. 오래 소유할수록, 시간과 노력이 더 많이 투자되었을수록 애착비용은 상승한다. 랭어의 실험에서 알 수 있듯이 사람들은 어떤 것이 자신의 손 안에 있을 때뿐 아니라, 자신의 의지가 반영되었을 때 더 높은 가치를 매긴다.

이러한 심리를 '통제력 착각illusion of control'이라 한다. 통제력 착각이란 순전히 운에 따라 좌우되는 게임에서도, 스스로가 운명을 통제함으로써 더 나은 결과를 얻을 수 있다고 믿는 심리적 편향이다. 심리학에서 통제력이란 대단한 권력을 의미하는 것이 아니라 단순히 어떤 결과를 바꿀 수 있을 정도의 영향력이나 능력을 의미한다.

당신이 주사위 게임을 한다고 하자. 짝수가 나오면 당신은 1만 원을 받고, 홀수가 나오면 1만 원을 잃는다. 이 게임은 승률이 50퍼센트라 매우 공평한 게임이다. 따라서 당신이 이 게임을 제안받았다면, 거절할 이유가 없다. 하지만 상대방이 이미 주사위를 던져놓고, 손으로 가리고 있다고 생각해 보자. 이때도 당신은 게임에 참여하겠는가?

사람들은 주사위를 던지기 전에는 내기를 걸지만, 던진 이후에는 내기를 걸지 않으려 한다. 이는 자신의 행위가 결과에 영향을 미칠 수 있다는 착각 때문이다. 통제력 착각은 확률을 계산할 때 두드러지게 나타난다. 사람들은 자신에게 익숙한 것이 그렇지 않은 것에 비해 통제하기 쉽다고 착각한다.

시카고 대학교의 경제학자 스티븐 레빗Steven D. Levitt과 저널리스트 스티븐 더브너Stephen J. Dubner는 《괴짜경제학*Freakonomics*》에서 미국의 수영장을 예로 들었다. 미국의 수영장에서 아이가 익사할 확률은 1만 1천 분의 1이며, 총기 사고로 인해 아이가 목숨을 잃을 확률은 100만 분의 1이다. 확률적으로 총기 사고로 사망할 확률이 수영장에서 익사할 확률보다 100배 정도 높지만, 부모들은 아이들이 수영장에서 놀다가 사고가 나는 것을 더 두려워한다. 또 미국에서 자살하는 경찰관은 살해되는 경찰관 수보다 많고, 총을 소유한 사람들이 그렇지 않은 사람보다 총에 맞아 사망할 확률이 높다. 그런데도 사람들은 자신을 방어할 무기를 가지고 있을 때 더 안전하다고 믿는다.

이런 예는 주위에서도 쉽게 발견된다. 비행기 추락 사고는 자동차 사고보다 훨씬 적지만, 사람들은 비행기 추락 사고를 더 두려워한다. 또 테러로 인한 사망보다 심장병으로 사망할 확률이 훨씬 높지만, 테러를 더 두려워한다. 사람들은 자동차 사고를 스스로 통제할 수 있다고 착각하는 반면, 비행기 사고는 통제할 수 없다고 생각한다. 또 심장병은 스스로 치료할 수 있다고 믿지만, 테러는 자신의 통제력이 미치지 못한다고 생각한다. 이 때문에 사람들은 자신이 통제할 수 없는 상황에서 벌어진 위험에 대해 더 분노한다. 테러로 인한 비행기 추락 사고가 그렇다. 반면 통제의 주체가 자신이 아니라 정부라면, 사람들은 통제할 수 있는 상황에서 벌어진 위험에 분노한다. 예방조치가 미흡한 상황에서 대형사고가 발생할 때마다 모든 언론이 '예견된 인재人災'라고 정부를 비난하는 것도 이 때문이다.

우리는 상황을 예측할 수 없고, 자신의 통제력이 미치지 않을 때 더 불안해한다. 과거 러시아에서는 이런 불안감을 이용한 고문방법을 개발했다. 불확실한 확률에 목숨을 걸어야 하는 러시안 룰렛게임을 이용한 고문이 그것이다. 러시안 룰렛 이야기는 옛날 바이킹족이 바다를 떠돌다가 수개월 만에 집으로 돌아와 아내의 부정을 가리기 위해 아내를 세워놓고 도끼를 던졌다는 전설과 비슷하다. 진실을 말할 때까지 계속 방아쇠를 당기는 것은 정말 끔찍한 공포다. 더구나 당신이 진실을 말한다고 해서 방아쇠가 멈추는 것도 아니다. 문제는 당신의 자백이 방아쇠를 당기는 사람의 입맛에 맞아야 한다는 것이다. 때문에 자백의 진실 여부는 중요하지 않다. 여기서는 고문기술자의 심리적 상태가 중요하므로, 미래는 더욱 불확실하다.

사람들은 자신이 비행기를 조종하지 않기 때문에 통제력을 발휘할 수 없다고 착각하며, 이는 곧 스트레스로 이어진다. 우리 사회에서 통제력을 가진 사람은 한정되어 있으며, 불평등한 계급사회일수록 통제력을 가진 사람은 소수다. 이런 상황에서 통제력이 없는 사람의 두려움과 스트레스는 증가한다. 이 두려움 때문에 사람들은 끊임없이 통제력을 가진 자와 타협을 시도한다. 그래서 우리는 마음에 들지도 않는 직장에 들러붙어 있으며, 권력자에게 아부한다. 통제시스템을 추종하거나, 동조하거나, 편승하는 것이 자신의 안전성을 높이는 방법이기 때문이다.

손실 피하려고 손해보다

> 나쁜 처지에서 나은 처지로 향상되었을 때 느끼는 즐거움보다는 이전보다 더 나쁜 처지로 떨어졌을 때 받는 고통이 더욱 크다.
>
> 애덤 스미스, 《도덕감정론 *The Theory of Moral Sentiment*》

애덤 스미스는 인간이 최상의 상태에 있을 때 느끼는 행복보다 최하의 상태에 있을 때 느끼는 고통이 더 크다는 것을 알았다. 그는 두 상태의 간격이 크지 않더라도, 자연적인 상태 이상일 때보다 자연적인 상태 이하로 낮아질 때 인간이 느끼는 감정의 강도가 훨씬 더 크다고 생각했다. 만족감을 정확히 측정하기는 힘들지만, 같은 양의 행복과 불행을 비교했을 때 사람들은 불행 쪽에 더 가중치를 부여하는 것이다.

우리의 뇌는 즐거움보다는 슬픔에 더 민감하게 반응하도록 프로그래밍되어 있다. 즉 우리는 승리를 통해 얻는 기쁨보다 패배의 슬픔을 더 크게 받아들인다. 이를 '손실회피 편향loss aversion bias'이라 부른다. '알레의 역설'을 논의하면서 우리는 많은 사람들이 '확실성'을 선호한다는 것을 알았다. 이것 역시 손실을 피하기 위한 방편이다. '확실성 효과ambiguity effect'는 당장 손에 쥐어지는 이익을 선호하고, 이를 과대평가하는 심리를 말한다.

확실성 효과는 하버드 대학교의 경제학자 리처드 젝하우저Richard Zeckhauser의 러시안 룰렛게임 실험에서 확인된 바 있다. 당신이 이 게임에 참여했다고 가정하자. 당신은 외국을 여행하던 중 정체를 알 수 없는 테러조직에 납치되었다. 그들이 요구하는 것은 오직 돈뿐이다. 평소 도박을 좋아하던 테러조직의 두목이 당신에게 러시안 룰렛게임을 제안한다. 그는 당신 앞에 두 자루의 권총을 내민다. 첫 번째 권총에는 한 발의 총알이

들어 있고, 두 번째 권총에는 네 발의 총알이 들어 있다. 두목이 묻는다.

"당신은 두 자루의 권총 중 하나를 선택할 수 있다. 총알 한 발이 장전된 첫 번째 권총을 선택할 경우 죽을 확률은 적다. 대신 총알 하나를 빼내려면 당신은 100만 달러를 지불해야 한다. 총알 네 발이 장전된 두 번째 권총을 선택할 경우 죽을 확률은 커진다. 하지만 방아쇠를 당긴 후 10만 달러씩을 지불하면 총알 하나씩을 빼줄 것이다. 자, 어떤 권총을 선택하겠는가?"

이 게임에서 총알 하나를 빼낼 때마다 죽을 확률은 같은 양으로 감소한다. 즉 6연발 권총에서 총알 하나를 제거하면 6분의 1씩 확률이 줄어드는 것이다. 총알 한 발에 100만 달러를 지불하는 것과 네 발의 총알에서 한 발을 빼낼 때마다 10만 달러씩 지불하는 것 중 어느 것을 선택하는 것이 합리적일까? 아마 당신은 매번 죽음의 공포를 경험하면서 돈을 아낄 수 있는 두 번째 권총을 선택하지는 않을 것이며, 확실히 목숨을 건질 수 있는 첫 번째 권총에 판돈을 걸 것이다.

기업은 확실성을 선호하고 불확실성을 피하려는 소비자의 심리를 적절히 활용한다. 각종 렌탈 서비스는 '불확실성 효과uncertainty effect'를 이용한 것이다. 렌탈 서비스는 비용이 터무니없이 높은 거래다. 하지만 약정 기간이 지나면 언제든 거래를 취소할 수 있는 장점이 있다. 예를 들어 보험상품은 사고가 나지 않는 한 소비자가 상당히 손해를 보는 거래지만, 사람들은 장차 발생할지도 모르는 '상실'이라는 위험을 회피하려는 심리 때문에 상품에 가입한다.

사람들은 확률을 수치로 받아들이지 않고 확실, 불가능, 가능성 등 세 가지로 구분하여 직감적으로 판단한다. 대니얼 카너먼과 아모스 트버스키가 제시한 두 가지 예를 살펴보자.

A. 240달러를 확실히 딸 가능성 100퍼센트

B. 1천 달러를 딸 가능성 25퍼센트, 전혀 따지 못할 가능성 75퍼센트

A. 750달러를 확실히 잃을 가능성 100퍼센트

B. 1천 달러를 잃을 가능성 75퍼센트, 전혀 잃지 않을 가능성 25퍼센트

어느 쪽을 선택하고 싶은가? 실험결과에 따르면 첫 번째 시나리오에서 설문에 참여한 사람 중 84퍼센트가 A를 선택했다. 기댓값은 거의 같지만, 240달러를 확실히 얻을 수 있는 방법을 선택한 것이다. 두 번째 시나리오에서는 87퍼센트가 B안을 선택했다. 흥미로운 점은 두 번째 시나리오에서 왜 다수의 사람들이 같은 기댓값에도 불구하고 모험을 선택했느냐는 것이다. 연구자들은 이익을 얻을 가능성이 있는 경우 손실회피 성향을 드러내지만, 손실과 관련되어 있을 때는 오히려 위험을 추구하는 성향이 있다는 것을 알아냈다. 즉 확실한 손실에서 벗어날 수만 있다면 더 큰 손실을 감수하려 한다. 위험한 대안을 확실한 손실보다 더 선호하는 것이다.

이렇듯 불확실한 상황에서 그 결과가 긍정적인가 부정적인가에 따라 선호가 정반대의 결과로 나타나는 것을 '반사효과reflection effect'라 한다. 다음 두 개의 시나리오를 보자.

A. 5천 달러를 얻을 가능성 0.1퍼센트

B. 5달러를 얻을 가능성 100퍼센트

A. 5천 달러를 잃을 가능성 0.1퍼센트

B. 5달러를 잃을 가능성 100퍼센트

첫 번째 시나리오에서 실험에 응한 72명 중 70퍼센트 이상이 A를 선택했고, 두 번째 시나리오에서는 80퍼센트 이상이 B를 선택했다. 첫 번째 시나리오에서는 확실성 대신 손실을 선택했고, 두 번째 시나리오에서도 손실을 선택했다. 이 연구결과는 사람들이 왜 복권을 사는지, 왜 보험상품에 가입하는지를 설명해 준다. 사람들은 위험을 무릅쓸 가치가 있을 때 낮은 확률이나 작은 손실에 매달리지 않는 것이다. 이런 성향은 비합리적이지만, 삶에 도움을 주는 부분이 많다. 보험에 가입하는 것이 그런 예다. 보험가입은 기댓값으로 따지면 비합리적이다. 사고로 사망할 확률이 적은데도 평생 보험금을 붓기 때문이다. 그러나 적은 손실로 재앙을 막을 수 있다면, 우리는 기꺼이 위험을 선택한다. 비록 확률은 적지만, 한 번의 치명적인 사고가 적은 손실을 만회하고도 남을 만큼의 보상을 안겨주기 때문이다. 특히 사람들은 확실한 이익이 보장될 때보다 확실한 손해를 피하려 할 때 더 큰 도박을 벌인다. 도박꾼들이 손해를 보고도 더 규모가 큰 도박판에 뛰어드는 심리와 같다.

리처드 탈러의 또 다른 실험 '신약 테스트'를 보자. 당신은 지금 몹쓸 병에 걸렸다. 이 병에 걸리면 비록 확률은 아주 낮지만 갑자기 죽을 수도 있다. 그런데 이 병을 완치시킬 수 있는 약이 출시되었다. 당신은 이 약을 얼마에 구입하겠는가?

이번에는 다른 질문을 해보자. 어느 날 제약회사에서 신약 테스트에 참가할 피험자를 모집하는 광고를 냈다. 이 약을 먹으면 확률은 매우 낮지만 갑자기 죽을 수도 있다. 당신은 얼마를 받아야 이 신약 테스트에 참가하겠는가?

이 두 가지 시나리오에서 사망률이 모두 0.01퍼센트라고 하자. 결국 이 질문은 당신이 사망할 가능성에 대한 보상액이 얼마인지를 묻고 있다. 똑같은 확률이므로 당신이 제시한 금액은 같아야 한다. 하지만 피험자가 제시한 액수는 서로 달랐다. 실험결과 첫 번째 시나리오에서는 대부분의 학생들이 평균 200달러 정도의 소액을 제시한 반면, 두 번째 시나리오에서는 평균 1만 달러를 제시했다. 이는 같은 조건 하에서 손실을 회피하려는 심리가 강하게 작용한다는 것을 보여준다. 사람들은 1만 원의 손실을 1만 원의 이익보다 훨씬 가치 있게 평가하는 것이다.

아시아의 질병 문제에서처럼 이 시나리오에서도 손실인가, 이득인가가 판단의 기준이 된다. 첫 번째 질문에서는 생존이, 두 번째 질문에서는 사망이 판단의 기준으로 작용했다. 사망은 손실로 인식되기 때문에 손실회피 편향이 나타나는 반면, 생존은 이득으로 인식되기 때문에 긍정적인 프레임이 활성화된 것이다. 따라서 어떤 상황을 손실의 틀에서 보느냐, 이득의 틀에서 보느냐에 따라 선택에 차이가 생긴다.

시장에서도 소비자의 손실회피 성향을 이용한 마케팅 기법이 사용된다. 몇몇 상인들은 신용카드 대신 현금으로 계산할 때 가격을 할인해 준다. 이때 상인들은 현금매출을 감춰 세금을 절약할 수 있고, 신용카드회사에 지불해야 할 수수료를 덤으로 챙길 수 있다. 따라서 현금으로 구매할 때는 상인이 세금으로 내야 할 돈을 상인과 소비자가 몰래 나눠 갖는 것과 같다. 당신이 컴퓨터를 구입했을 때, 컴퓨터 가게 주인은 다음 두 가지 방식으로 말할 수 있다.

A. 현금으로 구입하시면 5만 원을 할인해 드립니다.

B. 신용카드로 구입하시면 5만 원이 추가됩니다.

이 질문은 프레이밍 효과와 손실회피 성향을 동시에 활용한 것이다. A는 할인이라는 '이득'의 프레임을 제시하고, B는 비용이 추가된다는 '손실'의 프레임을 제시한다. 이때 당신은 신용카드 대신 현금을 꺼낼 확률이 높다. 할인요금과 추가요금은 5만 원으로 동일하지만 이득으로 인한 만족보다는 손실로 인한 심리적 충격을 더 민감하게 받아들이기 때문이다. 신용카드회사 역시 동일한 방식으로 마케팅 기법을 활용할 수 있다. 즉 일시불결제와 할부결제를 소비자가 비교하도록 하는 것이다. 즉 이렇게 말하는 것이다.

"할부결제를 하시면 연 15퍼센트의 수수료가 추가됩니다."

만일 당신이 일시불로 결제했다면, 은행으로 가야 할 수수료를 카드회사와 당신이 나눠 가진 것이다. 상인들은 소비자들이 '할증'이라는 말보다 '할인'이라는 말을 더 선호한다는 것을 잘 안다. 그래서 대부분의 매장은 '주말 할증'보다 '주중 할인'이라는 표현을 즐겨 사용한다. 물론 소비자가 지불해야 할 가격은 그대로다.

보험회사들도 '손실회피 편향'을 활용한다. 같은 가격이라도 사람들은 할인을 이득으로 인식하고, 추가 지불은 손실로 인식한다. 그렇기 때문에 사람들은 보험료가 비싸도 사고가 발생하지 않으면 만기에 원금을 돌려주는 보험을 선호한다. 반면 보험료는 저렴하지만, 사고가 났을 때 비용 일부를 가입자가 부담하는 보험은 기피한다.

사실 두 가지 보험은 경제적인 측면에서 볼 때 동일하다. 그러나 만기에 원금을 돌려받는 보험은 가입자가 보험회사에 무이자로 돈을 빌려주는 것과 같다. 보험회사는 당신의 심리를 이용하여 당신의 저축통장에 있어야 할 돈을 무이자로 가져다 쓰는 것이다. 또 보험회사는 당신의 손실기피 심리를 최소화하기 위해 노력한다. 하루 커피 한 잔 값으로 평생 동안 위험을 보장한다고 설득하는 것이다. 한 달 불입금이 10만 원이라는 표현보다 하루에 담배 한 갑 값만 불입하면 된다는 표현은 당신의 손실을 줄이는 것으로 인식된다. 물론 당신의 죄는 아니다. 죄가 있다면 우리 조상들이다. 조상들은 오랜 진화과정을 거치면서 이익을 극대화하는 것보다 손실을 피하는 것이 생존에 도움이 된다는 사실을 터득했던 것이다.

우리는 불확실한 상황을 참기 힘들어 한다. 사실 언제 당할지 모르는 사고에 대비하여 비싼 보험료를 내는 것은 어리석은 일이다. 그럼에도 불구하고 사람들이 보험에 가입하는 것은 손실에 대한 위험을 회피하려고 하기 때문이다. 보험회사는 고객의 불안감을 매개로 위험수당이 붙은 비싼 상품을 파는 것이다.

사람들이 많은 소득을 올릴 수 있는 자영업 대신 월급쟁이가 되려는 것도 손실회피 편향과 관련이 있다. 예를 들어 화물트럭 운전수들은 혼자 영업할 때 더 많은 돈을 벌 수 있음에도 불구하고 화물회사에 취업한다. 운전수들이 두려워하는 것은 들쭉날쭉한 수입이다. 운이 좋지 않은 때는 수입이 거의 없을 수도 있지만, 화물회사는 정기적으로 일정한 급여를 지급한다. 화물회사는 개인이 영업할 때 마주칠 수 있는 불확실성을 떠안는 대신, 적은 보수를 안정적으로 지불하는 것이다.

13장

효율성보다 중요한 것들

드보락과 쿼티 자판의 싸움

1868년 6월 23일, 미국 밀워키 주의 지역신문 편집장 출신인 크리스토퍼 숄스Christopher Sholes는 오늘날 우리가 사용하는 컴퓨터 자판배열을 고안하여 특허권을 취득했다. 당시 총기 제작업체인 레밍턴사는 이 특허권을 사들여 1874년부터 숄스의 자판배열을 적용한 타자기를 판매하기 시작했다. 그런데 숄스가 개발한 자판은 상당히 비효율적이었다. 아이러니컬하게도 숄스는 가장 자주 사용되는 글자들을 이리저리 흩어놓았을 뿐 아니라 주로 왼쪽에 배치했다. 또 a나 o, s 같은 자주 쓰이는 철자를 상대적으로 힘이 약한 손가락으로 누르도록 만들었다. 온갖 수단을 동원하여 사용자의 타이핑 속도를 최대한 늦추도록 고안한 것이다.

숄스가 비효율적인 자판을 고안하게 된 데는 그만한 이유가 있었다. 그가 새로운 자판을 선보이기 전까지 타자기 자판은 알파벳 순서에 따라 두 줄로 배열되어 있었다. 그런데 이 자판은 타이핑 속도를 높이면 인접한 글자의 글쇠가 뒤엉키는 현상이 발생했다. 숄스는 자주 사용되는 글쇠를 멀리 떼어놓으면 엉킴이 덜할 것이라고 판단하고, 빈도수가 높은 철자들을 반대방향으로 배열한 네 줄짜리 자판을 만들었다. 이 자판은 왼쪽 상단에 나란히 배열된 알파벳 글자 Q, W, E, R, T, Y, 6개의 이름을 따서 '쿼티QWERTY' 자판이라고 불렀다.

인체공학적 설계와 거리가 먼 자판을 사용하던 사람들은 큰 불편을 느꼈다. 이 문제를 해결하기 위해 나선 사람은 워싱턴 대학교의 두 교수 오거스트 드보락August Dvorak과 윌리엄 딜리William Dealey였다. 1932년 두 사람은 모음 5개(a, e, i, o, u)와 가장 많이 사용하는 자음 5개(d, h, t, n, s)의 글쇠를 중앙에 배치한 새로운 자판을 발명했다. '드보락Dvorak' 방식으로 알려진 이 자판은 손가락 동선을 절약함으로써 타이핑 속도를 획기적으로 개선했을 뿐 아니라 글쇠의 엉킴 문제도 말끔히 해결했다. 타이핑 속도는 쿼티 자판에 비해 30퍼센트가량 빨라졌다.

효율성을 추구하는 경제학의 입장에서 보면, 이 새로운 자판은 시장에서 대단한 성공을 거두었어야 한다. 그러나 이 자판은 사용자들에게 환영받지 못했다. 사용자들이 기존 자판에 익숙해져 있었기 때문이다. 새로운 자판에 적응하려면 교육과 훈련이 필요했지만, 사람들은 이를 원하지 않았다. 1984년에 미국표준협회ANSI는 드보락 방식을 '제2의 표준자판'으로 승인했지만 지금은 이 자판을 만드는 회사도, 사용하는 사람도 없다.

드보락 자판기의 실패에 대해서는 다양한 방식의 설명이 가능하다. 우선 쿼티 자판기의 선점효과preemption effect를 들 수 있다. 선점효과란 영화관처럼 고객이 한정된 시장에 먼저 진입함으로써 경쟁자의 진입을 주저하게 만드는 것을 말한다. 어느 지역에 영화관이 들어서게 되면, 그 자체가 하나의 진입장벽이 된다. 다른 경쟁자가 진입하고 싶어도 고객의 수가 한정되어 있으므로 수지를 맞출 수 없다. 기업의 경우에는 새로운 기술이나 규모의 경제가 선점효과를 발휘하는 요인이다. 획기적인 신기술은 다른 경쟁자의 의지를 꺾어놓을 수 있고, 규모의 경제 또한 후발주자의 추격의지를 무력화할 수 있다. 이를 '선발주자의 이점first mover advantages'이라 부른다. 일단 시장을 선점하게 되면, 규모의 경제에 의해 '눈덩이 효과snowball effect'가 나타난다. 점점 더 몸집을 불려나갈 수 있는 것이다.

다음은 '경로의존path dependency'을 들 수 있다. 이 개념은 1980년대에 스탠포드 대학교의 폴 데이비드Paul David와 브라이언 아서Brian Arthur가 제시한 것으로, 한번 일정한 경로에 의존하기 시작하면 그것이 비효율적이라는 것을 알고 난 후에도 여전히 그 경로를 벗어나지 못하는 사고의 관습을 일컫는다. 폴 데이비드는 1985년에 발표한 논문에서 쿼티 자판을 예로 들어 경로의존성을 설명했다.

브라이언 아서는 이 개념에 '잠금효과lock in effect'를 더해 이 이론을 더욱 정교하게 다듬었다. 잠금효과란 일단 한 가지 경로에 진입하면 빠져나오기 어려운 현상을 말한다. 시장에서는 이 효과를 이용하는 기업을 흔히 볼 수 있다. 대표적으로 프린터를 들 수 있다. 대개 컴퓨터를 구입하면 프린터는 아주 싼값에 딸려 나온다. 기업의 진짜 목적은 프린터를 판매하는 것이 아니라 잉크 카트리지를 판매하는 것이다. 카트리지의 규격은 프린터에 맞추어져 있기 때문에 특정 기업의 프린터를 보유한 소비자는 그 기업에서 생산한 잉크를 사용하게 된다. 제품을 구매한 고객은 제품이 마음에 들든, 그렇지 않든 계속 그 기업의 제품을 사용할 수밖에 없는 선택의 감옥에 갇히는 것이다. 더구나 프린터는 10년 이상 사용할 수 있기 때문에 이윤을 얻을 기회가 많지 않지만, 잉크는 소모품이기 때문에 언제든 이윤창출이 가능하다.

그러나 두 사람의 연구성과는 텍사스 대학교의 경제학자 스탠 리보위츠Stan Liebowitz와 스티븐 마골리스Stephen Margolis의 반박에 빛을 잃었다.

리보위츠와 마골리스는 드보락 자판기의 효율성이 과장되었으며, 테스트 결과도 조작이라고 주장했다. 그들은 1944년 해군을 대상으로 실시한 드보락 자판기 테스트가 실제로는 드보락 자신이 수행한 테스트였음을 밝혀냈다.

그럼에도 불구하고 잠금효과는 국제적으로도 큰 위력을 발휘한다. 2001년 경제사가 더글러스 퍼펏Douglas Puffert은 철도궤도를 그 예로 들었다. 과학자들은 우주왕복선 발사에 쓰이는 추진 로켓의 너비를 더 크게 만들고 싶어도 그럴 수가 없다. 로켓을 옮길 때 화물열차를 이용하기 때문이다. 열차로 이동하면 터널을 통과해야 하기 때문에 선로의 너비를 고려하지 않을 수 없다. 처음 열차선로를 만들 때도 석탄 운반용 마차선로 위에 깔았기 때문에 말 두 마리가 이동할 있는 폭에 맞추어졌다. 따라서 추진 로켓의 너비는 로마시대에 만든 도로 폭이 기준인 셈이다.

최초의 표준을 선점하는 것은 매우 중요하다. 그래서 기업들은 표준을 만들어내고, 자신들이 만든 표준이 국제적 표준이 될 수 있도록 막대한 투자를 감행한다. 국제적 표준으로 채택되면 잠금효과로 인한 부가가치를 톡톡히 누릴 수 있기 때문이다. 쿼티 자판 역시 첫 표준을 만드는 데 성공한 경우라 할 수 있다. 일단 표준이 정해지면 바꾸기가 쉽지 않다. 아무리 새로운 자판이 개발되더라도 쿼티 자판을 변경하는 것은 세계의 열차선로를 모두 바꾸는 것만큼이나 어렵다.

경로의존은 현상유지 편향status quo bias과 사촌관계에 있다. 보스턴 대학교 경영대학원의 윌리엄 새뮤얼슨William Samuelson과 하버드 대학교의 리처드 젝하우저가 제시한 현상유지 편향이라는 개념은 현재 상태에서 변화하는 것을 회피하는 심리적 편향을 말한다. 당신이 현재 상태에서 변화를 시도하게 되면 두 가지 가능성에 직면하게 된다. 하나는 지금보다 나아질 가능성이고, 다른 하나는 지금보다 나빠질 가능성이다. 이때 손실이 예상되면 현재 상태를 유지하려는 성향이 강해진다. 이사를 가야 할 기회인데도 예전 집을 고수하고, 특정 브랜드에 애착을 보이고, 쉽사리 직장을 옮기려 하지 않는다.

기업 역시 고객들의 이러한 심리를 십분 활용한다. 새 휴대폰을 구입하게 되면 한 달 동안 무료로 이용할 수 있는 각종 서비스가 따라붙는다. 무료서비스 기간이 끝났을 때, 텔레마케터가 전화를 걸어 그 서비스를 계속 이용할 의향이 있는지 묻는다. 이때 많은 고객들이 서비스를 그대로 이용하겠다고 대답한다. 간혹 양심이 불량한 기업은 무료서비스 기간이 끝났다는 사실조차 통보해 주지 않는다. 계좌에서는 계속 서비스요금이 빠져나가지만, 당신은 별반 신경쓰지 않는다. 서비스요금이 소액이기 때문이기도 하지만, 지금 누리는 서비스를 그대로 유지하고 싶은 심리적 동기도 무시할 수 없다. 그래서 우리는 신문 구독기간이 끝나도 그 신문을 계속 구독하며, 도서관의 좌석이 지정석이 아닌데도 항상 같은 자리를 고수하는 것이다. 비효율적인 타자기 자판이 지금까지 유지될 수 있었던 것도 결국은 변화를 싫어하는 우리의 심리적 편향 때문이다.

기준이 중요하다

다음 질문에 답해보라.

"1×2×3×4×5×6×7×8은 얼마인가? 5초 이내에 답하라."

당신이 수학적 훈련을 받지 않았다면, 5초 이내에 정확한 답을 말하기는 어려울 것이다. 그렇다고 실망할 필요는 없다. 굳이 정확한 답을 말할 필요는 없다. 대충 얼마쯤인지만 대답하면 된다.

이번에는 질문을 달리해 보자.

"8×7×6×5×4×3×2×1은 얼마인가? 5초 이내에 답하라."

이 질문은 대니얼 카너먼과 아모스 트버스키가 제시한 것이다. 당신은 첫 번째 질문과 두 번째 질문의 답이 같다는 것을 알고 있다. 따라서 한 사람에게 똑같은 질문을 던지면 같은 답을 말할 것이다. 그러나 응답자들을 둘로 나누어 질문을 던졌다고 하자. 그래도 같은 답이 나올까?

정답은 4만 320이다. 하지만 실험에 참가한 사람들은 앞의 곱셈보다 뒤의 곱셈 값을 더 높게 답했다. 고등학생들을 대상으로 첫 번째 질문을 던졌을 때 응답자들이 추산한 평균값은 512였고, 두 번째 질문을 받은 응답자들이 추산한 평균값은 2,250이었다. 첫 번째 집단은 정답과 약 79배, 두 번째 집단은 정답과 18배 차이가 난 것이다. 숫자의 순서만 바꾸어도 추산값은 엄청난 차이를 보인다. 처음 시작하는 '8'이란 숫자가 추산값에 영향을 미친 것이다.

개리 벨스키와 토머스 길로비치가 《돈의 심리학》에서 제시한 예를 보자.

"다음 사건이 일어난 것은 서기 151년보다 전일까, 후일까? 칭기즈칸이 사망한 해는?"

이 질문에서 서기 151년은 아무 의미가 없는 숫자다. 뉴욕 시 우편번호 끝 세자리 숫자 028에 123을 더한 숫자이기 때문이다. '151'이라는 숫자는 당신의 머릿속에 일정한 기준을 각인시키려는 일종의 함정이다. 이 질문에 당신은 몇 년도라고 대답했는가?

정답은 1227년이다. 정답에 근접했는가? '151'이 일종의 준거점reference point인 것이다. 대부분의 사람들은 '151'을 하나의 기준으로 설정한 후, 칭기즈칸의 사망년도를 추정한다. 이처럼 객관적인 판단이나 의사결정에 아무런 관계도 없는 임의의 기준을 판단의 준거로 삼는 심리적 성향을 정박효과anchoring effect라 부른다. 어떤 값을 추정할 때 주어진 초기값에 닻을 내린 다음, 그 닻을 기준으로 추정값을 조정adjustment하는 것이다. 즉 사람들은 확실한 증거도 없이 첫인상이나 선입견, 그리고 주어진 프레임에 따라 판단한다.

이는 대니얼 카너먼과 아모스 트버스키의 실험에서도 확인된다. 복권추첨에서 사용되는 원판이 있다. 원 둘레에는 숫자가 적혀 있다. 바퀴를 돌리자 화살표가 65를 가리킨다. 이제 질문을 던진다.

"전체 아프리카 국가 중에서 UN에 가입한 국가는 전체 국가 중 65퍼센트보다 큰가? 작은가?"

다시 한 번 원판을 돌려 이번에는 화살표가 10에 멈춘다. 또 묻는다.

"전체 아프리카 국가 중에서 UN에 가입한 국가는 전체 국가 중 10퍼센트보다 큰가? 작은가?"

부정하고 싶겠지만, 65와 10이라는 숫자는 판단에 영향을 미친다. 실험 참가자들은 화살표가 65를 가리켰을 때 평균 45개국, 10을 가리켰을 때 평균 25개국이 UN에 가입했을 거라고 대답했다.

정박효과는 시장에서도 위력을 발휘한다. 기업이 소비자에게 제시하는 권장소비자격은 소비자에게 준거점 역할을 한다. 가격은 지대, 임금, 이윤으로 구성된다. 하지만 당신은 구입하려는 제품의 원가가 얼마인지 정확히 할 수 없다. 따라서 당신은 이 준거점을 벗어나서 에누리를 요구할 수 없다. 가격표에 1만 원이 적혀 있다면, 당신은 이 가격을 기준으로 할인을 요구할 수밖에 없다. 아마 기업은 당신이 요구할 에누리, 또는 상인의 할인율을 미리 계산하고 가격을 결정했을 것이다. 소비자는 권장소비자가격보다 낮은 가격에 상품을 구입할 때 이득이라는 느낌을 갖는다.

제시된 준거점은 선택에 막대한 영향을 미친다. 누군가 당신에게 좋아하는 숫자를 고르라면 어떤 숫자를 고를 것인가? 아마도 1에서 10 사이의 숫자, 이를테면 3이나 7을 고를 것이다. 그런데 당신이 대답하기도 전에 옆에 있던 친구가 자신은 휴대폰 뒷번호인 5876을 좋아한다고 말해 버리면 당신의 선택은 달라진다. 애초에 대답하려던 숫자는 10개 중 하나였지만, 이제는 선택의 폭이 엄청나게 확장된 것이다.

1987년 그레고리 노스크래프트Gregory Northcraft와 마거릿 닐Margaret Neale은 부동산중개인 12명을 대상으로 실험을 진행했다. 이들은 무작위로 고른 중개인 그룹을 둘로 나누어 애리조나 주에 있는 특정 주택에 대한 값을 평가해 달라고 의뢰했다. 중개인들은 주택 내부를 둘러보고 주택에 대한 정보가 적힌 안내책자를 받았다. 두 그룹에게 제공된 정보는 공시가격을 제외하고는 모두 같았다. 실험결과 부동산중개인들은 공시가격을 기준으로 주택가격을 감정했다. 하지만 가격을 매긴 근거를 제시해 달라고 요구하자 대부분의 중개인들은 공시가격을 참조했다는 사실을 부인했다.

부동산시장에서 정박효과가 생겨나는 것은 정보의 비대칭성 때문이다. 대부분의 구매자들은 판매자가 제시한 정보를 정확히 판단할 수 없다. 부동산은 원가를 계산하기가 힘들고, 경기에 민감하기 때문에 가격이 들쭉날쭉하다. 따라서 판매자가 제시하는 가격이 준거점이 된다. 이 준거점을 형성하기 위해 집 주인들은 서로 가격을 담합하기도 하고, 부동산중개인들과 뒷거래를 한다. 소비자로서 손해를 덜 보는 방법은 판매자가 제시한 가격을 준거점으로 인정하지 않는 것이다. 즉 판매자가 1만 원의 가격을 부른다면, 당신이 새로운 준거점으로 5천 원을 제시하는 것이다. 준거점이 5천 원이 되면 당신은 훨씬 싼값에 제품을 구입할 수 있다. 에누리는 준거점에 대한 조정과정인 셈이다.

부동산을 구입한 사람들도 정박효과에서 자유롭지 않다. 기존의 주택을 팔고 다른 도시로 이사간 사람들 중에서 비싼 곳으로 이사한 사람들은 새로 구입한 부동산가격에 맞춰 소비를 줄인다. 과거의 부동산가격이 준거점으로 작용하기 때문이다.

기대효용 이론에서는 소비자의 효용이 부의 크기로 결정된다고 보았다. 즉 A와 B가 1만 원의 효용을 얻었다면, 두 사람이 얻은 효용의 크기는 같다. 하지만 효용은 부의 크기로 결정할 수 없다. 효용의 가치는 부의 크기가 아니라 준거점에 따라 결정된다. 연봉 1천만 원인 사람의 소득이 100만 원 증가하고 연봉 1억 원인 사람의 소득이 100만 원 증가했을 때, 늘어난 부의 크기는 100만 원으로 동일하지만 두 사람이 각각 느끼는 효용의 가치는 다르다. 준거점이 다르기 때문이다.

인간만이 준거점에 의존하는 것은 아니다. 프레이밍 효과를 논의할 때 예로 들었던 '조삼모사'의 우화를 기억하는가? 실제로 원숭이를 대상으로 그런 실험을 한 경제학자가 있다. 바로 예일 대학교의 키이스 첸Keith Chen 교수다. 그는 꼬리감기원숭이들이 과일 조각을 받았을 때 느끼는 상대적인 만족감을 비교했다. 원숭이들에게 사과 몇 조각을 보여준 다음 몇 조각을 더 추가해서 주었을 때 원숭이들은 더 큰 만족감을 드러냈지만, 처음에 많은 양을 보여준 다음 그 중에서 몇 조각을 빼고 같은 양을 주었을 때는 몹시 불만스런 태도를 보였다. 처음 보여준 과일 조각의 양이 준거점 역할을 한 것이다.

준거점에 의한 심리적 차이는 독일의 생리학자인 에른스트 베버Ernst H. Weber가 1846년에 제시한 '베버의 법칙Weber's law'과도 일맥상통한다. 자극의 크기와 순서에 따라 자극의 변화를 다르게 감지한다는 것이다. 즉 처음에 약한 자극을 주다가 점차 강도를 높이면 쉽게 감지할 수 있으나, 처음에 강한 자극을 주다가 점차 강도를 약화시키면 감지가 어려워진다. 따라서 처음에 강한 자극을 주었다면, 더 큰 자극을 주어야 자극의 변화를 알아차릴 수 있다. 낮에는 전등 불빛이 약하게 느껴지지만 밤에는 훨씬 강하게 느껴지는 것과 같은 이치다.

마찬가지로 1천 원과 2천 원의 차이가 100만 원과 100만 1천 원의 차이와 다르게 느껴지는 것은 큰돈에서는 자극이 둔화되기 때문이다. 베버의 법칙에 따르면 불쾌한 자극은 한 번에 받는 것이 낫고, 즐거운 자극은 조금씩 나누어서 강도를 높여가는 것이 좋다. 당신의 연봉이 1천만 원 올랐다고 하자. 1월 초에 한꺼번에 받는 것이 이자율에서 유리하지만, 심리적으로는 상반기에 400만 원을 받고 하반기에 600만 원을 받는 것이 행복한 자극인 셈이다. 그러나 당신이 상사의 질책을 받아야 할 만큼 잘못을 저질렀다면, 한 번에 매를 맞는 것이 낫다.

다음 질문에 답해보자.

A. 지금 청바지 한 벌을 사려고 한다. A매장에 갔더니 청바지 가격이 10만 원이다. 그런데 문득 거리에 붙은 광고전단지를 보니 B매장에서는 같은 청바지를 30퍼센트 할인된 7만 원에 판다. 문제는 B매장에 가려면 2킬로미터를 걸어야 한다는 것이다. 당신은 B매장까지 걸어가겠는가?

B. 노트북 컴퓨터 한 대를 구입하려고 한다. A매장에 갔더니 147만 원이다. 그런데 문득 거리에 붙은 광고전단지를 보니 B매장에서는 같은 제품을 3만 원 할인된 144만 원에 팔고 있다. 문제는 B매장에 가려면 2킬로미터를 걸어야 한다는 것이다. 당신은 B매장까지 걸어가겠는가?

A과 B의 할인금액은 3만 원으로 같지만, 많은 사람들이 A의 경우 B매장까지 걸어가겠다고 대답하고, B의 경우에는 걸어가기를 포기한다. 이는 액수의 크기보다 할인율의 크기를 더 민감하게 받아들이기 때문이다. 이러한 심리적 성향을 '비례 편향proportionality bias'이라 한다. 대형매장주인들은 고객들의 이러한 심리를 꿰뚫고 있기 때문에 광고전단지를 제작할 때 '300원 할인'보다는 '15퍼센트 할인'이라는 표현을 사용한다.

기업들도 비례 편향을 활용한다. 연 매출액 1억 원인 회사가 다음해에 10억 원의 매출을 올렸다면 연간 1천 퍼센트의 매출 신장을 나타낸 것이다. 하지만 연 매출액 1조 원인 회사가 다음해에 1조 100억의 매출을 올렸다면, 성장률 연 1퍼센트의 저조한 실적을 올린 회사로 인식된다. 따라서 기업이 실적을 발표할 때 전자는 비례를 선호하고, 후자는 숫자를 선호한다.

구체적인 숫자가 위력을 발휘할 때도 있다. 오리건 주립대학교의 심리학자 폴 슬로빅Paul Slovic의 연구사례를 보자. 연구팀은 법의학회 등 저명한 협회의 소속회원 479명을 두 그룹으로 나눠 정신병원에서 치료를 받고 있는 환자 A의 퇴원 여부를 묻는 설문조사를 실시했다. 연구팀이 제시한 상황은 다음과 같다.

A. A와 유사한 환자들의 경우 퇴원 후 6개월 내에 폭력적 행동을 할 확률이 20퍼센트로 관찰됨.

B. A와 유사한 환자들의 경우 100명 중 20명이 퇴원 후 6개월 내에 폭력적 행동을 하는 것이 관찰됨.

첫 번째 상황을 접한 그룹에서는 21퍼센트가 A의 퇴원을 반대했다. 하지만 두 번째 상황을 접한 그룹은 41퍼센트가 퇴원에 반대했다. 20퍼센트라는 비율보다 20명이라는 구체적인 수치가 부정적 감정에 영향을 미친 것이다. 이때 비율은 감정적으로 중립이지만, 구체적 수치는 감정을 좌우한다. 이 실험이 전문가들을 상대로 진행되었다는 점에 유의하자. 이는 학력이나 사회적 지위에 관계없이 우리가 늘 합리적 사고를 하는 것이 아님을 말해준다.

사람들은 0.00025퍼센트의 사람들이 암으로 사망한다는 말보다 100만 명 중 250명이 암으로 사망한다는 말을 들었을 때 암이 더 위험하다고 느낀다. 100만 명 중 250명은 실제 비율보다 더 크게 느껴지고, 구체적 인물들을 머릿속에 떠올릴 수 있기 때문이다. 우리가 가까이 소통하면서 지내는 인물은 250명이 안 되는 경우가 많다. 따라서 250명은 매우 큰 수치다. 하지만 0.00025퍼센트는 거의 무시해도 좋은 수준이라는 느낌을 받는다. 이 때문에 기업들은 긍정적인 정보는 숫자 형식으로 표현하고, 부정적인 정보는 비율로 표현한다.

정박효과에 대해 알았으니 당신이 앞으로 처하게 될지도 모를 상황에 적용해 보자. 당신의 현재 연봉은 4천만 원이다. 그런데 평소 당신 회사와 거래하던 어느 회사가 당신에게 스카우트를 제의하며 연봉을 6천만 원으로 올려주겠다고 한다. 당신은 한동안 망설이다가 마침내 회사를 옮겼다. 그런데 1년 후 새로 옮긴 회사가 도산해 버렸다. 다행히 당신은 능력이 뛰어난 직장인이다. 과거에 다니던 회사에 자리를 알아보니 당신이 떠났던 직책은 그대로 있고, 연봉은 200만 원이 오른 4,200만 원이다. 당신은 옛날 회사로 돌아가겠는가? 아니면 다른 직장을 알아보겠는가?

설령 당신이 다른 직장을 구하지 못해 옛 회사로 돌아간다 하더라도 심리적으로는 만족감을 느끼지 못할 것이다. 회사를 옮길 때 준거점으로 삼은 것은 연봉 4천만 원이었다. 하지만 지금의 준거점은 6천만 원으로 대폭 상향되었다. 옛 회사로 복귀하면 1년 전보다 200만 원의 연봉을 더 받는 것이지만, 지금의 준거점에서는 무려 1,800만 원이나 삭감된 금액이기 때문이다. 당신이 옛 직책으로 돌아간다면, 능력에 관계없이 당신은 자존심에 깊은 상처를 입게 될 것이다.

사실과 상관없는 우리의 판단

가상의 한 여성이 있다. 그녀의 이름은 '린다'이며 31세다. 철학을 전공한 그녀는 외향적이고, 매우 명석하다. 그녀는 학생시절 인종차별과 사회정의에 관심이 많았고, 반핵시위에도 참여했다. 다음 중 가장 그럴 듯한 것을 고르라.

A. 린다는 은행원이다.

B. 린다는 은행원이면서 여성운동에 적극적이다.

이 질문은 대니얼 카너먼과 아모스 트버스키의 《불확실한 상황에서의 판단: 추단법과 편향*Judgment under uncertainty: heuristics and biases*》에서 인용한 '린다 문제Linda problem'다. 여기에서는 두 개의 선택지를 소개했지만, 카너먼과 아모스 트버스키는 모두 8가지의 선택지를 제시했다.

연구팀은 실험참가자들을 두 그룹으로 나누어 린다가 어느 분야의 직업에 가장 잘 어울릴지 순위를 매기도록 했다. 한 그룹은 선택지에 제시된 8가지의 직업을 가진 전형적인 사람들과 린다가 어느 정도 닮았는지를 토대로 순위를 작성하도록 하고, 다른 한 그룹은 제시된 직업을 가질 경우를 예상하여 순위를 작성하도록 했다. 즉 두 그룹에게 각각 유사성과 확률을 바탕으로 순위를 작성하도록 한 것이다. 그 결과 순위의 평균치는 거의 일치했지만 유사성을 기준으로 판단한 그룹 중 85퍼센트는 린다가 단순히 은행 창구직원이라기보다 창구직원인 동시에 페미니스트라고 판단했다. 확률에 기초를 둔 그룹에서도 89퍼센트가 같은 판단을 내렸다.

린다가 은행원일 확률과 은행원인 동시에 여성운동가일 확률 중 어느 쪽이 더 높은가? 두 사건이 동시에 발생할 확률은 독립적으로 발생할 확률보다 적다. 예를 들어 당신이 남자일 확률과 남자인 동시에 목수일 확률 중 전자가 훨씬 가능성이 높은 것이다. 따라서 합리적인 사람이라면 당연히 A를 선택해야 한다. 그럼에도 불구하고 다수의 사람들이 후자를 선택했다.

기본적인 발생확률을 '기저율base rate' 또는 이미 주어진 확률이라는 의미에서 '사전 확률prior probability'이라 한다. 무작위로 선발한 사람들 중에서 당신이 남자일 확률은 약 50퍼센트이며, 이 확률이 바로 기저율이다. 위의 실험결과는 많은 사람들이 기저율을 무시하고 있다는 사실을 보여준다. 이렇듯 기저율을 무시한 채 판단하려는 심리적 성향을 '대표성 함정representativeness heuristic'이라 한다.

대표성 함정에는 기저율 무시를 비롯해 평균회귀 무시, 표본크기 무시, 결합오류, 고정화 오류 등이 포함된다. 방금 소개한 린다의 사례가 결합오류에 해당한다. 사람들은 확률을 추정하면서 기저율을 무시했을 뿐 아니라 린다의 학생운동 경험을 여성운동과 잘못 결합한 것이다. 고정화 오류에는 단순화와 고정관념이 포함된다.

대표성 함정에 대한 오류는 카너먼과 트버스키의 다른 실험에서도 재현되었다. 연구팀은 피험자를 두 그룹으로 나눈 후, 그들에게 100명의 인터뷰와 성격 테스트 결과를 정리한 내용을 나누어 주었다. 그런 다음 A그룹에게 엔지니어 30명과 변호사 70명을 대상으로 조사한 내용이라고 말해주었다. 피험자들은 설명문을 읽은 후, 그가 엔지니어일 가능성을 0에서 100까지의 척도로 표시해야 했다.

A. 잭은 45세의 유부남으로 네 명의 자녀를 두었다. 대체로 보수적이고, 신중하며, 야심적이다. 정치나 사회문제에는 관심이 없고, 여가시간에는

대개 목공, 요트, 수학퍼즐 풀기 등의 취미활동을 즐긴다.

이 사람이 엔지니어일 가능성은 얼마일까? 이번에는 B그룹에게 같은 설명문을 주었다. 대신 첫 번째 그룹과는 달리, 조사내용이 변호사 30명과 엔지니어 70명을 대상으로 한 것이라고 말했다. 하지만 피험자들은 변호사와 엔지니어의 비율을 전혀 고려하지 않고, 다수가 엔지니어일 거라고 대답했다. 30:70퍼센트, 혹은 70:30퍼센트의 기저율을 무시한 채 '목공'이나 '수학퍼즐 풀기' 같은 여가활동 때문에 잭이 공학도일 가능성이 높다고 판단한 것이다. 개인의 취향에 대한 정보를 제공하지 않았을 때도 기저율은 무시되었다.

B. 딕은 30세의 유부남이며, 자녀는 없다. 그는 능력이 뛰어나고, 의욕이 풍부하며, 현재 일하는 분야에서 성공할 가능성이 크다. 또 동료들에게 인기도 좋다.

B는 딕의 취향에 대해 전혀 언급하지 않는다. 만일 피험자들이 기저율을 고려했다면, 엔지니어가 70퍼센트인 표본에서, 딕이 엔지니어일 확률이 더 높게 나왔어야 한다. 하지만 피험자들은 기저율을 고려하지 않고 중간 확률인 50퍼센트로 추정하는 경향을 보였다.

사람들은 느긋하게 확률을 계산한 후 판단을 내리지 않는다. 우리는 전혀 관계가 없는 사건임에도 불구하고, 단지 함께 발생한 사건이기 때문에 관계가 있다고 생각하는 성향이 있다. '상관관계에 의한 착각illusory correlation' 속에 살아가는 것이다. 또 어떤 것이 쉽게 머릿속에 떠오르는가를 기준으로 상황을 판단하며, 때로는 발생 빈도가 높은가 낮은가를 기준으로 결정하기도 한다. 우리는 친숙한 것들에 대해 지나친 편견을 갖고 있을 뿐 아니라 사전확률이나 표본수를 무시하고, 즉흥적으로 떠오르는 것에 대표성을 부여하는 것이다.

본래 대표성은 두드러지거나 표면적인 특징에 근거하여 결과·사례·범주의 유사성을 평가한 후, 그것을 판단의 기초로 삼는 것을 말한다. 문제는 우리가 대표성을 추정할 때 불완전한 정보에 근거하여 결론을 내리는 성향이 있다는 것이다. 또 이렇게 추정한 대표성을 과잉 적용하며, 증거가 불충분하다는 사실을 깨닫지 못하는 경우도 많다. 우리는 어떤 사실을 객관적으로 평가하는 것이 아니라 자신의 신념이나 가설에 합치하는 증거를 편애한다. 또 반대 증거들을 간과하거나 고의적으로 무시하며, 기억까지도 선택적으로 함으로써 사실을 왜곡한다.

마음에 숨긴 회계장부

당신은 지금 공연장 입구에 서 있다. 이번에 열리는 콘서트는 한 달 전부터 보기로 마음먹은 것이다. 입장권은 5만 원이다. 입장권을 사기 위해 지갑을 열었을 때, 당신은 화들짝 놀란다. 5만 원짜리 지폐가 보이지 않는 것이다. 문득 택시비를 지불하기 위해 지갑을 열었을 때 무언가 떨어뜨린 사실이 기억난다. 당신은 잃어버린 돈과 관계없이 5만 원을 내고 입장권을 구입할 것인가?

이번에는 약간 다른 질문이다. 당신은 지금 공연장 입구에 서 있고, 입장권은 이미 사흘 전에 5만 원을 지불하고 예매해 두었다. 그런데 지갑을 열자 입장권이 보이지 않는다. 문득 당신은 택시비를 내기 위해 지갑을 열었을 때, 무언가를 떨어뜨린 사실을 기억해 낸다. 당신은 5만 원을 내고 입장권을 다시 구입할 것인가?

이 질문 역시 카너먼과 트버스키가 던진 것이다. 돈을 잃어버렸을 때 183명의 응답자 중 88퍼센트가 다시 입장권을 사겠다고 답했다. 그러나 예매한 입장권을 잃어버렸을 때는 200명의 응답자 중 46퍼센트만이 다시 입장권을 구입하겠다고 답했다. 당신이 잃어버린 금액의 가치는 같다. 그럼에도 불구하고 사람들은 현금 5만 원과 입장권을 예매한 5만 원의 가치를 달리 평가한 것이다.

그 이유는 이렇다. 당신은 콘서트를 관람하는 데 5만 원을 지불하기로 마음먹었다. 하지만 택시 안에서 잃어버린 5만 원은 콘서트를 관람할 문화비용으로 만들어놓은 계정에서 지출한 것이 아니다. 단순한 실수인 것이다. 따라서 콘서트 비용을 아직 사용하지 않은 것이다. 그러나 두 번째 경우는 다르다. 이미 사흘 전에 문화비용 계정에서 5만 원을 지출해 버렸다. 입장권을 잃어버리는 순간에 이미 콘서트 비용을 사용해 버린 것이다. 따라서 다시 입장권을 사기로 결심했다면 콘서트를 관람하는 비용은 10만 원으로 늘어난다. 이 때문에 입장권을 잃어버린 후 다시 구입할 생각이 감소한 것이다.

리처드 탈러는 1985년 〈마음의 회계와 소비자 선택Mental accounting and consumer choice〉이라는 논문에서 이러한 심리적 편향을 '마음의 회계mental accounting'라 이름 붙였다. 잃어버린 돈과 입장권의 예에서 볼 수 있듯이, 우리는 마음속에 별개의 계정을 만들어 관리한다. 이 계정은 사람들마다 우선시하는 가치에 따라 순위가 매겨져 있다. 그래서 사람들은 당장의 필요에 의해서가 아니라 스스로 만든 계정의 우선순위를 기준으로 지출을 결정한다.

도박꾼들에게 나타나는 '공돈효과house's money effect' 역시 마음속 계정으로부터 생겨난다. 우리는 노동을 통해 번 돈과 도박에서 딴 돈을 별도의 계정으로 관리한다. 월급으로 받은 100만 원은 치밀하게 관리하지만,

도박장에서 딴 100만 원은 아무렇게나 써버리는 것이다. 신용카드로 쓴 금액과 통장에 들어 있는 현금도 별도의 계정에 들어 있다. 통장에 들어 있는 현금은 아껴 쓰지만 신용카드는 그렇지 않다.

우리 마음속에는 상품계정도 별도다. 이 때문에 대부분의 소비자는 마음속에 기록되어 있는 상품목록이 싸다고 느껴질 때 자제력을 잃는 것이다.

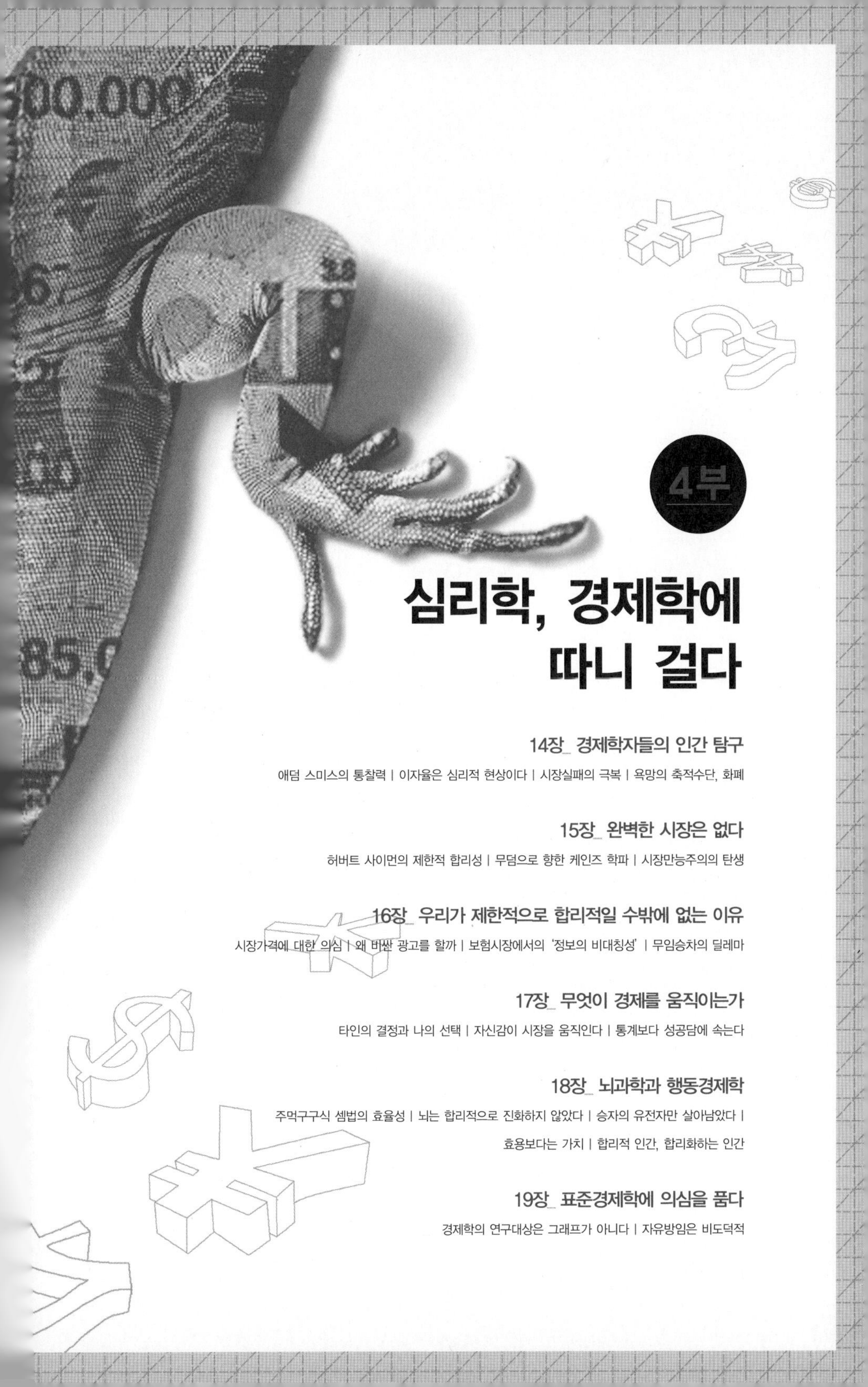

4부

심리학, 경제학에 따니 걸다

우리의 일상적 경제는 효용의 극대화가 아니라 노력의 최소화 원리를 추구하며, 호모에코노미쿠스라기보다는 게으른 인간homo piger이다. _대니얼 길버트Daniel Gilbert, 《행복에 걸려 비틀거리다*Stumbling on Happiness*》

14장

경제학자들의 인간 탐구

애덤 스미스의 통찰력

지금까지 우리는 경제활동에 참여하는 인간이 비합리적으로 사고하고 행동하는 심리적 현상들을 살펴보았다. 경제학자가 경제활동에 영향을 미치는 심리적 요인들에 관심을 기울인지는 퍽 오래되었다. 이미 애덤 스미스는 《국부론》에서 경제에 미치는 인간의 심리적 요인에 주목한 바 있다. 그는 복권을 예로 들어, 리스크나 불확실성이 인간의 경제행동에 미치는 영향을 다음과 같이 적었다.

> 대다수의 사람들은 자신의 재능에 대해서 과대한 자부심을 갖고 있다. 그것은 모든 시대의 철학자와 도덕가가 지적한 예부터의 악폐다. (……) 모든 사람들은 많든 적든 이득의 기회를 과대평가하고, 손실의 기회는 과소평가하고 있다.

이는 우리가 살펴보았던 '레이크 워비건 효과'와 '확실성 효과', 그리고 손실이 예상되는 상황에서 나타나는 위험추구 성향을 달리 표현한 것이다. 또 그는 실패에 대해 눈감고 성공한 사례만을 일반화하는 '생존편의'에 관해서도 다음과 같이 지적했다.

> 위험을 멸시하고 성공에 대한 주제넘은 희망을 갖는 것은 인생을 통해 볼 때 젊은이들이 직업을 고르는 시기만큼 적극적일 때는 없다. 그때 불행의 공포가 행운의 희망을 상쇄하는 것이 얼마나 적은가는 상류사회 사람들이 자유직업을 선택하기 위해 열중하는 것보다, 서민들이 기꺼이 군대에 지원하거나 선원이 되려고 하는 사실에 명백하게 드러난다. 보통 병사라는 직업이 얼마나 손해를 보고 있는지는 아주 명백하다. (……) 승진의 기회가 없는데도 그들은 허망하게 명예를 얻을 수 있는 무수한 기회를 꿈처럼 여긴다. 이러한 낭만적 희망이 그들이 흘려야 할 모든 피의 값이다. 그들의 급여는 보통 노동자보다 적고, 실제로 근무의 강도도 훨씬 크다.
>
> 애덤 스미스, 《국부론》

생존편의를 논하면서 예로 든 청소년들의 연예인 선망은 여기에서 청년들의 군대 지원으로 바뀌어 있다. 식민지 개척을 위한 전쟁이 횡행하던 시대, 유럽의 청년들을 사로잡은 것은 미지의 땅을 개척하고 개선한 항해사들과 군인들이었다. 청년들은 항해 중에 낙오하여 집으로 돌아오지 못하거나, 머나먼 이국의 황량한 벌판에서 무덤 하나 없이 죽어간 수많은 병사들을 기억하지 않는다. 오직 무사히 귀환한 자들이 가져온 전리품과 그들에게 주어진 명예만을 기억하는 것이다.

애덤 스미스는 인간의 소비행태에 대해서도 남다른 통찰력을 발휘했다. 그는 《도덕감정론》에서 사람들이 자신의 재부는 과시하되 빈궁은 숨기려는 경향이 있음을 간파한 후 임금의 상당 부분을 불필요한 물건을 사는 데 지출하고 있음을 지적했다. 또 그는 사람들이 남들에게 보여주기 위한 허영과 명성을 얻으려 돈을 지출하며, 이러한 허영이 경쟁심을 낳는 원인이라고 말했다.

> 동료들로부터의 존경, 사회에서의 신용과 지위 등은 우리가 물질적 부의 이점을 소유하거나 소유할 것으로 기대되는 정도에 의존한다. 동료들로부터 존경받을 가치가 있는 적합한 대상이 되고자 하는 욕망, 동료들 사이에서 신용과 지위를 획득하고자 하는 욕망은 아마도 우리의 모든 욕망들 중에서 가장 강렬한 욕망일 것이다. 따라서 우리가 물질적 부의 이점을 획득하기 위해 노심초사하는 것은 이러한 욕망에 의해 촉발되는 것이지, 필수품이나 편의품의 공급에 의해 촉발되는 것은 아니다.
>
> 애덤 스미스, 《도덕감정론》

그는 다른 사람으로부터 신뢰받고 싶은 욕망, 다른 사람들을 설득하고 싶은 욕망, 다른 사람들을 지휘하고 싶은 욕망은 인간의 본능적 욕망 중에서 가장 강한 것이라고 지적했다. 애덤 스미스가 보기에, 인간의 이런 욕망은 다른 어떤 동물도 갖지 않은 독특한 것이다. 더구나 인간은 현세에서 누릴 수 없는 명성을 죽은 후에 누리기 위해 자발적으로 생명까지 버리는 존재다. 애덤 스미스의 표현을 빌면 인간은 "결코 들을 수 없을 자신들에 대한 박수소리"를 기대하는 것이다. 그러나 도덕철학자이기도 했던 애덤 스미스의 심리학적 안목은 경제학에서 크게 주목받지 못했다.

이자율은 심리적 현상이다

존 메이너드 케인즈John Maynard Keynes는 1936년에 출간한 《고용, 이자 및 화폐에 관한 일반이론*The general theory of employment, interest and money*》에서 심리적 요인이 경제에 비치는 영향에 대해 충분히 인식하고 있음을 보여주었다. 그는 경제에 영향을 미치는 세 가지 심리적 요인으로 소비에 대한 심리적 성향, 유동성에 대한 심리적 태도, 자본자산으로부터의 장래 수익에 대한 심리적 기대를 들었다. 임금이나 재정정책 같은 소비성향을 좌우하는 객관적 요인 외에, 그는 주관적이고 사회적인 요인들을 따로 기술했다.

그가 제시한 여덟 가지 주관적 요인은 미래에 있을지도 모를 사건에 대비하기 위한 '예비', 노후 및 교육에 대한 '심려', 이자율 및 자산가치 향상에 대한 '타산', 지출 억제를 통해 장래를 준비하기 위한 '향상', 독립적인 생활을 누리기 위한 '독립', 운영자금 확보를 염두에 둔 '기업', 그리고 '상속'과 '탐욕' 등이었다. 또 이에 대응하여 향락과 천박한 생각, 관대함, 오산, 허식, 방자함 등과 같은 심리적 태도도 소비성향에 영향을 주는 요인이라고 생각했다.

케인즈는 이자율 역시 '고도의 심리적 현상'이며 '고도의 관성적인 현상'이라고 지적했다. 왜냐하면 이자율의 실제값은 대체로 '예상값에 관한 지배적인 견해에 의해 결정되기 때문'이었다. 그는 투자에서도 확신과 관성이 매우 중요한 역할을 한다고 생각했으며, 그러한 추동력을 '야성적 충동animal spirits'으로 표현했다.

> 우리의 적극적 활동의 대부분에는, 그것이 도덕적이든 쾌락적이든, 아니면 경제적인 것이든 수학적 기대치에 의존하기보다는 오히려 자생적인 낙관주의에 의존하려는 인간의 불안정성이 존재한다. 장래에 긴 세월에 걸쳐

> 완전한 결과가 도출되는 어떤 적극적인 일을 행하고자 하는 우리의 결의 대부분은 추측컨대, 오직 야성적 충동의 결과로 이루어질 수 있을 뿐이며, 수량적인 이익에 수량적인 확률을 곱하여 얻은 가중평균의 소산으로 이루어지는 것은 아니다.
>
> 존 메이너드 케인즈, 《고용, 이자 및 화폐에 관한 일반이론》

케인즈는 기업의 설립취지서를 그 예로 들었다. 기업의 설립취지서는 아무리 진솔한 것일지라도 어떤 동기를 부여하지 않는다. 케인즈에 따르면, 장래이익에 대한 정확한 계산은 남극을 탐험하는 것과 다를 바 없다. 그는 투자가 기대심리에 의존할 수밖에 없음을 지적하고, 이를 주식시장의 예를 들어 설명했다.

주식시장은 정보와 역정보가 판치는 곳이다. 주가는 그 기업의 가치를 반영하지만, 주식에 관심이 있는 사람이라면 이 말이 사실일 수도 있고, 거짓일 수도 있다는 것을 안다. 주가가 1천 원인 어떤 기업이 단순히 새로운 사업에 진출한다는 발표만으로도, 주가가 10배 이상 뛰어오를 수 있기 때문이다.

어떻게 이런 일이 일어날 수 있을까? 아직 그 기업은 새로운 아이템을 생산할 공장도 짓지 않았고, 새로운 사업에 대한 시장성도 불투명하다. 케인즈는 이러한 상황을 '미인투표'에 비유했다. 어떤 신문사가 미인대회를 주최한다고 가정하자. 그런데 이 대회는 미스코리아 선발대회처럼 직접 미인들을 모아놓고 심사하는 대회가 아니다. 이 신문사는 신문에 100명의 미인 사진을 실었다. 심사위원들은 이 신문의 모든 독자이며, 독자들은 100명 중에서 6명을 선발해야 한다. 일반 미인대회와 다른 점은 미인으로 선발된 여성에게 상을 주는 것이 아니라, 미인을 뽑은 사람에게 상을 준다는 점이다.

당신이 이 대회의 심사위원 1만 명 중 한 사람으로 참여하여 미인을 선발한다고 가정하자. 상을 받으려면, 당신이 점찍은 여성의 사진이 6위 안에 들어야 한다. 미인을 심사하는 사람들의 취향은 다양할 것이다. 어떤 사람은 글래머를 선호할 수 있고, 어떤 사람은 야위고 가녀린 여성을 선호할 수 있다. 또 어떤 사람은 현대적 감각을 지닌 여성을 선호하고, 어떤 사람은 고전적 이미지를 가진 여성을 선호한다. 이렇듯 자신만의 취향을 가진 심사위원은 상을 받을 확률이 적다. 자신과 똑같은 취향을 가진 심사위원은 많지 않을 것이기 때문이다. 그렇다면 당신은 스스로의 기준을 포기할 수밖에 없다. 다른 사람들이 모두 선호할 만한 여성을 고르는 게 상을 받을 가능성이 높은 것이다.

> 각 투표자는 가장 아름답다고 생각하는 얼굴을 선택하는 것이 아니라 다른 투표자들의 취향에 가장 잘 맞을 것 같은 얼굴을 선택해야 한다. (……) 최선의 판단으로 진실로 가장 아름다운 얼굴을 선택하는 것도 아니며, 더구나 평균적으로 가장 아름답다고 생각하는 얼굴을 선택하는 것도 아니다.
>
> 케인즈, 《고용, 이자 및 화폐에 관한 일반이론》

케인즈는 심사위원이 상을 받기 위해서는 자신이 미인이라고 생각하는 여성보다, 많은 사람들이 미인이라고 생각하는 여성에게 투표할 것이라 생각했다. 투자도 마찬가지다. 투자를 통한 장기적 기대는 투자자가 미래의 수익을 정확히 예상해서가 아니라 다른 사람들이 미래에 어떤 생각을 갖고 있는가를 탐색하는 것일 뿐이다. 투자자들은 가치 있는 기업의 주식을 사는 것이 아니라, 다른 투자자들이 사고 싶은 주식을 산다. 다시 말하면, 군중심리에 휩쓸리는 것이다. 다른 사람이 사지 않으면 주가는 오르지 않는다. 사실 기업의 가치는 주가에 영향을 미치지만, 부수적인 영향만 미칠 뿐이다.

우리는 미래를 정확히 예측할 수 없으며, 고도로 합리적인 사고에 의존하지도 않는다. 케인즈는 경제가 사람들의 심리와 밀접한 관련이 있음을 알아차렸다. 그래서 그는 '야성적 충동이 둔화되거나 자생적인 낙관이 쇠퇴함으로써 수학적 기대치 외에 의지할 수 있는 것이 사라지면 기업은 사멸할 것'이라고 생각했다. 오늘날 우리는 야성적 충동을 '기업가 정신' 혹은 '도전정신'이라 부르기도 한다.

시장실패의 극복

1929년 대공황을 겪은 후 월가의 금융전문가들은 문제의 해결책을 깨달은 듯 보였다. 하지만 그들은 1987년의 주식시장 대폭락을 설명할 수 없었고, 1990년대 중반 아시아를 휩쓴 외환위기와 2000년대 초반의 IT버블 붕괴를 멀뚱히 지켜보아야 했다. 또 2007년 전 세계가 몸살을 앓았던 금융위기에서도 제 역할은커녕 위기의 주범으로 몰렸다. 그동안 금융산업은 엄청나게 성장하고 금융기법 또한 정교해졌지만, 그들이 지난 80년 동안 배운 것은 거의 쓸모가 없었다. 현재의 시장시스템이 그대로 작동한다면 우리는 머지않아 또다시 경제위기를 겪을 것이다.

시장이 보이지 않는 손에 의해 제대로 작동한다면, 경제는 왜 침체와 활황을 반복하는가? 경기변동에 영향을 미치는 요인은 이루 헤아릴 수 없이 많다. 그동안 경제학자들은 경기순환의 원인을 규명하기 위해 노력해 왔지만, 아직까지 완벽한 설명을 내놓지는 못하고 있다. 최근까지 경제학자들의 관심은 경기순환의 이유가 화폐로 인한 것인가 아니면 실물로 인한 것인가, 또 경기순환에 대응하기 위해 정부가 개입해야 하는가 아니면 시장에 맡겨야 하는가 하는 문제에 집중되어 왔다.

1803년, 프랑스의 경제학자 장 밥티스트 세이Jean-Baptiste Say는 수요와 공급은 항상 일치한다는 가설을 제시했다. 세이의 법칙Say's law 혹은 판로설販路說로 불리는 이 이론은 "공급은 스스로 동일한 크기의 수요를 창출한다"는 논리로 발전했다. 오늘날의 용어를 사용하면 총소득aggregate income과 총산출gross domestic product은 일치한다.

이후 대부분의 경제학자들이 세이의 법칙을 수용했다. 애덤 스미스의 후계자들은 일시적 공급과잉이 있을 수 있지만 모든 상품의 생산과잉은 있을 수 없다고 생각했다. 세이의 법칙에 따르면 생산물이 판매되지 않아 기업이 망하는 일은 있을 수 없고, 모든 노동자는 고용되어야 한다.

세이의 법칙은 시장에 잘 들어맞는 것처럼 보였다. 자동차가 처음 등장했을 때, 부자들만 자동차를 구매할 수 있었다. 이후 소득이 늘어나면서 자동차의 판매량은 점점 늘어나기 시작했다. 자동차공장은 더 많은 자동차를 생산하기 위해 인력을 고용하고 생산시설을 확대했다. 그러나 대량생산된 자동차를 누가 살 것인가? 세이의 법칙에 따르면 전혀 걱정할 일이 아니다. 자동차공장은 노동자들에게 임금을 주기 때문에 노동자의 소득은 늘어나고, 그들은 자신이 만든 자동차를 사게 된다. 공급이 수요를 창출한 것이다.

실제로 1910년대 미국의 포드자동차는 엄청난 호황을 누렸다. 이는 1914년 자동화된 조립라인을 제조공정에 적용했기 때문이다. 헨리 포드Henry Ford는 막대한 이윤을 종업원들과 공유하고 이직률을 낮추기 위해 임금을 대폭 인상했다. 당시 임금은 하루 9시간 교대근무에 2달러 25센트였는데, 1914년 1월 이사회에서 일당을 5달러로 높인 것이다.

임금인상의 효과는 즉각 나타났다. 많은 노동자들이 일자리를 찾아 디트로이트로 몰려들었다. 자동화된 조립라인에 의한 대량생산 효과는 엄청났다. 1908년 850달러였던 포드 T모델은 1920년대 초반에 290달러까지 하락했다. 노동자들의 구매력이 높아지면서 노동자들은 자신들이 생산한 자동차를 구입하기 시작했다. 포드자동차에 근무하는 노동자들의 소비가 늘자 다른 직종의 노동자나 자영업자의 소득도 함께 증가했다. 이들의 높아진 소득은 다시 자동차를 사는 데 소비되었다.

그러나 대공황이 발발했고 세이의 법칙은 의심받기 시작했다. 1929년 10월 24일 미국주식시장의 갑작스런 폭락으로 시작된 대공황은 전염병처럼 전 세계로 번져나갔다. 은행은 문을 닫았고, 물가는 폭등했으며, 거리에는 실업자들이 넘쳐났다. 1930년대 경제학자들은 수요부족이 아니라 생산력 저하를 대공황의 원인으로 지목했다. 시장이 '보이지 않는 손'에 의해 정상적으로 작동하고, 가격이나 임금이 조정되면 공급량이 많아도 그에 맞는 수요량이 발생한다는 세이의 법칙을 고수했던 것이다. 이 법칙에 따르면 공급과잉에 의한 재고는 발생하지 않고, 오히려 공급이 부족할 때 불황이 발생한다.

세이의 법칙에 이의를 제기한 사람은 영국의 경제학자 케인즈였다. 그는 대공황의 해결책을 제시한 《고용, 이자 및 화폐에 관한 일반이론》으로 앞이 보이지 않던 자본주의 경제에 새로운 길을 제시했다.

케인즈는 고전경제학이 설명하지 못한 경기침체 및 실업의 원인과 치유방법을 제시하는 데 성공했다. 고전경제학에서는 가격을 매개로 수요와 공급이 균형을 이룬다고 생각했다. 즉 임금의 변동을 통해 노동수급이 균형을 이루고, 이자율의 변동으로 저축과 투자가 일치한다고 가정한 것이다. 하지만 케인즈는 공급이 수요를 창출하는 것이 아니라, 수요가 공급을 창출한다고 주장했다.

그는 상품이 팔릴 수 있을 만큼만 생산되기 때문에 생산은 수요에 의해 결정되고, 경기의 호황이나 불황을 결정하는 것도 수요에 달려 있다고 보았다. 대공황의 원인 역시 사람들이 투자나 소비보다 현금을 선호하면서 소비가 줄어들어 시장의 균형이 깨진 것이라고 설명했다. 즉 사람들이 소비하지 않고 저축을 하면, 저축이 기업의 투자비보다 많아지게 된다. 기업이 투자를 하는데도 불구하고 소비가 줄면 공급과잉이 발생한다. 생산된 물건이 팔리지 않으면 기업은 노동자를 해고하고, 실직자가 증가하면서 소비가 감소하는 악순환에 빠진다는 것이다.

대공황에 대한 그의 해결책은 지출과 소비를 늘리는 것이었다. 즉 화폐를 늘려 기업이나 가계가 투자를 하거나 소비할 수 있도록 하는 것이다. 하지만 불경기에는 화폐가 충분히 공급되더라도 사람들은 미래를 불안하게 여기기 때문에 소비 대신 저축을 택할 가능성이 높다. 이때는 화폐 보유량만 늘어날 뿐 소비와 투자로 연결되지 않는 '유동성 함정liquidity trap'에 빠지게 된다. 케인즈는 이 문제를 해결하는 방법으로 정부의 역할에 주목했다.

그가 제시한 가장 유명한 사례는 이렇다. 미국의 재무부가 낡은 병에 지폐를 가득 채운 후 적당한 폐광을 찾아가 땅 속에 묻는다. 그런 다음 도시에서 발생한 쓰레기로 그 위를 덮은 후 민간기업이 다시 지폐를 파게 한다. 그렇게 하면 실업자는 줄어들고, 소득과 부도 증가한다.

케인즈의 이론을 한마디로 요약하면 지출이 줄면 소득도 줄고, 지출이 늘어나면 소득도 늘어난다는 것이다. 즉 사람들이 소비를 줄이고 돈을 저축하면, 소득과 지출이 함께 감소한다. 당신의 소득은 타인의 소비에 의한 것이며, 타인의 소득 역시 당신의 소비에 의한 것이기 때문이다. 당신이 돈을 아낀다고 해서 저축이 늘지는 않는다. 당신이 소비하지 않으면 다른 사람의 소득이 감소하고, 다른 사람의 소득이 감소하면 소비할 돈이 없기 때문에 당신에게 소득을 주지 못한다. 따라서 당신이 저축을 하고 싶어도 소득이 감소했기 때문에 저축은 늘어나지 않는다.

케인즈가 《화폐론*Treatise on Money*》에서 소개한 바나나 농장의 사례를 보자. 한 마을 사람들이 인근의 바나나 농장에서 일하고 있다. 이때 마을 사람들이 절약운동을 전개하기 시작해 바나나 소비를 줄였다. 이 농장에서 같은 양의 바나나가 생산된다고 가정하면, 수요가 감소했기 때문에 바나나 가격은 하락한다. 바나나 가격의 하락으로 손실을 입은 농장주인은 농부들의 임금을 줄이거나 해고한다. 그러자 마을사람들은 바나나를 더 적게 소비하고, 실업자는 증가한다. 결국 악순환이 계속됨으로써 바나나 생산은 중단되고 마을사람 모두가 실업자가 된다.

이번에는 1978년 조안 스위니Joan Sweeney와 리처드 스위니Richard Sweeney 부부가 발표한 〈통화이론과 국회의사당 애보기 협동조합의 위기Monetary Theory and Great Capitol Hill Baby sitting Co-op Crisis〉에서 다룬 사례를 보자. 애보기 협동조합은 미국 국회의사당에 근무하는 젊은 부부들이 자녀들을 돌보기 위해 결성한 조합이다.

맞벌이 젊은 부부들은 시간이 남는 사람이 서로 돌아가며 아이들을 돌보기로 약속했다. 이 조합에서 유통되는 상품은 서비스와 쿠폰이다. 한 시간 동안 아이를 돌보는 부부에게는 조합에서 쿠폰 한 장을 발행한다. 쿠폰을 갖고 있으면 자신의 아이를 한 시간 동안 남에게 맡길 수 있다. 처음에는 계획대로 운영되는 듯했지만, 시간이 지나면서 문제가 생기기 시작했다. 사람들이 비상시를 대비해 쿠폰을 모으기 시작한 것이다. 그러자 발행한 쿠폰이 모자라는 사태가 벌어졌다. 쿠폰이 부족해지자 부부들은 외출을 자제하고 점점 더 많은 쿠폰을 확보하려 했다. 하지만 부족한 쿠폰을 확보하는 일은 점점 더 어려워졌다. 다른 부부들도 쿠폰을 모으기 위해 혈안이 되어 있었기 때문이다.

다른 부부들이 쿠폰을 아끼기 위해 아이를 맡기지 않자 자신의 아이도 맡길 수 없게 되었다. 일종의 경기침체가 발생한 것이다. 조합에서는 이 문제를 해결하기 위해 모든 조합원들에게 한 달에 두 번은 반드시 외출하도록 하는 규칙을 정했다. 그러자 유통되는 쿠폰이 조금씩 증가하기 시작했고, 조합원들의 외출도 조금씩 잦아졌다. 경기가 회복되기 시작한 것이다.

사람들이 쿠폰 자체를 원하게 되면 쿠폰 유통량이 부족해져서 수요 공급의 균형이 깨지게 된다. 이때는 쿠폰을 더 발행해 유통량을 늘림으로써 균형을 회복할 수 있다. 이 사례에 등장하는 조합은 정부와 비견될 수 있다. 건강한 경제를 유지하기 위해서는 가계가 충분히 소비해야 하고 기업은 충분히 투자해야 하지만, 화폐가 증가하는데도 소비를 하지 않으면 정부가 지출을 통해 소비를 장려해야 한다는 것이다.

케인즈는 절약이 낡은 미덕이며, 고용의 걸림돌이라고 생각했다. 부는 금욕과 저축에 의해 축적되는 것이 아니라 오히려 감소한다고 생각한 것이다. 따라서 착실하게 저축하는 사람은 경제에 더 큰 해악을 끼친다. 케인즈는 이를 '구성의 모순fallacy of composition'이라 불렀다. 즉 개인이 합리적인 선택을 해도, 그 합이 불합리한 결과를 초래할 수 있다는 것이다. 저축은 합리적 행위지만, 모든 사람들이 저축을 하면 소비가 침체되어 불황이 심화되는 결과를 낳는다는 것이다. 이로부터 '소비가 미덕'이라는 신화가 탄생했다.

욕망의 축적수단, 화폐

대공황이 발생하자 물가폭등으로 노동자의 실질임금이 대폭 감소했다. 미국정부는 기업인들에게 실질임금을 유지하도록 촉구했다. 포드자동차 역시 1930년에 다시 임금을 인상했다. 그러나 자동차는 팔리지 않았고,

다시 임금을 삭감할 수밖에 없었다. 임금을 인상했는데도 노동자들은 왜 자동차를 구매하지 않았을까?

그 이유는 노동자들이 자동차 대신 다른 상품을 사거나 장기적인 불황에 대비해 저축을 했기 때문이다. 세이의 법칙에 따르면 자동차가 팔리지 않아 남아돈다는 것은 상상할 수 없다. 자동차가 남아돌면 가격이 하락해 구매가 늘어날 것이기 때문이다. 생산을 통해 벌어들인 돈은 다시 소비되기 때문에 시장 전체의 공급과 수요는 정확하게 일치해야 하고, 공급과잉 현상은 일어나지 않아야 한다. 공급이 있으면 수요가 나타나 균형과 조화를 이룬다는 생각은 어딘가 구멍이 있었던 것이다.

우리는 시간선호 문제를 다루면서 이자율에 대해 검토한 바 있다. 고전경제학에서는 저축을 지금의 소비를 참고 장래의 소비를 위해 자산으로 남겨두는 것이며, 이자율이란 그 기다림에 대한 보수라고 생각했다. 즉 이자율이란 소비의 쾌락을 포기하거나 지연시키는 데 따른 보상이다.

하지만 케인즈는 저축이 미래에 소비되지 않을 수도 있다는 점에 주목했다. 그는 저축이 소득의 크기에 달려 있는 것이지, 사람들이 이자율이 높다고 현금을 포기하지는 않을 거라고 생각했다. 케인즈는 인간이 부 자체에 대한 욕구, 장래의 가능성에 대한 욕구 때문에 현금을 보유하려는 성향이 있음을 알아차렸다.

불황이 닥쳤을 때 현금이 없으면 사람들은 불안에 휩싸인다. 포드자동차의 노동자들이 임금이 올랐는데도 자동차를 구입하지 않은 것은 바로 이러한 불안감 때문이다. 대공황의 원인 중 하나도 불안감과 군중심리 때문이었다. 생각해 보라. 은행이 도산할지 모른다는 소문이 돌 때, 당신은 어떤 행동을 취할 것인가. 십중팔구 돈을 찾기 위해 은행이 문을 열기도 전에 그 앞에 진을 치고 기다릴 것이다. 금융기관 역시 마찬가지다. 사람들이 현금을 인출하려고 줄을 서게 되면, 은행은 즉시 현금을 확보하여 대량인출 사태에 대비한다. 그럴수록 사람들은 더 많은 현금을 확보하려 혈안이 될 것이고, 은행 역시 더욱더 현금에 목을 맬 것이다. 모두가 유동성 함정에 빠지는 것이다.

군중심리는 금융시스템을 마비시킨다. 주가가 하락하기 시작하면 투자자들은 그 이유를 찾기 시작한다. 그 이유가 사실인지 아닌지는 중요하지 않다. 남들이 그것을 사실이라고 믿고 있으면, 금융시장은 붕괴된다. 이때 사람들은 위험요인에 더 주의를 기울이게 되고, 주가가 조금 더 하락하면 초조감은 공포심으로 돌변한다. 공포심은 진화가 선물한 자연스러운 감정반응이다. 위험에 처했을 때 공포심을 느끼지 못한 조상들은 자신의 유전자를 남기지 못했다. 공포심은 생존율을 높이는 대신 우리로 하여금 침착성을 잃게 만들고, 집중력을 감소시켜 공황에 취약한 상태로 만든다. 시장의 움직임이 불연속성을 띠는 것은 이 때문이다.

케인즈는 축적하고자 하는 인간의 욕망이 생산동기를 감소시키고, 결국 부의 성장을 멈추게 할 것이라고 주장했다. 따라서 과도한 축적의 욕망은 시장경제에 해를 끼친다는 결론을 내렸다. 케인즈의 이론에는 다양한 반론들이 존재하지만, 여기에서 다룰 문제는 아니다.

여기서 주목하고자 하는 것은 화폐다. 화폐는 거래의 중개역할을 하지만, 욕망의 매개체이기도 하다. 사람들이 오로지 화폐 축적을 위해 질주할 때, 이 욕망은 화폐와 더불어 거품과 불황을 낳는 요인이 된다. 세이의 법칙은 당신이 상품을 파는 동시에 산다는 법칙을 단순화한 것이다. 하지만 화폐가 개입되면 팔지만 사지 않을 수 있고, 사지만 팔지 않을 수 있다. 따라서 수요와 공급이 균형을 이룬다는 것은 일부만이 진실이다.

화폐는 우리가 갖고 있는 비합리성을 가장 잘 드러낸다. 화폐는 우리로 하여금 탐욕, 질투, 분노, 두려움을 분출하게 한다. 화폐는 교환수단이라는 당초의 목적에서 벗어나 인간을 가장 비합리적 존재로 만드는 것이다.

15장

완벽한 시장은 없다

허버트 사이먼의 제한적 합리성

사회심리학자로서 인지심리학 탄생의 주역이었던 허버트 사이먼Herbert A. Simon은 1978년 노벨경제학상을 수상했다. 그는 공동연구자 앨런 뉴엘Allen Newell과 함께 1956년에 발표한 의사결정 모델에 관한 일련의 논문에서, 인지능력의 한계를 인정하는 '제한적 합리성bounded rationality'이라는 개념을 제안했다. 인지심리학을 탄생시키기 전까지 허버트 사이먼은 조직의 의사결정에 관한 이론에 몰두해 있었으며, 앨런 뉴엘은 랜드LAND연구소에서 진행하는 대공방어시스템을 시뮬레이션하는 방안을 연구 중이었다. 잘 알려져 있다시피 랜드연구소는 미군이 운영하던 전략연구소이며, '죄수의 딜레마'가 탄생한 곳이기도 하다.

그동안 경제학을 포함한 사회과학에서는 모든 연구모델에 무제한적 합리성을 가진 '합리적 행위자'를 가정했다. 그러나 지금까지 살펴본 대로 우리는 '완전한' 합리적 행위자가 아니다. 우리의 기억은 정확한 것이 아니며, 의사결정도 상황에 따라 바뀐다. 허버트 사이먼이 제시한 제한적 합리성 가설에 따르면, 우리는 모든 정보를 고려하여 의사결정을 하는 것이 아니라 '만족할 만한' 수준에서 결정한다. 이는 선택할 수 있는 대안이 너무 많고, 그러한 정보를 모두 처리하기에는 우리의 인지능력에 한계가 있기 때문이다. 이 가설에 따르면 사람들은 인지적 한계를 갖고 있기 때문에 어떤 선택에 직면했을 경우 선택모델을 단순화하며, 선택의 효과를 극대화하기보다 적당한 수준에서 만족한다.

바둑을 두고 있는 두 프로기사를 상상해 보자. 가로 세로가 19줄인 바둑판에서 일어날 수 있는 경우의 수는 상상을 초월하므로, 아무리 뛰어난 프로기사도 모든 경우의 수를 고려할 수는 없다. 지금까지 개발된 컴퓨터 프로그램 역시 아마추어 수준을 넘어서지 못한다. 인간의 뇌는 모든 대안을 탐색할 여력이 없는 것이다. 의사결정 과정에서도 모든 대안을 탐색할 수 없고, 탐색한 대안들이 가져올 결과도 정확히 예측할 수 없다. 경기에 임하고 있는 두 프로기사는 최선의 착점着點을 찾을 수 없으며, 단지 최선이라고 생각되는 착점을 선택할 뿐이다.

'제한적 합리성'이라는 개념은 인간이 기대효용을 최대화하는 방향으로 의사를 결정한다는 고전경제학에 이의를 제기했다. 기대효용을 최대화하려면 각 대안을 선택할 때 지불해야 하는 비용과 그로 인해 얻게 될 이득에 대한 완전한 분석이 이루어져야 한다. 하지만 허버트 사이먼은 의사결정에 따른 시간상의 제약이 존재할 뿐 아니라 제한된 처리용량을 가진 인간의 인지체계로는 대안들에 대한 완전한 분석이 불가능하다고 보았다. 따라서 인간은 합리적 존재가 아니라 '제한된 범위 내에서' 합리적이었다.

허버트 사이먼은 인간의 뇌가 모든 정보를 고려하여 최선의 방책을 찾는 것이 아니라 적당히 만족할 만한 것을 선택한다고 주장했다. 그리고 이러한 성향을 '만족화satisficing'라는 개념으로 표현했다.

허버트 사이먼의 인지심리학은 경제학에서 별반 주목받지 못했다. 당시 경제학자들은 수학적 도구를 이용한 모델을 선호했고, 사이먼이 제기한 개념도 모델화가 쉽지 않은 초기 단계에 머물렀기 때문이다. 반면 합리적 인간이라는 경제학의 전제는 더욱 강화되었다.

무덤으로 향한 케인즈 학파

1970년대에 들어서면서 케인즈의 이론은 중대한 도전에 직면했다. 케인즈 학파의 정부개입 정책은 실업과 인플레이션의 관련성을 나타내는 필립스 곡선phillips curve에 의존하고 있었다. 뉴질랜드의 경제학자 필립스 Alban William Pillps가 1958년에 제시한 이 곡선의 의미는 실업률이 낮을수록 물기상승률이 높고, 반대로 물가상승률이 낮을수록 실업률이 높아진다는 것이다. 이는 실업자가 적어지면 임금상승에 대한 기대로 인플레이션이 발생하고, 실업자가 많아지면 임금하락에 대한 우려 때문에 디플레이션과 함께 경기가 침체된다는 것을 의미한다. 다시 말하면 물가상승률과 실업률은 반비례한다. 필립스 곡선이 의미하는 바는 물가안정과 완전고용이라는 두 가지 목표는 동시에 달성될 수 없으며, 어느 한쪽의 달성을 위해서는 다른 한쪽을 희생해야 한다는 것이다.

케인즈 학파는 필립스 곡선이 안정적이라는 전제 아래, 적절한 재정정책과 통화정책을 활용해 물가상승과 실업률을 조절할 수 있을 것이라고 생각했다. 필립스 곡선에 따르면 통화량이 늘면 물가는 상승하고, 상품판매는 증가하며, 실업률은 감소한다. 따라서 케인즈 학파는 물가상승이 정부지출과 통화량 증가에서 비롯되기 때문에, 정부가 재정긴축 및 금융정책을 통해 실업문제를 해결할 수 있을 것으로 믿었다.

실업이란 사람들이 달moon을 갖고 싶어 하기 때문에 일어난다. 욕구의 대상인 화폐가 생산될 수 없고, 그에 대한 수요도 쉽사리 막을 수 없는 경우, 사람들은 고용될 수 없는 것이다. 이를 구제하는 방법은 대중에게 녹색 치즈(지폐)가 화폐임을 납득시키고, 녹색 치즈공장(중앙은행)을 정부의 통제하에 두는 길밖에 없다.

케인즈, 《고용, 이자 및 화폐에 관한 일반이론》

케인즈는 경기침체의 원인을 유효수요의 부족에서 찾았고, 실업을 줄이려면 정부가 개입해 수요를 창출해야 한다고 생각했다. 그런데 1967년 시카고 대학교의 경제학자 밀턴 프리드먼Milton Friedman이 필립스 곡선의 원리에 이의를 제기하고 나섰다. 그는 노동자들이 임금을 협상할 때 기대물가 상승률을 반영한다고 주장했다. 기대물가 상승률이 반영되면 가격결정에도 영향을 미친다. 실업률이 낮으면 노동과 상품에 대한 수요가 증가해 상품가격이 상승한다. 물가가 상승하면 기대물가도 상승하고, 이는 다시 가격에 반영된다. 반면 실업률이 높으면 물가와 임금이 하락한다. 그는 물가상승과 관계없는 단일한 실업률이 존재한다고 주장하고, 이를 자연실업률이라 칭했다. 또 정부가 자연실업률을 벗어난 어떤 수준에서 실업률을 고정시키려 하면, 인플레이션은 끊임없이 상승하거나 하락하기 때문에 정부의 개입이 아무런 효과가 없다고 주장했다.

그의 주장은 사실로 밝혀졌다. 오일파동 이후 세계경제는 침체되었고, 이 와중에서 실업률과 물가가 동시에 상승하는 스태그플레이션이 발생한 것이다. 물가가 상승하면 실업률이 낮아진다는 필립스 곡선이 무력해지는 순간이었다. 케인즈가 구축한 거시경제학 모델의 예측력이 낮아지면서 케인즈 학파의 이론은 무덤 속으로 사라져갔다. 케인즈 이론은 스태그플레이션과 불경기에도 임금이 낮아지지 않고, 실업률이 높아지는 현상을 설명해 낼 수 없었다.

케인즈의 이론을 대체한 경제학파는 밀턴 프리드먼으로 대표되는 '통화주의자monetarist'들이었다. 오일파동 이전에 스태그플레이션을 예견한 밀턴 프리드먼은 1976년 노벨경제학상을 수상했다.

프리드먼의 논리에 따르면, 경기침체가 시작되면 정부가 어떤 정책을 수립하기까지 시간이 걸리며, 정책의 효과가 나타나는데도 시간이 걸린다. 결국 정부의 정책은 침체가 끝나는 시점에 경기를 부양하는 셈이다. 그 반대의 경우도 마찬가지다. 정부가 긴축정책을 실시해도, 그 효과는 이미 물가가 안정된 시점에 나타난다. 또 기업이나 소비자 같은 합리적 경제주체들은 사전에 물가상승을 예상하고 경제행위를 변경한다. 즉 소비자는 물가상승을 예상하고 소비를 줄이며, 기업은 상품가격을 인상한다. 노동자들도 물가상승을 염두에 두고 임금인상을 요구하기 때문에 정부의 정책효과는 일시적일 뿐이다. 이때 정부정책은 생산량 증대나 실업률 감소로 이어지는 것이 아니라, 오히려 불황과 함께 물가가 오르는 스태그플레이션을 유발할 수 있다는 것이다.

밀턴 프리드먼은 정부의 재정정책을 불신했다. 재정지출을 늘리기 위해 세금을 많이 걷으면 민간소비와 기업의 투자가 위축되고, 재정확보를 위해 국공채를 발행하면 이자율이 상승해 기업의 투자가 감소함으로써 재정지출로 인한 경기부양 효과를 상쇄한다고 보았다. 따라서 그는 정부의 인위적인 통화정책을 거부하고, 일정한 비율로 통화량 공급을 고정시켜야 한다고 생각했다. 통화주의자들은 기존의 필립스 곡선에 경제 주체들의 인플레이션 기대expectations를 반영한 '기대조정 필립스 곡선'이라는 개념을 만들어냈다.

무덤으로 향하는 케인즈 학파에 결정적 타격을 가한 경제학자는 로버트 루카스Robert E. Lucas였다. 시카고 대학교에서 밀턴 프리드먼에게 경제학을 배운 그는 1972년에 이른바 '합리적 기대rational expectations' 가설을 제시했다. 이는 밀턴 프리드먼의 '적응적 기대adaptive expectation' 가설을 확장한 것이다.

밀턴 프리드먼이 가정한 적응적 기대는 과거 경험을 바탕으로 한다. 사람들은 과거의 경험을 통해 예상할 수 있는 기대치와 현실의 값을 비교한 후, 차이가 발생했을 때 서서히 기대치를 수정한다. 밀턴 프리드먼은, 사람들이 현재의 물가가 앞으로도 지속될 것이라고 단순 기대naive expectation하는 것이 아니라, 과거의 물가인상 수준을 파악하고 앞으로도 그만큼의 물가인상이 지속될 것으로 믿을 것이라 생각했다. 로버트 루카스는 이 개념을 확대해, 사람들이 이용 가능한 모든 정보를 활용하여 합리적으로 기대를 형성한다는 합리적 기대를 가정했다.

시장만능주의의 탄생

적응적 기대와 합리적 기대는 어떤 차이가 있을까? 미국의 경제학자 토드 부크홀츠Todd G. Buchholz는 《죽은 경제학자의 살아있는 아이디어*New ideas from dead economists*》에서 아주 재미있는 비유를 들었다.

이 비유에는 워너브라더스가 제작한 만화영화 〈로드러너roadrunner〉 속의 악당 코요테가 등장한다. 코요테는 매번 사막에 사는 새의 일종인 주인공 로드러너를 쫓는데, 대개는 주인공을 놓치고 골탕을 먹는다. 코요테는 바위에 눌리거나 벼랑에서 떨어져도 추적을 멈추는 법이 없다. 토드 부크홀츠는 악당 코요테를 자신의 비유 속에 등장시켜 합리적 기대 가설을 설명했다.

코요테는 매일 할리우드의 길모퉁이에 서서 버스를 기다린다. 하지만 매일 오후 5시 30분 정각에는 자신이 서 있는 곳에서 두 걸음 물러나야 한다는 것을 안다. 인근 철강회사에서 설치한 5톤짜리 쇳덩이가 공중에 매달려 있다가 정확히 그 시간에 코요테가 서 있던 자리에 떨어지기 때문이다. 코요테는 오랜 경험을 통해 그 사실을 알고 있다. 그러던 어느 날, 5톤짜리 쇳덩이가 아무런 예고도 없이 15분 일찍 떨어졌다. 코요테는 종이처럼 납작하게 깔린다. 코요테는 만화 주인공이기 때문에 쇳덩이에 눌려 죽는 일은 없다.

이튿날, 코요테는 다시 길모퉁이에서 버스를 기다린다. 이 상황에서 적응적 기대를 가진 코요테와 합리적 기대를 가진 코요테의 행동은 다르게 나타난다. 적응적 기대를 가진 코요테는 그동안의 경험을 바탕으로 오늘도 쇳덩이가 떨어지리라고 생각하지 않는다. 따라서 그는 5시 15분에 태연히 길모퉁이에 서 있을 것이다. 아마 그는 일주일 정도 반복해서 쇳덩이에 깔린 다음에야 자신의 행동을 수정할 것이다. 그러나 합리적 기대를 가진 코요테는 가장 먼저 철강공장에 찾아가 왜 어제 쇳덩이가 15분 일찍 떨어졌는지 확인할 것이다. 만약 쇳덩이가 떨어지는 시간이 변경되었다는 것을 안다면, 그는 다음날부터 버스를 기다리는 시간을 변경할 것이다.

합리적 기대를 가진 사람은 한 번 속을지언정 두 번 속지는 않는다. 즉 체계적 오류를 반복하지 않는다. 적응적 기대자는 점진적으로 자신의 기대치를 조정한다. 만일 지난 10년간 물가가 매년 5퍼센트씩 상승하다가 올해에만 유독 8퍼센트 상승했다고 하자. 적응적 기대자는 과거 10년의 경험으로 미루어 내년 물가상승률이 5퍼센트보다 약간 높을 것으로 예상한다. 그때 정부가 통화량 공급을 늘린다는 발표를 했다고 하자. 당연히 내년 물가는 올해의 8퍼센트보다 더 상승할 것이다. 그럼에도 불구하고 적응적 기대자는 움직일 수 없는 증거가 나오기 전에는 자신의 예상치를 바꾸지 않는다. 반면 합리적 기대자는 정부의 발표가 나오는 순간 상품가격을 올리거나 임금인상을 요구할 것이다. 또 소비규모를 줄이거나 사재기에 나설 것이다.

합리적 기대 가설의 등장으로 통화량 조절을 주요 수단으로 본 통화주의자들의 논리도 무용지물이 되었다. 루카스와 그 동조자들은 합리적 기대 가설을 전제로 새로운 경제이론을 구축했다. 그 공로로 루카스는 1995년에 노벨경제학상을 수상했다. 합리적 기대 가설이 전제된 경제학에서 케인즈의 이론은 설 자리가 없었다. 정부가 적절한 경제정책을 실시한다 해도, 합리적 기대를 가진 사람들이 그 정책의 결과를 눈치채고 미리 임금과 물가를 신축적으로 조정한다면 정부의 정책은 아무런 영향을 미치지 못하기 때문이다. 정부정책이 효과가 있으려면 기업이나 일반 소비자보다 더 정확한 정보를 갖고 있어야 하지만, 정부가 실물경제에 종사하는 사람보다 정확한 정보를 갖는 것은 불가능하다.

루카스의 계보를 이은 경제학자는 수제자 에드워드 프레스콧Edward C. Prescott이다. 그는 노르웨이 출신의 경제학자 핀 키들랜드Finn E. Kydland와 함께 실물경기변동real business cycle 이론을 주창했다. 실물경기변동 이론에서는 생산성이나 기술혁신, 원자재 가격 같은 실물적인 요인을 경기변동의 가장 중요한 원인으로 본다. 이 이론은 1970년대의 석유파동 와중에서 발생한 스태그플레이션을 설명하는 데 적합했다. 또 두 사람은 합리적 기대 가설을 더욱 발전시켜 가계나 기업이 정부정책을 미리 예상하면서 반응하기 때문에 장기적으로 정부정책의 효과가 거의 없다는 사실을 입증했다. 이론이 입증되었다는 것은 경제학적 모델에서 그렇다는 것이다. 실제로 사람들이 합리적 기대를 가지고 시장에 임한다는 증거는 없다. 두 사람은 2004년에 노벨경제학상을 공동수상했다.

이들에 의해 인간은 비로소 완전한 합리성을 갖추게 되었다. 놀라운 신인류를 탄생시킨 이들은 경제학의 주류로 떠올랐다. 이들이 창조한 세계에서 시장은 최고의 선善이 되었다. 비록 당신이 합리적이지 않더라도 걱정할 이유가 없다. 시장은 당신을 합리적 인간으로 성장시킨다. 비록 당신은 경제학을 공부하지 않았지만, 내일 아침 정부가 어떤 경제정책을 발표하면 단박에 그 의미를 깨닫고 곧바로 대처할 것이다.

합리적 기대 가설에 따르면 정부가 대규모 공공정책을 발표하면 소비가 감소한다. 합리적인 사람은 정부의 지출계획 때문에 더 많은 세금을 내야 한다는 사실을 깨닫게 될 것이고, 결국 세금을 고려하여 소비를 줄인다. 따라서 세율을 높이는 것은 경제성장을 촉진시키는 데 아무런 이점도 없다. 하지만 폴 크루그먼은 《경제학의 향연》에서 풍자적인 예화를 들어 이 가설을 비판했다.

> 신문을 보니까 클린턴 대통령이 앞으로 5년 동안 사회기반 시설에 150억 달러를 투자할 모양이야. 대통령이 말은 안 하지만 자금을 조달하려면 세금을 올릴 수밖에 더 있겠어. 그러니 이제부터 우리도 월간 예산을 12.36달러 줄여야 돼.

정책의 결과를 예상하지 못했다고 걱정할 필요는 없다. 당신은 무지의 대가로 한 번의 실패를 맛본 후, 다시는 실패를 경험하지 않을 것이다. 당신이 깨달아야 하는 것은 시장에 도전하는 것은 무엇이든 바람직하지 않다는 것이다. 정부는 가급적 시장에 간섭하지 말아야 할 뿐 아니라, 정부가 추진하는 정책은 아무런 쓸모가 없다. 시장에 참여하는 주체들은 정부보다 똑똑하기 때문이다. 이들은 이러한 논리를 바탕으로 '정책무용성 정리policy ineffectiveness proposition'를 제시했다.

케인즈는 확실한 정보를 갖지 못한 상태에서의 투자는 기대에 의존할 수밖에 없고, 이때 기대는 주관적이고 비합리적이라고 생각했다. 하지만 합리적 기대론을 수용한 경제학자들은 기대심리에 합리성을 부여했다. 이후 경제학은 인간의 합리성을 전제로 이론을 구축함으로써, 심리학이 경제학에 침투할 수 있는 여지를 제거해 버렸다. 케인즈의 후예들 역시 합리성의 가정에 위배되지 않는 실업 이론을 찾기 시작해 노동시장에 정보의 비대칭성이나 불완전경쟁 같은 개념을 도입했다.

하지만 인간의 제한적 합리성을 제시했던 허버트 사이먼의 연구는 1970년대에 이르러 다시 개화했다. 그는 심리학과 경제학이 만날 수 있는 단초를 제공했으며, 마침내 행동경제학Behavioral Economics을 탄생시키는 데 기여했다.

16장
우리가 제한적으로 합리적일 수밖에 없는 이유

시장가격에 대한 의심

컴퓨터를 다루는 데도 컴맹이 있듯이, 자동차를 다루는 데도 숙맥이 있다. 나 역시 자동차에 관한 한 숙맥에 가깝다. 숙맥들은 시동이 꺼졌을 때 일단 자동차 보닛부터 열고 본다. 물론 보닛 안을 살펴봐도 아무것도 알 수 없다. 하지만 숙맥들은 자신이 숙맥이 아니라는 것을 보여주려는 듯, 한참 동안 보닛 안을 살펴본 후 뭔가 알았다는 듯 고개를 끄덕인다. 그런 다음 여유 있게 보닛을 닫고는 휴대폰을 꺼내 이렇게 말한다.

"보험회사죠? 시동이 안 걸리는 데 어떻게 해야 하죠?"

당신에게 이런 경험이 없다면 적어도 숙맥은 아니다. 어쨌든 당신도 고물자동차 때문에 난감한 상황에 처했던 적이 있을 것이다. 당신이 그런 상황에 처하여 중고자동차를 새로 장만하기로 했다고 하자. 중고자동차를 사기 위해 매장을 찾아가면, 중개인은 마당 한쪽에 가득 주차해 놓은 자동차들을 보여주며 품질에 비해 매우 싼값에 나온 차들이라고 설명할 것이다.

당신은 자동차 전문가가 아니기 때문에 번지르르한 겉모습만 보아서는 어느 자동차가 좋은 차인지 알 수 없다. 중개상들은 중고차를 사들인 후 새로 페인트칠을 하고, 말끔하게 세차를 하고, 군데군데 나 있는 흠결까지 깨끗하게 손을 본다. 시동을 걸어보아도 엔진소리만 듣고는 중고차의 상태를 확인할 수 없다. 당신이 망설이고 있을 때, 중개상이 말한다.

"엔진소리 끝내주죠?"

도대체 뭐가 끝내준다는 말인가. 아무것도 모르는데.

이때 당신은 갑자기 의문이 들기 시작한다. 만약 지금 고른 자동차가 가격에 비해 품질이 좋다면, 중고자동차 주인은 왜 그 가격에 중개상에게 팔았을까?

미국 캘리포니아 대학교의 경제학자 조지 애컬로프George A. Akerlof는 1970년 〈레몬시장The Markets for Lemons〉이라는 논문을 통해 이런 의문에 대답을 시도함으로써 2001년 노벨경제학상을 수상했다. 미국 중고자동차 시장에서는 결함이 있는 차를 '레몬lemon'으로 분류하고, 품질이 좋은 중고차를 '복숭아peach'로 분류한다. 레몬은 향도 좋고 빛깔도 곱지만 먹기엔 너무 시다. 반면 복숭아는 부스스한 겉모양에 비해 맛이 좋다. 레몬은 일종의 '빛 좋은 개살구'인 셈이다.

애컬로프의 레몬 원리를 살펴보자. 중고차 시장에서는 차를 팔려는 사람이 정보를 독점한다. 차를 사려는 사람은 그 차가 몇 번 사고가 났었는지, 어느 부분에 결함이 있는지를 전혀 알 수 없다. 따라서 자칫 차를 구입했다가 낭패를 보는 경우가 많다. 이런 사람들은 더 이상 중고차 시장을 찾지 않고 아는 사람을 통해 결함이 없는 중고차를 사려 할 것이다. 설령 중고차 시장을 찾는다 하더라도 무조건 가격을 깎으려고 할 것이다. 이렇게 되면 좋은 차를 팔려는 사람은 중고차 시장에서 제값을 받지 못하기 때문에 아는 사람을 통해 팔려고 든다. 결국 중고차 시장에서 복숭아는 사라지고 레몬만이 판을 치게 된다.

이렇게 한쪽만이 정보를 알고 있는 경우를 '정보의 비대칭성asymmetric information'이라 한다. 정보의 비대칭성으로 인해 시장에서는 품질이 낮은 상품이 선택되는 왜곡 현상이 일어난다. 어떤 중고차가 레몬일 확률과 복숭아일 확률이 각각 50퍼센트라고 가정하자. 판매자는 그 차가 레몬인지 복숭아인지 알고 있다. 그래서 레몬인 경우 같은 차종이 평균적으로 받고 있는 가격에 팔려고 하겠지만, 복숭아는 좀 더 높은 가격에 팔려고 할 것이다. 물론 구매자는 레몬인지 복숭아인지 알 수 없다. 그래서 설령 좋은 차라고 하더라도 실패를 줄이기 위해 평균가격에 사려고 할 것이다.

이렇게 되면 어떤 상황이 벌어질까. 판매자가 좋은 차를 소개하더라도 구매자는 가격을 자꾸 깎으려 한다. 따라서 판매자는 좋은 차를 팔지 않는 편이 낫다고 생각할 것이다. 반면 구매자는 중개상이 좋은 차를 내놓지 않을 것이라 예상하고, 무조건 가격을 깎으려는 악순환이 발생한다. 판매자가 좋은 차를 그 가격에 팔 리가 없기 때문이다. 결국 그가 구입하는 것은 결함이 있는 레몬 카이고, 중고차 시장에 좋은 차는 남지 않게 된다.

당신이 찾아간 사람이 정직한 중개상이라도 마찬가지다. 구매자 입장에서는 판매자가 정직한 사람인지 아닌지를 판단할 수 없기 때문에, 그가 요구하는 액수에 거품이 있다고 인식한다. 정직한 판매자 역시 판매자를 속이는 것이 아니기 때문에 자신이 책정한 가격에서 양보하지 않을 것이다. 이렇게 되면 정직한 판매자가 내놓은 좋은 차도 팔리지 않는다. 정직한 판매자는 결국 중고차 시장에서 살아남을 수 없고, 정직하지 못한 판매자들만 남게 된다. 중고차 시장에 남는 것은 실제 가치보다 값이 비싼 레몬 차들뿐이다.

애컬로프의 결론은 기존의 경제학 이론이 가정한 시장참여자들의 완전한 정보 공유가 현실에서는 이루어지지 않는다는 것을 의미한다. 완전한 정보의 유통을 가정하지 않으면 시장가격은 균형에 도달하지 못한다.

왜 비싼 광고를 할까

애컬로프의 연구결과가 사실이라면, 중고차 매매시장은 이미 오래전에 사라졌을 것이다. 그렇다면 당신이 중고차를 사기 위해 찾아간 중개상은 어떻게 살아남았을까? 이에 대한 해답은 스탠포드 대학교의 마이클 스펜스Michael Spence 교수와 컬럼비아 대학교의 조지프 E. 스티글리츠Joseph E. Stiglitz 교수가 제시했다. 두 사람은 그 공로로 2001년 애컬로프 교수와 함께 노벨경제학상을 수상했다.

두 사람이 제시한 해결책은 시장에서는 정보를 가진 사람이 정보를 제공하고, 정보가 없는 사람은 스스로 필요한 정보를 얻는다는 것이다. 참으로 간단한 논리다. 좀 더 알기 쉽게 말하자면, 중고차 판매자는 고객들로부터 신뢰를 얻기 위해 자신에 대한 정보를 고객들에게 제공한다. 그는 중고차 판매장을 대형화하고 쇼룸을 멋지게 꾸민다. 즉 그는 한 번 중고차를 팔고 도망칠 사람이 아니라 오랫동안 거래해도 좋은 사람이라는 사실을 광고하는 것이다. 반면 정직하지 않은 판매자는 쇼룸에 장기적으로 투자할 수 없다. 고객을 속인다는 소문이 나면 재빨리 다른 곳으로 옮겨야 하기 때문이다.

결국 중개상은 광고효과를 최대한 활용한 셈이 된다. 그렇다면 광고는 소비자에게 신뢰를 주는가? 당신이 경험했음직한 사례를 예로 들어보자. 자동차를 몰고 한적한 도로를 달리다 보면, 새벽 일찍 길가에 서서 손을 흔들며 인사하는 사람을 본 적이 있을 것이다. 이 사람이 나타나기 전에 도로가에는 반드시 플래카드가 걸려 있다. 바로 "비싸게 사서 싸게 판다"는 중고차 매매광고다. 비싸게 사서 싸게 판다는 것은 물론 거짓말이다. 당신 역시 그런 광고에는 전혀 신뢰감을 보내지 않을 것이다.

그러나 당신의 출근길에 그 사람이 하루도 빠짐없이 나타나 인사를 한다면 생각이 약간 달라질 것이다. 그는 비가 오나 눈이 오나 당신의 출근길을 지킨다. 잠시 신호등 앞에서 차가 서기라도 하면, 그는 재빨리 달려와 창문을 두드린 후 자신의 명함을 차 안에 던져 넣는다. 만일 한 달 동안 똑같은 모습을 목격했다면, 당신은 그에게 중고차를 사고 싶어질 것이다. 그가 광고한 것은 "비싸게 사서 싸게 판다"는 문구가 아니라 자신의 성실성과 서비스 정신이다.

당신이 찾아간 중개상이 대형매장을 갖추고, 근사한 사무실에 앉아 있다면 그에 대한 신뢰는 더욱 깊어질 것이다. 만약 그가 건물도 없는 공터에 자동차 몇 대 세워놓고, 간이의자에 앉아 부채바람을 날리고 있다면, 당신은 그에게 아무런 믿음도 갖지 못한다. 이것이 바로 정보다. 대형매장을 갖고 있다는 것은 고객의 손해에 대해 배상할 수 있을 만큼 충분한 자금력이 있으며, 이곳에 많은 투자를 했기 때문에 사기를 치고 도망갈 염려가 없다는 것을 당신에게 알려준다.

은행이 근사한 건물을 임대하는 것도 마찬가지다. 대개 은행지점들은 그 동네의 요지에 위치해 있는데, 이는 비싼 임대료를 충분히 감당할 여력이 있으므로 우리 은행은 망하지 않는다는 사실을 광고하는 것이다. 금방 망해 보일 것 같은 은행에 돈을 맡기는 바보는 없다. 당신이 좌판에서 물건을 구입하기보다는 어엿한 상점에서 구매하기를 원하는 것도 이런 심리 때문이다.

광고는 기업의 입장에서 볼 때 매우 장기적인 투자다. 많은 비용을 지불해야 하는 광고는 소비자들에게 높은 품질의 제품을 계속 생산할 것이라는 믿음을 준다. 사람들이 잘 알려진 브랜드를 선호하는 것도 이 때문이다. 잘 알려진 브랜드는 값이 비싸다. 브랜드 유지비용, 즉 광고료가 가격에 포함되어 있기 때문이다. 그럼에도 불구하고 명품 브랜드를 선호하는 것은 품질에 대한 신뢰를 갖기 때문이다. 비싼 광고비용을 지불할 정도의 기업이라면, 품질도 그만큼 좋을 것이라는 믿음이 작용하는 것이다.

정직하지 못한 기업의 경우를 보자. 이 기업은 겉모양만 명품을 흉내내어 싼값에 시장에 내놓는다. 소비자들은 이 기업의 전략에 잠시 속을 수는 있지만, 반복해서 속지는 않는다. 그러므로 이 기업은 단기간에 가짜 제품으로 돈을 번 후, 이미지가 나빠지면 시장에서 즉시 퇴각하는 전략을 구사한다. 이런 기업은 장기적인 관점에서 비싼 광고를 할 이유가 없다. 그래서 홍보 전단지나 값싼 매체에 반짝 광고를 하고는 수익을 챙긴 후 사라져 버리는 것이다.

반면 장기적인 전략을 채택한 기업은 장기적으로 양질의 제품을 생산하고, 품질의 우수성을 인정받을 때까지 장기간에 걸쳐 수익을 회수한다. 장기간에 걸쳐 신뢰를 얻으려면 소비자들이 그 기업의 미래에 대해 우려하지 않아야 한다. 중고차 중개상도 마찬가지다. 소비자들이 중고차 중개상의 미래에 대해 걱정한다면, 그는 사업을 장기적으로 영위할 수 없으며 투자도 할 수 없다. 따라서 광고는 기업이 소비자에게 보증금을 공탁하는 행위와 같다.

마이클 스펜스와 조지프 E. 스티글리츠가 '정보의 비대칭성' 문제가 시장에서 해결된다고 한 것은 이 때문이다. 시장에는 품질과 관련해 믿을 수 있는 정보를 주고받는 신호 메커니즘이 형성되어 있다. 소비자 역시 비용을 들여 정보를 탐색한다. 신문과 뉴스를 보고, 인터넷을 검색하며, 광고를 유심히 살핀다. 소비자는 자신이 치른 탐색비용만큼 믿을 만한 제품을 구매할 수 있다.

기업은 이 사실을 알기 때문에 정보전달에 집중한다. 물론 상대방에게 신호를 보내는 것은 비용이 비싸다. 기업은 광고에 엄청난 돈을 들인다. 은행이나 대기업은 임대료가 가장 비싼 건물에 입주하고, 제조업체는 유명스타에게 고가의 모델료를 지불한다. 광고비용은 기업의 수익구조에는 악영향을 미치지만 장기적으로는 신뢰를 얻는 데 도움이 된다. 기업의 입장에서 보면 광고는 필요악인 셈이다.

광고제품을 구입하는 것은 실패의 확률을 줄여준다. 그럼에도 불구하고 비싼 광고는 경쟁을 억제하는 역할을 한다. 아무리 좋은 제품을 생산하더라도 광고비용이 없으면 시장에 진입하는 데 어려움을 겪기 때문이다. 결국 승리하는 것은 자본이다. 그래서 수많은 우량 중소기업들이 대기업에 납품하면서 근근이 연명하는 방법을 택하는 것이다.

보험시장에서의 '정보의 비대칭성'

정보의 비대칭성이 일어나는 또 다른 사례는 보험시장이다. 사실 건강한 사람은 보험에 가입할 필요성을 느끼지 않는다. 보험료는 매달 꼬박꼬박 빠져나가지만 병원에 가야 할 일은 거의 없기 때문이다. 반면 건강하지 못한 사람은 보험에 가입하는 것이 이득이다. 매달 보험료를 납부하더라도 치료비에 비하면 아주 적은 액수이기 때문이다.

보험회사는 어떤 가입자가 건강하고, 병든 사람인지 알 수 없다. 보험을 가입할 때 기초적인 건강검진과 문진問診을 하지만, 간단한 검사만으로는 질병 상태를 알 수 없을 뿐 아니라 가입자가 정직하게 대답하리라는 보장도 없다. 따라서 오직 가입자만이 자신에 대한 정확한 정보를 알고 있다. 정보의 비대칭이 발생하는 것이다.

보험회사로서는 건강한 사람을 보험에 가입시키는 것이 유리하다.

그러나 건강한 사람은 보험에 가입하려 들지 않기 때문에 중고자동차 시장과 마찬가지로 건강이 좋지 않은 사람만 보험에 가입하게 된다. 건강하지 않은 사람만 보험에 가입하게 되면, 보험회사는 병원에 지출해야 할 비용이 많아진다. 이는 보험료를 상승시키는 원인이 될 뿐 아니라 가입자가 받아야 할 의료서비스의 질도 하락시킨다.

보험료가 높아지고 서비스의 질이 떨어지면 당신은 보험을 해약하려 할 것이고, 결국 건강하지 않은 사람만 가입자로 남는 악순환이 반복될 것이다. 이렇게 되면 보험회사는 파산하고 만다. 이 때문에 보험회사들은 정부에 개인의 의료정보를 공개하라고 요구한다. 만일 보험회사가 가입자에 대한 정보를 정확히 알 수 있다면 병에 걸릴 확률이 높은 사람은 보험가입을 거부할 것이다. 또 그가 가입하더라도 비싼 보험료를 요구할 것이다. 실제로 자동차보험의 경우 사고율이 높은 지역이나 사고 위험이 많은 직종, 혹은 보험료 할인혜택을 많이 받는 운전자의 가입을 꺼린다. 자동차보험의 경우에는 가입자의 교통사고, 음주운전 전력 등과 같은 정보를 보험회사가 어느 정도 파악할 수 있다. 따라서 가입자의 과거 운전경력을 파악한 보험회사는 유리한 카드를 손에 쥔 셈이다.

그러나 의료보험의 경우에는 개인의 병력病歷이 사생활로 보호되기 때문에 가입자의 정보를 알기 어렵다. 하지만 보험회사가 자신들의 입맛에 맞는 가입자를 고르고, 건강에 문제가 있을 것으로 예상되는 사람의 가입을 거부한다면 진정한 의미에서 보험이라고 할 수 없다. 이는 보험이 필요 없는 사람에게만 보험을 파는 것과 다름없기 때문이다. 미래를 예측할 수 있다면 보험의 의미는 사라진다.

보험과 유사한 시장으로 뷔페식당을 들 수 있다. 뷔페식당은 모든 고객이 같은 비용을 지불하고 음식을 먹는다. 이는 적게 먹는 사람에게는 매우 불리한 시스템이다. 보험회사의 주장처럼 정보의 비대칭성이 문제가 된다면, 뷔페식당에는 엄청난 식성을 가진 사람만이 찾게 될 것이다. 그렇게 되면 식당주인은 가격을 올리게 되고, 식사량이 적은 사람들은 뷔페식당을 찾지 않게 될 것이다. 결국 뷔페식당을 찾는 사람들은 식성이 좋은 사람뿐이며, 이 때문에 식당주인은 다시 가격을 올려야 한다. 이런 악순환이 지속되면 뷔페식당은 문을 닫게 될 것이다.

그러나 폭식을 하는 사람들이 많이 찾아와서 문을 닫은 뷔페식당은 찾아보기 어렵고, 병든 사람이 많이 가입해서 망했다는 보험회사 역시 찾아보기 힘들다. 뷔페식당이 유지될 수 있는 것은 '한계효용체감의 법칙' 때문일 것이다. 폭식하는 사람이 두 그릇까지는 즐겁게 먹을 수 있지만, 세 그릇째 먹는 순간부터는 효용이 감소한다. 사람들이 어떤 보험에 가입하는 것은 그 상품의 가격이 낮아서가 아니다. 우리는 미래에 대한 불안 때문에 보험에 가입한다. 따라서 보험회사는 낮은 가격보다 고객들의 불안을 조장하는 것이 상품을 판매하는 데 더 유리하다.

정보의 비대칭이 발생하면 보험회사가 자신들이 원하는 사람만 가입시키는 역선택adverse selection의 가능성이 있기 때문에 이른바 '시장실패'가 일어난다. 이를 방지하기 위해 대부분의 국가에서는 국가가 직접 의료보험을 운영한다. 하지만 시장원리주의자들은 국가가 운영하는 의료보험이 선택의 자유를 제한한다고 주장한다.

국가가 운영하는 의료보험에는 분명 문제가 있다. 가입자들이 자신들이 받는 혜택에 상응하는 비용을 부담하지 않기 때문이다. 즉 수혜자들이 지불하는 비용은 그들이 받는 혜택에 비해 턱없이 적기 때문에 도덕적 해이가 발생한다. 매달 5만 원을 보험료로 납부하는 사람이 병원에 가면, 그는 5만 원 이상을 소비하려고 한다. 자신이 지불한 5만 원 외의 나머지 비용에 무임승차를 하는 것이다.

이런 상황이 발생하면 보험금 지출액이 증가하고, 가입자들은 자신의 건강을 세심하게 관리하려는 노력을 덜 하게 된다. 또 국가가 운영하는 보험은 미래에 대한 위험이나 가입자의 선택에 따라 보험료를 납부하는 것이 아니라 가입자의 수입에 따라 결정된다. 모든 국민이 강제로 가입되기 때문에 회피할 방법도 없다. 누가 혜택을 받을지도 모르면서 의무적으로 모든 가입자가 위험을 분담할 뿐 아니라 부자들은 더 많은 돈을 낸다.

서비스의 질도 문제다. 병원이나 의사는 서비스의 질에 따라 보험공단으로부터 의료수가를 받는 것이 아니기 때문에 최선의 서비스를 제공하지 않는다. 환자는 보험가입자들이 북적대는 병원에서 오랜 시간을 기다려 치료를 받아야 하며, 돈을 더 내고 양질의 서비스를 받고 싶어도 자유로이 선택할 수 없다. 의료보험을 운영하는 직원들 역시 관료적이다. 이들은 매달 나오는 봉급 액수가 중요할 뿐, 의료재정이 어떻게 되든 별 관심이 없다. 시장원리주의자들이 비효율적이라고 비난하는 것도 무리는 아니다.

시장원리주의자들은 자신이 지불한 돈이 낭비되는 것을 참지 못한다. 이들이 보기에 아까운 돈이 낭비되는 것은 무능한 관료들과 가난한 가입자들의 도덕적 해이 때문이다. 특히 가난한 사람들은 평소 자신의 건강관리를 제대로 하지 않고, 보험재정에 해만 끼치는 게으름뱅이들이다. 부자들은 골프나 수영, 테니스를 즐기면서 열심히 건강을 관리한다. 그러므로 아무런 노력도 하지 않는 가난한 사람들에게 자신의 돈이 지출되는 것을 불공평하다고 느낀다. 그래서 시장원리주의자들은 가난한 사람들이 수익자 부담 원칙에 따라 치료받은 만큼 높은 보험료를 내야 한다고 생각한다.

시장원리주의자들은 차라리 돈을 더 내는 한이 있더라도 치료를 선택할 수 있는 자유를 달라고 요구한다. 이러한 주장은 영리 목적의 의료법인 설립을 허용하라는 요구로 이어진다. 그러나 이들이 자신들의 본심을 그대로 드러내는 것은 아니다. 대개는 직설적인 화법을 숨기고 글로벌 스탠더드, 효율성, 자유시장, 규제완화, 선택의 자유, 작은 정부, 경쟁력 강화 같은 우아한 낱말들을 사용한다.

무임승차의 딜레마

시장원리주의자들의 논리는 '인간은 이기적 존재'라는 믿음에 근거한다. 이기적 존재들은 자신의 소유물이 아니면 함부로 사용하며, 어떤 인센티브가 주어져야만 행동한다. 만약 도난이 발생했을 때 손실을 배상해 주는 특약이 자동차보험에 포함되어 있으면, 가입자들은 보험회사가 보상해 줄 것이기 때문에 자신의 차를 돌보지 않고 함부로 굴린다. 도난을 방지해야 할 인센티브가 없기 때문이다. 그래서 그들은 아무 데나 주차를 하고, 심지어는 새 자동차로 바꾸기 위해 고의로 도난당한다는 것이다. 반면 특약에 가입되어 있지 않으면 자동차를 도난당했을 때 보상을 받을 수 없으므로, 주차비를 치르더라도 안전한 곳에 주차한다는 것이다.

이들은 한 걸음 더 나아가 고용보험을 없애야 한다고까지 주장한다. 고용보험은 실직한 노동자에게 일정 금액을 지급하는 사회보장보험이다. 이를 없애야 한다는 주장의 근거에도 인센티브가 자리하고 있다. 정부가 지원금을 주게 되면 실업자들은 서둘러 직장을 구하지 않는다. 직장을 빨리 구해야 할 인센티브가 없기 때문이다. 낮은 임금을 받고 있던 노동자들조차 실업자가 되기를 원한다. 일할 인센티브가 적기 때문이다. 시장원리주의자들의 논리대로라면 오히려 실업자는 지원해야 할 대상이 아니라 처벌의 대상이다. 그래야만 직장을 떠나지 않으려는 인센티브가 생기기 때문이다. 하지만 현실에서는 실직 자체가 가혹한 처벌이다. 더 중요한 것은 고용보험을 없애더라도 실직자는 여전히 존재한다는 사실이다.

물론 공공보험에 도덕적 해이가 스며들 여지는 많다. 민간보험은 나름대로 도덕적 해이를 해결하기 위해 노력한다. 민간보험회사는 고객 스스로 정보를 드러낼 수 있도록 여러 형태의 상품을 개발한다. 예를 들어 보험료를 낮추고 치료 혜택을 줄이는 상품을 내놓으면 질병 위험이 없는 고객들이 이 상품을 선택하게 된다. 반면 건강에 위험 징후가 있는 고객은 보험료가 비싸고 혜택이 많은 상품을 선택하게 된다.

민간보험회사는 상품의 차별화뿐 아니라 고객을 분류하고 차별화하는 데 많은 시간과 노력을 투자한다. 담배를 피우는 사람이 민간보험에 가입한다고 하자. 보험회사는 흡연자가 질병에 걸릴 확률이 높기 때문에 보험료를 높게 책정한다. 그러면 가입자는 자신이 담배를 피운다는 사실을 숨기려 할 것이다. 그러나 간단한 검사만으로 흡연자를 알 수 있기 때문에 가입자는 자신에 대한 흡연정보를 숨길 수 없다. 이때 고객정보를 판단하는 기준은 '담배'가 된다. 만일 고객을 분류하는 '담배'라는 기준이 사라지면 모든 가입자가 똑같이 취급된다. 이렇게 되면 비흡연자는 흡연자와 똑같은 보험료를 지불함으로써, 자신의 보험료로 흡연자를 도와주는 셈이 된다.

시장원리주의자들이 공공보험의 비효율성을 지적하는 것은 공공보험이 이런 기준을 갖고 있지 않기 때문이다. 하지만 공공보험에서는 흡연자들이 비흡연자들에게 이익을 제공할 수도 있다. 민간보험회사가 주장하듯이 흡연이 건강에 치명적이라면, 흡연자들은 일찍 죽을 것이다. 그렇게 되면 흡연자들이 마땅히 누려야 할 사회보장과 연금혜택은 비흡연자에게 제공된다.

공공보험이 없어지면 모든 문제를 시장이 해결해 줄 수 있을까? 시장원리주의자들은 공공보험의 비효율성 때문에 가입자가 부담하는 액수에 비해 서비스 질이 낮다고 주장하지만, 실제로는 공공보험의 관리비용이 민간보험에 비해 훨씬 싸다. 미국의 경우 민간의료보험의 관리비용은 공공보험에 비해 세 배 이상 비싼 것으로 알려져 있다. 민간보험회사의 경우 고위험군 환자들을 가려내 더 많은 보험료를 부과해야 하고, 병원 및 가입자와 의료비용을 협의하는 데 따른 거래비용이 높기 때문이다.

보수주의는 국가의 책임보다는 개인의 책임을 강조하기 때문에, 시장에서 성공하지 못하는 사람을 게으르거나 무능력한 존재로 파악한다. 이들은 시장원리주의자와 마찬가지로 보험 역시 개인의 선택과 책임에 맡겨두어야 한다고 생각하며, 국가가 보험시장에 개입하면 반드시 도덕적 해이가 발생한다고 주장한다.

사실은 모든 보험에서 도덕적 해이가 발생한다. 대부분의 통계에서 보험가입자가 화재를 당할 확률, 도난을 당할 확률, 병원에서 치료를 받을 확률은 보험에 가입하지 않은 사람보다 높다. 보험에 무임승차하려는 사람이 그만큼 많다는 의미다. 하지만 이는 너무나 당연한 일이다. 이런 현상이 나타나는 것은 보험에 가입했기 때문에 일부러 조심하지 않는 것이 아니라 평소 같으면 그냥 지나칠 사소한 피해도 보험으로 처리하기 때문이다.

주차 중에 이웃집 자동차의 범퍼를 살짝 긁었다고 하자. 새 자동차가 아니라면 작은 긁힘은 이웃과 낯붉히는 일 없이 사과하는 것으로 끝났을 것이다. 하지만 보험에 가입되어 있으면 낯을 붉히지 않고도 이웃에게 피해를 보상해 줄 수 있다. 이는 서로에게 유익하고 즐거운 일이다. 그렇지 않다면 누가 보험에 가입하겠는가? 따라서 시장원리주의자들이 공공보험 가입자의 도덕적 해이만 비난하는 것은 옳지 않다.

도덕적 해이는 보험체계 내지 상호부조 체계에서는 초래될 수밖에 없는 일반적 귀결이다. 도덕적 해이의 존재 자체가 보험제도를 폐기할 근거는 될 수 없다. 도덕적 해이는 물론 실질적인 비용을 발생시키지만, 그 비용은 보험 또는 일반적 상호부조 체계가 가져오는 막대한 편익과 비교되어야 한다. 우파는 사보험이 발생시키는 도덕적 해이는 못 본 척하면서 정부가 제공하는 보험의 도덕적 해이만 비난하는 경향이 있다.

조지프 히스 Joseph Heath, 《자본주의를 의심하는 이들을 위한 경제학 *Filthy Lucre: Economics for People Who Hate Capitalism*》

캐나다 토론토 대학교의 철학자 조지프 히스는 공공보험이 반드시 존재해야 하는 이유를 도덕적 해이에 수반되는 비용보다 위험분산이 가져오는 편익이 훨씬 크기 때문이라고 말한다. 그에 따르면, 보험은 일반적 시장거래와 달리 교환을 통한 이득이 아니라 '큰 수의 법칙'이라는 현상을 통해 상호이익을 창출한다. 즉 보험은 동일한 상황에 처해 있고, 동일한 선호를 지닌 사람들이 특정 위험을 함께 나누는 방법에 합의함으로써 이익을 얻는 체계라는 것이다. 따라서 보험은 재화나 서비스의 교환 없이도 이익을 발생시킬 수 있다. 어떤 재난이 각 개인에게 찾아올 확률은 동일하지만, 여러 사람에게 동시에 찾아올 확률은 상대적으로 낮다. 모든 가입자가 손실을 나누게 되면, 소수의 개인이 당하게 될 큰 재난의 낮은 확률을 다수가 당하게 될 작은 재난의 큰 확률로 대체할 수 있다.

앞에서 소개했듯이 '큰 수의 법칙'은 금융공학에서 리스크 부담을 줄이는 데 활용되는데, 수가 크면 클수록 위험도가 평균 수준으로 수렴되는 원리를 말한다. 쉬운 말로 바꾸면 한 사람이 입을 큰 손해를 여러 사람에게 부담시키면 위험이 그만큼 감소한다는 뜻이다. 하지만 이 법칙에는 함정이 숨어 있다. 인간의 뇌는 고도의 효율성을 추구하기 때문에 발생확률이 적은 위험을 무시하는 경향이 있다. 가령 직원이 10만 명일 때, 100만 시간당 한 번의 사망사고는 어떤가? 매우 적은 숫자인 것 같지만 실제로는 매일 한 사람이 죽는 확률과 같다.

보험시장은 정보의 비대칭성이 존재하기 때문에 도덕적 해이나 역선택에 직면할 가능성이 높다. 이런 시장에는 민간이 참여할 이유가 없기 때문에 사회적 약자들은 보험혜택을 받을 수 없다. 시장원리주의자들의 주장과는 반대로 도덕적 해이가 발생하기 때문에 국가가 공공보험을 제공해야 하는 것이다. 도덕적 해이는 국가가 개입하기 때문에 발생하는 것이 아니라 보험제도 전반에서 발생하는 불가피한 부작용이라 할 수 있다. 따라서 공공보험은 분배의 정의 때문이 아니라 시장의 실패 때문에 정당화된다.

사회보장제도는 체제 수호자들이 스스로 도입한 것이다. 자본가들은 자신들의 재산을 빈민과 노동자의 폭동으로부터 빼앗기지 않기 위해 사회보장제도를 도입했다. 혼란한 질서 속에서는 자본가의 소유권도 보장받을 수 없다. 결국 그들은 자신들의 재산을 지키기 위해 빈민들을 무마할 수 있는 방식을 채택한 것이다.

공공보험은 시장경제 체제의 일부다. 시장원리주의자들의 믿음처럼 시장이 인간의 이기심만으로 작동하는 것은 아니다. 민간보험회사들은 그들의 본질적 목적인 이윤을 추구하지만, 이 과정에서 가입자들이 위험을 피하도록 돕는다. 즉 보험회사들은 보험금 지출을 줄이기 위해 교통안전 캠페인을 벌이고, 소화기를 무료로 지급하며, 금연운동을 벌인다.

공공보험에 무임승차하려는 시도 역시 인간의 이기심에서 비롯된 것이다. 부자들이 수단과 방법을 가리지 않고 이익을 추구하는 이기심과 가난한 사람들이 죽지 않기 위해 싸우는 이기심은 인간의 본성이라는 점에서 차이가 없다. 그런데도 시장원리주의자들이 부자들의 이기심은 사회적 공익을 가져오고, 가난한 사람들의 이기심은 도덕적 해이라고 규정하는 것은 놀라운 일이다.

17장

무엇이 경제를 움직이는가

타인의 결정과 나의 선택

경제는 침체와 활황을 오간다. 침체의 원인에 대해서는 많이 알려져 있지만, 대공황과 같은 경제의 침몰을 미리 예측할 수는 없다. 흔히 '검은 월요일black monday'이라 불리는 1987년 10월 19일의 뉴욕 주식시장 대폭락 역시 누구도 예측하지 못했다. 이날 미국 다우지수는 하루 동안 22.6퍼센트가 폭락했는데, 이는 세계대공황의 시발점이었던 1929년 10월 29일의 '검은 화요일black tuesday' 당시 하락폭인 11.7퍼센트의 2배에 달하는 것이었다.

문제는 주가를 폭락시킬 만한 뚜렷한 이유가 없었다는 것이다. 지금까지도 경제학자들은 그 이유를 궁금해하고 있다. 그렇다면 무엇이 투자자들을 공포로 몰아넣었을까? 그 이유는 자명하다. 누군가의 공포는 다른 사람의 공포로부터 전이된 것이다. 다른 투자자들이 주식을 투매하지 않으면, 당신은 보유주식을 헐값에 내던질 이유가 없다. 당신이 손해를 보면서까지 주식을 내던지는 것은 더 큰 손실을 피하기 위해서다. 남들이 주식을 투매하여 주가가 폭락하면 손실은 더 커지기 때문에, 남들이 던질 때 함께 던지는 것이 손실을 줄이는 유일한 방법이다. 만약 내일 주가폭락의 이유가 터무니없는 것이며, 투자자들의 부화뇌동에 의해 폭락했다는 사실이 밝혀진다 해도, 당신은 오늘 헐값에 주식을 던질 것이다. 당신이 다른 사람들의 행위로부터 영향을 받았듯이, 당신의 행위는 다른 사람에게 영향을 미친다.

토머스 셸링은 게임 이론가로 잘 알려져 있다. 그가 정의한 게임 이론은 "두 가지 대안 중 더 나은 선택이 있거나 여러 대안 중에 최선의 선택이 있을 때, 합리적 개인들의 선택이 다른 사람들의 선택에 달려 있다는 점을 연구하는 것"이다. 토머스 셸링은 게임 이론의 고전으로 평가받고 있는 《갈등의 전략*The strategy of conflict*》에서 이를 '상호의존적 결정interdependent decision'이라 명명했다.

> 모든 운전자가 일몰 때 전조등을 켠다는 것을 안다면, 우리는 어떤 지역의 모든 차들이 거의 동시에 불을 켜는 모습을 헬리콥터에서 볼 수 있을 것이다. 해가 질 때 매사추세츠 고속도로의 차량 불빛이 서쪽으로 일제히 줄지어 흐르는 모습을 헬리콥터에서 본다면, 나침반 방위가 따로 필요 없을지 모른다. 하지만 사람들이 반대편에서 오는 차량들 중 일부가 전조등을 켠 것을 보고 자신도 전조등을 켠다면, 우리가 헬리콥터에서 보는 그림은 달라질 것이다. 이 경우 운전자들은 서로의 행동에 반응하며, 서로의 행동에 영향을 끼친다고 할 수 있다.
>
> 토머스 셸링, 《미시동기와 거시행동》

우리가 살아가는 환경은 상호의존적이다. 자신에게 영향을 미치는 환경은 자신의 행위에 반응하는 사람들로 구성되어 있으며, 다른 사람들이 반응하는 환경 역시 그 환경에 반응하는 사람들로 구성되어 있다. 앞에 제시한 사례에서 보듯이, 어떤 사람이 자동차의 전조등을 켰기 때문에 나도 전조등을 켰다면, 내가 켠 전조등 때문에 다른 사람도 전조등을 켜는 것이다.

토머스 셸링이 제시한 사례 중 하나를 재구성해 보자. 당신은 지금 교통신호등 앞에 서 있다. 자동차가 뜸해지자 몇몇 사람들이 신호등을 무시하고 도로를 건너기 시작한다. 이때 다수의 사람들은 신호등이 고장 났는데 자신만 모르고 있는 것이 아닌지 의아해할 것이다. 여전히 신호등은 붉은 색이다. 좌우를 살피던 몇 사람이 앞서 간 사람들이 안전하게 도로를 건너는 것을 확인하고 그 흐름에 동참한다. 소수의 움직임에 사람들이 동참하기 시작하면 그 흐름은 점점 커지고, 끝까지 남아 있던 소심한 사람들조차 대열에 동참하게 된다. 도로를 건너는 사람이 많아지면 자동차 운전자는 자동차를 세울 수밖에 없다.

하지만 당신이 무리를 따라 도로로 내려섰는데, 아무도 뒤따라오는 사람이 없다고 하자. 이 상황에서는 도로를 건너야 할지, 아니면 되돌아가야 할지 고민할 것이다. 더구나 당신보다 한 걸음 먼저 도로로 내려선 사람이 있다고 하자. 그는 자신을 뒤따라오는 사람이 당신 혼자임을 알아차리고는 방향을 틀어 뒤돌아오고 있다. 이때도 당신은 계속 도로를 건널 것인가?

신호등을 무시하고 도로를 건넌 경험이 없다면, 다른 사람들의 박수소리 때문에 함께 박수를 친 경험은 있을 것이다. 무대에서의 공연은 당신을 감동시키지 못했을 뿐만 아니라 매우 어색했다. 아무도 박수를 치지 않는다. 그러다가 누군가 먼저 박수를 치기 시작한다. 이 박수소리는 간헐적이고, 크기도 작다. 공연의 성공은 바로 이 순간에 달려 있다. 정적을 깨고 한 사람의 박수소리가 울려 퍼졌을 때, 이 흐름에 동참하는 사람이 적다면 박수소리는 민망함만 남긴 채 점차 사그라진다. 그러나 박수의 흐름에 동참하는 사람이 하나둘 늘어나면 전체 관객들로 퍼져나가고, 마침내는 열광의 도가니가 되어버린다. 인간 승리를 다루고 있는 감동적인 영화의 대부분은 이 장면을 클라이맥스에 배치한다.

우리는 독립적으로 모든 것을 해결할 수 있는 존재가 아니다. 우리의 행동은 얼마나 많은 사람들이 그렇게 행동하느냐에 달려 있다. 이때 중요한 것은 누가 어느 만큼의 열정을 가지고 그런 행위를 하느냐가 아니다. 소수가 아무리 열정적으로 행동한다 해도 다수에게 영향을 미치는 데는 한계가 있다. 사람들이 시위를 할 때 시위에 참여한 사람의 숫자에 민감한 것은 이 때문이다.

소수의 열렬한 신념은 오히려 역효과를 낼 가능성이 많다. 신호등을 무시하고 도로를 건널 때 안전을 보장받을 수 있는 방법은 다수의 무리와 함께 건너는 것이다. 다수가 횡단보도를 장악하고 있으면 자동차는 멈출 수밖에 없다. 하지만 당신 혼자서 횡단보도 한가운데 서 있다면 운전자들은 당신을 피하려 노력하겠지만, 끔찍한 욕설을 각오해야 할 것이다.

하지만 철도건널목에서는 다수를 동원하는 방법이 통하지 않는다. 건널목에 서 있는 사람들을 발견하고 열차가 속도를 줄이는 데는 상당한 시간이 필요하기 때문이다. 그럼에도 불구하고 폭주기관차를 멈추게 해야 할 때가 있다. 악독한 독재정권에 항거해야 하는 경우가 그렇다. 이때 열렬한 신념을 가진 소수자들은 열차에 몸을 던짐으로써 스스로를 희생한다. 이런 행위 역시 다수를 확보하기 위한 최후의 전략 중 하나다.

당신의 운전습관 역시 남들이 어떻게 운전하는가에 달려 있다. 모든 운전자와 보행자가 규칙을 준수하면 자동차 사고는 일어나지 않는다. 사고가 발생하는 것은 누군가 규칙을 어기기 때문이다. 규칙을 어기면 모든 사람들이 규칙을 지키는 상황에서 이득을 볼 수 있다. 이득을 얻을 수 있는 전략은 쉽게 전파되고 학습된다. 제한속도가 시속 100킬로미터인 고속도로에서 다수의 운전자가 시속 150킬로미터로 달리고 있다면, 당신이 제한속도를 지키기란 쉽지 않을 것이다.

자동차를 구입할 때도 우리는 다른 사람의 구매 성향에 영향을 받는다. 일반도로에서 4륜구동 SUV 차량은 큰 이점이 없다. 하지만 다른 차량과 충돌했을 때는 사정이 다르다. SUV 차량이 승용차와 충돌했을 때 승용차 운전자가 사망할 확률이 훨씬 높기 때문이다. 자동차 회사는 SUV 차량을 광고할 때 안전성보다는 공격성에 초점을 맞춘다. SUV 차량 운전자의 모험적이고 도전적이며, 진취적인 성향을 강조하는 것이다. SUV 차량을 소유한 사람이 늘어날수록 이들의 공격성에 대응하기 위한 방어적 구매자들도 늘어난다. 타인의 공격성으로부터 자신의 안전을 지키기 위해 SUV 차량을 구입하는 것이다. SUV 차량을 구입한 당신 역시 다른 운전자들의 소비에 영향을 미친다. 당신이 SUV 차량을 구입했다면, 그것은 타인들에게 SUV 차량을 구입하도록 압력을 행사하는 것과 다를 바 없다. 중무장은 중무장을 요구한다.

상호의존성은 개인과 개인 사이에서뿐 아니라 사물과 사물, 혹은 사건과 사건 사이에도 영향을 미친다. 우리가 기억하는 역사적 격변도 실은 상호의존성의 결과물이다. 제임스 버크James Burke는 이를 '핀볼 효과pinball effect'라 이름 붙였다. 핀볼 효과란 망net으로 얽혀 있는 세계에서 생긴 자그마한 파문이 시공간을 가로질러 연쇄적으로 사건을 일으키고, 마침내는 망 전체로 퍼져나가는 것을 말한다. 1880년대에 첫 선을 보인 전화가 한 가지 예가 될 수 있다. 전화가 등장하면서 제조업체들은 교외에 공장을 짓기 시작했으며, 이는 도시의 모습을 탈바꿈시켰다. 전화를 소유하게 된 중산층 역시 도심에 위치한 공장 근처의 셋집에서 바글대는 노동자 곁을 벗어나 교외 주택가를 형성했다. 전화의 등장이 연쇄효과를 일으켜 도시의 지형을 바꾼 것이다.

캘리포니아 대학교의 경제학자 리처드 맥킨지Richard B. McKenzie는《팝콘과 아이패드*Why Popcorn Costs So Much at the Movies?*》에서 또 다른 사례를 소개했다. 공항에서 보안검색을 강화하면 교통사고로 인한 사망자가 늘어난다는 것이다. 보안검색이 강화되면 항공기 탑승을 피하려는 승객들이 항공기보다 더 위험한 고속도로로 몰리기 때문이다. 맥킨지에 따르면, 미국 공항이 보안검색을 강화한 9.11테러 이후 12개월 동안 도로에서 사망한 사람이 한 달에 약 100명꼴로 증가했다. 마찬가지로 정신이상자가 쏜 한 발의 총탄은 세계대전으로 이어질 수 있다. 거대한 그물망으로 이루어진 세계에서는 어떤 것도 홀로 존재할 수 없는 것이다.

복잡계 이론에서 극단값을 만들어내는 것은 수많은 구성요소들로 이루어진 네트워크다. 구성요소들은 다양한 상호작용을 주고받기 때문에 전혀 다른 특성을 지닌 요소들이 놀라운 질서를 만들어내기도 한다. 복잡계는 외부와 영향을 주고받는 열린 시스템이며, 그 구성요소들의 상호작용은 대개 비선형적이고 되먹임고리feed-back를 형성한다. 이 세계에서는 네트워크의 규모가 크고 상호의존하는 노드node의 수가 늘어나면 한 부분에서의 작은 변화가 각 단계에 기하급수로 영향을 미쳐 엄청난 소용돌이를 일으킬 수 있다.

우리는 어떤 행위를 선택할 때 합리적 결정에 의존하는 것이 아니라 타인의 결정에 영향을 받는다. 행위에 대한 결과는 얼마나 많은 사람들이 선택하느냐에 달려 있다. 그래서 우리는 어떤 신념을 관철시키기 위해 시위를 조직하고, 서명운동을 하며, 다수의 대중에게 호소하기 위한 방법들을 동원한다. 우리는 스스로의 의지대로만 행동하는 것이 아니라, 상당 부분 다른 사람에 의존하여 행동하기 때문이다. 일종의 조건부 행위인 셈이다.

자신감이 시장을 움직인다

허버트 사이먼 이후 심리적 요인에 다시 눈을 돌린 경제학자는 토머스 셸링과 조지 애컬로프다. 애컬로프는 중고자동차 시장을 예로 들어 정보의 격차가 존재하는 시장에서는 품질이 낮은 상품이 선택되는 '역선택'이 이루어질 수 있음을 보여주었다. 이는 시장에 참여하는 주체들이 완전한 정보를 바탕으로 판단한다는 합리적 기대 가설의 전제에 반하는 것이다.

정보의 유통이 자유로운 오늘날에도 정보의 비대칭성은 존재한다. 새롭게 떠오르는 비즈니스 모델의 경우 사람들은 그 사업의 미래수익성에 대해 알 수 없다. 한때 거품을 일으킨 IT산업이 대표적인 사례다. IT산업은 정부, 기업, 지식인, 언론매체 등에서 과도한 기대를 부추기는 바람에 많은 투자자들이 몰려들었지만 거품이 붕괴하면서 참혹한 실패를 맛보아야 했다.

노동시장 역시 정보의 비대칭성이 존재한다. 누군가를 고용하려는 사람은 피고용인에 대한 정보를 정확히 알 수 없다. 당신이 열 명의 직원을 거느린 중소기업 경영자라고 가정하자. 최근 개발한 상품을 출시하기 위해 한 사람의 영업직 사원을 충원하기로 했는데, 모두 세 명이 지원했다. 당신은 세 명의 이력서를 바탕으로 개별 면담한 후 최종합격자를 선택할 계획이다.

세 명의 지원자는 자신의 품성과 능력을 과장하기 위해 경쟁을 벌일 것이다. 이때 당신이 선택할 평가기준은 아주 단순하다. 아마도 지원자의 학력을 눈여겨볼 것이고, 지원자가 경력자라면 이전 직장에서의 직책과 근무기간에 주목할 것이다. 학력은 상당히 많은 정보를 제공한다. 그가 좋은 성적으로 명문대학을 나왔다면 지식의 축적뿐 아니라 성실성에서도 좋은 평가를 받을 것이다. 학력은 지식의 척도일 뿐 아니라 부지런함, 규칙적인 생활, 규범의 준수, 환경 적응력, 윗사람에 대한 태도 등을 간접적으로 드러내기 때문이다.

애컬로프와 함께 2001년에 노벨경제학상을 수상한 마이클 스펜스가 제시한 것은 '시장신호market signaling' 이론이었다. 이 이론에 따르면 학위나 학력은 지원자의 성실성, 인내심 등의 자질을 표현하는 일종의 신호다.

좋은 학력을 가진 모든 사람이 능력이 있는 것이 아니고, 학력이 좋지 않은 사람의 품성이나 능력이 항상 뒤처지는 것도 아니다. 하지만 이러한 특질은 이력서나 시험성적에 기록되어 있지 않다. 당신은 지원자들에 관한 구체적 정보를 알 수 없기 때문에 이력서에 기재된 단순한 정보만으로 선택할 수밖에 없다. 이전 직장에서의 직책은 그의 능력을 상징적으로 보여주며, 오래된 근무기간 역시 조직에서의 적응력과 인간관계를 엿볼 수 있게 한다.

당신이 지원자들에 대해 알 수 있는 정보는 제한되어 있다. 이러한 정보의 비대칭성으로 인해 천재적 능력을 가진 고교졸업자를 눈앞에서 잃을 수도 있다. 그러나 지원자들의 천재적 능력을 파악하기 위해 세 사람에게 몇 달 동안의 수습기간을 주고 임금을 지불하는 일도 쉽지 않다. 또 학력이 낮은 지원자가 약간의 능력 우위를 나타낸다고 해서 그를 고용하는 위험도 감수하고 싶지 않을 것이다. 이것이 학벌 위주의 사회가 될 수밖에 없는 이유다. 고용주들은 가장 안전하고 검증하기 쉬운 기준으로 직원을 선발함으로써 불확실한 선택의 위험을 줄이는 것이다.

조지 애컬로프와 로버트 실러가 케인즈에게서 힌트를 얻어 출간한 《야성적 충동*Animal spirits*》이라는 책에는 자신감, 공정성, 부패와 악의, 화폐착각, 이야기 등 다섯 가지의 심리적 요인이 경기침체의 이유가 될 수 있다고 지적한다. 야성적 충동은 진화의 과정에서 축적된 위험과 기회에 대한 대응방식이 뇌에 프로그램되어 발현한 심리적 편향이라 할 수 있다.

두 사람은 책의 서두에서 오늘날의 거시경제학이 야성적 충동을 수용해야 한다고 주장한다. 그동안 거시경제학은 인간이 합리적인 경제적 동기만을 가졌다고 가정함으로써, 비경제적 동기와 반응을 외면해 왔다는 것이다.

야성적 충동에 영향을 미친다고 지적한 다섯 가지 심리적 요인 중에서 '자신감'은 케인즈가 제시한 승수효과multiplier effect와 관련이 있다. 승수효과는 한 사람의 소비량 변화가 최종적으로 전체 소비량 변화에 깊은 영향을 미치는 것을 말한다. 당신이 TV 한 대를 구입했다고 하자. 그러면 전자대리점 주인은 판매금액의 일부를 TV 제조회사에 지불할 것이고, 제조회사는 부품 납품업체에, 부품 납부업체는 작은 단위의 하청업체에, 하청업체는 원자재 공급업자에게 각각 지불할 것이다. 모든 단계에서 노동을 제공한 사람은 임금을 받고, 고용주는 이윤을 남긴다. 이들은 임금과 이윤으로 무엇인가를 소비하기 때문에 모든 단계에서 이 과정이 반복된다.

각 단계에서 20퍼센트의 이윤을 남기고 다음 단계에 80퍼센트를 지불한다고 가정하자. 당신이 100만 원을 주고 TV를 구입했다면 전자대리점 주인은 80만 원을 제조업체에 지불하고, 제조업체는 부품 납품업체에 64만 원, 납품업체는 하청업체에 51만 2천 원, 하청업체는 원자재 공급업자에게 40만 9,600원을 지불할 것이다. 즉 일정한 비율$_r$이 다음 단계로 전달되는 것이다. 1단계에서 1이 전달되면, 2단계에서는 r(0.8)을 전달하고, 3단계에서는 $r \times r$(0.64)을 전달한다. 이런 식으로 돈이 전달되면 당신이 TV 한 대를 구입한 전체 효과는 $1+r+r^2+r^3+\cdots\cdots=r/1-r$이 된다. r이 0.8이므로 이 수식의 값은 대략 5이다. 즉 1을 투입했을 때 전체적으로 5배의 효과를 가져오는 것이다.

소득에서 차지하는 소비의 비중을 '소비성향'이라 한다. 최초의 소비는 두 번째 단계의 소비를 유발하는데, 다음 단계의 사람들은 소비성향을 제곱한 비율의 돈을 소비하게 된다. 따라서 소비성향을 나타내는 r이 클수록 그 효과도 커지며, 연쇄반응의 속도도 증가한다. 한 사람의 노동자가 고용되고 그 노동자가 다른 노동자들이 생산한 재화를 소비하면, 최초의 고용보다 몇 배에 이르는 고용효과를 창출할 수 있다는 것이 케인즈가 제시한 승수이론이다.

그러나 승수효과는 일부 케인즈주의자들조차 인정하지 않고 있다. 신케인즈주의자로 알려진 일본 오사카 대학교의 경제학자 오노 요시야스小野善康는 케인즈 이론을 재조명한 《불황의 메커니즘不況のメカニズム》에서 이 점을 분명히 했다.

케인즈는 불황을 극복하기 위한 방법으로 실업수당을 지급하는 것보다는 공공사업을 벌이는 것이 효과적이라고 밝힌 바 있다. 그는 공공사업이 수요를 창출하는 반면, 실업수당은 아무런 수요도 만들지 않는다고 생각했다. 그러나 실업수당을 지급하든, 공공사업을 벌이든 아무런 차이가 없다. 공공사업에 참여하는 실업자에게 임금을 지급하는 것은 실업수당을 지급하는 것과 마찬가지기 때문이다.

공공사업을 벌이려면 재정이 필요하고, 이는 국민들로부터 거둔 세금으로 충당된다. 공공사업으로 창출된 수요는 세금을 내는 사람들의 줄어든 소비에 의해 상쇄된다. 결국 실업수당이든 공공사업이든 국민들의 호주머니에서 지출되는 것이므로, 소비는 늘어나지 않는다. 국채를 발행하여 재정을 조달하는 방법 역시 언젠가는 국민의 세금으로 갚아야 하므로 단순히 시간을 연장하는 것에 불과하다.

그럼에도 불구하고 오노 요시야스는 공공사업을 통해 국민들에게 새로운 서비스를 제공한다면, 그만큼의 효과를 얻을 수 있을 것이라고 말한다. 즉 경제활동이나 국민들의 생활에 조금이라도 도움이 되는 공공사업이라면 실업수당을 지급하는 것보다는 낫다는 것이다.

경제학자들은 어떤 현상이 가져올 결과를 플러스와 마이너스로 수치화하려는 경향이 있다. 하지만 수치화된 형식적 가치는 실질적 가치와 다르다. 100만 원이 전 재산인 사람이 100만 원을 모두 날린 것과 억만장자가 100만 원을 날린 것, 혹은 100만 명의 사람이 1원씩 날린 것이 경제학적 의미에서 동일한 가치를 갖는다는 것은 모순이다. 공공사업이나 실업수당 지급이 동일한 효과를 갖는다는 오노 요시야스의 논리 역시 사회적, 심리적 요인들을 무시한 것이다.

오노 요시야스 스스로 인정했듯이 불황을 탈출하려면 사람들에게 '안정 국면에 들어섰다는 확신을 강하게 심어주는' 방법밖에 없다. 그러나 정부는 오히려 재정지출을 줄이거나 기업의 구조조정을 조장하여 국민들의 불안을 부채질한다. 불안이 엄습하면 사람들은 현금을 확보하고, 소비를 줄인다. 소비 감소는 결국 기업을 어려운 상황에 처하게 만들어 노동자들의 소득을 감소시킬 뿐 아니라 정부의 조세수입도 줄어들어 재정수지가 더 악화된다. 실업은 그 자체가 고통이고 질병이며, 자신감을 상실하게 만든다. 우리 사회에서 실업자는 실패자로 각인되고, 기업도 이들을 고용하려 하지 않는다. 이를 '낙인효과labeling effect'라 한다.

우리는 단순히 먹이를 구하기 위해 노동을 하는 것이 아니다. 대부분의 동물들은 주어진 먹이보다 자신이 직접 찾아 먹는 먹이를 더 좋아한다. 공짜보다 노동의 성취에 더 의미를 두는 것이다. 동물학자들은 이런 성향을 '콘트라프리로딩contrafree-loading'이라 부른다. 인간도 예외가 아니다. 손쉬운 성취보다 의미 있는 작은 성취를 더 소중히 여기는 것이다.

댄 애리얼리Dan Ariely는 레고 조립 실험을 통해 이 가설을 증명했다. 그는 실험에 참여한 학생들에게 40개의 부품을 조립하여 완성하는 과제를 주었다. 학생들은 처음 하나를 조립할 때 2달러를 받고, 이후부터는 하나를 만들 때마다 11센트씩 줄어든 액수를 받았다. 이 실험은 학생이 그만두겠다고 할 때까지 계속되었다. 실험결과 학생들은 평균 10.6개를 조립했고, 14달러 40센트의 보상금을 받았다.

두 번째 실험에서는 조건을 약간 변경하여 학생들이 조립품을 완성하면 다시 분해하여 박스 안에 집어넣었다. 그러자 학생들은 평균 7.2개를 조립했고, 11.52달러를 받았다. 달라진 것은 학생들이 애써 조립한 완성품을 다시 분해했다는 것이다. 학생들이 합리적 경제인이라면 달라진 조건에 영향을 받지 않아야 한다. 완성품이 분해되든 말든 지급되는 보상금은 같기 때문이다. 하지만 학생들은 성취의 의미가 없는 작업조건에서 노동의 즐거움을 찾지 못했다.

누구도 실패자가 되기를 원하지 않는다. 6개월 동안 70만 원의 실업수당을 받는 사람과 100만 원의 임금을 받기로 하고 고용된 사람을 비교해 보자. 아마 실업자 일부는 차액 30만 원이 8시간 노동의 대가로는 너무 적다고 생각하기 때문에 실업자로 남고 싶어 할 것이다. 시장원리주의자들의 표현을 빌면 이들은 자발적 실업자다. 일하는 것보다 쉬는 것이 이익이라고 생각하기 때문이다. 그러나 그가 선택의 기준으로 삼는 것은 비단 30만 원이라는 액수가 아니다. 그는 사회적 위치뿐 아니라 다른 사람과의 비교, 사회적 평판과 체면, 가족 내에서의 위치, 스스로에 대한 자존감, 심지어 자녀들의 자존심까지 고려할 것이다. 실업에 따른 스트레스는 30만 원이라는 차액을 상쇄하고도 남기 때문에 실업자들은 여가 대신 노동을 선택하게 된다.

애컬로프와 실러는 케인즈의 승수효과에 '신뢰승수confidence multiplier'의 개념을 더했다. 신뢰승수는 자신감이 한 단위 변할 때마다 뒤따르는 소득의 변화를 의미한다. 즉 한 사람의 자존감이나 자신감이 승수효과처럼 연쇄반응을 일으켜 집단의 의욕을 한층 배가시키고, 그만큼 소득이 증가한다는 것이다.

승수효과는 시장에 부정적인 영향을 끼칠 수도 있다. 패배감이나 자신감 부족, 미래에 대한 불안감 같은 요인들은 역방향으로 승수효과를 일으켜 시장을 붕괴시킬 수도 있기 때문이다. 만약 어떤 요인에 의해 원자재 가격이 상승하면, 이는 전체 시장에 심대한 영향을 미친다. 비싸게 수입한 원유가격은 연쇄적으로 상품가격에 반영되어 높은 인플레이션을 유발할 수 있으며, 일부 투자자들의 불안 심리도 금융시장을 붕괴시킬 수 있다.

자산가격의 변동에 의한 레버리지 효과leverage effect도 자신감에 영향을 미친다. 레버리지 효과는 빌린 자본을 지렛대 삼아 자기자본 이익률을 높이는 것을 말한다. 만약 자기 돈 100만 원으로 10만 원의 이익을 거뒀다면 자기자본 이익률은 10퍼센트다. 하지만 자기 돈 50만 원과 빌린 돈 50만 원으로 10만의 이익을 거뒀다면, 자기자본 이익률은 20퍼센트로 두 배가 된다. 따라서 이자율에 비해 높은 수익률이 예상될 때에는 자본을 빌려 투자하는 것이 유리하다.

그러나 레버리지 효과는 거품을 만들어내는 주요 요인 중 하나다. 주가와 부동산가격이 오르면 사람들은 소비를 늘리고, 자본을 빌려 주식과 부동산에 투자한다. 한 번의 투자 성공은 자신감을 고양시킨다. 이때 사람들은 자산가격이 계속 오를 것이라 믿고 더 많은 자본을 빌려 자산을 사들인다. 자산가격이 올랐으므로 금융기관은 상승한 담보가격을 기준으로 더 많은 돈을 빌려준다.

하지만 인색하기 짝이 없는 은행도 경제의 불확실성을 예측하지 못한다. 자산가격이 하락하면 기업은 투자를 줄이고, 채무자들은 빚을 갚지 못한다. 이때부터 악순환이 발생한다. 채무자들이 제때 빚을 갚지 못하면 금융기관들이 타격을 입어 대출을 억제한다. 이로 인해 자산가격은 하락하고, 경기는 침체기에 접어든다. 결국 금융기관은 스스로의 생존을 위해 담보하고 있는 자산들을 헐값에 팔아버릴 수밖에 없고, 자산을 날린 투자자들은 패닉 상태에 빠진다.

통계보다 성공담에 속는다

'이야기'도 경제에 영향을 미친다. 매사추세츠 대학교 아이젠버그 경영대학원의 토머스 키다Thomas Kida 교수는 《생각의 오류*Don't Believe Everything You Think*》에서 사람들이 비합리적 사고를 하게 되는 이유 중 하나로 "통계보다 이야기를 더 좋아한다"는 점을 들었다. 사람들이 통계와 숫자를 인식할 때 얼마나 많은 착각을 일으키는지는 이미 소개한 바 있다. 이런 예를 들어보자.

당신은 지금 열두 살짜리 자녀에게 영어를 가르치려고 한다. 시중에는 원어민 수준으로 영어 실력을 향상시켜 준다는 갖가지 교육프로그램이 판매되고 있다. 워낙 종류가 많기 때문에 자녀에게 알맞은 프로그램을 선택하는 것은 쉬운 일이 아니다. 그런데 어느 날 우리말도 서툰 일곱 살짜리 아이가 TV에 출연해 외국인과 자연스럽게 대화를 하는 장면이 나온다. 이리저리 확인해 보니 그 아이는 모 회사에서 제공한 영어교육프로그램으로 공부하고 있었고, 그 교육프로그램으로 영어 정복에 성공한 아이들도 여럿 있었다.

아마 당신은 최적의 교육프로그램을 찾아냈다고 기뻐할 것이다. 하지만 이는 착각이다. 당신이 주목한 것은 그 교육프로그램으로 공부한 아이들의 통계가 아니라, 특별히 성공한 아이의 '이야기'일 뿐이기 때문이다. 그 아이는 해당 교육프로그램으로 공부한 1만 명 중 하나일 수도 있다. 그 정도의 확률을 얻는 데는 교육프로그램의 품질이 아무런 영향도 미치지 못할 것이다. 또 그렇게 특출한 아이는 교육프로그램의 도움을 받지 않아도 능숙하게 영어를 습득할 수 있었을 것이다.

이렇듯 우리는 통계를 벗어난 어떤 사례에 민감하게 반응한다. 흡연이 수많은 질병의 원인이 된다는 과학적 근거에도 불구하고, "우리 할아버지는 하루에 담배 세 갑을 피웠지만 100세까지 장수했다"는 이야기를 더 정확한 정보로 인식하는 것이다.

어떤 사람이 주식이나 부동산 투자로 떼돈을 벌었다는 소식을 접하면, 너도나도 주식시장과 부동산시장으로 달려간다. 그렇게 되면 주가와 부동산가격이 상승하고, 성공한 사람들의 이야기는 전체로 확산되어 일종의 불패신화를 만들어낸다. 이야기는 전염성을 갖고 있기 때문에 승수효과처럼 빠르게 전파된다. 반면 주가나 부동산가격이 반 토막이 날 것이라는 소문이 돌면 매수자가 사라지고 가격은 폭락한다. IT산업의 경우 성공신화가 하나둘 만들어지면서 주가가 폭등했지만, 역시 시장에서 패배한 사람들이 나타나면서 거품도 급격히 붕괴되었다.

대니얼 카너먼과 아모스 트버스키가 제시한 사례를 보자.

A. 미국과 러시아 사이에 총력적인 핵전쟁이 발발한다.

B. 어느 나라도 상대방을 핵무기로 공격하려 하지 않는 상황에서 이라크, 리비아, 이스라엘, 파키스탄 등과 같은 제3국의 행동으로 미국과 러시아의 총력적인 핵전쟁이 발발한다.

위의 두 가지 중 어느 쪽이 가능성이 높은가?

대부분의 사람들은 B가 가능성이 높다고 대답했다. 실제로는 전혀 그렇지 않다. B는 오히려 핵전쟁이 날 수 있는 조건들은 한정시키고 있다. 그럼에도 불구하고 사람들이 B의 가능성을 더 높게 평가한 것은 합당한 근거 없이 상세한 시나리오를 정확한 정보라고 착각하기 때문이다.

시나리오가 자세할수록 실제 확률은 꾸준히 감소한다. 조건을 계속 한정시키기 때문이다. 하지만 사람들은 "그가 복숭아를 싫어한다"는 진술보다 "그는 알레르기 때문에 복숭아를 싫어한다"는 진술을 더 신뢰한다. 가설이 그럴듯하기 때문이다. 단문 형식의 논설문보다 소설이 훨씬 그럴듯하게 느껴지는 이유도 이 때문이다. 만일 어떤 통계를 작성하면서 A와 B의 질문을 각각 사용했다면, 그 결과는 엄청나게 달라질 것이다.

일본 게이오 대학교의 경제학자 오바타 세키 역시 《버블경제학》에서 이야기가 시장에 미치는 요인을 강조했다. 그는 2007년 2월 말에 발생한 세계적인 주가폭락을 그 예로 들었다. 그해 2월 27일 상하이 주가가 9퍼센트 폭락한 3,049포인트에 다다랐고, 3월 5일에는 다시 2,723포인트까지 폭락했다. 가격변동 제한폭이 10퍼센트였으므로 처음 주가가 폭락한 27일의 9퍼센트 하락은 거의 모든 종목이 하한가를 기록했음을 뜻한다.

주가폭락의 원인은 중국경제 내부에 있지 않았다. 진짜 원인은 헤지펀드의 투매였다. 헤지펀드가 주식을 집중적으로 매도한 이유는 이른바 '엔 캐리 트레이드yen carry trade 청산' 때문이었다. 통화 캐리 트레이드ourrency carry trade는 금리가 낮은 통화를 사들인 후 금리가 높은 통화에 투자함으로써 차익을 얻는 것을 말하는데, 사용되는 통화가 일본의 엔화이기 때문에 이런 이름이 붙었다.

일본은 1990년대 초 부동산 버블이 꺼지면서 장기불황을 맞았다. 일본중앙은행은 경기를 활성화하기 위해 1995년 이후 제로금리를 유지했는데, 이때 투자자들이 금리가 낮은 엔화를 빌려 금리가 높은 나라의 위험자산에 투자했다. 이 때문에 전 세계적으로 주식, 부동산, 원자재 등의 가격이 급등하면서 자산거품이 발생했다. 엔 캐리 거래로 엄청난 이득을 본 것은 일본이었다. 엔화가 세계시장에 풀리면서 엔화 값이 떨어지자 일본기업들의 수출 가격경쟁력이 향상되었고, 막대한 유동성을 바탕으로 해외에서 엄청난 투자수익을 올렸다.

아시아를 비롯한 국제사회는 지속적인 엔화약세를 곱지 않은 시선으로 바라보았다. 이에 일본중앙은행은 2007년 2월 제로금리 정책을 폐지했다. 하지만 미국 5.25퍼센트, 유럽 3.5퍼센트에 비하면 일본의 기준금리 0.5퍼센트는 제로금리에 가까운 것이었다. 이 정도의 금리로는 엔 캐리 자금이 청산되기 어려웠다. 하지만 엔 캐리 자금이 곧 회수될 것이라는 이야기는 너무나 그럴 듯했다. 마침 상하이 증시가 폭락하자 전 세계의 투자자들은 이를 엔 캐리 트레이드 청산의 신호탄으로 파악했다.

누군가 어떤 이야기를 믿고 있고, 다른 사람들이 그 믿음에 신뢰를 보태면, 그 이야기는 실제로 이루어진다. 당시 세계시장에 뿌려진 엔 캐리 자금이 얼마인지는 아무도 알 수 없었다. 하지만 시장에서는 이 자금의 규모를 최대 1조 달러로 추정했다. 상하이 증시의 폭락은 엔 캐리 자금이 청산되어서가 아니라 투기자본들이 지금까지 시장에서 만들어져 다수가 믿고 있었던 '이야기'를 실현시키면서 발생한 것이었다. 투기자본들은 중국, 인도 등 신흥시장에 투자되었던 엔 자금이 청산되면 주가가 하락할 것으로 예측하고, 미리 선제공격을 한 셈이다.

투기자본의 투매가 시작되자 세계 주식시장은 공포에 휩싸였다. 중국 증시의 폭락은 사람들로 하여금 엔 캐리 트레이드가 이루어질 거라는 믿음을 강화시키는 역할을 했다. 엔 캐리 자금이 정말로 청산되고 있는지는 중요하지 않았다. 말로만 들었던 스토리가 실현되는 순간, 그것이 존재하는지 여부는 상관이 없다. 그것이 이루어지고 있다는 믿음이 시장을 움직이기 때문이다.

사실 상하이 증시의 폭락은 한 차례 소동으로 그쳤고, 더 큰 버블이 붕괴되는 예고편에 지나지 않았다. 그해 8월 서브프라임이라는 또 다른 이야기가 상영을 앞두고 있었던 것이다. 서브프라임 역시 잠시 동안의 소동을 일으키고 사라지는 듯했다. 상하이 주가는 그해 11월 1일에 6,005포인트까지 상승했고, 세계 주식시장도 서브프라임을 잊고 상승세를 이어갔다. 물론 이 상승은 2008년 '서브프라임 이야기'가 실현되면서 거품 붕괴의 전조가 되었다.

오바타 세키는 버블이 붕괴하려면 모두가 인정할 만한 요인, 즉 그럴듯한 이야기가 있어야 하고 부정적 전망에 대한 합의가 필요하다고 말한다. 시장에는 부정확하고 근거를 알 수 없는 이야기들이 떠돈다. 이런 이야기들은 '정보'라는 이름으로 포장되어 있지만, 시장에 거품을 만들고 그것을 붕괴시키는 요인으로 작용한다.

기업 역시 이야기의 영향을 받는다. 한 기업에 대한 소문과 평판, 성공의 역사는 소비자들에게 다양한 경로로 영향을 미친다. 우리가 이야기에 민감한 것은 인간이 원인을 추론하는 동물이기 때문이다. 이야기는 그것이 진실인지 거짓인지에 관계없이 그럴 듯하게 꾸며낼수록 더욱 호소력이 있다. 그렇게 함으로써 사람들은 스스로를 납득시킬 만한 충분한 이유를 만들어내고, 그 이유를 근거로 자신의 행위를 정당화하는 것이다.

직접 실험해 보는 것도 좋다. 어떤 상품을 구매하고 싶을 때, 판매 사이트에 가서 소비자들의 평가를 보라. 평가는 두 종류로 되어 있다. 하나는 소비자 만족도를 평균점수로 표시한 것이고, 다른 하나는 소비자들의 사용후기다. 같은 가격의 두 가지 상품이 있다. 하나는 1천 명이 참여하여 평가한 결과 만족도가 10점 만점에 8.5점이다. 다른 상품은 만족도 표시가 없고, 단지 아홉 명이 이 제품을 사용한 후 새로운 삶을 얻었다는 사용후기를 남겼다. 당신이라면 어떤 상품을 구매하겠는가?

그러니 판매 사이트에 남겨진 메시지를 조심하라. 사용후기를 남긴 아홉 명은 그 제품의 구매자가 아닐 수도 있다.

18장
뇌과학과 행동경제학

주먹구구식 셈법의 효율성

사람들은 왜 의사결정을 할 때 합리적인 기준을 적용하지 않는가? 이 의문을 해결하기 위해 나선 것은 심리학자들이었다. 1970년대에 대니얼 카너먼과 아모스 트버스키, 폴 슬로빅 같은 인지심리학자들이 이러한 의문에 도전하여 경제학 이론에 적지 않은 영향을 미쳤다. 특히 카너먼과 트버스키는 1979년에 논문 〈전망이론: 위기 하에서의 판단에 대한 분석 Prospect Theory: An Analysis of Decision under Risk〉을 발표함으로써 이른바 행동경제학을 탄생시켰다. 두 사람은 기대효용 이론의 단초를 제공한 다니엘 베르누이의 논리에서 뭔가 부족하다는 것을 깨달았다. 즉 사람들은 부의 기준을 재화 혹은 효용의 크기로 판단하는 것이 아니라 이전 상태에 비해 더 얻었는지 혹은 잃었는지를 기준으로 파악하며, 돈을 얻을 때의 기쁨보다 잃을 때의 고통을 더 크게 느낀다는 것을 발견한 것이다. 카너먼은 이를 '베르누이의 착오'라 불렀다. 그 공로로 카너먼은 2002년 노벨경제학상을 수상했지만, 안타깝게도 트버스키는 이미 사망한 뒤였다.

행동경제학은 선택행위에 관한 이론이라 할 수 있다. 카너먼과 트버스키는 기존의 경제학 이론으로는 인간의 선택행위를 충분히 설명할 수 없다는 점을 발견하고, 선택행위에 영향을 미치는 요인으로 '휴리스틱 heuristic'을 제시했다. 휴리스틱이란 직감, 혹은 주먹구구식 발견을 의미하며 일종의 어림셈법 rules of thumb이라 할 수 있다.

휴리스틱은 크게 세 가지 판단방식으로 구성되어 있다. 가용성 availability, 정박과 조정 anchoring and adjustment, 대표성 representiveness이 그것이다. 이 세 가지 개념에 대해서는 이미 소개했다.

카너먼과 트버스키 이후 리처드 탈러, 조지 애컬로프, 토머스 셸링 같은 경제학자들이 연구에 가세함으로써 행동경제학은 하나의 학문 분야로 정립되었다. 최근에는 진화심리학과 뇌과학, 인지신경심리학 같은 인접 학문이 탄생함으로써 행동경제학 이론이 보다 정교해졌다.

듀크 대학교의 경제학자 댄 애리얼리는 자신의 저서 《경제심리학 *The Upside of Irrationality*》 서문에서 행동경제학의 목표를 "인간행동의 본질을 이해함으로써 인간의 심리를 파악하고, 이러한 심리가 판단에 미치는 영향을 더욱 분명하게 인식하도록 하여 최종적으로 더 나은 의사결정을 내리도록 하는 것"이라고 밝혔다. 즉 행동경제학은 "다양한 영역에서 우리의 의사결정에 영향을 미치는 것들을 규명하고, 개인의 삶과 기업활동과 공공정책에 영향을 주는 일반적인 문제들을 발견하고 거기에 대한 해결책을 찾아내는 것"이다.

행동경제학에서는 인간이 그다지 합리적인 존재가 아니라고 말한다. 인간은 모든 정보를 고려하여 합리적으로 판단하는 것이 아니라 상당 부분 주먹구구식으로 판단하며, 판단의 배후에는 심리, 감정, 문화, 환경 등 여러 가지 요인이 작용한다는 것이다. 시장 역시 마찬가지다. 행동경제학에서는 경제가 잘 정돈된 이론 모델에 의해 굴러가는 것이 아니라 인간의 심리에 영향을 받는다고 간주한다. 그렇다고 해서 인간을 완전히 비합리적 존재로 폄하하는 것은 아니다.

> 행동경제학은 인간의 합리성, 자제심, 이기심을 부정하지만, 인간이 완전히 비합리적, 비자제적, 비이기적이라는 것을 의미하지는 않는다. 완전 합리적, 완전 자제적, 완전 이기적이라는 점만을 부정할 뿐이다.
>
> 도모노 노리오友野典男, 《행동경제학行動經濟學》

예일 대학교와 프린스턴 대학교의 전략이론가인 배리 J. 네일버프Barry J. Nalebuff와 애비너시 딕시트Avinash K. Dixit는 《전략의 탄생*The Art of Strategy*》에서 행동경제학이 "합리성을 폐기한 것이 아니라 합리성을 확장"시켰다고 주장했다. 즉 행동경제학은 이기적이고 합리적인 인간을 전제한 표준경제학의 선택이론에 형평성과 이타주의, 상대에 대한 보상과 처벌과 같은 2차적 요소들을 포함시켰다는 것이다.

일상생활에서 대부분의 사람들은 합리적으로 판단한다. 하지만 우리는 모든 상황에서 머릿속으로 합리적인 계산을 끝내고 행동하지는 못한다. 독일의 심리학자 게르트 기거렌처Gerd Gigerenzer가 《생각이 직관에 묻다*Gut Feelings*》에서 소개한 사례를 보자.

당신은 야구선수이며, 팀에서 외야수로 활약하고 있다. 코치는 당신을 훈련시키기 위해 외야 쪽으로 수없이 공을 날린다. 낙하지점을 정확히 포착하려면 야구 배트의 타점과 타격의 강도, 야구공의 무게와 포물선의 각도, 바람의 세기와 방향 등을 정확히 계산해야 한다. 하지만 당신은 운동장을 달려가면서 그런 계산을 하지는 않는다. 짧은 시간에 야구공의 궤적을 계산하기 위해 고차방정식을 만들 수는 없는 노릇이다. 그럼에도 불구하고 당신은 야구공이 배트에 맞는 순간 직감적으로 낙하지점을 어림

짐작하고, 재빨리 몸을 이동한다. 어느 정도 위치를 파악하면, 당신은 허공에서 떨어져 내리는 야구공을 바라보며 천천히 종종걸음을 친다. 당신은 방정식의 도움을 받지 않고도 정확히 공을 잡아낼 수 있다.

당신이 야구공을 잡아낼 수 있었던 것은 계속되는 반복훈련을 통해, 갖가지 상황에서 공의 궤적을 예측할 수 있는 능력을 절차기억 수준으로 간직하고 있기 때문이다. 아무리 직감이 뛰어나더라도 훈련받지 않은 사람은 공을 받아내기 어렵다. 때로 우리는 직감으로 행위를 결정할 때 더 유리하다. 즉 어떤 상황에서는 어림셈이 복잡한 계산보다 더 효율적이다. 이 때문에 사람들은 어떤 상황에 대처할 때 모든 요소를 고려하지 않고, 반드시 필요한 몇 가지 요소들에 입각하여 결정한다. 반드시 필요한 요소들은 빠른 판단을 해야 하는 순간에 저지를 수 있는 오류를 줄여 준다.

당신이 신호등이 없는 도로를 건넌다고 가정하자. 당신의 두뇌는 재빨리 위험을 살피고, 무사히 건널 수 있는 확률을 계산할 것이다. 그러나 당신은 두뇌의 복잡한 계산을 인지하지 못한다. 당신은 두뇌가 '출발!'이라는 명령을 내릴 때 그대로 따를 뿐이다. 이때 두뇌는 달려오는 자동차의 대수와 속도, 당신이 걷는 걸음걸이의 속도와 걸음 수를 계산하는 것이 아니다. 빠른 판단이 요구될 때 두뇌는 복잡한 계산 대신 어림셈법을 사용한다. 정확한 계산이 아니라 경험에서 얻은 통계를 활용하는 것이다. 간혹 신속한 결정과 두뇌의 편견이 최선이 아닐 때도 있다. 하지만 신속한 결정이 요구되는 대부분의 결정에서 어림셈법은 당신에게 이득을 준다. 당신이 길을 건너면서 복잡한 계산을 수행한다면, 자동차에 치일 가능성은 더 높아진다. 이 경우 판단이 내려졌을 때 재빨리 길을 건너는 것이 유리하다.

때로 우리는 다양하고 복잡한 요소들을 제거하고, 대표적인 요소만 고려할 때 더 정확히 예측할 수 있다. 중요하지 않은 요소들은 더 많은 오류를 포함하고 있기 때문이다. 기거렌처는 허버트 사이먼이 제안한 '제한적 합리성'을 보여주기 위해 간단한 실험을 했다. 그는 학생들에게 물었다.

"샌디에고와 샌안토니오 중 어느 도시의 인구가 더 많은가?"

실험결과 미국도시들을 비교할 때는 독일학생들이 더 잘 맞히고, 독일의 도시를 비교할 때는 미국학생들이 더 잘 맞혔다. 제대로 알지도 못하는 도시의 인구를 더 정확히 추정한 이유는 무엇일까? 그것은 자기 나라에 대해 지나치게 많은 것을 알고 있기 때문이다. 지나치게 많은 정보는 오히려 판단에 장애가 된다. 반면 단순하지만 대표성을 가진 정보만 주어지면 오히려 정확한 판단을 내릴 수 있다.

뇌는 합리적으로 진화하지 않았다

우리는 왜 비합리적으로 사고하고 행동하는가? 뇌는 왜 복잡한 정보를 단순화하고, 이를 바탕으로 비합리적인 판단을 내리는가? 라디오 드라마를 들으며 정말 화성인들이 지구를 침공했다고 믿는 것은 무엇 때문인가?

대답은 우리의 뇌 속에 있다. 1950년대 미국의 심리학자 폴 매클린Paul MacLean은 인간의 뇌가 R-복합체reptile complex, 변연계limbic system, 대뇌피질neo cortex 등 크게 세 부분으로 구성되어 있다는 '뇌 삼위일체론triune brain hypothesis'을 제시했다.

R-복합체는 '파충류의 뇌'로도 불리는 것으로 인간의 뇌에서 가장 오래된 부분이다. 척수, 후뇌, 중뇌로 형성되어 있으며 심장박동, 혈액순환, 호흡 등의 생존과 생식 기능을 관장한다. 어류와 양서류의 뇌는 이 부분으로만 이루어져 있다. 변연계는 R-복합체를 둘러싸고 있는데, 파충류

역시 원시적인 변연계를 갖고 있다. 뇌의 가장 바깥쪽을 덮고 있는 대뇌피질은 진화단계에서 가장 나중에 발달했다. 대뇌피질은 고등동물에서 볼 수 있으며, 인간은 다른 영장류에 비해 상대적으로 발달된 대뇌피질을 갖고 있다.

파충류의 뇌는 동물적 충동의 원천이며, 변연계는 이러한 충동에 대처할 상황을 부여한다. 또 대뇌피질은 각 상황에 대한 대응 논리를 제공하며, 선과 악을 판단하여 합리성을 부여한다. 인간이 스스로 합리적이고 이성적이라고 믿는 것은 바로 대뇌피질 때문이다. 그러나 우리가 위험이나 손실 같은 생존의 문제에 부딪혔을 때, 가장 먼저 반응하는 것은 파충류의 뇌다. 생존에 중요한 것일수록 뇌의 더 깊숙한 곳에 위치하고 있다. 따라서 파충류의 뇌는 진화과정에서 다른 부위에 비해 가장 이른 시기에 생겨났고, 작동하는 속도도 빠르다.

정리하자면 우리의 뇌는 발달순서에 따라 크게 뇌간, 대뇌변연계, 대뇌피질로 구분된다. 뇌간은 조상들이 파충류로 살았던 시절에 이미 갖고 있었고, 대뇌변연계와 대뇌피질은 포유류로 진화하면서 생겨났다.

심리학자들은 우리의 사고체계를 두 가지로 분류한다. 하나는 빠르고 자동적이며 무의식적으로 진행되는 반사체계이고, 다른 하나는 신중하고 분별력을 가진 숙고체계다. 반사체계를 담당하는 곳은 오래된 뇌이며, 숙고체계를 담당하는 곳은 비교적 최근에 생겨난 대뇌피질이다. 반사체계는 대부분의 동물들이 갖고 있는 사고체계다. 오래된 뇌는 생존문제와 직결되는 정보들을 처리하기 때문이다.

숙고체계가 신경의 오솔길이라면, 반사체계는 고속도로다. 뇌에서 감정을 처리하는 경로 중 일부는 사고를 관장하는 대뇌피질을 거치지 않고 시상을 거쳐 감정통제센터인 편도체로 직행한다. 이 지름길에는 이성이 끼어들 틈이 없다. 편도체는 우리 몸에서 경보체계를 작동시키기 때문에 자극을 지나치게 과장하는 경향이 있다. 이 감정정보들은 호감과 혐오감을 명확히 구분함으로써 행동에 결정적인 영향을 미친다.

소비자 행동 컨설턴트인 필립 그레이브스Philip Graves는 소비자 조사의 문제점과 오류를 지적한 《소비자학? *CONSUMER.ology*》에서 이렇게 말했다.

"뇌는 '지름길'과 '어림짐작'이라는 시스템 위에서 작동한다. 이런 과감하고 효율적인 의사결정 도구가 없다면, 인간은 아마 아무 일도 할 수 없을 것이다."

그는 무의식적 마음이야말로 소비자 행동의 진짜 동인이며, 소비자가 이성적으로 선택한다는 믿음은 스스로를 의식적인 존재로 보고 싶어 하는 우리의 열망을 반영할 뿐이라고 말한다. 다시 말하면 우리가 접하는 정보는 의식적인 처리과정을 거치지 않으며, 뿌리 깊게 형성된 일상적 행동일수록 무의식에 지배받을 확률이 높다는 것이다.

뇌가 두 가지 시스템을 갖게 된 이유는 우리 조상들이 새로운 경험과 익숙한 경험을 반복했기 때문이다. 새로운 상황을 접했을 때 뇌는 상황을 분석하여 신중한 결정을 내려야 했을 것이다. 그러나 일상적이고 반복적인 일들에 대해 오랜 시간 숙고하는 것은 비효율적이다. 커다란 뇌는 엄청난 대가를 지불하고 얻은 것이기 때문에, 뇌는 비효율을 참지 못한다. 따라서 익숙한 상황을 처리하기 위해서는 지름길이 필요했다.

오래전 조상들에게 중요했던 문제는 공격과 도피, 안전, 식량의 확보, 배우자 선택, 자녀양육 같은 생존과 생식에 관련된 것들이었다. 이런 문제를 해결하기 위해서는 빠른 판단과 즉각적인 반응이 요구되었다. 이때에는 정교한 사고체계가 그리 중요하지 않다. 생사가 갈리는 문제를 판단할 때는 이리저리 생각할 여유가 없다. 한순간의 방심이나 미적거림은 곧 죽음을 의미하기 때문이다. 따라서 위험에 직면하는 순간, 조상들은 반사적으로 행동할 수밖에 없었을 것이다. 우리의 미숙한 사고체계는 이로부터 비롯한 것이다.

조상들이 무리지어 살기 시작하면서 뇌는 보다 복잡한 정보를 처리해야 했다. 사회적 동물에게는 친족을 돕거나, 유사한 무리끼리 동맹을 맺거나, 타인의 마음과 행동을 알아차리거나, 타인과의 의사소통이 중요하기 때문이다. 이로부터 사회적 본능이 생겨났다. 조상들이 농경사회를 이루고 계급이 발생하면서 처리해야 할 정보들은 점점 많아지고 복잡해졌다. 서열이 삶의 질을 결정하게 되면서 상위계층은 권력을 추구하고, 하위계층은 권력에 순응하는 법을 습득해야 했다. 일종의 정치적 본능이 생겨난 것이다. 이와 함께 경제적 본능도 생겨났다. 어떤 것을 선택했을 때 얻을 수 있는 이득과 손실을 정확하게 파악할 수 있는 사람은 서열 다툼에서 매우 유리한 위치를 점했을 것이다. 또 무리 속에서는 자원을 교환하는 것이 유리하므로 나누거나 교환하려는 성향도 나타났다.

문제는 인간의 숙고체계가 반사체계에 의존하고 있다는 점이다. 숙고체계는 반사체계가 제공하는 정보에 의존한다. 만약 반사체계가 제공하는 정보가 불확실하거나 짧은 시간 안에 처리하기 곤란할 만큼 양이 많다면, 뇌는 전혀 다른 방식으로 작동한다. 이때 숙고체계는 상당한 스트레스를 받기 때문에 작동을 멈추고, 대신 반사체계가 작동한다. 미숙한 사고는 이 때문에 발생한다. 그렇다고 해서 미숙한 사고체계가 항상 불리한 것은 아니다.

> 반사체계가 숙고체계보다 근시안적인 것은 틀림없지만, 만약 이것이 완전히 비합리적인 체계였다면 이것은 아예 존재하지도 않았을 것이다.
>
> 개리 마커스Gary Marcus, 《클루지 *kluge*》

금융전문가 나심 니콜라스 탈레브Nassim Nicholas Taleb는 반사체계의 편향된 인식체계를 '검은 백조'에 비유했다. 그의 저서 《블랙 스완*Black Swan*》은 반사체계를 무시함으로써 발생하는 문제들에 대한 보고서라 할 만하다. 사람들은 모든 고니를 흰색이라고 믿는다. 하지만 17세기에 호주에서 검은 백조(흑고니)가 발견되면서 이 고정관념은 무너졌다. 하지만 아직도 많은 사람들이 고니는 흰색이라는 고정관념에서 벗어나지 못하고 있다. 이제 검은 백조는 '실제로는 존재하지 않는 것'이라는 의미에서 '존재하지 않는다고 믿지만 실제로는 존재하는 것'이란 의미로 바뀌었다.

나심 니콜라스 탈레브는 검은 백조를 우리의 기대영역 밖에 존재하는 극단값이란 의미로 사용한다. 극단값은 발견되기 전까지는 알 수 없다. 너무 드물게 일어나는 사건이어서 경험하지 못하기 때문이다. 하지만 보이는 것이 전부는 아니다. 검은 백조 현상이 생기는 것은 사람들이 보이는 것과 보고 싶은 것에만 집중하면서, 마침내는 보이지 않는 것까지 아예 존재하지 않는다고 일반화하기 때문이다. 우리는 눈에 보이지 않는다는 이유로 그 존재를 부정하며, 발생할 수 있는 확률을 무시한다. 또 보지 못하는 것을 포기한 채 이미 정의된 것들에만 집중한다.

나심 니콜라스 탈레브는 검은 백조 현상에 빠져 있는 대표적인 예로 '경제학'을 들었다. 그는 표준경제학이 점차 고립되고 있는데도 그런 사실을 받아들이지 못한다고 비판한다. 한술 더 떠서 속물학자가 가장 많이 득시글거리는 분야가 경제학이라고 조롱한다. 그가 경제학을 야유하는 이유는 간단하다. 전통적인 경제학이 '합리성이라는 구속'에서 벗어나고 있지 못하기 때문이다. 경제학은 미래의 결과를 예측할 수 있다는 자만심에 빠져 있지만, 인간의 행위란 경제학자들이 생각하는 것보다 훨씬 더 복잡하기 때문에 예측이 불가능하다.

우리의 뇌는 가장 두드러져 보이는 사물의 특징에 집중하도록 프로그램되어 있다. 이런 편향성이 우리에게 잘못된 선택을 하도록 유도한다.

특정한 사물에 대한 선호나 증오, 혹은 공포와 회피 반응을 보이는 것은 이로부터 비롯된다. 뿐만 아니라 우리는 편향성을 가진 뇌로 인해 속도에 탐닉하기도 하고, 엄청나게 큰 단위의 숫자들이나 작은 단위의 숫자들에 비합리적으로 반응한다. 이런 심리는 거대한 집단 내에서 사소한 집단행동을 유발할 수 있으며, 결국 무리 전체에 폭발적인 행동을 불러일으켜 대공황과 같은 상황을 연출할 수 있다.

우리가 때로 단순한 추론에 의존하는 것은, 그것이 생존에 유리했기 때문이다. 휴리스틱에 의한 판단은 뇌의 불필요한 노력을 덜어준다. 조상들은 뇌를 혹사하지 않으면서 정신적으로 편안한 길을 선호했다. 휴리스틱에 의한 판단은 우리로 하여금 실수를 하게 만들지만, 실수로 인한 손실은 위험을 부르는 더딘 판단보다 효율적이었을 것이다.

> 우리의 일상적 경제는 효용의 극대화가 아니라 노력의 최소화 원리를 추구하며, 호모에코노미쿠스라기보다는 게으른 인간homo piger이다.
>
> 대니얼 길버트Daniel Gilbert, 《행복에 걸려 비틀거리다*Stumbling on Happiness*》

승자의 유전자만 살아남았다

뇌는 상황에 따라 기대나 두려움의 정도를 왜곡시킨다. 우리는 미래의 위험을 정확히 판단하지 못하기 때문에 불확실한 상황에서는 손익을 제대로 평가하지 못하고, 불리한 결정을 내릴 수도 있다. 더구나 위기상황에서는 꼼꼼하게 손익을 따질 틈이 없다. 공격하거나 도망가지 않으면 적의 먹이가 될 수도 있다. 그래서 우리는 위험한 상황에서 안전을 택하여 도피하거나 맞서 싸우도록 진화했다.

여기가 바로 손실회피와 위험추구, 그리고 확실성 효과가 나타나는 지점이다. 뇌는 행복을 추구하기보다는 불행을 줄이려고 노력한다. 이득을 얻기 위한 위험을 피하는 반면, 손실을 피하기 위한 위험은 기꺼이 받아들인다. 우리는 대부분의 경우에 손실을 회피하려는 성향을 갖고 있지만, 더 이상 잃을 것이 없을 만큼 손실을 입었을 때는 약간의 가능성만 있어도 위험에 도전하는 것이다. 그래서 도박꾼들은 전 재산을 탕진하고도 다시 도박장을 찾는다. 또 우리는 확실한 이득이 보장되어 있을 경우 더 큰 이득이 기대될지라도 이미 보장된 이익을 확실히 챙기는 것을 선호한다. 위험을 선호하도록 진화한 것은 도박꾼만이 아니다. 당신의 조상들이 위험을 감수하지 않았다면, 당신은 이 자리에 존재하지 않았을 것이다. 당신의 조상은 배우자를 차지하기 위해 경쟁자와 목숨을 걸고 싸웠으며, 이웃 부족의 처녀를 납치하기 위해 기꺼이 전쟁터에 나갔을 것이다. 동물들 역시 유전적 대가가 분명할 때는 목숨을 버리는 위험을 감수한다. 조용히 물러서면 목숨을 보전할 수 있겠지만, 만일 그랬다면 후손을 남기지 못했을 것이다. 또 우리 조상이 배우자를 만나지 못했다면, 위험을 기피하는 유전자도 그와 함께 영원히 사라졌을 것이다.

> 사람이 기꺼이 위험을 선택하는 이유는 우리의 아버지의, 아버지의, 아버지의, 아버지의, 아버지의, 아버지의, 아버지가 위험한 도박을 해서 성공을 거둔 사람들이기 때문이다.
>
> 테리 번햄 & 제이 펠런Terry Burnham & Jay Phelan, 《비열한 유진자*Mean genes*》

위험에 도전한 조상들만이 진화의 경쟁에서 살아남아 후손을 남길 수 있었다. 진화의 역사에서는 승자의 유전자만 살아남는다. 따라서 우리의 피 속에는 위험을 감수하려는 본능이 남아 있다. 뇌는 도파민을 분비함으로써 우리로 하여금 모험에 나서도록 자극한다. 이 도파민 시스템이 모험에 대한 유전적, 생화학적 보상인 셈이다. 그래서 우리는 모험을 즐길 때 흥분한다. 식은땀을 흘리며 공포영화를 보려 하고, 두려움에 비명을 지르면서도 번지 점프대와 롤러코스터 앞에 줄을 서는 것이다.

조상들이 겪었을 상황을 재현해 보자. 두 사냥꾼이 사냥을 나섰다가 토끼 한 마리와 들소 한 마리를 발견했다. 당신이라면 토끼와 들소 중 어느 사냥감을 쫓을 것인가. 토끼를 쫓는 사냥꾼은 들소를 쫓는 사냥꾼보다 사냥에 성공할 확률이 높다. 만일 그가 평생 토끼만 사냥하기로 결심했다면 굶어죽지는 않을 것이다. 그러나 풍족하고 여유로운 삶을 기대할 수는 없다.

반면 들소를 쫓기로 결심한 사냥꾼이 사냥에 성공한다면, 그는 한동안 식량 걱정은 하지 않을 것이다. 그는 여분의 시간에 새로운 사냥도구를 마련할 수 있고, 덫이나 함정을 고안할 수도 있을 것이다. 물론 그는 들소를 쫓기로 결심했을 때 당장의 끼니를 거를 수도 있는 모험을 선택한 것이다.

삶이란 그런 것이다. 모험적인 전략을 선택한 사람일수록 실패할 확률이 높아지지만, 성공했을 때의 보상은 훨씬 크다. 그래서 인간은 성공확률이 낮을 때 위험을 추구하고, 확률이 높을 때는 얻게 될 이익을 미리 확정하여 손실을 피하려고 한다. 이런 심리를 두고 폴 크루그먼은 이렇게 말했다.

> 우리 모두는 한 사람도 빠짐없이 대도시에서 길을 잃는 사냥꾼들이자 채취자들이다. (……) 우리는 자본이득이 아니라 매머드를 사냥하기에 적합하도록 설계된 투자본능을 지니고 있다.
>
> 폴 크루그먼, 《대폭로 *The Great Unraveling*》

물론 조상들은 위험을 피하는 유전자도 동시에 물려주었다. 경쟁자의 무기도 확인하지 않은 채 무작정 달려든 조상은 배우자를 만나기도 전에 살해되었을 것이기 때문이다. 그러므로 우리는 위험을 감수하려는 성향과 회피하려는 성향을 동시에 갖고 있다.

현재에 가치를 부여하는 시간선호나 수중에 있는 것에 가치를 부여하는 보유효과 역시 조상들이 살았던 환경과 관련이 있다. 내일도 사슴을 사냥할 수 있다면, 굳이 오늘 사슴을 사냥할 이유가 없다. 하지만 내일도 그 사슴이 그 자리에 나타나리라는 보장이 없다. 미래는 불확실하기 때문에 눈앞에 나타난 사슴을 놓아주는 것은 바보 같은 짓이다. 사냥꾼에게는 현재가 중요하다. 지금 사슴을 놓치면 내일 굶을 수도 있기 때문이다.

농사꾼도 마찬가지다. 올해 풍년이 들었다고 해서 내년에도 풍년이 든다는 보장은 없다. 그래서 우리는 현재의 시간을 중요시하고, 수중에 넣은 것을 잃지 않으려 한다. 신용카드를 함부로 쓰고, 저축을 미루며, 위기상황이 닥치면 사재기에 열중하는 것이다.

효용보다는 가치

뇌는 확률에 약하다. 확률은 불확실한 상황에서 무엇을 알 수 있는가에 대한 평균적 진술일 뿐, 당장 직면해야 할 사건과 1대 1로 정확히 대응하는 것이 아니다. 따라서 뇌는 각 상황마다 정확한 확률을 계산하도록 설계되지 않았다. 진화의 생존 게임에서 중요한 것은 정확한 계산이 아니라 빈도를 이용하는 것이다.

당신이 원시공동체 시절의 사냥꾼이라고 가정해 보자. 사슴이 지나가는 길목은 숲 속에 산재해 있다. 이때 당신은 땅 위에 지도를 그려놓고 사슴이 지나가는 길목에 대한 확률을 계산하지는 않을 것이다. 이미 당신은 사슴이 자주 나타나는 길목이 어디인지 경험을 통해 알고 있다. 만일 당신이 한 달에 세 번 꼴로 사슴을 발견한 길목이 있다면, 한 달에 한 번 발견한 길목 대신 그곳을 지키고 있을 것이다.

또 다른 경우를 상상해 보자. 당신이 잡초가 우거진 시골길을 걷고 있는데, 갑자기 길고 가느다란 어떤 물체가 밟혔다. 그 물체는 독사일 수도 있고, 누군가 흘린 검은 색의 노끈일 수도 있다. 아마 당신은 그 물체를 밟는 순간 화들짝 놀라 몸을 피할 것이다. 물체를 밟은 채 내가 밟은 것이 뱀일까, 노끈일까를 생각하는 것은 부질없는 만용이다. 그런 생각은 일단 몸을 피하고 나서 해도 늦지 않다.

뇌의 작동방식은 그다지 정교하지 않다. 뇌의 시스템은 체계적으로 움직이지만, 우리 사회는 뇌가 적응하기도 전에 너무 빠른 속도로 발전했다. 다시 말하면 뇌는 원시인의 눈으로 오늘의 세계를 바라본다. 더구나 급박한 위험에 처했을 때 우리는 가장 원시적인 뇌, 즉 파충류의 뇌 시스템을 작동시킨다. 이때는 뱀에 대한 공포감처럼 눈앞에 직면한 문제들을 재빨리 해결하기 위해 일종의 어림셈법을 활용한다. 어림셈법을 사용한 조상만이 생존의 위협에서 빠르게 반응할 수 있었고, 마침내는 번식의 기회를 가질 수 있었다.

아마 당신의 조상이 제자리에 선 채, 지금 밟고 있는 것이 뱀일 확률과 노끈일 확률을 계산했다면, 그는 자손을 남기지 못했을 것이다. 원초적인 뇌는 '연상화'와 '일반화'의 특징을 갖고 있다. 연상화는 어떤 사건과 주위상황을 연관짓는다. 만일 어떤 계곡에서 가족이 추락하는 것을 목격했다면, 그에게 계곡은 두려운 존재가 된다. 일반화는 어떤 대상의 특성을 보편적인 것으로 만든다. 뱀 한 마리가 독을 품고 있으면, 모든 뱀을 위협적 존재로 생각하는 것이다.

> 진화와 정신에 관한 경험적 연구들을 통해 우리가 배운 분명한 사실은 뇌가 자기 자신을 이해하도록 조립된 게 아니라 생존하기 위해 조립된 하나의 기계라는 것이다. (……) 마음은 다음날에도 살아남기 위해 꼭 알아야만 하는 세계의 부분들만 밝게 비춰볼 뿐 나머지 부분들에 대해서는 거의 장님이나 다름없다.
>
> 에드워드 윌슨Edward O. Wilson, 《통섭*Consilience*》

이것은 인간이 멍청해서 일어나는 일이 아니며, 뇌가 갖고 있는 설계상의 결함 때문도 아니다. 앞서 밝혔듯이 진화는 우리로 하여금 확률 대신 상대적 빈도로 판단하게끔 만들었다. 우리는 직관적으로 확률을 경험상의 빈도와 동일시하도록 진화한 것이다. 이러한 심리적 현상을 '빈도의 존성 선택frequency-dependent selection'이라 부른다.

우리는 숫자에 익숙하지 않다. 먼 조상들은 생존의 문제를 해결하는 데 손가락 열 개면 충분했을 것이다. 이들에게 수백 마리의 사냥감이나 수천 가마의 곡식은 아무 의미도 없다. 따라서 우리는 복잡한 수를 생각하도록 진화하지 않았다. 오히려 조상들에게 중요한 것은 '가치함수value function'였을 것이다. 오늘날 행동경제학은 효용함수 대신 가치함수의 개념을 활용한다.

복잡한 수학적 개념을 피해 가치함수의 특징을 요약하면 이렇다. '가치'는 모든 사람이 동일한 값을 갖는 것이 아니라 개인에 따라, 상황에 따라, 준거점에 따라 달라진다. 즉 가치는 준거점을 기준으로, 그것으로부터의 변화나 비교를 통해 측정된다. 기존의 기대효용 이론에서는 가치가 부의 크기로 측정되었다.

예를 들어보자. 농부인 당신은 최근 몇 년 동안 100가마의 곡식을 수확해 오다가 올해 한 가마를 더 수확했다. 반면 이웃집의 가난한 농부는 매년 한 가마밖에 수확하지 못했고, 부족한 곡식은 이웃 주민들에게 신세를 졌다. 그런데 가난한 농부가 부지런을 떨더니 올해 한 가마를 더 수확하게 되었다. 두 사람 모두 한 가마를 더 수확했지만, 가치함수를 적용하면 두 사람이 느끼는 효용이 다르다. 가난한 농부가 수확한 한 가마의 곡식이 더 가치를 갖는 것이다.

곡식 100가마에서 한 가마가 추가되는 것은 생존에 거의 영향을 미치지 못한다. 그러나 한 가마를 수확하던 사람이 한 가마를 더 수확하는 것은 생존의 문제와 직결된다. 중요한 것은 한 가마를 더 수확한 것이 아니라 굶어죽느냐, 살아남느냐는 것이다. 이 때문에 조상들은 생존문제와 직결되는 것에 가중치를 부여했을 것이다.

또 가치함수는 민감도 체감성diminishing sensitivity을 반영한다. 앞서 우리는 온도가 다른 물에 손을 집어넣는 실험을 '베버의 법칙'과 함께 살펴보았다. 같은 온도일지라도 피험자가 어떤 물에 손을 넣었다가 옮겨왔는지에 따라 체감온도가 다르게 느껴진다. 민감도 체감성도 이와 유사하다. 이때 물의 온도는 손익과 비교될 수 있다. 손실과 이익이 클수록 작은 손익에 대한 민감도는 낮아진다. 또 이익이든 손실이든 그 상황에 익숙해지면 민감도는 저하된다. 이는 한계효용 이론과 같지만, 손실에 대한 태도에서는 큰 차이를 보인다. 사람들은 이익이 기대될 때 손실을 회피하지만, 손실이 확정된 상태에서는 오히려 손실에 대한 위험을 추구한다. 가치함수의 또 한 가지 특징은 손실회피 성향이다. 사람들은 같은 양이라도 손실을 이익보다 더 크게 느낀다. 100만 원을 얻었을 때의 기쁨보다 100만 원을 잃었을 때의 고통이 더 크다.

마음속에 별도의 계정을 만드는 '마음의 회계' 역시 각 계정의 가치를 다르게 인식하기 때문에 생겨난다. 마음의 회계는 매우 비합리적인 심리체계지만, 늘 부정적인 결과만 가져오는 것은 아니다. 만일 당신이 은행에서 돈을 대출받아 매달 100만 원의 이자를 지불한다고 하자. 그런데 당신의 자녀가 대학에 진학하는 바람에 이자를 갚기가 빠듯해졌다. 당신은 노후를 위해 매달 50만 원씩의 연금을 불입하고 있고, 연금을 깨면 대출금을 모두 갚을 수 있다. 이때 당신이 합리적이라면 노후연금을 깨서 은행대출금을 갚아야 한다. 하지만 이런 선택을 하는 사람은 그리 많지 않다. 이는 마음의 회계가 대출계정과 연금계정을 따로 분리해 놓았기 때문이다.

마음의 회계장부가 없다면 당신은 노후연금을 해약할 것이다. 만일 그랬다면, 당신의 노후는 매우 불안정할 것이다. 따라서 마음의 회계장부는 현재의 욕구 때문에 노후를 포기하지 않도록 하는 역할을 한다.

합리적 인간, 합리화하는 인간

우리의 마음은 편견으로 가득 차 있으며, 이러한 심리적 편견은 합리적이고 이성적인 판단을 가로막는다. 자신이 선택한 것에 대한 결과를 접했을 때 사람들은 두 가지 심리적 반응을 보인다. 하나는 그 결과를 그대로 인정하는 것이고, 다른 하나는 결과가 나오게 된 이유를 찾아내 그 영향을 과대 포장하는 것이다. 이때 사람들은 원인을 공정하게 평가하는 것이 아니라, 이미 벌어진 결과를 바탕으로 기억을 재구성한다.

사람들은 성공한 사례만 기억하고 실패한 사례를 쉽게 잊는다. 설령 실패를 기억해도 자신의 행위를 정당화하는 쪽으로 실패를 해석한다. 결과가 좋으면 내 탓이고, 결과가 나쁘면 자신이 통제할 수 없었던 어떤 요인을 원인으로 지목하는 것이다. 사람들은 다른 사람을 자신보다 못되고 이기적인 인간이라고 평가하는 경향이 있다. 자신은 약자를 돕고 사회적 정의를 실현하기 위해 사법고시를 준비하지만, 남들은 출세와 돈을 위해 준비한다는 편견도 여기에 해당한다.

우리의 기억도 정확한 것은 아니다. 다른 사람에게 일어난 사건이나 간접 경험한 일들을 자신이 경험한 것처럼 혼동하고, 때로는 일어난 적이 없는 사건을 창작해 내기도 한다. TV에서 본 장면을 자신이 경험한 것처럼 착각하는 것은 어떤 사실을 기억하고자 할 때 여러 곳에 저장된 기억을 연쇄적으로 떠올리기 때문이다. 즉 한 가지 기억을 떠올릴 때 그와 관련이 있는 기억들이 한꺼번에 활성화되는 것이다. 이를 출처혼동source confusion이라 부른다.

더구나 뇌는 이야기 구성하기를 즐긴다. 여러 곳에 흩어져 있는 기억을 떠올릴 때 그럴 듯한 이야기가 꾸며지지 않으면 뇌는 그 간극을 메우기 위해 적절한 기억을 만들어 삽입한다. 그래서 최면에 빠진 사람은 어린 시절의 경험을 생생하게 진술하지만, 실제로는 나중에 겪은 경험들을 이야기 속에 뒤섞는다. 시간이 지나면 실제 경험과 틈새로 끼어든 경험이 섞여 실제 경험한 것으로 믿게 된다. 또 사람들은 어떤 것을 상상하면 할수록 실제 기억을 부풀리는 상상 팽창imagination inflation의 경향이 있다.

결국 인간은 남을 속일 뿐 아니라 스스로를 속일 수 있는 존재다. 이 자기기만의 방식은 결국 뇌로부터 비롯된다. 뇌는 정보의 출력을 왜곡할 수 있을 뿐 아니라 입력되는 정보도 왜곡한다. 왜곡된 정보로 인해 잘못 저장된 기억은 때로 확신으로 무장한 채 다른 사람을 궁지에 처하게 할 수 있다. 목격자의 잘못된 진술은 무고한 사람을 감옥에 보낼 수 있을 뿐 아니라, 왜곡된 기억은 자신이 저지르지도 않은 일을 허위로 자백하게 할 수도 있다. 왜곡된 기억이 활성화되는 것은 대개 경찰이나 검찰의 유도질문이나 그들이 조성한 심문 환경에 의해서다.

앞서 사후예단 편향hindsight bias을 예로 들었듯이, 우리는 자신의 예측이 잘못되었을 때 그 결과를 인정하지 않고 자기위안의 핑계거리를 만들어낸다. 결과를 알고 난 뒤 사실에 대한 평가를 달리함으로써 자신의 잘못을 감추는 것이다. 이는 우리의 뇌가 내면에서 일어나는 심리적 갈등을 조정하도록 진화했기 때문이다. 자연 상태에서 매순간 생존을 고민하던 조상들에게는 이러한 심리적 편향이 쓸모 있었을 것이다. 잘못된 판단을 사후에 수정함으로써 새로운 학습의 기회를 얻을 수 있었던 것이다.

화려한 외양을 지닌 버섯은 독을 품고 있다. 아무런 정보가 없는 상태에서 독버섯을 먹고 배탈이 났다면, 조상들은 그 독버섯의 색깔과 모양을 기억해 두었을 것이다. 하지만 비슷한 모양의 다른 버섯을 먹고 또다시 곤욕을 치렀다면, 후회의 감정이 복받쳤을 것이다. 그럴 줄 알았어! 라고 되뇌는 순간, 그가 또다시 실수할 확률은 적어진다.

진화의 법칙은 한 번 입증된 것을 버리는 일이 거의 없다. 어떤 선택이 성공적이었다면, 뇌는 그것을 소중히 간직한다. 뇌의 발달순서에서도 볼 수 있듯이, 우리의 뇌는 처음부터 완벽하게 설계된 것이 아니다. 기존의 구조로 직면한 문제를 해결할 수 없으면, 진화는 새로운 장치를 추가한다. 일종의 땜질처방인 셈이다. 뉴욕 대학교의 심리학자 개리 마커스는 이러한 주먹구구식 해결책을 '클루지kluge'라고 명명했다.

진화의 결과물 중에서 인간의 척추만큼 형편없는 것도 드물 것이다. 먼 조상들은 네 발 달린 동물로부터 진화했다. 그러나 직립보행을 하게 되면서 인간의 척추는 만병의 근원이 되었다. 여섯 개의 다리를 가진 곤충은 세 다리를 움직일 때 나머지 세 다리로 몸무게를 지탱하고, 네 발 달린 동물들도 걸을 때는 항상 세 다리를 지면에 놓는다. 하지만 인간은 두 다리만으로 자신을 지탱하며, 때로 다리 하나만으로 몸무게를 이겨야 하는 경우도 있다. 이 때문에 우리는 척추를 혹사하면서 수많은 척추질환에 시달린다.

우리의 시각도 마찬가지다. 진화는 '진화의 관성evolutionary inertia'에 따라 이전에 있던 것을 바탕으로 계속 땜질처방을 하는 방식으로 이루어진다. 적응적 이익이 없는데도 생겨나거나 사라지지 않은 기관들이 여기에 해당한다. 예를 들어 꼬리뼈나 귀의 동이근動耳筋, 맹장 같은 기관은 대표적인 흔적기관으로 남아 있다.

시각에 존재하는 맹점blind spot도 진화의 관성 때문에 생겨났다. 시각기관은 아름다움을 감상하기 위해 만들어진 것이 아니라 대상의 형태와 재료에 대한 감각을 전달하기 위해 만들어졌다. 망막을 덮고 있는 광수용기는 빛을 전기적 신호로 바꾸어 뇌에 전달한다. 그러나 망막에는 광수용기들이 고르게 분포되어 있는 것이 아니라 중심에 밀집되어 있다. 맹점은 광수용기가 없는 곳에 생긴다. 한쪽 눈에 하나씩 두 개의 맹점이 있지만, 두 눈의 맹점이 겹치지 않기 때문에 맹점은 서로 보완관계에 있다.

망막의 광수용기는 때로 사물이 얼마나 멀리 떨어져 있는가에 대해 혼란을 일으킨다. 우리의 망막세포는 거리를 가늠할 때 가장 정확해 보이는 지점을 먼저 고려하기 때문이다. 이것이 착시현상을 일으키는 원인이다.

진화는 가장 좋은 것을 선택하는 것이 아니라 적당히 만족할 만한 것을 선택한다. 최선이 없다면 차선을 선택하는 것이다. 진화는 완벽을 추구하는 것이 아니며, 그 결과가 완벽한 것도 아니다. 개리 마커스는 이를 두고 "진화의 경로를 거치면서 우리의 뇌는 마치 수차례 글자를 쓰고 그 위에 또 써서, 새 글자 뒤에 옛 글자가 숨어 있는 고대 양피지 사본처럼 되었다"고 평했다.

인간의 뇌는 애초에 조상들이 직면한 문제들을 풀도록 설계되었다. 자연과 사회 환경이 변하면서 뇌는 조금씩 기능을 확장하고, 뜯어고치고, 추가장비를 장착했다. 그럼에도 불구하고 뇌는 가끔씩 오늘날의 환경을 당혹스러워한다. 문명의 질병이라 부르는 비만이 대표적인 사례다. 혹독한 환경을 살던 시대의 뇌는 불확실한 미래에 대비하여 지방과 당분을 체내에 축적하도록 진화했다. 하지만 이러한 프로그램은 오늘날 심각한 질병을 유발한다.

인간이 문명화된 것은 불과 수천 년에 불과하고, 체내에 축적하고 남을 정도의 영양분을 축적하게 된 것은 불과 수백 년 전부터다. 너무 빠르게 환경이 변하면서 뇌는 새로운 정보를 프로그램화할 시간적 여유를 갖지 못했다. 뇌가 기능을 확장하기에는, 수천 년은 너무 짧은 시간이다. 우리의 몸은 수백만 년 전에 변화된 환경에도 아직 적응하지 못했다. 뇌 용량이 확대되면서 자궁에서 빠져나오는 산도産道도 함께 확장되어야 했지만, 오늘날에도 여성들은 출산의 고통을 겪는다. 그래서 우리의 뇌는 비교적 최근에 생겨난 담배, 도박, 알코올, 마약, 컴퓨터 게임 중독에 속수무책이다.

이처럼 뇌는 적응속도가 더디지만, 인간의 신체기관 중에서 가장 빠른 진화를 겪었다. 그만큼 새로 입력해야 할 정보들이 많아진 까닭이다. 뇌의 재빠른 변신에도 불구하고 인간은 여전히 미숙한 사고체계에 휘둘린다. 뇌의 표면은 이성의 껍질을 덮고 있지만, 그 뿌리는 아직도 파충류의 본능을 간직하고 있는 것이다. 모든 것이 복잡해진 오늘날에는 파충류의 뇌가 더 이상 통하지 않는다. 따라서 우리가 비합리적 사고로 인해 겪어야 하는 곤혹스러움은 급속히 문명화된 세상을 살아가면서 치러야 할 대가다.

영국의 심리학자 스튜어트 서덜랜드Stuart Sutherland는 《비합리성의 심리학*Irrationality*》에서 싸움-도피 본능fight or flight response, 복잡한 신경네트워크, 휴리스틱, 확률과 통계의 무시, 자기본위 편향self-serving bias 등을 비합리성의 원인으로 지목했다.

싸움-도피 본능은 위급한 상황에서 우물쭈물하지 않고 충동적으로 해결방법을 찾도록 해준다. 자신이나 가족, 혹은 집단의 생존이 걸린 상황에서는 복종할 것인지, 싸울 것인지를 신속히 결정해야 한다. 이런 결정에 복잡한 합리적 사고는 중요하지 않다. 중요하지 않는 것은 진화의 과정에서 무시된다. 서덜랜드의 표현을 빌면, 우리가 비합리적인 사고를 갖게 된 것은 '합리성을 증진시켜야 한다는 진화의 압력이 약했기 때문'이다.

두 번째 원인으로 지목된 신경네트워크는 어떤 자극이 주어졌을 때 가장 단순하고 일반화된 정보를 활용한다. 모든 것을 적군과 아군, 손실과 이익으로 구분하여 판단하는 것이다. 뇌는 한꺼번에 많은 정보를 빨리 처리할 수 없다. 이런 상황에서는 오히려 많은 정보의 활용이 오류를 불러올 수 있다. '오리-토끼' 그림처럼 두 가지 모습이 모호한 경우 우리는 두 가지를 동시에 볼 수 없다. 망막이 자극을 받으면 뇌는 그물망의 형태로 얼기설기 이어져 있는 관련 정보들을 끌어올려 마음속에 사물의 지도를 그린다. 이때 중요한 것은 맥락이다. 자극이 어떤 맥락에 닿느냐에 따라, 뇌는 같은 그림을 오리나 토끼로 보는 것이다. 만일 오리를 토끼로 재해석하려면, 뇌는 다른 맥락의 정보들을 끌어내 시각정보를 새롭게 한다.

합리적 계산은 단계적으로 처리되는 반면, 위기 상황에서의 계산은 즉각적으로 이루어진다. 이런 상황에서는 가장 단순하고 간편한 원시적 뇌를 사용한다. 원시적 뇌는 떠올리기 쉽고, 여러 정보 중에서 대표성을 띤 정보를 선택하여 주먹구구로 판단한다. 숙고체계는 반사체계가 행동을 개시하라는 명령을 내린 다음에 작동된다. 그러나 이미 반사체계에 새겨진 정보는 합리적인 사고체계에 의해 쉽사리 수정되지 않는다. 처음 받았던 충격이 쉽게 사라지지 않고, 우리의 정서를 한동안 지배하는 것이다. 이는 사랑하는 연인과 이별했을 때 오랫동안 충격에서 헤어나지 못하는 것과 같다. 사고체계는 떠나버린 연인을 잊어야 한다고 판단하지만,

반사체계는 짝짓기 기회를 잃었다는 충격에서 헤어나지 못한 채 자살이나 복수를 결심하게 만들기도 한다. 심각한 사건을 접할 때 뇌 안의 경보기는 쉽게 울리지만, 경보기를 끄는 것은 쉽지 않은 것이다.

그럼에도 불구하고 사랑에 실패한 연인들 중 극소수만이 극단적인 선택을 한다. 진화의 법칙과 마찬가지로 뇌는 최선을 선택하는 것이 아니라 '적당한' 해결책을 찾는다. 우리가 수많은 심리적 편향을 갖거나 확률과 통계를 활용하는 데 익숙하지 않은 것도 여기에서 기인한다. 우리는 정확한 통계보다 직관에 의존하며, 같은 양이라도 상황에 따라 가중치를 달리 부여한다. 또 다양한 정보의 조각들을 완벽하게 조합하거나 분석하지 못하며, 정서에 민감하다. 그렇기 때문에 우리는 한 번의 커다란 성공을 유별나게 잘 기억하며, 스스로의 통제력에 과도한 믿음을 갖는다.

> 인간은 합리적인 경제 주체가 아니라 합리화하는 주체다.
>
> 야마모토 미토시山本御稔, 《심리학이 경제학을 만나다寶くじば'有樂町チャンスセンター1番窓口で買え!》

우리가 엉성한 뇌를 갖고 있다고 해도, 그것이 늘 불리하게 작용하는 것은 아니다. 매들린 반 헤케Madeleine L. Van Hecke를 비롯한 《브레인 어드밴티지*The Brain Advantage*》의 저자들은 원시적인 뇌가 의식과 상의 없이 재빨리 결정하는 것을 "축복이자 위협"이라고 표현했다. 우리가 오늘날까지 원시적인 뇌를 갖고 있는 것은 그것이 생존에 유리했다는 의미다. 단지 맹수들이 우글거리는 사냥터가 사라진 오늘날에는 이 시스템이 그다지 유용하지 않을 뿐이다.

조상들이 살았던 환경을 상상해 보자. 혼자서 사냥감을 쫓다가 등 뒤에서 바스락거리는 소리가 들려왔다고 하자. 그 소리는 당신이 낸 소리가 아니다. 당신이 취할 수 있는 최선의 행동은 무조건 몸을 낮추거나 피하는 것이다. 당신의 뒤로 몰래 접근해 소리를 낼 수 있는 것은 맹수이거나 적일 것이다. 이처럼 원시의 자연환경에서는 인과관계가 단순하기 때문에 예측이 가능하다. 하지만 오늘날에는 수많은 불규칙적 패턴이 존재한다. 횡단보도를 건너다가 바스락거리는 소리를 들었다고 해서 도로 한가운데 납작 엎드리는 사람은 바보 취급을 받을 것이다. 그럼에도 불구하고 뇌는 아직도 조상들이 겪었던 패턴을 저장하고 있다. 자극이 왔을 때 가장 단순한 인과관계를 먼저 떠올리는 것이다.

19장

표준경제학에 의심을 품다

경제학의 연구대상은 그래프가 아니다

> 배가 고파서 도둑질을 하거나, 착취당하기 때문에 파업을 한다는 사실은 더 이상 심리학적인 설명을 필요로 하지 않는다. (……) 심리학은 전혀 반대되는 관점에서 문제를 파악한다. 즉 설명되어야 할 것은 배고픈 사람들이 도둑질을 했다거나, 착취당한 노동자가 파업을 일으켰다는 사실이 아니라, 배고픈 사람들 중 대다수는 왜 도둑질을 하지 않는가, 또 착취당하고 있는 사람들 대다수는 왜 파업을 하지 않는가라는 사실이다.
>
> 빌헬름 라이히Wilhelm Reich, 《파시즘의 대중심리*Die Massenpsychologie des Faschismus*》

경제학자들이 어려워하는 것은 인간과 사회를 대상으로 이론을 검증할 방법이 제한되어 있다는 점이다. 어떤 경제학 이론도 국가와 국가, 국가와 가계, 혹은 기업과 소비자를 대상으로 한 실험을 통해 입증되지 않았다. 설령 실험을 할 수 있다고 해도, 그 결과를 과학적 이론으로까지 승화시키기 어렵다. 경제 주체들의 행동을 예측하는 것은 거의 불가능하기 때문에 경제학자들은 경제학을 사회과학으로 편입시키기 위해 수리적 모형을 설계할 수밖에 없었고, 수리적 모형에 대입할 수 있는 전제를 가정하지 않으면 안 되었다.

밀턴 프리드먼은 경제학이 과학일 수 있다고 생각했지만, 경제학의 연구대상은 그래프가 아니라 인간이다. 인간은 알 수 없는 존재이며, 또 그 행동을 예측할 수 없는 존재다. 이 문제를 해결하기 위해 경제학자들은 인간을 신과 같은 합리적 경제 주체로 가정하고, 불확실한 경제현상을 극도로 단순화하거나 추상화했다. 문제는 이 전제가 정확하지 않다는 점이다. 심리학은 지난 30여 년 동안 시장에 대한 새로운 관점을 제공해 왔다. 그럼에도 불구하고 행동경제학이 표준경제학에 미치는 영향은 아직 미미하다. 시장원리주의자들에 의해 주도되고 있는 표준경제학은 아직까지 건재하며, 거시경제학을 분석하는 도구로서 여전히 유효하다.

오히려 행동경제학을 활용하는 것은 경제학자들이 아니라 기업이다. 상품을 생산하고 판매하는 기업에게 소비자의 심리를 읽고, 소비심리를 자극하는 마케팅 활동은 매우 중요하다. 기업은 광고회사와 손잡고 가격, 광고, 마케팅 조작을 통해 상품에 긍정적인 이미지를 입힌다.

하지만 표준경제학자들은 마케팅을 인정하지 않는다. 소비자는 타인의 권유나 유행, 광고 따위에 놀아나는 꼭두각시가 아니라는 것이다. 이들은 소비자가 일관된 선호를 갖고 있고, 기업과 상품은 물론 가격에 대해 정확한 정보를 알고 있으며, 손실과 이익을 정확히 가늠하는 평형저울을 갖고 있다고 가정한다.

하지만 최근에는 행동경제학을 시장에 적용하려는 시도가 이루어지고 있다. 행동경제학자들은 비합리적인 '시간선호'를 해결하는 방법으로 정부개입의 필요성을 제시한다. 즉 정부가 나서서 시간선호의 불일치 때문에 미래를 준비하지 않는 사람들에게 심리적 자극을 줄 수 있다는 것이다. 정부는 노후대책이나 의료보험에 개입하여 개인이 현재만을 선호하지 않고 미래를 위해 저축하도록 유도할 수 있다. 정부가 개입할 수 있는 부분은 개인을 강제하거나 규제하는 것이 아니라 개인이 스스로를 '결박'할 수 있도록 하는 시스템이다.

혼자 살아가는 사회에서는 선택의 자유가 아무리 늘어나도 사회에 손실을 끼치지 않는다. 그러나 상대가 존재하는 경우에는 선택의 자유가 타인의 행동에 영향을 미칠 수 있고, 결과적으로 자신에게 해가 될 수도 있다. 이때는 두 손을 묶어버리는 것이 도움이 될 수 있다.

대표적인 사례로 리처드 탈러와 UCLA의 슐로모 베나르치Shlomo Benartzi가 개발한 퇴직연금을 들 수 있다. 이 연금은 기존의 퇴직연금제도인 '401K 저축플랜'을 재설계한 것이다. 연구자들은 그동안의 각종 데이터를 분석한 결과 직장인들이 선택 가능한 대안들에 균일하게 분산 투자하는 경향을 발견했다. 즉 '401K 저축플랜'이 주식펀드와 채권펀드를 선택하도록 되어 있다면, 사람들은 두 곳에 각각 50퍼센트씩 불입하고 있었던 것이다. 주식펀드와 혼합펀드에 기계적으로 절반씩 불입하는 경우 실제로는 주식에 75퍼센트, 채권에 25퍼센트를 투자한 것이 된다. 혼합펀드에 이미 주식투자가 포함되어 있기 때문이다. 이런 현상이 나타나는 것은 직장인들이 50퍼센트씩 분산하여 납입해 왔던 관행을 쉽게 벗어나지 못하는 '현상유지 편향' 때문이다. 연구자들은 이런 심리를 역이용하여 연금의 기본 옵션을 다양하게 제공한다면, 연금가입률을 획기적으로 높일 수 있을 것으로 판단했다.

401K 저축플랜은 납입금에 대해 세금이 공제되고 대부분의 고용주가 일정액을 분담하기 때문에 매력적인 제도였다. 그럼에도 불구하고 이 연금에 가입하지 않는 직장인들이 무려 30퍼센트에 달했다. 의무가입이 아니라 희망자만 가입했기 때문에 상당수의 직장인들이 차일피일 미루다

가 가입을 하지 못한 것이다. 우선 두 사람은 희망자만 가입하는 제도를 의무가입으로 변경했다.

또 이들은 "내일 더 많이 저축하라save more tomorrow"는 캐치프레이즈를 내걸고, 미래의 임금인상분 중 일정액을 연금펀드에 넣도록 설계했다. 즉 봉급이 인상될 때에만 납입하도록 한 것이다. 가입자가 내야 할 분담금은 봉급이 인상될 때마다 조금씩 증가하기 때문에, 가입자는 기존의 소비를 줄일 필요가 없다.

이들이 재설계한 연금제도를 중간 규모의 기업에 적용하여 실험한 결과, 가입률이 획기적으로 증가했다. 물론 표준경제학에서는 이런 일이 발생할 수 없다. 합리적인 직장인이라면 모든 연금제도를 분석한 후 최적의 액수를 저축하고 있을 것이기 때문이다. 시장원리주의자들은 모든 사람들이 합리적 기대에 의존하고, 모든 인센티브를 정확히 인식한 후 어떤 것을 선택한다고 믿는다.

그러나 우리는 소비자들이 합리적인 선택을 할 수 있도록 도울 수 있다. 또 사회를 바람직한 방향으로 유도하기 위해 시스템을 개선할 수도 있다. 예를 들어 국민들의 장기 기증을 활성화하고 싶다면 기증 희망자에게 신청서를 받기보다 모든 사람이 의무적으로 신청하도록 하고 기증을 원하지 않는 사람에 한해 신청서를 철회하도록 하면 선택의 자유를 침해하지 않으면서 기증자를 획기적으로 늘릴 수 있다.

합리적 선택이 늘 합리적 결과를 가져오지 않는다는 점은 시장원리주의자들도 인정하고 있다. 늘어나는 체중 때문에 고민하는 합리적 개인이 있다고 하자. 시장원리주의자들의 설명에 따르면, 그가 살이 찌는 것은 합리적 선택 때문이다. 그는 발전하는 의학 때문에 날씬해질 필요를 느끼지 못한다. 즉 의사들이 살을 뺄 수 있는 갖가지 요법들을 제시하기 때문에, 굳이 비만을 조심할 인센티브가 없다. 더구나 의학의 발전으로

비만을 해소하는 데 드는 비용은 점차 줄고 있다. 미래에는 이 비용이 더 낮아질 것이므로, 비만을 선택하는 것은 합리적이다. 따라서 오늘날 비만 인구가 증가하는 것은 미래의 의학에 대한 합리적 기대를 반영한 것이다.

영국의 경제 저널리스트 데이비드 스미스David Smith는 《공짜점심*Free lunch, easily digestible economics*》에서 저지방 음식이 오히려 비만을 조장한다고 지적했다. 저지방 식품의 등장으로 예전에는 아이스크림 한 스푼을 먹던 사람들이 최근에는 두 스푼을 먹는다는 것이다. 과거의 아이스크림 한 스푼은 요즘 두 스푼을 먹는 것과 늘어나는 체중이 같다. 이러한 합리적 선택에 의해 살이 더 찌게 된다는 것이다.

이들의 견해가 사실이라면, 당신은 아이스크림을 살 때 저지방 제품인지 아닌지를 꼼꼼하게 살필 것이다. 비만을 걱정하는 사람이라면 이 정도의 수고는 기꺼이 감수해야 한다. 문제는 그 다음에 있다. 이제 당신은 예전에 비해 두 배를 먹어 지방섭취량을 유지하거나, 두 배보다 약간 덜 먹음으로써 지방섭취량을 줄일 것이다.

행동경제학자 리처드 탈러가 표준경제학에 의심을 품게 된 것도 바로 이 문제였다. 어느 날 그는 동료 경제학자들을 집으로 초대해 저녁식사를 대접했는데, 음식이 나오기 전에 칵테일 안주로 땅콩을 내놓았다. 그런데 경제학을 전공한 동료들은 지나치게 많은 땅콩을 먹어치웠다. 탈러가 땅콩 그릇을 치운 다음에야 동료들은 더 이상 땅콩을 먹지 않았다. 그때 탈러는 사람들이 알아서 합리적으로 결정한다는 생각에 의문을 가졌다.

최근의 연구는 사람들이 비만에 시달리는 것은 합리적 기대 때문이 아니라 '단위'나 '크기'에 영향을 받는다는 것을 보여준다. 미국의 심리학자 폴 로진Paul Rozin 연구팀은 한 회사의 로비에 아침시간에 간단하게 먹을 수 있는 캔디를 비치하고, 직원들이 필요한 만큼 가져가도록 했다. 로비에 비치한 캔디는 두 종류였다. 어떤 날은 3그램의 작은 캔디 80개를 놓아두고, 어떤 날은 12그램의 큰 캔디 20개를 놓아두었다. 그런 다음 오후에 남은 캔디를 조사했다. 만일 사람들이 먹고 싶은 양대로 먹는다면 작은 캔디가 놓여 있던 날에는 4배를 더 먹어야 한다. 하지만 실험결과 사람들은 큰 캔디가 놓여 있던 날 더 많은 양을 먹었다.

연구팀은 아파트 현관에서도 비슷한 실험을 실시했다. M&M이라는 초콜릿을 담은 커다란 용기를 비치한 후 사람들이 필요한 만큼 떠먹도록 했다. 중요한 것은 초콜릿을 떠먹을 수 있는 1회용 스푼이었다. 어떤 날은 조그만 티스푼을 준비하고, 어떤 날은 4배 큰 스푼을 비치했다. 실험결과 사람들은 큰 스푼이 있을 때 훨씬 많은 양을 먹었다. 연구팀은 이러한 심리적 성향을 '단위 편향unit bias'이라 명명했다. 사람들은 식욕이 아니라 제공된 용기의 크기로 식사량을 결정한 것이다. 이때 용기의 크기는 일종의 준거점으로 작용한다.

사람들이 단위에 영향을 받는다는 것은 미국 코넬 대학교의 '식품과 브랜드연구소Food and Brand Lab' 소장 브라이언 원싱크Brian Wansink 교수의 실험에서도 확인되었다. 그는 2006년 8월에 발표한 논문을 통해 아이스크림을 큰 용기에 담아 제공한 경우 섭취량이 31퍼센트 늘어났으며, 큰 스푼을 사용하는 경우에는 작은 스푼을 이용한 사람들보다 14.5퍼센트 더 많이 먹는다는 사실을 밝혔다. 특히 큰 용기에 담긴 아이스크림을 큰 스푼으로 먹었을 경우 작은 용기와 작은 스푼을 이용했을 때보다 57퍼센트나 더 먹었다.

그는 그릇 밑에 구멍을 뚫어 튜브로 몰래 토마토 수프를 공급하는 실험에서도 음식이 지속적으로 공급될 때 피험자들은 70퍼센트가량 더 섭취한다는 것을 밝혀냈다. 실험에 참가한 사람들은 자신이 일반 그릇을 사용한 사람들과 똑같은 양의 수프를 먹었다고 생각했으며, 포만감을 느끼지도 않았다. 심지어 1리터의 수프를 먹은 사람도 있었다. 이러한 연구결과를 바탕으로 그는 좁고 긴 술잔을 사용해야 음주량을 줄일 수 있다고 주장했다.

원싱크는 버펄로 전문식당에서도 재미있는 실험을 진행했는데, 식당 공간을 반으로 나눠 한쪽은 사람들이 고기를 먹는 동안 뼈를 치우고 다른 쪽은 그대로 두었다. 실험결과 뼈가 쌓여 있는 쪽이 적은 양의 고기를 섭취했다. 사람들은 먹을 것이 눈에 보일 때 더 많이 먹고, 자신이 먹은 양을 확인할 수 있을 때 적게 먹은 것이다.

용기의 크기는 음식의 맛보다 더 큰 영향력을 발휘한다. 브라이언 원싱크는 이를 증명하기 위해 시카고의 한 영화관을 실험장소로 골랐다. 연구팀은 영화관을 찾은 사람들에게 맛없는 팝콘을 무료로 제공했다. 이 팝콘은 5일 전에 만든 것으로 맛이 거의 상한 수준이었다. 연구팀은 입장객 절반에게 커다란 용기에 팝콘을 담아주었고, 절반에게는 작은 용기에 담아주었다. 이 실험에서도 큰 통을 가져간 사람이 작은 통을 가져간 사람보다 53퍼센트나 팝콘을 더 먹었다.

용기의 크기는 강력한 프레임으로 작동한다. 사람들은 기본적으로 제시되는 양을 '사회적으로 바람직한 평균적인 양'으로 해석하기 때문이다. 즉 남이 표준이라고 생각하는 만큼만 먹으려는 경향이 있는 것이다. 그래서 그릇이 큰 경우에는 남기는 것에 대한 죄책감을 느끼고, 그릇이 작은 경우 더 먹게 되면 '너무 많이 먹는 것 아닌가' 하는 불안감을 느낀다.

시장원리주의자는 생활습관에 의한 선택을 자유에 맡겨야 한다고 주장한다. 바람직하지 못한 선택을 한 사람들은 비합리적이어서가 아니라 편익 대신 위험을 선택했다는 것이다. 흡연도 마찬가지다. 이들의 주장에 따르면 사람들이 흡연을 하는 것은 자동차를 새로 구입하기로 결정하는 것과 다를 바 없다. 선택의 자유에는 실패를 선택할 자유도 포함되어 있다는 것이다. 하지만 이는 틀린 생각이다.

> 지나치게 많이 제공되는 음식과 음료를 먹고 마실지의 여부는 각자가 자유롭게 선택한다고 주장하는 사람은 인간의 본성을 잘 모르거나 위선자라 할 수 있다. 과잉공급은 거의 거부할 수 없는 상태로 제공되기 때문이다. (……) 짠 안주를 제공해 맥주를 더 마시게 하고, 맛을 강하게 하는 양념으로 식욕을 더욱 돋우는 것이다.
>
> 마인하르트 미겔Meinhard Miegel, 《성장의 종말*Epochenwende*》

행동경제학은 '할인함수'를 적용해서 이 문제를 설명한다. 앞에서 우리는 시간선호와 시간선호율에 대해 논의한 바 있다. 할인함수는 사람들이 미래보다 현재를 더 선호한다는 사실을 보여준다. 사람들은 미래에 얻을 수 있는 효용을 현재 얻을 수 있는 효용보다 과소평가하며, 현재 얻을 수 있는 효용을 미루는 것을, 미래에 얻는 효용을 미루는 것보다 더 안타깝게 여긴다.

시장에서 발동되는 인간의 심리는 조상들이 사냥꾼이었던 시절부터 만들어진 것이다. 수명이 짧고, 늘 생존의 위협에 직면했던 조상들에게 미래의 가치란 보잘것없는 것이었다. 당신이 오늘 사냥한 사슴 한 마리를 동료에게 나누어주었다면, 내일 그것을 돌려받는 것이 낫다. 만약 동료가 3년 후에 갚겠다고 말한다면, 교환의 조건은 별반 의미가 없다.

그래서 우리는 눈앞의 이익과 당장의 쾌락에 몰두한다. 술과 담배, 음식에 대한 유혹을 쉽게 끊지 못하는 것도 이 때문이다. 미래에 주어질 인센티브는 그 가치에 비해 적게 평가된다. 안타깝게도 시장은 이런 문제를 해결할 수 없다. 만일 인간이 비합리적인 선택에 유혹을 느낀다면, 누군가 시장에 개입해야 한다. 눈앞의 이익 대신 먼 미래의 이익이 훨씬 중요하다는 것을 깨달을 수 있도록 시스템을 바꾸어야 한다. 하지만 시장원리주의자들은 모든 문제를 개인의 선택과 책임 탓으로 돌린다.

자유방임은 비도덕적

시장원리주의자들은 경제위기가 시장실패 때문이 아니라 시장에 대한 정부개입이 실패했기 때문이라고 주장한다. 이들은 금융위기가 발생하면 그냥 내버려두는 것이 더 큰 위기를 피하는 방법이라고 믿는다. 매번 위기가 발생하는 것은 정부의 빈번한 구제조치, 재정적자, 방만한 통화정책 때문이라는 것이다.

하지만 최근에는 많은 경제학자들이 표준경제학에 이의를 제기하고 있다. 이들의 반론에 따르면 시장은 균형적이 아니라 격동적이며, 매우 위험하다. 또 시장은 본질적으로 불확실하고, 거품을 피할 수 없을 뿐 아니라 기만적이기까지 하다. 시장이 만든 가격 역시 그것의 가치를 정확히 드러내지 않는다. 사람들을 움직이게 하는 것은 가치나 가격이 아니라 가치함수, 즉 가치의 차이이기 때문이다.

시장을 격동하게 만드는 요인 중 하나는 인간의 본성이다. 우리는 무질서 속에서도 패턴을 찾고 싶어 하고, 뇌에 저장된 정보에 따라 외부요인을 왜곡하며, 보고 싶은 것만 보도록 진화해 왔다. 이런 패턴을 가장 먼저 인식하는 것은 반사체계다. 패턴을 감지하는 기술은 재빨리 인과관계를 파악하게 하고 행동을 실행하게 함으로써 생존에 유리하게 작용했을 것이다. 문제는 이 감지기술이 오늘날에는 결정적 실수를 저지르는 원인이 된다는 것이다. 실제로 패턴은 무작위로 움직일 수 있지만, 사람들은 패턴에 대해 지나친 확신을 갖는 경향이 있다.

인간의 본성을 온전히 이해한다면, 우리는 사람들의 '마음'을 활용하여 바람직한 선택을 유도할 수 있을 것이다. 리처드 탈러는 어떠한 강요나 인센티브 없이 원하는 선택과 결과를 얻어내는 힘을 '넛지nudge'라고 표현했다. 넛지는 슬쩍 옆구리를 찌른다는 의미로, 주의를 환기하거나 부드럽게 경고하는 것만으로 개인의 선택을 유도할 수 있다는 뜻이다. 여기에는 선택설계자choice architect가 존재해야 한다. 선택설계자는 사람들이 어떤 선택을 하게 되는 정황이나 맥락을 만드는 사람이라 할 수 있다.

리처드 탈러는 네덜란드 암스테르담에 있는 스키폴 공항의 남성용 소변기를 디자인하는 데 아이디어를 제공한 경제학자 애드 키붐Aad Kieboom을 선택설계자의 예로 들었다. 스키폴 공항의 남성용 소변기 중앙에는 검정색 파리가 그려져 있는데, 남성들이 파리를 조준하여 소변을 보기 때문에 밖으로 튀는 소변의 양을 80퍼센트나 감소시켰다.

단순하고 사소한 정보를 제공하는 것만으로도 사람들의 행동을 변화시킬 수 있다. 리처드 탈러가 소개했듯이, 매달 고지하는 전기요금 고지서에 이웃가구들의 평균 사용량을 표시하는 것만으로도 평균 이상의 에너지를 쓰던 가구들이 사용량을 크게 줄였다. 강제적인 요소가 개입되지 않고, 누구도 손실을 입지 않는 상태에서 가장 바람직한 결과를 얻을 수 있었던 것이다.

그러나 시장이 선택설계자를 배출하기는 어렵다. 시장에는 마케팅 전문가로 불리는 선택설계자가 수없이 많지만, 그들이 바람직한 소비행위를 설계하지는 않는다. 오히려 그들은 소비자들의 심리를 활용하여 비합리적인 소비를 조장함으로써 시장점유율을 확대하려는 목표를 갖고 있다. 따라서 선택설계자를 배출하는 것은 공공의 몫이다. 리처드 탈러는 선택설계에 의한 시장개입을 '자유주의적 개입주의libertarian paternalism'로 명명했다. 이는 유연하고 비강제적인 유형의 개입주의라 할 수 있다.

그러나 넛지를 활용하는 데는 분명한 한계도 있다. 리처드 탈러는 과일을 눈에 잘 띄는 위치에 놓는 것은 넛지로, 불량식품을 금지하는 것은 규제로 구분한다. 하지만 슈퍼마켓 주인이 청량음료보다 과일을 더 잘 진열해 주기를 기대하는 것은 무리다. 슈퍼마켓 주인은 가장 잘 팔리는 제품이나 마진이 높은 제품을 눈에 띄는 곳에 진열하고 싶을 것이기 때문이다. 결국 슈퍼마켓 주인으로 하여금 과일을 더 팔게 하려면, 별도의 인센티브를 부여하거나 정부 차원의 규제를 해야 한다. 바로 이 점이 시장에 선택설계를 요구할 수 없는 이유다. 더구나 기업은 소비자에게 정확한 정보의 제공을 꺼린다.

심리학은 바람직한 정책결정이나 입법과정에도 활용될 수 있다. 예를 들어 프레이밍 효과를 통해 국민들로 하여금 바람직한 선택을 유도할 수 있다. 사람들은 손실을 기피하고, 손실을 복구할 방법이 한 가지 대안밖에 없을 때 모험을 선택한다. 만일 국민들로 하여금 중대한 결정을 하도록 하려면, 아무것도 하지 않는 것이 크나큰 손실임을 인식시키면 된다. 물론 이 방법은 정책을 입안하려는 사람의 선의가 중요하다. 만일 악의를 가진 독재자와 심리학자, 혹은 여론조작 전문가가 만난다면 세상은 지옥으로 변할 것이다.

그럼에도 불구하고 심리학이 경제학에 이바지할 기회는 많다. 예를 들어 경기침체기에 소비를 진작시키기 위해 세율인하라는 정책수단을 동원한다면, '마음의 회계'를 적용할 수 있을 것이다. 세금을 줄이는 정책은 세율인하와 세금환급이라는 두 가지 방법을 사용할 수 있지만, 세금환급이 '공돈효과'로 인해 소비를 자극하기가 더 쉽다. 이미 지출한 뒤에 나중에 환급된 돈은 부수입으로 간주하기 때문이다. 정부가 정기적인 무료검진을 통해 암을 예방하는 것도 사람들의 공짜심리를 활용한 경우다. 그 외에도 심리학은 저축률을 향상시키고, 바람직한 소비를 유도하며, 투자를 활성화할 수 있는 다양한 방법들을 고안해 낼 수 있다.

경제학은 진지한 통섭을 한 적도, 시도해 본 적도 없다. 그들은 사회과학 표준모형에서 벗어나 인간본성에 대한 생물학적, 심리학적 토대를 진지하게 고려해야 한다. 좀 더 예측적인 모형을 만들기 위한 전제를 생물학과 심리학에서 찾아야 한다.

에드워드 윌슨, 《통섭》

사회적 관계가 존재하는 세계에서는 다른 사람들도 나와 동일한 선호를 가지고 있을 것이라고 기대하거나, 그들이 합리적일 것이라는 기대는 하지 않는 게 좋다. 우리는 상대방의 의도와 목적을 확실히 알 수 없으며, 합리적 이기심으로 무장한 컴퓨터도 아니다. 우리가 의사를 결정할 때 이기심과 합리성은 매우 중요한 변수지만 이타주의, 정의감, 공정성도 중요한 변수로 작용한다. 우리는 합리성을 무력화할 만큼 공정성과 상호주의에 대한 규칙에도 민감하다. 인류가 성공시킨 역사의 많은 부분은 이타주의와 이기주의 사이에 존재하는 긴장의 결과였음을 기억해야 한다.

시장이 스스로 균형에 도달한다는 주장을 완전히 통박하기는 어렵다. 하지만 균형에 도달하기 위해서는 수많은 굴곡들을 통과해야 하고, 새로이 도달한 균형 역시 완전한 상태는 아니다. 이 균형 상태는 갓 분출을 끝낸 화산과 같다. 재분출의 시기를 기다리는 화산처럼 균형 내에서 새로운 변화요인들이 생겨나고, 이 요인들은 점점 변동의 압력을 키워나간다. 시장원리주의자들의 주장처럼, 그대로 두면 시장은 붕괴되었다가 스스로 균형을 찾아가는 과정을 반복할 것이다. 하지만 그 대가는 혹독하다. 화산 분출로 수천 명이 사망하는 상황을 그대로 방치하는 것은 도덕적이지 않다. 시장에는 도덕이 존재하지 않는다는 시장원리주의자들의 주장을 인정한다 해도, 수많은 사람들을 도탄으로부터 구해낼 수 있는 방법이 있는 한, 자유방임은 비도덕적이다.

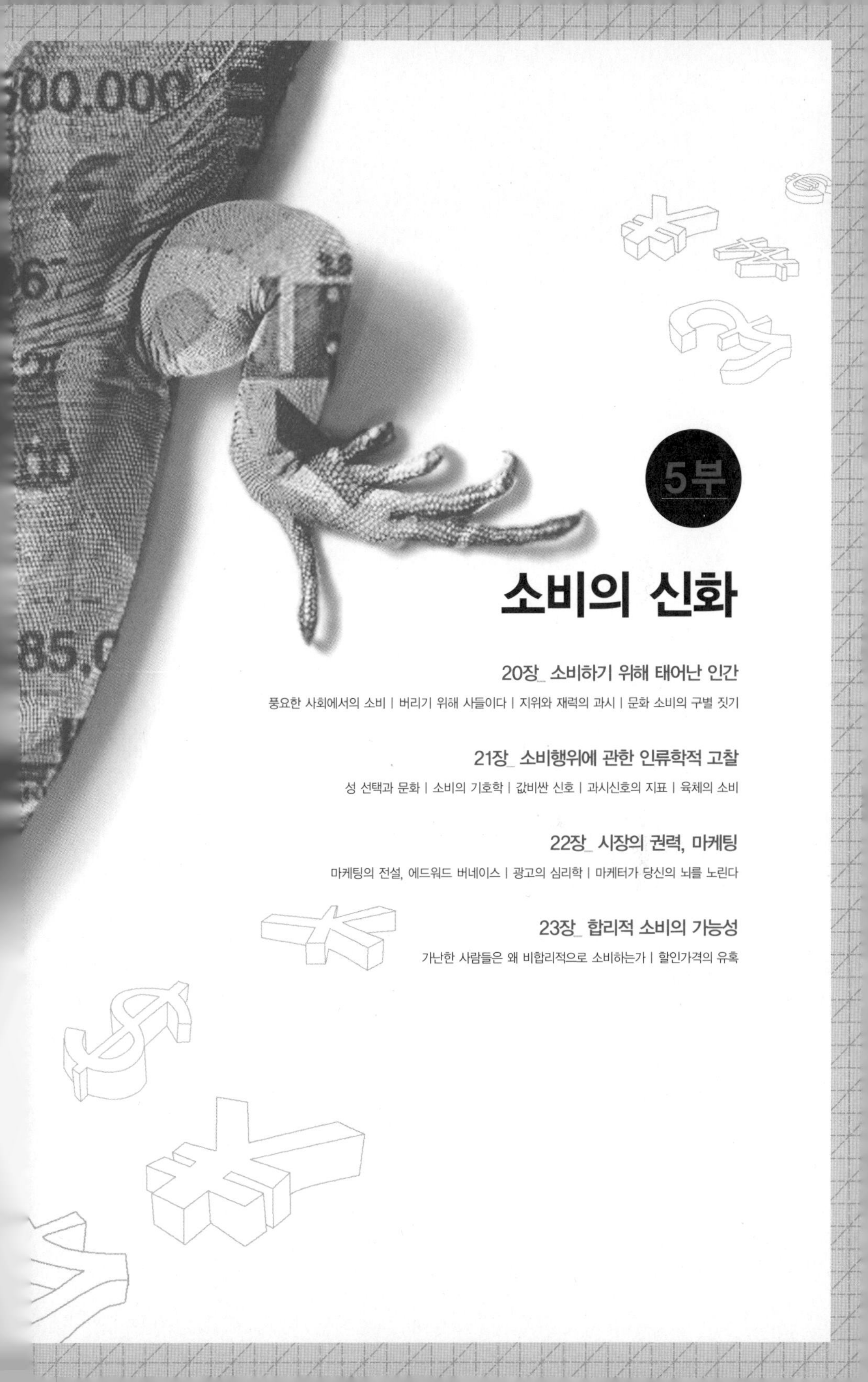

5부

소비의 신화

20장_ 소비하기 위해 태어난 인간

풍요한 사회에서의 소비 | 버리기 위해 사들이다 | 지위와 재력의 과시 | 문화 소비의 구별 짓기

21장_ 소비행위에 관한 인류학적 고찰

성 선택과 문화 | 소비의 기호학 | 값비싼 신호 | 과시신호의 지표 | 육체의 소비

22장_ 시장의 권력, 마케팅

마케팅의 전설, 에드워드 버네이스 | 광고의 심리학 | 마케터가 당신의 뇌를 노린다

23장_ 합리적 소비의 가능성

가난한 사람들은 왜 비합리적으로 소비하는가 | 할인가격의 유혹

자동차는 내가 애착을 느끼는 구체적 대상이라기보다 신분과 자아의 상징이요, 힘의 연장이다. 자동차를 구입함으로써 나는 사실상 새로운, 그리고 부분적인 자아를 획득한다. _에리히 프롬Erich Fromm, 《소유냐 존재냐*To Have or To Be*》

20장 소비하기 위해 태어난 인간

풍요한 사회에서의 소비

오늘날, 소비는 시장을 지탱하는 버팀목이 되었지만 생산을 증대시킨다는 경제적 목적에서는 점점 멀어지고 있다. 하버드 대학교의 경제학 교수였던 존 케네스 갤브레이스John Kenneth Galbraith는 《풍요한 사회*The affluent society*》에서 소비의 심리적 욕망에는 한계효용체감의 법칙이 성립되지 않는다고 밝힌 바 있다.

빵이 부족하던 시대에는 빵 공급이 늘어나면 만족도도 높아졌다. 그러나 오늘날에는 빵 공급이 충분하기 때문에 생산성 증대를 통해 빵 공급을 늘리는 것은 그리 중요한 일이 아니다. 지금보다 빵을 더 많이 공급한다 해도 효용은 별로 증가하지 않는다. 빵의 한계효용, 즉 하나 더 생산될 때마다 증가하는 효용이 최저에 달하면서 사람들은 다른 것을 소비하기 시작했다. 오늘날 사람들이 소비하는 물건은 빵보다 긴급성이 떨어지며, 한계효용도 무시할 만한 수준이다. 우리는 더 이상 소비하지 않아도 생존할 수 있는 수준에 도달한 것이다. 그럼에도 불구하고 우리는 소비하지 못해 안달이다.

물질적으로 '풍요한 사회'가 되어버린 지금, 수요를 결정하는 것은 공급이나 가격이 아니라 심리적 욕망이다. 갤브레이스는 필요needs와 욕구wants를 구분해야 한다고 말한다. 신발은 '필요'한 것이지만, 나이키 운동화를 원하는 것은 '욕구'다. 한계효용체감 효과는 필요에 적용되는 것이지 욕구에는 해당되지 않는다. 즉 부를 과시하고 남보다 잘난 척하고 싶은 심리적 욕망에서 비롯된 소비는 아무리 소비를 해도 한계효용이 줄어들지 않는다. 소비하면 할수록 만족도도 커지기 때문이다.

갤브레이스는 현대인들의 소비에 대한 심리적 욕망을 '의존효과dependence effect'라고 명명했다. 재화가 충족되면 인간의 물질적 욕망은 줄어들 것 같지만, 실제로는 욕망도 함께 자란다. 물질을 소유함으로써 자신의 지위와 부를 과시할 수 있기 때문이다. 이러한 욕망은 욕망을 재생산하며, 이때 욕망을 부추기는 존재는 생산자다. 예전에는 소비자가 생산을 결정했지만, 지금은 생산자가 소비자의 욕망을 창출함으로써 생산을 결정한다. 소비자의 욕망은 그것을 만족시키는 생산자의 추동에 의존하게 된 것이다. 그러므로 소비자가 자신의 의사에 따라 자유로운 선택을 한다는 논리는 환상에 지나지 않는다.

시장이 유혹하는 수단은 희소성이다. 희소성은 욕망을 자극할 뿐 아니라 욕망을 충족시킴으로써 쾌락을 증가시킨다. 희소성은 재화나 서비스가 늘 부족한 상태임을 전제로 한다. 그러나 인간의 삶에서 부족한 것은 무엇인가? 실제 삶을 영위하는 데 우리가 필요로 하는 것은 얼마 되지 않으며, 나머지는 모두 시장이 만들어낸 것이다. 인위적으로 만들어진 희소성은 끊임없이 인간의 욕망을 부추김으로써 스스로 생존의 근거를 확보한다. 인간으로 하여금 뭔가를 갖고 싶도록 하려면 손에 넣기 어렵게 만들면 되는 것이다.

> 자본주의는 희소성이 존재하지 않은 곳에 희소성을 만들고, 욕구가 사라진 곳에 욕구를 창출하며, 과다한 곳에 부족함을 도래케 하고, 불필요한 것에 대한 필요를 주입하려고 항상 노력한다. (……) 희소성은 부족을 만들고, 부족은 필요를 초래하며, 필요는 다시 희소성을 창출한다.
>
> 베르나르 마리스, 《케인즈는 왜 프로이트를 숭배했을까? *Antimanuel d'Economie 2*》

버리기 위해 사들이다

제러미 리프킨Jeremy Rifkin은 《노동의 종말*The End of Work*》에서 일자리가 사라지는 시대의 소비복음주의를 날카롭게 지적했다. 그에 따르면 생산성 향상으로 일자리가 감소하면서 기업은 소비자들을 '소비의 새로운 경제적 복음'으로 끌어들이기 위해 필사적으로 노력하고 있다. 기업의 전략은 사람들이 원하지 않던 물건을 '원하는 것'으로 만드는 것이다. 이를 위해서는 '만족하지 못하는 소비자'가 필요하고, 시장은 이 불만족을 조직적으로 만들어낸다.

자본주의의 발전단계를 되짚어보면 소비가 어떻게 전략적으로 발전해 왔는지 알 수 있다. 프랑스의 철학자 질 리포베츠키Gilles Lipovetsky는 《행복의 역설*Le Bonheur Paradoxal*》에서 자본주의 발전단계를 1단계 대중시장의 탄생, 2단계 대중소비사회, 3단계 과소비사회로 구분했다.

1단계는 1880년대부터 제2차 세계대전까지로 대량생산, 대형시장, 현대적 의미의 소비자 탄생, 브랜드의 탄생, 포장 및 광고의 발명, 소비욕구의 일반화를 특징으로 한다.

2단계는 1950년대부터 30년간으로 노동생산성 향상, 새로운 수요창출 방식의 도입, 삶의 공간으로서의 매장 탄생, 기술혁신을 통한 신상품

교체를 특징으로 한다. 이 시기는 풍요로운 시대였다. 대형 할인매장의 등장으로 가격파괴가 일어나고, 셀프서비스가 등장함으로써 소비자는 판매자의 간섭을 받지 않게 되었다. 상품의 수명을 줄이기 위한 유행이 만들어지고, 소비복음주의를 통한 인위적 수요의 창출과 낭비가 조직적으로 이루어졌다. 이때에 이르러 '필요에 의한 소비'는 종말을 맞는다.

3단계는 1980년 이후 현재까지로, 체험 형태의 소비가 등장하고 브랜드는 숭배의 대상이 된다. 또 소비자들은 사치와 삶의 질을 동시에 추구하게 되었다. 이 시기의 가장 큰 특징은 소비 선택의 자유와 소비의 양극화다.

소비를 멈추면 성장도 멈춘다. 그렇다면 인간은 성장이 멈춘 사회를 견뎌낼 수 있을까? 대다수의 사람들은 그런 사회를 원치 않을 것이다. 현대의 소비자는 무언가를 폐기처분하고, 새로운 것을 누리기 위해 상품을 구매한다. 간직하기 위해서가 아니라 버리기 위해 사들이는 것이다. 이런 습관에 익숙해져 버린 사람들에게 성장과 소비가 멈춘 사회는 지옥이나 다름없다.

오늘날 인간의 가치를 결정하는 것은 시장이다. 자산시장이나 노동시장에서 가치를 인정받지 못하면, 그는 아무것도 갖지 않은 것이 된다. 그래서 사람들은 무언가를 소유하기 위해 끊임없이 경쟁한다. 더 많은 소유를 지상목표로 삼는 사회, 소유물로 존재의 가치를 평가받는 사회에서 인간의 존재감은 희미해질 수밖에 없다.

오늘날 우리는 평생 소비하라는 종신형을 선고받았다. 더구나 굶주림의 벌을 받고 있는 가난한 사람들은 광고가 보여주는 진수성찬을 눈으로만 쳐다보아야 하는 벌까지 받고 있다. 갈증에 시달리면서도 물에 다가가면 멀어지기만 하는 탄탈로스처럼, 가난한 인간에게 주어진 형벌은 고통스럽다. 탄탈로스에게 혹독한 형벌이 내려진 이유가 굶주리고 목마른 인간들에게 신의 음식을 선물했다는 것도 아이러니가 아닐 수 없다.

시장원리주의자들에게 소유할 권리, 소비할 권리, 낭비할 권리는 자유를 의미한다. 그러나 가난한 사람들은 낭비할 시간도, 돈도 없는 사람들이다. 오늘날 돈의 가치는 교환수단으로서의 가치를 뛰어넘는다. 시장원리주의자들이 말하는 대로 돈은 선택의 자유를 의미하기 때문이다. 1만 원의 돈을 소유한 사람은 1만 원의 효용가치를 가진 것이 아니라, 1만 원으로 선택할 수 있는 자유를 갖는다. 그는 1만 원으로 구매할 수 있는 물건에 대한 선택의 권리와 그것에서 비롯되는 심리적 만족을 얻는 것이다.

현대인들에게 소비는 일종의 문화행위이기 때문에, 우리는 상품을 구매할 때 경제적 가치나 기능을 사는 것이 아니다. 우리가 구매하는 것은 그 물건을 소유함으로써 얻게 되는 만족이다. 시장은 이 점을 잘 알고 있다. 기업은 당신이 필요한 물건을 파는 것이 아니라 당신이 만족할 수 있는 수단을 파는 것이다. 이제 소비는 자유의 상징이며, 표현의 중요한 수단이 되었다. 그렇다면 우리는 얼마짜리 자유를 갖고 있는가?

인류가 처음부터 소비중독자는 아니었다. 하지만 오늘날 상당수의 사람들이 소비중독 바이러스인 '어플루엔자Affluenza'에 감염되어 있다. 이 단어는 풍요로움을 뜻하는 영어 '어플루언트affluent'와 유행성 독감을 뜻하는 '인플루엔자influenza'의 합성어다. 《소비중독바이러스 어플루엔자》를 쓴 데이비드 왠Daved Wann 등은 이 병을 "고통스럽고 전염성이 있으며 사회적으로 전파되는 병"으로 간주하고, 바이러스에 감염되었을 때의 증세를 "끊임없이 더 많은 것을 추구하는 태도에서 비롯하는 과중한 업무, 빚, 근심, 낭비 등의 증상"을 수반한다고 적었다.

이 증상은 우리의 본성에서 유래된 것이 아니다. 사냥꾼 시절의 우리 조상들에게 여분의 먹이를 축적할 수 있는 공간은 오직 자신과 부족 구성원들의 몸뿐이었다. 이들이 짝짓기 상대나 경쟁자에게 과시할 수 있는 자원도 자신의 몸과 행위뿐이었다. 하지만 농경이 시작되고 오랜 정착생활을 거치면서 사정이 변했다. 계급이 생겨나고 빈부의 격차가 발생하면서 인류는 과시할 만한 자원들을 하나둘 고안해 내기에 이르렀다. 가장 확실한 과시는 남보다 많이 소비하는 것이다. 따라서 소비중독은 잉여 농산물을 축적하면서 생겨난 것이다.

지위와 재력의 과시

시장원리주의자들은 소비자가 합리적 사고에 의거하여 어떤 것을 선택한다고 믿는다. 이때 합리적 선택의 동기가 되는 것은 가격이다. 또 이들은 광고와 마케팅이 소비자의 선택에 별다른 영향을 미치지 않는다고 생각한다. 물론 이 논리는 완전한 허구다.

소스타인 베블런Thorstein Veblen은 1899년 《유한계급론*The Theory of the Leisure Class*》을 통해 소비행위가 사회적, 심리적 요인 때문에 왜곡될 수 있음을 주장했다. 베블런이 새로운 소비이론을 구축하면서 주목한 것은 '과시적 소비conspicuous consumption'였다.

그에게 인간은 불완전한 존재인 동시에 제한된 합리성을 가진 존재다. 유한계급은 물질적 만족이나 욕구충족을 위해 소비하는 것이 아니라 지위와 재력을 과시하기 위해 소비하며, 일반 소비자들 역시 생존의 욕구를 충족시키기 위해서가 아니라 풍요를 누리고 있는 타인을 모방하고자 하는 욕망 때문에 소비한다. 우리의 물질적 욕망은 타인이 무엇을, 얼마나 소유하느냐에 달려 있는 것이다.

재화의 비생산적 소비는 명예로운 일이다. 비생산적 소비는 용맹의 표시이자, 이를 통해 인간적 품위를 덤으로 얻을 수 있기 때문이다. 또 비생산적 소비는 그 자체로 명예로운 일이며, 특히 보다 소망스러운 것들을 소비할 경우에 그렇다.

소스타인 베블런, 《유한계급론》

남보다 값비싼 재화를 구매하는 소비의 차별화는 곧 경제적 능력을 나타내는 표지판이다. 이스라엘의 생물학자 아모츠 자하비Amotz Zahavi가 1975년에 제시한 '핸디캡 원리handicap principle'는 오늘날 '값비싼 신호costly signaling' 가설로 불리고 있는데, 일종의 과시 가설이라 할 수 있다.

아프리카에 서식하는 톰슨가젤은 포식자가 접근하면 그 자리에서 껑충껑충 뛰어오른다. 사실 포식자가 접근할 때는 빨리 도망치는 게 상책이다. 톰슨가젤이 재빨리 도망치지 않고 사자를 우롱하듯 펄쩍펄쩍 뛰어다니는 것은 다음과 같은 메시지를 전달하기 위한 것이다.

"난 무섭지 않아. 네가 나를 향해 달려올 때 도망쳐도 늦지 않거든. 나를 봐. 이렇게 잘 뛰잖아. 올 테면 와봐. 하지만 나를 선택하면 헛수고를 하는 거야. 저쪽을 봐. 빌빌거리는 놈들도 많잖아."

톰슨가젤은 자신의 건강을 광고하는 것이다. 공작새 역시 마찬가지다. 수컷 공작에게 화려하고 커다란 꼬리는 엄청난 핸디캡이다. 꼬리를 펼쳐 보이는 동안 포식자에게 무방비로 노출되어 습격을 받을 수 있을 뿐 아니라, 큰 꼬리를 매단 채 도망치기도 쉽지 않기 때문이다. 그럼에도 불구하고 수컷 공작이 무겁고 거추장스런 꼬리를 달고 다니는 것은 암컷에게 광고하기 위해서다. 즉 수컷 공작은 암컷에게 이렇게 말하는 것이다.

"내 꼬리가 제일 크고, 아름답지? 난 이런 꼬리를 가지고도 적들에게 잡아먹히지 않고 살아남았어. 어때, 믿음이 가지? 내 아이를 낳아주지 않을래?"

동물들이 목숨을 담보로 자신을 광고하는 것처럼, 인간은 엄청난 소비를 함으로써 자신을 광고한다. 비싼 자동차나 저택, 각종 명품들은 그것 자체가 가진 실용성 때문이 아니라 누군가에게 보여주고 싶기 때문에 필요한 것이다. 당신이 양복을 입는 것은 육체노동을 하지 않는다는 것을 광고하는 것이며, 나이키 운동화를 신는 것은 평균 이상의 삶을 누리고 있다는 것을 과시하기 위한 것이다. 또 골프채를 자동차에 싣고 다니는 것은 여유 있는 계층이라는 것을 사람들에게 알리는 것이다. 그러나 당신만이 움직이는 광고판은 아니다. 남들 역시 당신보다 풍요로운 사람을 모방하기 때문에, 명품을 구입하는 것만으로 당신의 지위를 과시하기는 어렵다. 베블런은 이러한 소비행위가 어떻게 과시적 소비로 이어지는지를 제시한다.

> 값비싼 재화를 과시적으로 소비하는 것은 유한계급의 신사가 명성을 얻을 수 있는 방법이다. 이 방법을 사용할 경우, 그의 손에 부가 축적될수록 혼자만의 노력만으로는 자신의 풍요를 충분히 입증할 수 없다. 그때부터 친구와 경쟁자들의 도움에 호소하게 되는데, 이를 위해 이들에게 값비싼 선물을 제공하거나 화려한 향연과 연회를 베푼다. 선물과 향연은 아마도 이러한 순진한 과시욕과 또 다른 기원을 가지고 있었을 것이다.
>
> 소스타인 베블런, 《유한계급론》

당신이 부자가 아니더라도 직장동료나 친구들에게 한 턱을 낸 적이 있을 것이다. 시험에 합격했거나, 특별한 날이거나, 혹은 어떤 행운이 닥쳤을 때, 당신은 아낌없이 한 턱을 낸다. 그렇게 하지 않으면 친구들은 당신이 시험에 합격했다는 사실, 혹은 오늘이 당신의 생일이라는 사실을 모를 수도 있다. 당신의 베풂을 과소평가하는 것일 수도 있지만, 당신은 무언가 알리기 위해 한 턱을 내는 것이다.

베블런은 우리가 어떻게 과시적 소비의 노예가 되어가는지를 간파한다. 무일푼이거나 한계적인 상황에 처한 유한계급, 이를테면 부를 갖지 못한 지식인들은 부를 소유한 유한계급과 종속관계를 맺는다. 그렇게 함으로써 그들은 후견인으로부터 약간의 명예와 함께 여가생활을 이어갈 수단을 얻게 되지만, 결국 그의 노예가 된다. 후견인에 의해 부양되고 호의를 입은 이들은 후견인의 지위와 넘쳐흐르는 부의 대리소비자들이다.

후견인은 대리소비자들이 누리고 있는 명예와 여가, 그리고 주위의 평판이 자기 덕분이라는 것을 광고하고 싶어 한다. 이를 나타낼 수 있는 가장 효과적인 방법은 대리소비자들을 자신의 주위에 상주하도록 하는 것이다. 동양에서는 오래전부터 권력자의 주변에 기생하던 식객食客들이 있었으며, 이들은 호의에 보답하기 위해 후견인의 이름으로 서적을 출간하기도 했다. 서양의 궁정 예술가들이나 명문가의 지원을 받았던 학자들 역시 이런 부류라 할 수 있다. 오늘날에도 수많은 지식인들이 대리소비자가 되어 정치권력, 기업, 언론과 같은 후견인의 이데올로기를 전파하고, 때로는 반대자들과 대리전을 펼친다.

후견인이 자신의 영향력을 직접적으로 드러내는 방식은 대리소비자들에게 제복을 입히는 것이다. 군대는 제복으로 상징되며, 국왕의 영향력은 제복을 입은 사람 수에 의해 결정된다. 부를 소유한 가문도 마찬가지다. 가문의 하인들은 일정한 제복을 입고, 휘장을 단다. 지식인과 예술가들은 자신의 성과물에 후견인에게 바치는 헌정사를 쓴다. 이는 자신이 특정 후견인에 종속되어 있음을 의미하는 것이다.

베블런의 논리에 따르면, 명성을 얻고 싶은 자는 낭비해야 한다. 과시적 소비가 물질적 소비만을 의미하는 것은 아니다. 부를 소유한 사람들은 사회적 의무를 수행한다는 명목으로 봉사단체나 사교단체를 만들어

활동한다. 베블런은 이를 '명예용 여가refutable leisure'라고 칭했다. 특히 명망가 중심의 봉사단체나 예술 및 학술단체처럼 근사한 목표를 가진 단체를 조직하는 것이 여기에 해당한다. 문제는 가난한 사람들마저도 과시적 소비를 중단하지 못한다는 데 있다. 그들은 체면을 유지하기 위한 장신구와 허영을 위한 최신 상품들을 마련하기 위해 비참하고 불편한 삶도 기꺼이 견뎌낸다.

결국 우리는 아름답거나 쓸모가 있기 때문에 비싼 값을 치르는 것이 아니라 부를 과시하기 위해 고가의 상품을 구입한다. 우리가 그런 소비행태를 보이는 것은 사회적 관계에 영향을 받기 때문이다. 다른 사람이 더 좋아 보이는 것을 소유하고 있으면, 우리는 그것을 소유하지 못해 안달하는 것이다.

부를 소유한 사람들은 당신이 모방하는 것을 참지 못한다. 당신이 모방하는 순간, 그동안 누려온 특권을 잃기 때문이다. 그리하여 그는 다른 방식으로 당신과 차별되는 특권과 배타성을 추구하게 되는데, 가장 간단한 방법은 다른 사람이 쉽게 살 수 없는 값비싼 물건이나 최신 상품을 구입하는 것이다. 이렇듯 다수의 소비자가 구입하는 상품을 외면하고, 자신만의 차별성을 추구하는 심리적 성향을 '속물효과snob effect'라 한다.

베블런에 따르면 아름다운 예술품은 모두 금전적 차이로 환원될 수 있다. 상당수의 지식인들은 금전적 차이에 불과한 것을 심미적이거나 지적인 것으로 해석함으로써, 자신을 유한계급의 반열에 올려놓거나 부유한 유한계급을 후견인으로 둘 수 있는 기회를 만드는 것이다.

인간에게 과시적 본능만 있는 것은 아니다. 베블런은 그 반대편에 제작 본능workmanship instinct이 있다고 주장했다. 제작 본능은 창조하고 생산하려는 본능으로, 오늘날의 풍요는 이 본능으로부터 비롯되었다. 베블런에 따르면 과시적 소비는 육체적 노동이 포함된 제작 본능을 감추기 위한 장치에 불과하다. 과시적 소비는 타인의 제작 본능과 충돌하기 때문에 낭비를 감추기 위한 소비전략이 필요하며, 이렇게 위장된 소비가 곧 예술이나 학술활동, 고급취미 같은 것들로 나타난다.

위장된 소비는 낭비자들에 대한 사회적 혐오감을 완화시킨다. 위장 소비를 선택한 사람들은 과시적 소비에 미적인 반감을 갖고 있다. 이들은 디자인이나 효율성을 중시한다. 그러나 본질적으로는 이들의 소비도 과시에 지나지 않는다. 제작 본능은 과시적 소비 대신 다른 종류의 값비싼 신호를 선택한 것일 뿐이다. 다시 말하면 이들은 과시적 낭비보다 과시적 정확성을 선택한 것이다. 빌 게이츠나 스티브 잡스 같은 세계적 갑부가 청바지와 티셔츠를 걸치고 무대에서 연설하거나 사회에 거액을 기부하는 것도 따지고 보면 위장된 과시소비인 것이다.

세계 어느 나라를 막론하고 과도하게 사치를 즐기던 권력자들이 있다. 역사가들은 이들의 비참한 말로를 보여주기 위해 노력했지만, 지금도 사치는 그치지 않고 있다. 기록자들의 과장된 표현을 감안하더라도, 중국에는 사치가 도를 넘는 경우가 많았다. 남송 시대의 문인 유의경劉義慶은 《세설신어世說新語》〈태치汰侈〉편에 서진西晉의 과시적 소비자 세 사람을 소개하고 있다. 석숭石崇, 왕개王愷, 왕무자王武子가 그들이다.

석숭은 커다란 화장실에 진홍색 휘장을 드리우고, 커다란 침상까지 마련한 후 열 명의 시녀를 두어 시중을 들게 했다. 또 화장실 안에 값비싼 화장품과 새 옷을 마련해 두고는 손님들이 볼일을 본 후 새 옷을 갈아입도록 했으며, 시녀들이 비단 향주머니를 달고 시중을 들도록 했다.

무제武帝의 사위인 왕무자는 손님에게 식사를 대접할 때 시녀 100여 명으로 하여금 시중을 들도록 했다. 음식 중에는 삶은 새끼돼지 고기가 아주 일품이었는데, 사람의 젖을 먹여 키운 것이었다.

무제의 외삼촌 왕개는 집이 얼마나 컸던지 내실 깊숙이 들어가면 며칠이 지나도록 빠져나오지 못할 정도였다. 석숭과 왕개는 서로 누가 부자인지 경쟁을 했는데, 어느 날 왕개가 엿기름과 말린 밥으로 솥을 닦아내자 석숭은 밀랍으로 불을 때어 밥을 지었다. 또 왕개가 길이 40리나 되는 비단 병풍을 만들자 석숭은 50리짜리 비단 병풍을 만들었다. 왕개가 2척짜리 산호를 자랑하자 석숭은 그 자리에서 산호를 박살내 버리고는 그것보다 크고 아름다운 산호 예닐곱 개를 물어주었다.

문화 소비의 구별 짓기

재화를 소유하려는 욕망은 본성에 가깝다. 하지만 사람들은 무엇 때문에 사용가치가 없어 보이는 문화상품을 소비하는 것일까? 바실리 칸딘스키의 난해한 추상화, 누구나 따라 그릴 수 있는 앤디 워홀의 복제 그림, 때로 졸음을 참을 수 없는 클래식 음악, 오직 공연기획자만이 이해할 수 있는 도발적 실험공연, 혹은 천 년 전에 누군가의 부엌에 놓여 있었을 금이 간 그릇 따위가 당신에게 무슨 가치가 있는가?

1979년에 출간된 피에르 부르디외Pierre Bordieu의 《구별 짓기*La Distinction*》는 인상적인 첫 문장으로 시작된다.

"문화상품에도 독특한 논리를 가진 경제가 존재한다."

부르디외는 자본을 경제자본, 문화자본, 사회자본, 상징자본으로 분류했다. 여기서 살펴보게 될 '문화자본'은 두 가지 형태로 존재한다. 하나는 문화상품의 형태로 존재하며, 다른 하나는 학력처럼 제도화된 형태로 존재한다.

문화자본은 개인의 취향과 관련되어 있다. 부르디외에 따르면 취향은 계급을 드러내는 지표 역할을 한다. 문화상품은 그것을 해독할 수 있는 사람에게나 의미가 있기 때문이다. 따라서 "취향은 구분하고 분류하는 자를 분류한다." 귀족계급은 이러한 해독과정을 통해 아름다운 것과 추한 것을 구별함으로써 자신의 지위를 드러낸다. 이때 학력은 이해할 수 있는 자와 그렇지 못한 자를 구분하는데, 이런 구분은 같은 인간이지만 전혀 다른 인종이라는 의미를 갖는다.

> 자연스런 기쁨을 부인하는 것, 이것이 문화의 성역을 구성한다. 이것은 은연중에 세속의 천한 사람들이 영원히 접근할 수 없는 승화된 즐거움, 세련되며, 무사무욕하며, 대가를 바라지 않으며, 우아하고 단순한 쾌락을 누릴 수 있는 사람들이 우월하다는 사실을 재삼 확인해 준다. 예술과 문화의 소비가 (……) 사회적 차이를 정당화하는 사회적 기능을 하게 되는 것은 이 때문이다.
>
> 피에르 부르디외, 《구별 짓기》

골동품을 소유하는 것 역시 지위를 드러내는 한 방식이다. 교양이나 매너의 차이가 지배계급에 도달한 시기의 차이를 의미하듯이, 오랫동안 귀중품을 소유했다는 사실은 시간에 대한 사회적 권력을 나타내는 표지가 된다. 특히 예술작품에 대한 해독 능력은 시간을 통해서만 획득되기 때문에, 문화자본에서는 기술적 능력보다는 타인과 차별화된 취미를 과시하는 기호의 활용 능력이 중요하다.

이때 동원되는 것이 교육에 대한 집중적 투자다. 부르디외의 표현을 빌면 학위는 "귀족 칭호에 가깝다." 하지만 학교교육이 보편화되면서 귀족계급은 교육투자를 더욱 확대하지 않으면 안 되었다. 교육이 보편화될수록 그동안 지배계급이 독차지해 오던 지위와 자격의 가치가 점차 하락했기 때문이다.

대학에 진학하고 학위를 취득하는 것, 조직폭력배나 사기꾼들이 고급 승용차를 타고 몸에 문신을 새기는 것도 값비싼 신호다. 과거의 해적선은 뱃머리에 해골 깃발을 걸어둠으로써 기선을 제압했지만, 오늘날의 해군은 막강한 화력을 과시함으로써 경쟁 우위에 선다. 이러한 신호들을 생산하는 비용이 전투를 통해 치러야 할 비용보다 훨씬 적기 때문이다. 기업들도 경쟁업체와 소비자에게 신호를 보낸다. 기업은 멋지고 큰 빌딩에 입주하며, 비싼 광고를 하고, 브랜드 이미지를 높이는 방식으로 신호를 생산한다.

지위는 아래에 위치한 사람과 일정할 거리를 유지할 때 가치를 인정받는다. 바로 뒤에서 자신을 뒤쫓고 있는 사람들과 거리를 유지하고, 앞선 사람들의 지위를 위협할 수 있을 때에만 자신의 서열을 보존할 수 있는 것이다. 그래서 사람들은 상위계급이 소유하고 있는 것을 열망하며, 다른 사람들이 자신의 지위를 위협하지 못하도록 각종 방해물을 설치한다. 면허제도를 도입하거나 자격을 취득할 때 인원을 제한하는 것도 이런 방법 중 하나다. 변호사협회가 로스쿨의 입학 정원을 제한하라고 요구하고, 사법시험 합격률을 제한하려는 행위가 좋은 예다.

스포츠에 대한 취향에서도 지위의 구별 짓기는 뚜렷이 나타난다. 영국의 동물학자 데스먼드 모리스Desmond Morris는 스포츠에 탐닉하는 현대인의 심리적 원형을 사냥꾼 시절의 수렵 패턴에서 찾았다. 그는《피플 워칭 *People watching*》에서 대도시에 사는 사람들이 아직도 사냥꾼 시절의 모험과 스릴을 잊지 못하고 있음을 보여주었다.

사냥터가 사라진 후 조상들은 농부가 되었다. 오늘날에는 모든 사람들이 식량을 생산하는 것이 아니라 농부에게 그 역할이 주어졌다. 이제 도시인들은 식량을 사냥하거나 재배하는 대신 쇼핑센터와 슈퍼마켓에서 식량을 사냥한다. 사냥꾼이었던 조상들에 비한다면 이 일은 너무나 평범하고 지루한 일이다. 이 때문에 쇼핑은 남성들에게 별 흥미를 주지 못한다. 사냥터에서 느끼던 추격전의 스릴, 위험과 은폐, 전략적 협동과 동료애 같은 것을 느낄 수 없기 때문이다.

데스먼드 모리스의 표현을 빌면, 이제 현대인들은 좇을 것이 없는 이빨 빠진 사냥꾼 신세가 된 것이다. 그래서 쇼핑센터를 찾은 남성들은 한 끼의 먹을거리도 되지 않는 소소한 사냥감들을 무시하고, 건성건성 매장을 돌아다니다가 먹음직스러운 상품 하나를 골라 단번에 해치운다. 하지만 남성들이 사냥꾼의 본능적 욕구마저 완전히 잃어버린 것은 아니다. 현대의 남성들은 직장에서 사냥을 한다. 그들은 경쟁에서 승리하기 위해 작전을 수립하고, 협력 공동체를 만들고, 적이 꼼짝할 수 없는 함정을 판다. 그렇게 할 수 있는 지위에 오르지 못한 남성들이 대신 경험할 수 있는 세계가 바로 스포츠다.

룰을 갖춘 스포츠는 대개 19세기에 만들어졌다. 이전까지 남성들은 사냥을 대신할 수 있는 놀이에 빠질 수 있었다. 공동체 단위의 축제뿐 아니라 원한다면 직접 사냥을 할 수도 있었다. 그러나 산업혁명을 거치면서 남성들은 사무실과 공장에 갇히게 되었다. 남성들의 스트레스는 대부분 이로부터 비롯된 것이다. 벽 안에서는 뛰고, 소리 지르고, 창을 던질 수 없다. 벽에 갇힌 야수들은 마침내 조직화된 스포츠를 만들어내기 시작했다.

처음 규격화되고 조직화된 스포츠를 즐길 수 있었던 사람들은 유한계급이었다. 그러나 누구나 주말을 쉴 수 있게 되고, 스포츠가 대중화되면서 유한계급들은 자신들만의 영역에 울타리를 치기 시작했다. 이들은 복잡한 룰과 신사도, 값나가는 장비와 공간, 신분을 드러내는 복장 속으로 몸을 숨겼다.

1897년 보스턴 마라톤대회가 시작된 이후 전 세계적으로 마라톤이 유행했다. 당시 마라톤을 한다는 것은 몸을 가꿀 수 있는 여유가 있다는 의미였다. 가족의 끼니를 해결하지 못하는 사람이 아침저녁으로 공원을 달린다는 것은 미친 짓이나 다름없었기 때문이다. 마라톤 열풍은 1980년대 조깅 열풍으로 이어졌다. 먹고 살만한 사람들이나 월스트리트로 출근하는 화이트컬러들은 시도 때도 없이 반바지 차림으로 공원을 내달렸다.

그러나 아프리카 출신 선수들이 마라톤대회를 석권하면서 마라톤은 더 이상 지위나 부를 나타내는 지표가 되지 못했다. 운동화 한 켤레와 팬티 한 장만 있으면 누구든 달릴 수 있었기 때문이다. 결국 새로운 과시와 지위를 원하는 사람들에 의해 철인3종 경기가 만들어졌다.

지금도 스포츠는 가난한 자들과 부자들이 참가하는 경기로 이원화되어 있다. 권투와 레슬링 같은 격투기는 배고픔의 상징이다. 보디빌딩 역시 노동자 계급을 연상시키지만 승마, 골프, 요트는 상류계층을 연상시킨다. 상류계층이 즐기는 스포츠는 대개 엄격한 룰이 적용된다. 경기자의 매너는 품격을 나타내며, 심플하면서도 세련된 유니폼은 상위계급에 진입할 수 있는 고가의 입장권이 된다. 또 지배계급은 단체경기보다 개인경기를 선호한다. 가난한 사람들은 육체적 접촉이 많은 축구, 야구, 농구, 격투기에 열광하지만, 지배계급은 고가의 장비로 경쟁하는 개인 스포츠에 더 많이 참여한다.

최근에는 떼돈을 번 신흥귀족들이 생겨났다. 이들은 기존의 지배계급이 즐기던 스포츠보다는 카누, 윈드서핑, 크로스컨트리, 행글라이딩, 스키 같은 스포츠를 선호한다. 이런 스포츠들은 개인적인 스포츠인 동시에 비싼 장비를 필요로 하며, '모험의 경험'이라는 특징을 갖고 있다. 신흥귀족은 문화시장에서도 기존 지배계급과 차이를 보인다. 이들은 현대적인 생활양식을 추구하면서 실험적인 문화에 관심을 갖고, 지적인 취향을 보인다.

시장은 귀족계층을 선망하는 소비자들의 욕구를 자극한다. 마케터들이 '픽시 더스트pixie dust'라 부르는 귀족마케팅은 '요정의 마법가루'를 의미한다. 대중은 유명인과 접촉할 때 자부심과 만족감을 느끼는데, 픽시 더스트는 이때 대중들이 느끼는 마법의 기운 같은 것이다. 귀족계층은 전통적인 의례와 상징을 간직하고 있다. 이러한 상징들은 대중들에게 일정한 심리적 거리를 유지하게 만든다. 귀족마케팅은 이 심리적 거리를 해소함으로써 대중들로 하여금 만족감을 느끼게 한다. 사람들은 왕가의 결혼식에 참석하거나 유명 연예인의 행사에 초대될 때 우월감을 경험하며, 이마저 누릴 수 없는 사람들은 그들이 사용하는 상품을 구매함으로써 위안을 얻는다.

이제 필요한 것만 소비하는 사람들은 천민으로 전락했다. 가난한 사람들이 주로 소비하는 대중문화 역시 소비자본주의의 영악한 시스템에 장악된 지 오래다. 오늘날의 대중문화는 금융상품과 다를 것이 없다. 투자된 자본에 대한 이익금을 분배해야 하기 때문이다. 자본투자에는 늘 회수의 위험이 뒤따르기 때문에 문화를 생산하고, 보급하고, 전파하는 일은 거대자본의 몫이 되었다.

투자자본을 회수하지 못하는 문화는 소멸될 수밖에 없다. 자본은 이윤 획득에 실패한 문화를 폐기처분하고 대중에게 다가갈 수 있는 문화를 재빨리 만들어내야 한다. 이제 우리는 문화에서조차 빨리 전파되거나 빨리 도태되어 버리는 속도의 지배를 받게 되었다.

21장

소비행위에 관한 인류학적 고찰

성 선택과 문화

일찍이 지그문트 프로이트는 성적 억압이 예술을 탄생시킨 원인이라고 지목했다. 조상들은 성적 표현이 금지되어 있기 때문에 남아도는 에너지를 예술로 승화sublimation시켰다는 것이다. 과거의 생물학자들도 왜 조상들이 예술을 창조했는지 궁금해했다. 예술은 인류의 생존에, 그리고 이기적 유전자에게 어떤 이점을 제공했을까?

이런 궁금증은 비교적 최근에 와서야 해결되었다. 진화생물학은 유성생식을 하는 종이 배우자를 선택할 때 특별히 선호하는 특성이 있다는 증거들을 축적해 왔다. '성 선택sexual selection'으로 불리는 이 이론은 찰스 다윈의 《인간의 유래 *The Descent of Man and Selection in Relation to Sex*》에서 이미 제기되었다. 이후 많은 학자들에 의해 성 선택 가설이 이론적으로 증명되었다. 암컷의 미학적 선호는 수컷의 생존을 불리하게 한다. 이것이 앞에서 언급한 값비싼 신호 보내기, 즉 핸디캡 원리다.

장식물은 이성을 유혹하고, 신분을 과시하는 역할을 한다. 문화예술은 충분한 부와 여가, 해독능력, 그리고 정신적 노동을 드러내는 신호다. 수컷 사자가 아름다운 갈기를 진화시켰듯이, 인간사회에서 최초의 예술이 탄생한 곳도 신체였다. 신체야말로 지위를 구별하고 과시하는 가장 좋은 캔버스이기 때문이다.

고든 팻처Gordon L. Patzer의 《룩스*LOOKS*》에 따르면 인간이 장식물을 사용한 시점은 무려 7만 5천 년 전까지 거슬러 올라간다. 2004년 아프리카 남부의 블롬보스 동굴에서 발굴된 달팽이 껍질 다발에는 끈으로 꿰어진 흔적이 있었다. 41개의 작은 구슬로 이루어진 이 다발은 목걸이로 추정되고 있다. 이는 구석기 시대에도 여성이 이성에게 자신의 외모를 돋보이게 하기 위해 장식물을 착용했고, 누군가는 그 유행을 쫓고 싶어 했음을 의미한다.

성 선택에 의한 과시에는 반드시 창조성이 수반된다. 생존에 치명적인 핸디캡일수록 그 가치가 돋보이듯이, 문화예술은 쓸모없는 것일수록 그 가치가 높다. 덴마크의 과학저술가 토르 뇌레트라네르스Tor Nrretranders는 《왜 사랑에 빠지면 착해지는가?*The Generous Man*》를 통해 인간이 두 가지 생물학적 진화론의 소산이라고 밝혔다.

> 우리 안에는 두 개의 역사, 두 개의 진화가 존재한다. 그 덕분에 우리는 지금 인간이 되었다. 한 역사는 효율과 경제의 메커니즘으로, 다른 하나는 베풂과 사귐의 메커니즘으로 구성된다. 자연선택은 삶을, 성 선택은 의미를 준다.

이는 인간이 두 가지 진화, 즉 호모에코노미쿠스와 호모제네로수스homo generosus의 길을 동시에 걸어왔다는 것을 의미한다. 호모에코노미쿠스는 이기적이고 경쟁적이며 합리적인 사고체계를 갖는다. 반면 '관대한 인간'을 뜻하는 호모제네로수스는 남에게 보여주고 싶고, 놀고 싶은 욕망을 가진 따뜻하고 창조적인 인간이다.

토르 뇌레트라네르스는 핸디캡 원리를 바탕으로 문화가 성 선택의 판촉물임을 주장한다. 즉 문화예술은 성적 치장의 부산물이며, '섹스로 가기 위한 필수불가결한 우회로'라는 것이다. 진화심리학에 생소한 느낌을 가진 사람들은 이 주장이 무척 당혹스러울 것이다. 하지만 토르 뇌레트라네르스도 분명히 지적했듯이, 문화가 성 선택의 결과라는 주장은 문화활동이 섹스를 염두에 두고 이루어진다는 말이 아니다.

이 주장의 핵심은 우리가 성 선택을 통해 미를 창조하고자 하는 욕구, 자신을 표현해야 할 필요, 세계를 이해하려는 욕망, 남을 즐겁게 해주려는 의도, 호기심 같은 본능과 심미안을 얻었다는 것이다. 오늘날 예술은 구애행위가 아니다. 하지만 핸디캡 원리에 따르면, 우리의 심미안과 성적 욕구 사이에는 심리적 연관성이 존재한다. 배우자를 선택해야 하는 20대 후반에 예술가들이 최고의 기량을 발휘하는 것도 이와 관련이 있다. 또 그 중 대다수가 남성이라는 점도 성 선택 이론을 뒷받침한다.

우리가 알고 있는 신화는 가장 좋은 증거다. 신화나 민담은 대개 짝짓기 경쟁, 거친 자연과의 대결, 불의와의 대결, 배신과 질투, 그리고 복수를 다룬다. 여기에는 사랑과 배신, 경쟁자와의 혈투가 포함된다. 어린 아이들이 읽는 동화에서도 착하고 정의로운 남자는 악의 화신과 결투를 벌여 아름다운 공주와 왕국의 절반을 차지한다.

신화와 민담이 전달하고자 하는 메시지는 짝을 만나기 위해서는 무서운 용과 맞서 싸우듯 용기 있게 도전해야 한다는 것이다. 그래서 동화는 현실성이 없다. 주인공은 늘 선한 존재고 경쟁자는 악한으로 등장하지만, 경쟁자의 입장에서 보면 동화의 주인공은 기득권을 가진 수컷에 도전하는 약탈자일 뿐이다.

요즘의 청년들도 표현의 형태만 다를 뿐 조상들이 가졌던 심리적 성향을 그대로 물려받았다. 짝짓기 대상을 물색해야 하는 10대들의 하위문화subculture도 일종의 구애행위라고 볼 수 있다. 이들은 담배, 알코올, 약물, 힙합, 독특한 패션을 통해 영웅주의를 과시한다. 이는 신화에 등장하는 주인공의 심리와 유사하다. 신호는 비쌀수록 효과가 높다. 맥주 한 캔으로 자신의 모험심과 개방성을 과시할 수는 없다. 오직 신체에 치명적이고 경쟁자에게 위협적인 것만이 과시의 수단이 될 수 있는 것이다.

물론 나이가 들면 영웅주의는 쇠퇴한다. 나이가 들면 과시해야 할 것들이 달라지기 때문이다. 나이가 든 수컷이 과시해야 할 것은 모험심이 아니라 자녀 양육에 투자할 수 있는 재정적 자원이다. 그래서 사춘기의 여성들은 모험심이 강하고 이기적이며 나쁜 남자를 선호하지만, 결혼할 대상을 물색할 때는 따뜻하고 배려 깊으며 안정적인 직장을 가진 남자를 선호하는 것이다. 결혼을 앞둔 여성에게는 아이를 기를 수 있는 자원과 양육을 함께 책임질 따뜻한 남자가 필요하다.

성 선택은 남녀의 소비성향에도 영향을 미친다. 뉴멕시코 대학교의 진화심리학자 제프리 밀러Geoffrey F. Miller는 《스펜트*Spent*》에서 미네소타 대학교의 블라다스 그리스케비셔스와 조시 타이버 연구팀이 수행한 실험을 소개하고 있다. 대학생들을 대상으로 실시된 네 가지 실험에서 매력적인 이성의 사진을 본 남성들은 풍경사진을 본 남성에 비해 더 소비적인 성향을 나타냈다. 반면 여성들은 조용한 봉사활동보다 과시적인 봉사활동을 선호했다. 이는 과시적 소비와 과시적 이타주의가 성 선택과 밀접한 관련이 있음을 보여주는 것이다.

소비의 기호학

춘추전국 시대, 제나라의 환공은 자주색 옷을 좋아했다. 이 사실이 알려지자 관리들은 물론 여염집 백성들에 이르기까지 자주색 옷을 즐겨 입었다. 사람들이 자주색 옷감만을 찾게 되자 시장에서는 값이 뛰어올라 흰 비단 다섯 필을 주고도 자주색 비단 한 필을 살 수 없게 되었다. 환공이 이를 근심하여 관중管仲에게 물었다.

"값이 크게 올랐는데도 백성들이 자주색 옷감만 찾으니 어떻게 하면 좋겠는가?"

관중이 대답했다.

"임금께서 자주색 옷을 입지 않으면 됩니다. 만일 측근 중에 그런 옷을 입는 자가 있다면 이제 자주색은 꼴도 보기 싫으니 물러나라고 하십시오."

환공이 관중의 말에 따르자 그날부터 신하 중에 자주색 옷을 입는 자가 없어졌다. 다음날에는 도읍의 백성들이 자주색 옷을 입지 않았고, 사흘 후에는 나라 안에 자주색 옷을 입은 자가 한 사람도 없게 되었다.

이 이야기는 《한비자韓非子》 〈외저설 좌상外儲說 左上〉편에 소개되어 있다. 또 유향의 《설원說苑》 〈정리政理〉편에는 이런 이야기도 있다.

제나라의 경공은 여자들이 남자처럼 옷을 입고 다니는 것을 좋아했다. 그러자 온 나라 백성들이 남장을 하기 시작했다. 경공이 이 사실을 알고 신하들에게 명했다.

"앞으로는 여자가 남자처럼 꾸미고 다니지 못하게 하라. 만일 이를 어기는 자는 그 옷을 찢고 허리띠를 잘라버려라."

그러자 거리에서 옷을 찢기고 허리띠를 잘리는 사람이 끝도 없이 이어졌다. 그러나 이런 관습은 쉬이 사라지지 않았다. 경공이 걱정하자 안자晏子가 말했다.

"임금께서는 궁궐의 여자들이 그렇게 입는 것을 좋아하면서 백성들에게는 이를 금지하고 있습니다. 어찌 궁궐 안의 사람부터 금하지 않습니까?"

경공이 그 말을 듣고 궁궐 안의 사람들에게 남장을 금지시켰다. 그러자 한 달이 못 되어 나라 안에 그런 복장을 하는 사람이 없어졌다.

묵자墨子도 〈겸애兼愛〉 편에서 권력자의 취향을 모방하려는 사람들의 심리를 날카롭게 꼬집었다. 진晉나라 선비들이 거친 옷 입는 것을 좋아하자 신하들은 모두 암양의 가죽옷을 입고, 가죽 혁대에 칼을 차고, 거친 두건을 쓴 채 조정에 들어가 임금을 배알했다. 또 초나라 영왕이 가느다란 허리를 좋아하자 신하들은 모두 하루 한 끼만 먹고, 숨을 들이마신 후 혁대를 졸라매어 지팡이를 잡고서야 일어날 수 있을 정도였다. 그렇게 1년이 지나자 조정에는 누렇게 뜨고 깡마른 얼굴만이 가득 찼다.

유행이란 결국 누군가를 모방하는 것이고, 모방의 대상은 필경 지위를 가진 과시적 소비자다. 프랑스의 사회심리학자 마르크 알랭 데깡Marc-Alain Descamps은 《허영과 문화의 유행심리*Psychosociologie de la mode*》에서 옷이 계층, 재산, 직업, 종교, 정치적 견해, 연령, 성별을 표현하는 수단이며, 그 중에서도 유니폼은 가장 '암호화된 표현'이라고 말했다.

먼 과거에는 옷과 장식품이 자신의 정체성을 가장 효과적으로 드러내는 수단이었을 것이다. 집이나 토지는 들고 다니면서 과시할 수 없기 때문이다. 이후 이동수단이 생겨나면서 말이나 마차가 지위를 드러내는 상징이 되었다. 오늘날에는 과시의 수단이 훨씬 다양해지고 복잡해졌다.

과시는 차이를 드러내는 것으로부터 시작된다. 장 보드리야르는 《소비의 사회》에서 "소비는 하나의 계급적 제도"이며, "소비의 주체는 개인이 아니라 기호의 질서"라고 주장했다. 가령 자동차를 소유한다는 것은 이동수단이라는 도구적 의미와 함께 부와 지위를 드러내는 기호가 된다.

> 자동차는 내가 애착을 느끼는 구체적 대상이라기보다 신분과 자아의 상징이요, 힘의 연장이다. 자동차를 구입함으로써 나는 사실상 새로운, 그리고 부분적인 자아를 획득한다.
>
> 에리히 프롬 Erich Fromm, 《소유냐 존재냐 *To Have or To Be*》

모든 자동차가 기호의 역할을 하는 것은 아니다. 그것이 부나 지위의 기호가 되기 위해서는 풍부함을 충분히 드러내야 한다. 즉 필요에 의해 자동차를 소유한 사람과의 차이가 충분히 유지되어야 한다. 장 보드리야르는 이 차이를 드러내는 것이 낭비의 기능이라고 생각했다. 따라서 사람들은 사물 자체를 소비하는 것이 아니라 타인과 구별 짓는 기호로서 사물을 소비한다.

장 보드리야르는 소비를 "커뮤니케이션 및 교환의 체계로서 끊임없이 보내고 받아들이며, 재생되는 기호의 코드"로 정의했다. 그는 소비자본주의의 허구성을 '소비의 평등'이라는 거짓 신화에서 찾았다. 그에 따르면, 소비사회에서 모든 인간은 욕구와 충족의 원칙 앞에서 평등하다. 즉 사용가치로서의 비프스테이크 앞에서는 프롤레타리아도 특권계급도 존재하지 않는다. 그러나 기호로서의 사물 앞에서는 전혀 평등하지 않다. 어쩌다가 비싼 레스토랑에 가서 비프스테이크를 먹는다고 해도, 그가 기호로서 비프스테이크를 소유한 것은 아니기 때문이다.

소비사회는 지속적인 성장을 전제할 때 가능하다. 하지만 성장은 부의 불평등뿐 아니라 기호의 불평등에 의존한다. 소비사회가 지속되려면 시장은 끊임없이 효용을 창출하고 소비시킴으로써, 재화에 대한 사람들의 욕구를 지속적으로 유지시켜야 한다. 이는 '영구히 강요된 소비'다.

소득이 많다고 해서 기호를 획득하는 것은 아니다. 때로는 적은 소비도 기호가 된다. 장 보드리야르는 이를 '과소소비' 또는 '메타소비'라 이름 붙였다. 겸손함과 검소함은 오히려 과시의 효과가 크다는 것이다. 따라서 소비 거부는 '소비 중에서도 최고의 소비'이다. 그리하여 그는 "기호의 수준에서는 절대적인 부도 절대적인 빈곤도 없으며, 부의 기호와 빈곤의 기호 사이에 대립도 없다"고 주장했다. 소비를 거부하는 것 자체가 자신의 수준을 과시하는 문화지수라는 것이다.

그런 의미에서 본다면 몇몇 진보주의자들이 낡고 허름한 한복을 고집하고, 시골에서 농사를 지으며 유기농 제품을 선호하며, 문명에 대한 거부감을 드러내는 것 역시 과시행위다. 다른 점이 있다면 이들이 과시하려는 것이 높은 지위에 있는 사람들과 내용면에서 차이가 있다는 것이다.

값비싼 신호

집단생활을 하는 모든 동물이 그러하듯, 인간도 서열을 형성한다. 침팬지는 자신보다 지위가 높은 개체들 싸움에 관여함으로써 자신의 서열을 높인다. 이들은 권력자로 부상할 가능성이 있는 개체를 중심으로 동맹을 맺고 연대한다. 동맹을 맺은 개체가 권력을 장악하면, 자신도 권력의 한 부분을 누릴 수 있기 때문이다. 침팬지는 인간과 마찬가지로 권력의 노예인 셈이다.

권력을 추구하는 것은 인간의 본성 중 하나다. 신경생물학자 로버트 새폴스키Robert M. Sapolsky, 그리고 마이클 J. 롤리Michael J. Raleigh가 실험을 통해 밝혔듯이 긴꼬리원숭이는 권력을 획득했을 때 세로토닌이 많이 분비되고, 권력을 잃었을 때 적게 분비된다. 세로토닌의 분비량이 적어지면 우울증이 걸릴 확률이 높다. 권력으로부터 멀어지거나 지위가 낮아지는 것은 절망 그 자체인 것이다. 스탠포드 대학교의 데보라 그루엔펠드 Deborah Gruenfeld는 의대생들을 대상으로 한 실험에서 인간도 원숭이들과 다르지 않다는 사실을 밝혀냈다.

높은 지위를 차지하기 위해 경쟁하는 것은 우리가 어느 정도 권력중독자들이기 때문이다. 침팬지는 스스로의 힘과 동맹세력의 크기로 권력을 다툰다. 우리 조상들도 침팬지와 크게 다르지 않았을 것이다. 그러나 오늘날에는 부, 명예, 학벌 같은 다양한 무기가 동원된다. 지금은 맷집이 좋거나 힘이 세다고 해서 지위를 획득할 수 없다.

동물들은 암컷이나 권력을 놓고 경쟁할 때 상대방에게 치명적인 상처를 입히지 않는 방법을 알고 있다. 생사를 건 경쟁은 자신에게도 치명적인 상처를 입힐 수 있기 때문이다. 그래서 동물들은 한 번 도전을 해본 뒤에 상대가 만만치 않으면 재빨리 도망치거나 복종하는 방법을 선택한다. 권력자에게 목이나 뱃가죽 같은 신체의 약한 부위를 노출하거나, 엎드려 몸을 낮추거나, 털 고르기를 해줌으로써 권력자의 충복임을 드러내는 것이다. 이런 제스처들은 모두 복종의 신호다.

권력에 복종하는 심리 역시 인간이 타고난 성향이다. 우리는 권력자의 메시지에 곧잘 순응하며, 대다수가 지지하는 생각을 자신도 유지하려는 성향을 갖고 있다. 그래야만 자신의 속마음을 숨기고 다음 기회를 노릴 수 있기 때문이다. 과시는 경쟁자의 도전을 무력화할 수 있는 가장 효과적인 수단이다. 동물들이 뿔과 꼬리로 강건한 수컷임을 과시하듯이, 인간은 자신의 지위를 과시함으로써 경쟁자의 도전의지를 꺾어놓는다.

적대적인 국가 사이에서 핵전략의 과시는 매우 중요하다. 두 나라가 핵을 보유하고 있을 때 상대국이 핵을 사용하지 못하도록 하려면, 핵공격의 징후가 포착되었을 때 즉각 핵으로 보복하는 것이다. 하지만 이 전략은 서로에게 엄청난 손실을 초래할 수 있다. 그러므로 대부분의 국가들은 과시전략을 택한다. 더 정밀하고 멀리 발사할 수 있는 기술적 능력을 과시하는 것이다. 양국의 기술수준이 거의 같을 때는, 자동적으로 즉각적인 보복이 이루어질 뿐 아니라 일단 발사버튼이 작동하면 그 누구도 공격명령을 취소하지 못하도록 하는 프로그램을 심어놓는 것이 최선의 방법이다. 그 다음 단계는 이 프로그램이 제대로 작동한다는 것을 상대국에 과시하는 것이다. 상대방이 알아먹지 못하는 과시전략은 아무런 효과도 없다.

인간은 집단과 개인 사이의 경쟁에서 이런 과시전략을 효율적으로 활용해 왔다. 조직폭력배들이 온몸에 문신을 새기고, 사기꾼들이 고급 승용차를 타고 다니며, 해적선이 해골 깃발을 달아놓는 것은 모두 상대방의 기선을 제압하기 위한 과시전략이다. 기업 역시 과시전략을 사용한다. 최첨단의 고층빌딩에 사무실을 차리고, 광고를 하고, 비싼 돈을 들여 CI를 만들고, 최신제품에 높은 가격을 매기는 것은 자금력과 품질을 과시하기 위한 신호다.

공작새나 톰슨가젤이 목숨을 담보로 자신의 자질을 광고하듯이, 인간은 남들이 쉽게 알아차릴 만한 신호를 보내기 위해 비싼 비용을 지불한다. 지위를 과시하려면 희소하거나 사치스럽거나 무의미해서 엄청난 비용을 지불하지 않으면 소유할 수 없는 것들을 소유해야 한다. 그래야만 하위계층의 모방을 방지할 수 있다. 가장 좋은 방법은 이웃보다 돋보이는 것에 돈을 쓰는 것이다. 부자들이 많아진 오늘날에는 문화상품의 소비가 돋보이는 소비 형태로 자리 잡았다. 돈이 아무리 많더라도 난해한 그림을 해독할 수 없는 사람은 낮은 수준의 자질을 가진 사람일 뿐이다.

과시신호의 지표

지금까지 시장원리주의자들은 과소비가 인간의 이기적 본성에 의한 것이며, 시장이 제공하는 선택의 자유와 소비자 선호에 의한 것이라고 여겨왔다. 또 진보주의자들은 시장 이데올로기가 순진한 소비자들을 자극하여 과소비를 부추긴다고 설명해 왔다. 이에 반해 생물학을 기반으로 하는 진화심리학은 자신의 형질을 과시하려는 인간의 본성, 사회제도와 시장 이데올로기, 문화적 관성이 소비자본주의를 탄생시켰다는 입장이다. 이는 소비가 곧 기호학이라는 의견과 맥을 같이 한다.

그렇다면 인간이 과시하고자 하는 것은 무엇일까? 왜 인간은 지위에 목말라 하는가?

진화심리학은 인간이 과시하려는 것이 짝짓기와 관련이 있다고 설명한다. 이기적 유전자의 목표는 스스로를 복제하는 것이다. 유성생식을 하는 종은 이 목표를 달성하기 위해 건강하고 생존능력이 있는 배우자를 원한다. 그러나 남성의 정자 수는 거의 무한한 데 비해 여성의 난자는 희소하다. 난자는 매우 귀할 뿐 아니라 여성이 일생 동안 임신할 수 있는 횟수도 제한되어 있다. 난자에 대한 수요는 많지만 공급은 제한되어 있으므로, 수컷들은 치열한 경쟁을 벌이면서 비싼 비용을 지불해야 한다. 경쟁에서 패한 수컷은 자신의 유전자를 복제할 후손을 남길 방법이 없다.

수컷이 진화의 과정에서 지불해야 했던 비싼 비용은 바로 핸디캡이다. 모두가 획득할 수 있는 장점은 과시의 효과가 없다. 다른 개체가 인정하는 과시물이 되려면, 그 형질이 생존에 너무나 불리해서 남들이 함부로 갖지 못하는 것이어야 한다. 사슴의 큰 뿔이 바로 적당한 핸디캡이다. 사슴의 큰 뿔은 암컷을 놓고 수컷끼리 싸울 때 외에는 별반 쓸모가 없다. 오히려 맹수를 피해 도망칠 때는 거추장스러운 방해물이 된다. 그럼에도 불구하고 강하고 큰 뿔을 가진 수컷이 암컷들을 독차지할 수 있다. 짝짓기에 성공한 수컷은 큰 뿔을 핸디캡으로 안고 있으면서도 살아남았을 뿐 아니라 다른 수컷과의 경쟁에서도 이긴 것이다.

성 선택에 의한 진화는 핸디캡을 수반한다는 점에서 매우 비효율적이다. 하지만 진화의 역사는 핸디캡을 가진 개체가 승리했음을 보여준다. 인간에게는 높은 지위가 핸디캡이다. 강한 유전자만이 험난한 지위경쟁에서 살아남기 때문이다. 경쟁에서의 패배는 이기적 유전자에게 사형선고나 다름없다. 따라서 짝짓기를 할 수 없는 수컷은 어떤 위험이라도 감수해야 한다.

가진 게 없으면 잃을 것도 없다. 침팬지 집단에서 수컷들이 모의하여 권력자를 몰아내는 것은 이 때문이다. 지위는 한정된 자원이기 때문에 짝짓기 기회를 잃은 수컷에게는 대단한 모험이 필요하다. 인간 역시 지위에 목말라하면서 지위경쟁 게임에 자신의 모든 것을 건다. 우리 조상들 역시 몽둥이와 칼을 동원해서 수없이 반역을 시도했다.

제프리 밀러는 《스펜트》에서 한 개체의 형질과 자질을 다른 개체에게 알리는 '적응도 지표'가 개방성, 성실성, 외향성, 친화성, 정서 안정성, 일반 지능 등 6가지 차원으로 이루어져 있다고 설명한다. 그에 따르면 부의 과시는 최근 1만 년 이내에 생긴 것이다. 부의 축적이 가능해진 시기는 농경을 바탕으로 정착생활이 시작된 이후이기 때문이다.

> 가장 매력적인 형질들은 부, 지위, 취향이 아니다. (……) 진짜 매력적인 형질들은 (……) 생물학적 적응도와 밀접한 관련이 있는—신체 매력, 신체 건강, 정신 건강, 지능, 성격 같은—보편적이고 안정적이고 유전되는 형질들이다.
>
> 제프리 밀러, 《스펜트》

밀러는 인간이 과시하고 싶은 자질의 모드를 부모의 보살핌, 친척의 보살핌과 투자 유도, 타인의 사회적 지지와 동맹, 배우자에 대한 유혹 등 네 가지로 제시했다. 아이들이 귀여운 몸짓이나 울음을 통해 부모의 양육을 유도하는 것 역시 진화의 산물이다. 부와 권력, 언어, 친화력 같은 요소들은 타인의 사회적 지지와 연대를 이끌어낸다. 인간이 정치적 동물이 된 것은 이런 자질을 과시하려는 본능에서 비롯되었다.

인간은 다른 사람을 접할 때 무의식적으로 그가 가진 형질들을 알아차리도록 진화했다. 우리가 첫인상을 중요시하는 것은 이 때문이다. 타인의 형질을 제대로 파악하지 못한 사람은 인생에서 실패할 확률이 높고, 좋은 배우자를 만나지 못해 자신의 유전자를 후세에 전달할 가능성이 낮다. 우리 조상들은 뛰어난 관상가이자 심리학자였던 셈이다.

그러나 집단의 규모가 커지고, 익명의 타인들을 만날 기회가 많아지면서 이런 능력들은 별반 효과를 발휘하지 못했다. 자신의 형질을 위장하거나 과장하기 위한 전략도 함께 진화했기 때문이다. 밀러는 이를 '배지badge'에 비유했다. 명문가의 문장紋章, 제복, 학위, 훈장 같은 것들이 여기에 속한다. 시장에서는 브랜드가 제조기업의 명패에 붙은 배지다.

형질을 과시하기 위한 배지는 대개 사회적 평판에 의존한다. 그가 어떤 인간인지 알 수 있는 표지를 없애버리면, 그의 정체성은 하나의 사물에 지나지 않는다. 조상들은 다른 개체와 접촉하고 짝짓기를 하면서부터 배지를 진화시켰으며, 집단을 이루면서 타인에 대해 좋고 나쁨을 평가하고 관리하는 기능을 강화시켜 왔다. 그래서 우리는 사회적 기준을 벗어나는 행동에 분노하며, 반대로 사회적 기준보다 고상하게 행동하는 사람을 높이 평가한다.

우리는 사회적 지위와 평판에 높은 가치를 부여하는 성향이 있는데, 이를 '사회적 선호social preferences'라 한다. 사람들은 성공과 함께 대중의 찬사를 받을 때 더 큰 비용을 지불한다. 배지는 그럴 만한 자격을 가진 사람만이 부착할 수 있다. 그는 오랜 기간에 걸친 시간과 비용을 투자함으로써 배지를 획득할 수 있었다.

배지를 유지하는 데도 많은 비용이 필요하다. 하지만 밀러는 유지비용을 부담하는 것은 배지 보유자가 아니라 배지를 관찰하는 타인들이라고 말한다. 지위를 상징하는 상징물에는 늘 값싼 모조품들이 따라붙는다. 관찰자들은 진짜 배지와 가짜 배지를 가려내고, 가짜들을 처벌하기 위해 기꺼이 비용을 지불한다. 관찰자들의 행위는 배지의 신뢰성을 높여 집단 전체에 이익을 가져다준다. 즉 가짜 배지를 붙이고 다니는 사기꾼들을 처벌함으로써 배치의 가치를 유지하고, 언젠가 자신이 그 배치를 착용했을 때 타인이 인정해 주기를 소망하는 것이다.

오늘날에는 국가가 세금을 들여 가짜 배지를 적발함으로써 관찰자들의 부담을 덜어준다. 하지만 적발과 처벌이 늘 성공하는 것은 아니다. 모방자들은 진짜처럼 보이는 가짜 배지 제작기술을 끊임없이 발전시키기 때문이다. 실제로 모조품들은 점점 더 정교해지고 있다. 가짜 배지가 사라지지 않는 이유는 그것을 원하는 사람들이 많기 때문이다. 사람들은 그것이 모조품인 줄 알면서도 착용의 즐거움에서 헤어나지 못하며, 하위계층에서는 가짜를 서로 용인해 주기까지 한다. 높은 지위는 어떤 상품을 소유함으로써 얻어지기보다는 그것을 모방하고 싶어 하는 사람들이 선물한 것이다.

밀러는 값비싼 상품이 자신의 형질을 보완하거나 더 매력적으로 과시할 수는 없다고 주장한다. 고가의 상품이 일시적으로 형질을 과시할 수는 있지만, 장기적으로는 성공할 수 없다는 것이다. 인간이 생존과 번식에 관련된 인구통계학적이고 신체적인 형질을 본능적으로 파악하도록 진화했기 때문이다.

육체의 소비

성 선택 이론에 따르면 남성이 신체적으로 과시의 수단으로 삼는 것은 커다란 음경과 강한 근육, 반듯한 외모다. 여성은 커다란 가슴과 풍성한 엉덩이, 도톰한 입술, 큰 눈을 과시의 수단으로 삼는다. 이러한 특성은 모두 번식과 관련이 있다. 남성은 배우자와 자녀를 먹여 살릴 능력과 건강한 유전자가 있음을 과시하는 것이고, 여성은 자녀를 많이 낳아 양육할 수 있는 건강한 육체를 과시하는 것이다.

우리는 아름다운 외모에 끌리도록 진화했다. 아름다운 외모의 기준은 모든 사람들이 보편적으로 갖고 있지만, 그렇다고 해서 모두가 같은 기준을 갖고 있는 것은 아니다. 진화의 과정에서 선택된 기준을 모두 충족시키기 어려울 뿐 아니라 개인마다 조금씩 다른 기준을 적용하는 경우도 많다. 그럼에도 불구하고 사람들은 어느 정도 공통의 기준에 맞춰 매력도를 평가한다.

인간이 육체의 아름다움을 평가하는 기본적인 기준은 좌우대칭성이다. 우리는 코의 중심선을 기준으로 좌측과 우측 얼굴이 완벽한 대칭을 이룰수록 아름답다고 느낀다. 이 이론은 덴마크 출신의 진화생물학자 안데르스 묄러Anthers Muller가 1992년에 제비를 대상으로 한 실험에서 밝혀냈다. 또 뉴멕시코 대학교의 생물학자 랜디 손힐Randy Thornhill은 인간을 대상으로 한 실험에서 이 가설을 증명했다. 랜디 손힐의 실험은 우리가 무의식적으로 이성의 대칭성을 파악하는 능력을 진화시켰음을 보여준다. 좌우대칭성은 신체의 유전적 안정성을 나타내는 기호다.

남성이 여성의 신체를 바라보는 기준은 엉덩이와 허리의 비율이다. 1993년 미국 오스틴 대학교의 심리학자 디벤드라 싱Devendra Singh은 남성에게 어필하는 여성의 성적 매력은 체중이나 키와 관계없이 엉덩이와 허리의 비율이 1:0.7이라는 것을 발견했다. 이 비율은 여성이 임신할 수 있는 시기가 되었음을 드러내는 기호다.

남성들은 날씬한 허리 자체를 선호하는 것이 아니라, 날씬한 허리가 엉덩이를 커 보이게 하기 때문에 선호한다. 과거에는 출산 중에 아이가 사망하는 일이 다반사였으므로 남성은 출산의 위험을 최소화하기 위해 여성의 큰 엉덩이를 선호하도록 진화했다. 더구나 굵은 허리는 임신 중이거나 수유기간이라는 것을 의미한다. 이런 여성과 짝짓기를 하는 남성은 자손을 낳기 어렵기 때문에, 남성은 굵은 허리를 피하도록 진화했다.

2009년 5월, 하버드 대학교의 인류학자 피터 엘리슨Peter Ellison은 노르웨이 및 폴란드 학자들과 수행한 연구에서 가슴이 크고 허리가 가느다란 여성들이 전체 생리주기 동안 평균 26퍼센트 더 많은 에스트로겐을 분비했고, 임신 가능성이 가장 높은 기간에는 37퍼센트가 더 분비되었음을 발견했다. 이는 가슴이 크고 허리가 잘록한 여성이 다른 체형의 여성보다 대략 3배 정도 임신 가능성이 더 높다는 것을 의미한다. 따라서 남성은 배우자를 고를 때, 가슴이 크고 엉덩이가 큰 여성을 선호하도록 진화했다는 것이다.

미국 UCLA대학병원의 성형외과 의사 스티븐 마쿼트Stephen Marquardt 역시 이상적인 신체비율을 찾으려 시도했다. 그가 찾아낸 황금비율은 1:1.618이다. 그는 인간이 선호하는 신체비율이 배꼽 위부터 머리끝까지의 길이와 배꼽 아래에서 발바닥까지의 길이가 1:1.618이라는 것을 밝혀냈다. 또 앞니 끝에서 턱 끝까지의 거리와 두 눈동자를 이은 선에서 앞니 끝까지의 거리, 한쪽 눈의 가로 길이와 코의 중심선에서 눈 바깥쪽까지의 거리도 1:1.618이었다.

우리는 본능적으로 신체의 황금비율을 알아차린다. 이를 통해 우리는 비대칭성, 질병, 장애 여부를 알아차린다. 진화의 관점에서 번식을 나타내는 건강지표는 매우 중요하다. 건강지표를 판단하는 기준이 오늘날의 우리에게도 육체를 선호하는 기준으로 작용한다. 특히 인간은 상대방의 얼굴에서 중요한 정보를 찾아낸다. 남성은 두드러진 이마, 턱, 코, 수염이 남성호르몬 테스토스테론의 강도를 보여준다. 여성은 크고 두드러진 눈, 도톰한 입술, 부드러운 피부가 여성호르몬 에스트로겐의 강도를 드러낸다.

그래서 여성들은 나이가 들어도 번식력의 단서들을 유지하기 위해 화장기술을 발전시켰다. 여성은 배란기 직전에 눈 주위의 피부가 검게 변하는데, 이는 임신할 준비가 되어 있다는 표시다. 남성은 임신할 가능성이 높은 여성을 선호하도록 진화했기 때문에, 여성들은 임신 가능성을 광고하기 위해 눈 주변을 검게 칠한다.

시장이 이를 놓칠 리 없다. 기업은 이런 성 심리를 활용하여 제품을 생산하고 판매한다. 성형과 미용, 건강과 다이어트 산업의 규모는 과거에 비해 엄청나게 성장했다. 이 사업이 성장한 데는 언론매체와 광고가 엄청난 영향을 미쳤다. 언론매체는 사람들이 자신의 신체와 비교할 수 있는 대상을 전 세계로 확대시켰다. 특히 패션 디자이너들은 날씬한 육체에 대한 여성들의 동경을 비현실적인 수준에까지 끌어올렸다.

40킬로그램의 체중을 가진 여성은 정말 아름다울까? 대답은 그렇지 않다는 것이다. 어떤 남성도 그 정도로 깡마른 여성을 선호하지 않는다. 앞에서 지적했듯이 중요한 것은 지방의 양이 아니라 지방의 분포이기 때문에 글래머를 선호하는 남성들도 많다. 그럼에도 불구하고 시장이 날씬한 몸매를 부추기는 것은 실현될 수 없는 목표를 제시해야 지속적인 소비욕구를 유지할 수 있기 때문이다.

장 보드리야르는 "소비의 가장 아름다운 대상은 육체"이며, 우리는 자신의 육체를 "가장 가혹한 방법"으로 소비한다고 꼬집었다. 그러나 지금까지 진화생물학자들의 연구에 따르면, 성형수술이나 화장은 장기적으로 큰 효과가 없다. 신체에 대한 미적 기준은 결국 열등한 유전자가 있는지를 가려내는 것이다. 성형수술이나 화장은 이런 결점을 잠시 가려줄 수 있고, 단기적인 섹스 파트너를 고르는 데도 영향을 미칠 수 있지만 장기적으로는 자신의 열등한 유전자를 감출 수 없다는 것이다.

22장

시장의 권력, 마케팅

마케팅의 전설, 에드워드 버네이스

근대적 의미의 마케팅이 언제부터 시작되었는지는 정확히 알 수 없지만, 르네상스 시대에 금융을 장악했던 메디치가家는 예술가들을 적극 후원함으로써 예술마케팅 시대를 열었다. 중세에는 은행가들이 고리대금으로 돈을 벌었다는 죄를 씻기 위해 교회에 거액을 헌금했는데, 이 헌금의 대부분이 교회를 장식하는 예술품에 투자되었다. 가문의 이미지를 높이는 데 예술마케팅이 활용된 것이다.

대항해시대가 열리는 16세기부터는 가문이나 길드를 대신하여 국가가 경제의 주체가 되었다. 당시 국왕들은 광장을 만들어 자신의 동상을 세움으로써 이미지 마케팅을 시도했다. 이 시기에는 국왕의 힘이 곧 국가의 힘이었고, 그것이 경제력이었다. 하지만 산업혁명으로 대량생산이 이루어지면서 상품을 알리는 직접 광고가 등장했다.

마케팅을 이야기하려면 전설적인 홍보전문가 에드워드 버네이스 Edward L. Bernays를 빼놓을 수 없다. 그는 1928년에 《프로파간다*Propaganda*》를 써서 자신의 홍보비법을 공개했다. 버네이스는 제1차 세계대전 때 연방공보위원회CPI에 발탁되어 적국 독일에 맞서 심리전을 전개했다. 1919년에는 뉴욕에 최초로 홍보전문 사무실을 열고, 심리학을 홍보에 활용했다. 오늘날 홍보가 하나의 산업으로 정착한 데는 그의 역할이 결정적이었다.

버네이스의 마케팅 수법은 비범하다. 그는 피아노를 팔면서 '가정음악실'이라는 개념을 만들어냈다. 피아노를 구입할 수 있는 유한계급들에게 집 안에 연주공간을 마련하는 게 유행이라는 생각을 전파시킨 것이다. 또 대형 출판사들의 의뢰를 받고는 가정에 붙박이 책장과 서재를 설치하는 유행을 만들어냈다. 그는 피아노나 책을 판 것이 아니라 '문화'를 판 것이다. 또 베이컨을 홍보할 때는 의사들을 섭외하여 공개적인 장소에서 베이컨이 건강에 좋다는 사실을 말하도록 했다. 이 방법을 통해 그는 현명한 가정주부들은 아침 식탁에 베이컨을 올린다는 이미지를 창출했다.

담배 판촉을 맡았을 때는 여성들이 흡연하는 모습을 자유의 상징으로 삼았다. 버네이스는 1929년 부활절에 신인 여성모델들을 동원해 뉴욕 5번가를 행진시키며 '자유의 횃불'이라는 담배를 피우도록 했다. 미국인들은 매춘부가 아닌 여성이 공개적인 장소에서 담배를 피우는 모습을 보고 큰 충격을 받았다. 하지만 그는 여성의 흡연을 자유와 해방이라는 이미지로 치장했고, 1930년대의 섹스 심벌이었던 여배우 진 할로Jean Harlow를 담배광고에 등장시킴으로써 흡연을 섹시함과 동일시하도록 만들었다. 이 때문에 담배는 여성들에게 다이어트, 모던, 신중한 사고, 섹시함, 자유로움, 탈권위를 과시하는 상품이 되었으며 여성 흡연율도 대폭 상승했다. 뿐만 아니라 그는 맥주가 독한 위스키에 비해 절제를 요구하는 음료라는 이미지를 만들었고, 트럭 제조업체를 대변해 고속도로 건설을 확대하자는 여론을 형성하는 데도 일조했다. 또 1924년에는 아이보리 비누를 소비시키기 위해 전국 비누조각 경연대회를 개최하기도 했다.

중요한 것은 그가 홍보와 마케팅을 '보이지 않는 정부'라고 믿은 데 있다. 그의 자신감은 곳곳에 묻어난다.

> 대중의 관행과 의견을 의식과 지성을 발휘해 조작하는 것은 민주주의 사회에서 중요한 요소다. 사회의 보이지 않는 메커니즘을 조작하는 사람들이야말로 국가의 권력을 진정으로 지배하는 보이지 않는 정부invisible government를 이룬다.
>
> 에드워드 버네이스, 《프로파간다》

그가 마케팅을 보이지 않는 권력으로 믿은 데는 아이젠하워 시대에 중남미의 한 국가를 전복시킨 경험 때문이었을 것이다. 1950년대 초반 과일유통회사인 유나이티드 프루트 컴퍼니United Fruit Company는 미국에서 소비되는 바나나의 절반을 과테말라에서 수입하고 있었다. 그런데 1951년 과테말라 대통령에 당선된 아르벤스구스만은 농지개혁과 함께 국유화에 착수해 유나이티드 프루트가 보유한 16만헥타아르의 토지도 국유화하려 했다. 이때 버네이스는 과테말라 정부가 공산주의자의 손에 전복될 것이라는 여론을 조성하는 데 기여했다. 결국 CIA는 1954년 6월 과테말라 정부를 전복시키고 우파 파시스트 정권을 수립했다.

버네이스는 마케팅이야말로 소비자의 효율적 선택을 돕는 행위라고 생각했다. 만일 소비자가 시장을 기웃거리며 일일이 가격을 비교하고 품질을 확인한다면 엄청난 혼란에 직면할 것이고, 이 문제를 해결하기 위해 사회는 선택의 범위를 좁히는 데 합의한다는 것이다. 마케팅은 비용이 많이 든다. 따라서 그는 어떤 위원회를 조직하여 사람들의 행동을 지배하는 것도 한 가지 방법이지만, 자본주의는 시장의 자유에 의존하므로 마케팅에 그 임무를 위임하는 것이 좋다고 생각했다.

문제는 그가 마케팅을 통해 대중의 의식을 조작할 수 있다고 믿은 데 있다. 그는 소수가 대중의 생각을 조종하는 것에 매력을 느꼈고, 이 소수야말로 '보이지 않는 정부의 실행부대'라고 생각했다. 그는 대중의 요구를 조직하고 실현하기 위해서는 마케팅이 필요하며, 이에 따르는 비용을 최소화하기 위해서는 소수의 전문가에게 홍보를 맡겨야 한다고 믿었다.

버네이스는 인간의 부정적 본성을 정확히 이해했다. 그는 인간이 어떤 선택을 할 때 합리적인 사고 대신 충동과 습관, 감정에 의존한다는 것을 알아차렸으며, 어떤 결정을 내릴 때 선례에 따르려는 집단 심리의 충동을 보인다는 것도 알았다. 또 그는 사람들이 자동차를 원하는 진짜 이유가 사회적 지위와 성공의 지표 때문이라는 것을 알았으며, '인간의 욕망은 사회라는 엔진을 가동하는 증기'라는 사실을 깨달았다. 그래서 그는 인간의 욕망을 제대로 이해해야 거대하면서 짜임새가 느슨한 사회를 조종할 수 있다고 생각했다. 그의 지적대로, 우리는 자유의지에 따라 행동한다고 생각하지만 실은 독재자들의 지배를 받는 것이다.

소수의 시장권력자들이 추구하는 목표는 소비선택에 영향을 주는 것이며, 구체적으로는 소비자에게 브랜드를 각인시키는 것이다. 우리는 익숙한 브랜드를 볼 때 보상체계를 담당하는 뇌 부위가 활성화된다. 이익을 기대하거나 기대이익을 평가할 때, 그리고 손실이 예상될 때 활성화되는 뇌 부위도 각각 다르다. 이익이 예상될 때는 쾌락중추인 측좌핵nucleus accumbens이 활성화되는 반면, 손실이 예상될 때는 섬피질insular cortex이 활성화된다. 측좌핵은 마약중독자나 도박중독자가 기회를 얻었을 때 활성화되는 부위이고, 섬피질은 혐오감과 관련이 있다.

브랜드와 뇌의 관련성을 보여주는 유명한 사례는 코카콜라와 펩시콜라의 맛 대결이다. 1980년대 초 펩시콜라의 시장점유율이 증가하여 코카콜라를 위협하기 시작했다. 1992년에 피험자의 눈을 가리고 실시된 블라인드 테스트에서 참여자의 51퍼센트가 펩시콜라를 선택했고, 44퍼센트가 코카콜라를 선택했다. 펩시콜라는 블라인드 테스트 결과를 대대적으로 홍보했다. 이에 당황한 코카콜라도 자체 시장조사를 실시했으나 유사한 결과가 나왔다. 그러나 브랜드를 알려준 후 실시된 두 번째 테스트에서는 23퍼센트만이 펩시콜라를 선택했고, 65퍼센트가 코카콜라를 골랐다.

2003년에 실시된 테스트에서는 자기공명영상장치로 참여자의 뇌를 스캔했다. 블라인드 테스트에서 코카콜라와 펩시콜라를 마신 사람들 모두 복측전전두피질ventral prefrontal cortex이 활성화되었지만, 브랜드를 보여준 후 실시된 실험에서는 코카콜라를 마신 사람의 복측전전두피질뿐 아니라 기억, 연상, 고차원의 인지 및 사고 작용을 주관하는 측배전전두피질이 추가로 활성화되었다. 사람들은 맛이 아니라 브랜드에 반응한 것이다.

브랜드는 그것을 소비하는 소비자의 자존감과도 관련이 있다. 2010년 댄 애리얼리 연구팀은 유명 브랜드의 선글라스를 여성들에게 제공하고 수학문제를 풀게 하는 실험을 진행했다. 사실 이 브랜드 제품은 모두 가짜였지만 절반에게는 진품이라고 설명하고, 절반에게는 짝퉁이라고 설명했다. 실험한 참가한 여성들은 시험감독 없이 수학문제를 풀고 정답을 맞힌 만큼 수당을 지급받을 수 있었다. 실험결과 짝퉁을 받았다고 여긴 여성들이 부정행위를 더 많이 저지른 것으로 드러났다. 짝퉁을 받았다고 믿은 여성의 70퍼센트가 자신의 성적을 부풀린 것이다. 브랜드는 사회적 지위, 스스로에 대한 자존감을 높이는 역할을 하는 것으로 보인다. 후진국일수록 브랜드에 대한 열망이 더 강하게 나타나는 것도 이 때문일 것이다.

인지도가 높은 브랜드가 뇌의 보상체계를 활성화시키는 이유는 뇌가 효율성을 추구하기 때문이다. 뇌는 불확실한 선택에 직면했을 때 가장 빠른 지름길을 선택함으로써 에너지 소비를 최소화한다. 인지도가 높은 브랜드가 뇌의 결정을 빠르게 하는 지름길 역할을 하는 것이다. 따라서 뇌가 인식하는 세계는 진실이 아니라 세계에 대한 요약본이다. 뇌는 복잡한 것을 한 묶음으로 간편하게 처리하고 싶어 하는 것이다.

브랜드란 결국 뇌를 유혹하기 위해 만들어졌다. 일단 성공한 브랜드는 인간의 다른 심리를 자극한다. 바로 무리에 소속되고 싶어 하는 집단 심리와 남보다 돋보이고 싶어 하는 과시본능이다. 브랜드를 소유하고 싶은 욕망은 다수로부터 소외되는 것에 대한 두려움에서 비롯된다. 브랜드는 특정 그룹에 소속되고 싶은 욕구, 타인에게 과시하고 싶은 욕망을 함께 보여주는 것이다. 그렇기 때문에 동일한 브랜드를 소유한다는 것은 다른 집단과 구별 짓는 기호를 공유하는 것이다.

광고의 심리학

광고는 시장의 속성과 한계를 보여주는 바로미터다. 오늘날 소비자의 욕망은 생산자에 의해 만들어지는 경우가 많고, 그 역할을 수행하는 것이 바로 광고다. 광고의 첫 번째 신호는 기업의 의지를 드러내는 것이며, 두 번째 신호는 특정 집단의 선호를 대중에게 보여주는 것이다. 그렇기 때문에 광고는 계층에 따라 다른 신호를 전달하기도 한다.

서민들을 등장시킨 광고도 그런 사례 중 하나다. 얼굴이 알려지지 않는 소비자들을 등장시켜 제품에 대한 평가를 보여주는 증언광고testimonial advertising나 길거리에서 평범한 사람들의 인터뷰나 제품에 대한 반응을 담은 행인광고man on the street advertising가 대표적이다. 기업은 모델료를 아끼기 위해 평범한 사람들을 기용한 것이 아니다. 이런 식의 광고는 대형 자동차를 생산하는 기업에게 아무런 이득이 없다. 대개 이런 광고를 하는 상품은 생활필수품이거나 대중적인 소비품목들이다. 바로 당신 같은 서민

계층을 겨냥하고 있는 것이다. 당신의 이웃처럼 보이는 익숙한 사람들의 증언이 당신의 마음을 움직이는 것이다.

갤브레이스에 따르면, 부는 그 자체로는 명예의 원천이 되지 못한다. 따라서 별도의 광고작업이 필요하며, 일반적으로는 값비싼 사치품이 그 수단으로 이용된다. 그래서 그는 모든 소비재의 광고를 금지해야 한다고 주장했다.

> 시장경제가 소비자에게 주권이 있는 체제라는 믿음은 우리 사회에 가장 만연한 사기 중 하나다. 소비자를 조종하고 통제하지 않고는, 어느 누구도 어떠한 물건도 팔 수 없기 때문이다.
>
> 존 케네스 갤브레이스, 《경제의 진실 *The Economics of Innocent Fraud*》

반면 영국의 경제학자이자 저널리스트인 피트 런Pete Lunn은 《경제학이 숨겨온 6가지 거짓말*Basic Instincts*》에서 광고에 높은 세금을 부과하자고 제안했다. 좋은 제품을 정직하게 광고하려는 기업은 기꺼이 세금을 낼 것이기 때문이다.

시장은 우리의 원초적 뇌에 호소한다. 기업들이 엄청난 비용을 들여 광고를 반복하는 것은 상품 이미지를 당신의 뇌 속에 심기 위해서다. 최근에는 신경을 뜻하는 '뉴로neuro'와 '마케팅'을 합친 '뉴로마케팅neuro-marketing'이 등장했다.

자동차 광고는 상품의 종류에 따라 다양하게 제작된다. 고급 승용차의 경우 성공한 남자 아니면, 늘씬한 미녀가 모델로 등장한다. 이때 미녀는 두 가지 역할을 한다. 하나는 날렵하고 세련된 자동차 디자인을 돋보이게 하는 것이고, 다른 하나는 그 자동차를 타고 다니는 남자를 선망하는 역할이다. 이때 자동차는 성공한 남자의 표상으로 작용하며, 전달하고

자 하는 메시지는 '이 자동차를 구입하면 미녀들의 시선을 끌 수 있다'는 것이다. 이제 당신은 그 자동차를 볼 때 성공한 수컷의 이미지와 늘씬한 미녀를 연상할 것이다. 성공과 고급 승용차가 동일시되는 것이다.

이 광고 방식은 점화효과priming effect를 활용한 것이다. 사전 주입효과라고도 불리는 점화효과는 시간적으로 먼저 제시된 자극이 나중에 제시된 자극의 처리에 영향을 미치는 현상을 말한다. 점화효과는 전혀 관계가 없는 것처럼 보이는 것들을 일련의 연쇄과정을 통해 하나의 그물망으로 엮는다. 그러므로 전혀 다른 성질의 것들도 우리의 판단에 영향을 줄 수 있다. 음악, 냄새, 단어, 이미지 같은 것들은 뇌 속에 저장되어 있는 관련 정보들을 연결시킨다.

예를 들어 비틀즈의 노래 〈헤이 주드Hey Jude〉와 스포츠카는 아무런 연관이 없지만, 스포츠카 광고의 배경음악으로 이 노래가 삽입되었다면 당신은 비틀즈의 사진을 보거나 노래를 들을 때마다 광고 속의 스포츠카를 떠올리게 될 것이다. 맥주 광고를 할 때 설원을 달리는 스키어의 모습을 보여주거나 땀에 흠뻑 젖은 스포츠 스타의 모습을 보여주는 것은 '땀'과 '시원함'을 한 그물망에 엮은 것이다.

갈망은 원초적인 자극에 쉽게 반응한다. 그래서 탄산음료를 광고할 때는 차갑고 신선한 느낌을 전달하기 위해 음료의 거품과 솟아오르는 기포氣泡를 과장하거나 병뚜껑이나 캔을 딸 때 나는 소리, 따르는 소리, 마시는 소리를 과장해서 삽입한다. 마찬가지로 소파를 광고하면서 뭉게구름을 배경으로 넣는 것도 가격보다 편안함을 떠올리도록 하기 위한 것이다.

마케터들이 우리의 뇌를 어떻게 이용하는지를 알고 싶다면 마틴 린드스트롬Martin Lindstrom의 저서 《누가 내 지갑을 조종하는가? *Brandwashed*》가 도움이 될 것이다. 이 책의 원제인 '브랜드 워시Brandwash'는 브랜드나 기업에 대한 소비자들의 인식을 새롭게 창조하는 작업이다. 이를 위해 마케터들은 우리의 뇌를 스캔하고, 무의식을 뒤져 욕망을 자극한다.

마케터들은 산모의 자궁 속에 있는 태아까지 노린다. 12주가 지난 태아는 미각과 후각 시스템이 작동하기 시작하는데 이때부터 태아는 잠재적 소비자가 된다. 기업은 임산부에게 무료샘플을 제공함으로써 브랜드에 대한 취향을 생성시킨다. 특히 산모가 접하는 음식이나 향기, 음악은 태아에게도 영향을 미친다. 갓 태어난 아이들에게 무료로 제공하는 간단한 장난감에도 기업의 로고를 인쇄함으로써 어린 시절부터 브랜드를 각인시킬 수 있다.

어린 시절에 각인된 이미지들은 성인이 된 후에 위력을 발휘한다. 이른바 어린 시절의 추억을 자극하는 향수마케팅nostalgia marketing에 활용되는 것이다. 유아기를 벗어나면 노골적인 마케팅의 대상이 된다. 기업은 비싼 비용을 지불하면서까지 청소년과 청년들을 끌어 모아 각종 체험활동과 인턴십을 경험하게 함으로써 유대의 끈을 더욱 강화한다.

공포심을 유발하는 것도 뉴로마케팅의 역할 중 하나다. 일부 광고는 우리 뇌에서 공포심과 관련이 있는 편도체를 공격한다. 교육상품은 엄마의 불안감과 죄책감, 그리고 자녀가 경쟁에서 탈락할 수 있다는 공포심에 호소한다. 사회로부터 고립될지 모른다는 공포와 불안감을 조장하는 상품들도 많다. 외모와 관련된 의약품, 비만치료제, 건강식품, 성형, 화장품도 여기에 속한다. 직접 공포심을 조장하는 상품은 보험과 같은 금융상품과 보안서비스, 위생용품 등이 있다. 2003년 사스SASS 인플루엔자가 유행했을 때 손 세정제가 동이 나고, 2000년 1월 1일 새로운 밀레니엄이 도래했을 때 Y2K 문제로 호들갑을 떤 것이 좋은 예다. 공포심을 불러일으키기에 가장 적절한 대상은 위험에 취약한 여성과 엄마다.

뇌에서 시각적인 자극을 처리하는 곳은 후두엽과 두정엽이며, 음악적 자극은 측두엽에 저장된다. 또 이미지를 구성하는 감정적 요소는 안와

전두피질에 저장된다. 어떤 브랜드를 보았다면 그 이미지는 뇌 속에 있는 다양한 신경세포들을 연결하여 광범위한 신경네트워크를 구축한다. 상품과 광고 메시지, 색과 음악이 동시다발적으로 등장하면 네트워크에 속한 신경세포들 간의 결합은 더욱 강해진다.

브랜드는 뇌 속에 구축되어 있는 일종의 신경네트워크라 할 수 있다. 따라서 기업 간의 광고경쟁은 상품의 기능과 감정적 측면을 얼마나 잘 결합하여 뇌에 각인시키느냐에 승패가 달려 있다. 다양한 상품 중에서 하나를 선택할 때, 신경네트워크를 더 많이 자극하는 기업이 승리하는 것이다.

광고업체는 당신의 단기기억을 장기기억으로 바꾸기 위해 광고의 메시지를 기호화하고, 인간의 행동요소와 이 요소들의 작동순서를 소비자의 뇌에 각인시키기 위해 노력한다. 또 관계가 밀접한 개념들을 연쇄화하고, 동시에 이용되는 빈도가 높은 개념들끼리 연결고리를 만들어 소비자에게 제공한다. 음료회사는 갈증을 느끼는 소비자가 '마실 것'을 떠올릴 때 생수 대신 탄산음료가 떠오르도록 탄산음료를 범주화하고, 이 범주 안에서 자사의 상표를 기억하도록 유도한다.

만일 광고가 소비자의 단기기억을 절차기억으로까지 전환시킬 수 있다면, 우리는 모두 광고의 노예가 될 것이다. '목마름'이라는 신호를 보는 순간, 우리는 무의식적으로 특정기업의 탄산음료를 찾게 될 것이기 때문이다.

TV 홈쇼핑의 화면은 우뇌와 좌뇌의 역할을 고려하여 구성된다. 화면 왼쪽에 모델이나 상품을 보여주고, 오른쪽에 상품정보와 광고카피를 제시한다. 이런 방식으로 홈쇼핑 화면을 보는 사람들의 시선은 왼쪽에서 오른쪽으로 유도된다. 왼쪽 시신경은 우뇌와 연결되어 있다. 잘 알려져 있다시피 우뇌는 이미지와 감성을 활성화하고, 좌뇌는 합리적 사고능력을 관장한다. 우뇌에 정보를 제공했을 때 소비자들에게 충동구매를 유도할 수 있다. 먼저 우뇌가 '사고 싶다'는 강력한 욕구를 보이면, 좌뇌는 당신의 자금사정과 상품의 긴급성을 놓고 고민할 것이다. 반면 화면 구성의 방향을 바꾸면 좌뇌에 먼저 정보가 전달된다. 이때는 충동구매가 감소하지만, 반품을 줄이는 효과를 거둘 수 있다.

기업들은 광고의 목적이 소비자에게 정보를 제공하는 것이라고 주장한다. 많은 사람들이 광고가 소비를 자극할 목적으로 만들어진다는 데 동의하고 있지만 경제학자들의 생각은 다르다. 경제학자들은 광고로 인해 소비욕구가 증가하지 않는다고 생각한다. 소비에 영향을 미치는 것은 화폐의 유동성, 즉 지불수단의 증감이라는 것이다. 이들의 주장이 사실이라면, 지불수단이 감소한 상태에서는 광고를 통해 소비욕구를 유발해도 소비가 증가하지 않는다.

미국의 경영 컨설턴트 제임스 케이스James Case는 《경쟁의 미래를 말하다*Competition*》에서 광고와 소비량의 관계를 미국의 주류시장에 적용했다. 금주법이 실시된 후 미국에서 도산한 맥주 양조업체는 1,568개에 달했다. 금주법이 폐지된 지 5년이 되는 1938년에 700여 개의 맥주 양조업체가 다시 영업을 시작했지만, 1947년에는 421개소로 급감했다. 1950년대에 들어서면서 텔레비전에 주류 광고가 시작되었으나 2001년까지 저장맥주 생산업체는 1947년 421개에서 24개로 크게 감소했다. 물론 이 업체 중 4대 회사가 차지하는 시장점유율은 17퍼센트에서 94퍼센트로 급증했다. 이 수치는 광고가 맥주 소비를 늘렸다는 증거를 제공하지 않는다. 분명한 것은 맥주 소비자들이 인지도 높은 브랜드로 이동했다는 것이다.

광고는 장기적으로 효과가 무디지만, 단기간에는 효과가 있는 것으로 알려져 있다. 또 광고가 소비를 자극한다는 증거도 확실하지는 않다. 그럼에도 불구하고 기업들은 브랜드를 구축하기 위해 광고비를 퍼붓는다. 천문학적 액수의 광고비 지출은 궁극적으로 독과점을 위한 것이다.

오늘날 광고는 그 자체로 소비되는 상품이 되었다. 우리는 매시간 광고를 소비한다. 광고의 과잉은 기업들의 광고경쟁을 촉발시키고, 이 비용은 고스란히 소비자가 부담한다. 광고경쟁은 광고기법의 놀라운 발전을 가져왔다. 오늘날 청소년들이 선망하는 직업 중 하나인 광고전문가는 소비자본주의의 첨병이 되어 치열한 경쟁을 이겨내기 위해 머리를 싸매고 있다.

이들이 노리는 것은 소비자가 욕망하는 형질을 브랜드와 연계시켜 일련의 신호체계를 구축하는 것이다. 소비자가 욕망하는 형질의 중심에는 과시가 있고, 과시는 재화의 희소성을 전제로 한다. 희소한 재화의 소유는 타인의 동경을 유도한다. 따라서 광고가 효과를 발휘하려면 그 재화를 아무나 가져서는 안 된다. 아이의 건강을 꼼꼼히 따지는 현명한 주부, 품질을 일일이 확인하는 똑똑한 여성, 매력적인 외모를 가진 연예인, 1퍼센트의 상위계층이 소유하는 것을 가져야만 과시할 수 있다. 광고가 보호본능 baby을 유도하고, 성적 매력 beauty을 어필하며, 최고 best를 과시하는 3B 기법을 지향하는 데는 그만한 이유가 있는 것이다.

제프리 밀러는 모든 광고가 두 부류의 청중을 가지고 있다고 진단한다. 하나는 제품의 잠재적 구매자이고, 또 하나는 그 제품의 소유자가 매력적인 형질을 갖고 있다고 믿는 잠재적 구경꾼이다. 하지만 우리는 광고가 제시하는 제품을 모두 가질 수 없다. 원하는 것을 얻지 못할 때 사람들은 좌절감을 느낀다. 이런 결핍을 느끼게 하는 것, 그것이 광고의 진짜 목적이다.

상업적 동기를 가진 광고마케팅은 소비자의 후생을 전혀 증가시키지 않는 낭비에 불과하지만, 광고업계나 언론매체에게는 생존을 위한 먹이이다. 기업은 광고비용을 최소화하고 싶어도 경쟁업체에 맞대응을 해야 하는 딜레마를 안고 있다. 이것이 광고가 번성할 수밖에 없는 이유다. 광고업체 역시 경쟁관계에 놓여 있기 때문에 최신기법을 적용하여 광고효과를 증명해야 한다.

경제학에 끼어들 틈을 봉쇄당한 심리학이나 뇌과학은 광고와 마케팅에서 빛을 발하고 있다. 광고와 마케팅 전문가들은 감성적 외피로 포장한 브랜드를 노출시키기 위해 혈안이 되어 있다. 이들이 브랜드를 각인시키려는 최종 목표는 우리의 이성이지만, 그 수단은 원시적 뇌에 호소하는 것이다. 우리는 비합리적인 뇌를 통해 자극을 받고, 이를 이성으로 합리화한다.

광고의 본질적인 목적은 소비자로 하여금 '구매 후 합리화'를 유도하는 것이다. 즉 충동에 의한 브랜드 선호를 이성적으로 합리화시키는 것이다. 심리학자들은 이를 '인지부조화의 제거reduction of cognitive dissonance'라 부른다. 그래서 명품을 구매한 사람은 품질에 상관없이 자신의 선택을 합리화한다. 실밥이 뜯긴 옷을 구입하고도 짝퉁에 속은 것은 아닌지 스스로를 의심하고, "그 브랜드는 애프터서비스가 확실해!"라고 스스로를 위안하는 것이다. 어찌 되었든 브랜드에 대한 신뢰에는 금이 가지 않는다. 그것이 광고의 힘이다.

마케터가 당신의 뇌를 노린다

당신이 내리는 결정의 대부분은 무의식적으로 이루어진다. 외부의 자극 중 우리의 의식에까지 도달하는 정보는 아주 적으며, 전달된 정보조차도 매우 느리게 유통된다. 뇌는 이성으로 판단하기도 전에 우리를 곧바로 행동으로 내모는 것이다. 시장은 이 사실을 너무도 잘 알고 있어서 소비자의 감성을 직접 공략한다. 심리학자들은 소비자의 구매결정이 대부분 변연계에서 내려지는 것으로 추측하고 있다. 이런 결정을 이성에 의존하지 않고 변연계가 처리하는 것은 뇌가 에너지를 아끼기 위해서다. 의식의 처리과정은 비용이 매우 많이 들어가는 과정이다. 그렇기 때문에 뇌는 많은 정보를 단순화하고 자동화하려고 시도한다. 이득을 얻었거나 손실을 피할 수 있었던 경험과 행동을 하나의 패턴으로 고착화하는 것이다.

마케터들은 당신의 뇌가 추구하는 욕망을 환히 들여다보고 있다. 독일의 경제학자로 뉴로마케팅의 권위자인 한스 게오르크 호이젤Hans-Georg Hausel은 소비자의 뇌를 만족시키는 시스템을 균형, 지배, 자극으로 구분했다. 그의 저서 《뇌, 욕망의 비밀을 풀다*Brain View*》는 마케팅 전문가들이 당신의 뇌를 얼마나 속속들이 알고 있는지를 잘 보여준다.

첫째, 균형 시스템은 소비자가 모든 위험과 불확실성을 피해 안전하다고 느끼도록 하는 것이다. 여기에는 무리 짓기와 같은 결합집단 모듈, 모성이나 보호 같은 보살핌 모듈이 포함된다.

둘째, 자극 시스템은 소비자의 호기심을 자극하여 새로운 것을 추구하게 만드는 것이다. 놀이의 즐거움을 자극하는 것이 여기에 속한다. 놀이를 통한 유희 모듈은 공격과 방어, 모험과 긴장을 경험하면서 짜릿함을 즐길 수 있도록 조상들의 사냥터를 재현한 것이다. 우리의 뇌는 이런 짜릿함을 탐닉한다.

셋째, 지배 시스템은 성욕 모듈과 관련이 있으며, 마케팅에서 가장 강력한 효과를 발휘한다. 유성생식을 통해 후손을 남기는 모든 생명체는 성적 자극에서 자유롭지 못하다. 특히 인간은 짝짓기 파트너를 놓고 경쟁하는 과정에서 독특한 과시신호와 권력체계를 구축했다. 희소한 자원과 지위재를 둘러싸고 벌어지는 시장에서의 경쟁은 모두 지배 시스템과 관련이 있다.

대학에서 받는 보수가 미흡하다고 느끼는 학자들은 당신의 뇌를 속속들이 해부하여 기업에 판매하고 있다. 그들은 여성과 남성의 뇌가 다른 구매버튼을 갖고 있다는 것도 알아냈다. 남성의 뇌는 편도와 시상하부의 지배중추와 공격중추의 크기가 여성의 두 배에 달하기 때문에 지배 시스템과 자극 시스템에 호소하는 것이 상품을 파는 데 유리하다. 반면 여성은 보살핌과 사교적 태도를 담당하는 부위가 남성의 두 배에 달하기 때문에 보살핌 모듈을 자극하는 것이 효과적이다.

남성호르몬인 테스토스테론과 여성호르몬인 에스트로겐도 소비에 영향을 미친다. 남성들은 명확한 것을 좋아하는 반면, 여성들은 환상을 자극하는 제품설명을 좋아한다. 그래서 고가의 제품을 구입할 때 남성들은 관심의 70퍼센트를 제품에, 30퍼센트를 판매원에게 쏟는다. 그러나 여성들은 판매원과의 감정교류를 더 소중이 여긴다. 또 남성들은 사냥감을 고르듯 상품진열대를 대충 훑어보지만, 여성들은 숲에서 잘 익은 열매를 찾듯 꼼꼼하게 관찰한다. 뿐만 아니라 남성은 값비싼 기호상품에 큰돈을 투자하는데, 그것이 지위를 드러내주기 때문이다. 반면 여성은 사회적 지위보다는 다른 여성보다 우위에 설 수 있는 기호품을 선호한다.

뇌는 이런 결정을 아주 짧은 시간에 처리한다. 복잡한 것을 싫어하는 뇌는 단순한 문장과 짧은 단어를 선호한다. 마케터들은 우리의 뇌를 공략하지만 '뇌'나 '무의식'이란 말 대신 '감성마케팅'이란 용어를 사용한다.

광고마케팅이 대중적인 위력을 발휘하기 시작한 것은 TV가 등장하면서부터였다. TV가 대중화되기 전까지 광고마케팅은 별 효과가 없었다. 제조업체들은 소비자가 꼭 필요로 하는 생필품만 생산했기 때문이다. 그러나 TV의 등장은 상품시장을 뒤바꿔놓았다. TV광고는 소비자들에게 기업과 상품에 대한 허황된 스토리를 들려줌으로써 필요하지도 않은 상품을 사도록 만들 수 있었다. 소비자들은 이 스토리를 비판 없이 받아들였다.

TV광고가 포화 상태에 이르고 경쟁이 치열해지자 소비자들은 고전적인 TV광고가 들려주는 스토리를 더 이상 믿지 않게 되었다. 마케터들은 이 사실을 알아차리고 재빨리 새로운 기법들을 개발해 냈다. 마케팅 전문가 세스 고딘Seth Godin의 저서 《마케터는 새빨간 거짓말쟁이 *All marketers are liars*》는, 이를테면 마케터들에게 거짓말을 가르치는 안내서다. 그에 따르면, 마케터는 소비자들이 필요한 것 대신 원하는 것을 사도록 만든다. 다시 말하면 소비자들을 불합리하고 주관적으로 판단하도록 유도함으로써 상품과 서비스를 구매하게 만든다.

그는 성공하는 사람이야말로 '위대한 스토리'를 꾸며낼 줄 아는 사람이라고 말한다. 위대한 스토리란 소비자에게 새로운 무엇을 가르치는 것이 아니라 다수가 믿고 있고, 현명하다고 느끼며, 안심하도록 만드는 스토리다. 사람들은 믿을 만한 이야기에 약하다. 인간은 태어났을 때부터 줄곧 미신적인 스토리를 들으며 스스로를 기만하도록 훈련받았기 때문이다. 따라서 좋은 품질, 저렴한 가격, 편리함 따위는 위대한 스토리에 포함되지 않는다. 스토리는 극단적이어야 하며, 거짓으로 판명되기 전까지는 계속 팽창시키거나 날카롭게 다듬어야 한다. 예를 들어 "100억 원 이상의 자산을 보유한 부자 중 90퍼센트 이상이 이 브랜드를 사용합니다"라는 말은 위대한 스토리 중 하나다.

스토리 역시 뇌에 자리 잡은 구매버튼을 자극한다. 원시적인 뇌는 현실과 잘 꾸며낸 이야기의 차이를 거의 구별하지 못하기 때문이다. 성공한 브랜드는 하나의 이야기, 즉 창업자의 성공신화를 갖고 있다. 요즘에는 처리용량이 향상된 반도체 하나가 개발될 때마다 스토리가 만들어진다. IT업계의 성공스토리는 몇몇 창업자를 영웅으로 만들었다. 이런 스토리는 기업 홍보팀에서 작성하고, 광고가 아쉬운 언론매체들이 신화로 부풀린다.

서점에 가면 판매심리학이나 세일즈심리학이란 이름으로 출판된 책들을 흔히 만날 수 있다. 이 책의 저자들은 대개 컨설턴트라는 모호한 직함을 가진 사람들인데, 주로 기업에서 제공하는 강연료로 먹고 산다. 《판매의 심리학*The Psychology of Selling*》을 쓴 브라이언 트레이시Brian Tracy도 그 중 한 사람이다. 이들의 장점은 심리학과 뇌과학 분야에서의 연구성과들을 재빨리 마케팅에 적용하는 것이다.

이들은 소비자의 구매결정이 감성에 의존한다는 것을 알고 있고, 선택이 이루어진 후에는 뇌가 그 선택을 합리화한다는 것도 알고 있다. 소비자는 품질을 따지는 것이 아니다. 품질은 자신의 감성적 선택을 정당화하기 위한 논리적 수단에 불과하다. 그래서 트레이시는 마케터들에게 품질을 논하지 말라고 권한다. 굳이 품질을 거론해야 할 때가 있다면, 상품의 가격이 경쟁제품에 비해 비쌀 때뿐이다.

뉴로마케터들은 상품을 구매하는 소비자의 뇌를 검색한다. 이들은 갖가지 실험을 통해 소비자의 시선이 진열대의 어느 지점에 꽂히는지 조사한다. 또 광고를 내보낼 때 시청자들의 시선이 모아지는 모델의 신체부위를 분석한다. 이런 과정을 통해 뉴로마케터들은 소비자의 관심을 완전히 끌 수 있는 시간이 초반 30초 정도에 불과하다는 것을 알아냈다. 소비자는 이 짧은 시간 내에 세일즈맨의 이야기를 들을지 말지 결정한다. 따라서 기업은 판매원들에게 처음 내뱉는 몇 단어를 가르치는 데 주력한다.

또한 이들은 고객에게 언제 가격을 이야기해야 하는지도 알아냈다. 고객이 너무 일찍 상품의 가격을 알게 되면 이득과 손실을 계산하느라 돈에만 신경을 쓰기 때문이다. 대개 판매원들은 고객이 상품의 이점을 충분히 납득한 뒤에야 그 상품이 얼마인지를 얘기한다.

안타깝게도 오늘날의 인간은 소비하기 위해 태어났다. 더구나 우리 중 일부는 소비에 중독되어 있다. 쇼핑중독이라 할 만큼 병리적으로 소비하는 사람들을 오니오마이아oniomania라 부르는데, 이들 중에는 인스턴트 식품에 중독된 경우도 허다하다. 고지방 식품은 코카인이나 헤로인과 비슷한 방식으로 두뇌에 영향을 미친다. 2010년 미국의 스크립스연구소The Scripps Research Institute, TSRI의 연구에 따르면, 인스턴트식품에 중독된 쥐와 마약에 중독된 쥐들의 두뇌를 비교했을 때 인스턴트식품의 중독효과가 7배나 더 오래 지속되었다고 한다.

이런 현상이 발생하는 것은 우리의 뇌가 아직도 구석기시대의 시스템에서 벗어나지 못하고 있기 때문이다. 뇌는 생존에 필요한 지방과 칼로리, 소금, 당분 등을 섭취할 때 도파민을 방출시켜 쾌감을 유발한다. 이러한 보상 시스템 때문에 뇌는 더 많은 양을 섭취하도록 요구한다. 우리는 뇌의 지령을 거부하기 힘든 무력한 존재이며, 마케터들이 노리는 것도 바로 그것이다.

23장
합리적 소비의 가능성

가난한 사람들은 왜 비합리적으로 소비하는가

가난한 사람들의 목표는 풍부한 소비다. 하지만 빈곤층은 풍부한 소비에 다가갈 수 없을뿐더러, 오히려 점점 멀어지고 있다. 경제학자들은 가난한 사람들이 비합리적인 소비를 한다고 말한다. 저소득층이 중산층보다 더 많이, 혹은 더 비싸게 소비한다는 것이다. 전세 비용을 마련할 능력이 없어 월세 주택에 살거나, 세탁기를 구입하기 어려워 매번 세탁소를 이용하는 경우가 그렇다. 도시가스 비용을 체납하여 밖에서 음식을 사먹는 경우도 마찬가지다.

그뿐만이 아니다. 재정적 여유가 없는 사람일수록 가격이 비싼 매장을 이용한다. 가난한 이들은 대형매장에서 일주일치 생필품을 장만할 만한 여유가 없다. 가난한 사람일수록 그날그날 먹을거리를 마련해야 하기 때문이다. 결국 이들은 현금이 생길 때마다 비싼 편의점을 이용한다.

반면 경제적으로 여유가 있는 사람들은 구매계획을 세워 장기적으로 필요한 재고를 확보할 수 있다. 하지만 가난한 사람들은 생필품이 다 떨어진 다음에야 구입하고, 상품에 대한 정보 역시 즉흥적으로 수용한다. 상품에 대한 정보를 치밀하게 따지기보다는 광고나 입소문에 의존하는 것이다. 그렇기 때문에 이들은 브랜드에 대한 충성도가 높고, 높은 가격이 품질을 보장한다고 믿는다. 가난한 사람들이 브랜드에 대한 충성도가 높은 것은 일시적인 구매에 따른 위험을 줄이려 하기 때문이다.

부자들은 가난한 사람들이 자동차를 구입하거나 비싼 휴대폰 요금을 지불하는 것을 이해하려 하지 않는다. 빈곤층에게 자동차와 휴대폰은 취업에 막대한 영향을 미친다. 이들에게 일자리를 제공하는 곳은 온갖 자질구레한 노동이 필요한 도심이다. 하지만 이들은 도심에 주거지를 구할 수 없기 때문에 대중교통이 불편한 변두리 지역이나 도심의 무허가 빈민촌에 거주한다. 변두리에 거주하면서 취업에 성공한 사람들은 출퇴근을 위해 자동차가 반드시 필요하다. 휴대폰 역시 취업정보를 조기에 획득하기 위한 필수품이다. 퀵서비스를 하는 사람들에게 비싼 PDA 단말기나 무선카드 단말기가 필수품인 것과 마찬가지다.

저소득층은 소득에서 차지하는 의료비 지출 비중이 중산층보다 높다. 가난한 이들은 과일이나 채소 같은 유기농 식품이나 건강식품을 구입하기 어렵고, 해로운 노동환경에 노출되어 있기 때문이다. 또 가난한 사람일수록 내구성이 없는 소비재를 더 많이 구입한다. 불황이 찾아왔을 때 할인마트의 매출이 오히려 상승하는 경우가 생기는 것은 이 때문이다. 앨런 러펠 셸Allen R. Shell은 《완벽한 가격*Cheap: The High Cost of Discount Culture*》에서 "할인산업이 가난한 사람들을 이롭게 한다기보다는 가난한 사람들이 할인산업을 이롭게 한다"고 지적했다.

빈곤층이 비합리적으로 소비하는 것은 그들이 멍청해서가 아니라 지불수단이 없기 때문이다. 이들은 목돈만 한 차례 내면 피할 수 있는 정기적 지출을 높은 이율의 연체이자까지 내면서 버틴다. 또 빈곤층은 소득이 불안정하기 때문에 충동구매에 익숙하다. 현금이 생기면 연체된 이자를 갚기보다 당장 필요한 물건을 사들여야 안심이 되는 것이다.

제도적인 문제도 있다. 최근 VVIP를 대상으로 발급되는 슈퍼프리미엄급 신용카드는 최상의 고객에게 최상의 서비스를 제공하고 있다. 국내의 경우 VVIP에게 발급되는 카드의 연회비가 300만 원 정도지만 이들이 누리는 혜택은 훨씬 크기 때문에 대개 적자로 운영된다. 금융기관들은 브랜드 이미지를 높이기 위해 손해를 감수하면서 오피니언 리더들을 고객으로 유치한다고 설명하지만, 그들이 누리는 혜택은 일반 신용카드를 사용하는 서민들로부터 약탈한 것이다.

2010년 7월, 보스턴 연방준비은행은 신용카드 수수료나 할인혜택, 마일리지 같은 보상프로그램이 가난한 사람들의 호주머니를 털어 부자에게 주는 것이라는 내용의 보고서를 발표했다. 기업은 이런 프로그램을 시행하느라 지출된 비용을 만회하기 위해 상품가격을 올리지만, 현금으로 상품을 구매하는 사람에게도 똑같은 가격을 받는다. 신용카드를 사용하든 현금을 사용하든 같은 가격으로 판매하기 때문에 현금 사용자들이 불리할 수밖에 없다. 문제는 빈곤층이 대개 신용카드가 없다는 것이다. 결국 가난한 사람들이 신용카드 사용자들에게 보조금을 주는 셈이다. 이 문제를 해결하는 방법은 신용카드 사용자에게 수수료를 물려 상품을 더 비싸게 팔거나 보상프로그램을 없애는 것이다.

신용카드는 충동구매의 원인이 되기도 한다. 2000년에 MIT의 마케팅 담당교수 드라젠 프렐렉Drazen Prelec과 던컨 시메스터Duncan Simester가 프로농구팀 보스턴 셀틱스의 경기입장권을 MBA과정에 있는 학생들에게 경매로 판매한 결과, 신용카드로 지불할 때 60퍼센트에서 110퍼센트까지 더 많은 금액을 써낸 것으로 나타났다. 또 카네기멜론 대학교의 뢰벤스타인 연구팀이 2008년 11월부터 2009년 2월까지 대형 보험회사의 카페테리아에서 점심식사를 하는 400명을 대상으로 조사한 결과에서도 신용카드를 사용한 사람은 현금을 사용한 사람보다 평균 34센트가 많은 4.93달러를 지불했다.

신용카드 회사들은 카드를 사용하면서 추가로 지불하는 비용은 편리함에 대한 대가이며, 그 정도의 추가비용은 정부가 거둬들이는 조세의 이점에 비하면 아무것도 아니라는 입장이다. 물론 소비자는 신용카드와 현금이라는 두 가지의 지불방식 중에서 한 가지를 선택할 수 있고, 신용카드를 사용하는 사람은 그 중 편리함을 선택한 것이다. 하지만 신용카드는 다양한 형태로 악용되고 있다. 특히 지불능력이 없는 빈곤층에게 신용카드를 남발하고, 이들에게 신용불량자라는 낙인을 찍어 영원히 궁핍의 덫에 걸려들게 만드는 것은 명백한 도덕적 해이다.

미국의 경제사회학자 로버트 D. 매닝Robert D. Manning은 《신용카드 제국*The Credit Card Nation*》을 통해 신용카드가 어떻게 미국사회의 사회적 불평등을 만들어내는지 파헤쳤다. 1980년대 미국은 신용카드 없이 집을 나서지 못할 만큼 신용카드가 일반화되었지만 그 대가는 혹독했다. 사람들이 엄청난 규모의 부채를 떠안게 된 것이다. 신용카드는 실직한 노동자나 빈곤층에게 일시적으로 생활고를 벗어나게 하는 축복처럼 여겨졌다. 또 고소득층에게는 현금 없이 카드 하나로 일상생활을 즐길 수 있는 대체화폐라는 인식이 팽배했다.

은행잔고가 보장되지 않는 신용카드 사용은 결국 빚을 얻어 소비하는 것을 의미한다. 미국사회에서 빚을 진다는 것은 개인의 도덕과 관련이 있다. 따라서 의무를 이행하지 않는 채무자에게 높은 수수료를 물리는 것은 일종의 도덕적 징계이며, 신용카드를 자주 사용하는 부유층에게 혜택을 주는 것은 도덕적 보상에 해당한다. 매닝은 신용카드 회사의 이런 전략을 고리대금업을 미화하기 위한 수단에 지나지 않는다고 비판한다.

개인이 여러 장의 신용카드를 보유할 만큼 시장이 포화상태에 이르자 신용카드 회사들은 벌이는 적되 소비지향적인 젊은 고객들을 공략하고 있다. 특히 신용불량자라는 낙인이 찍힐 경우 취업에 지장을 받게 되는 대학생들이 주요 타깃이다. 대학생들은 빚을 갚기 위해 졸업 후 취업을 해야 하고, 학업을 계속하기 위해 빚을 져야 하는 모순의 사이클에 갇혀 있는 것이다.

오늘날 신용카드를 사용하지 않는 사람은 경쟁에서 뒤처진 사람으로 취급받는다. 신용카드 대신 현금으로 결제하는 사람은 안정적인 직장이 없거나, 일정한 수입이 없거나, 혹은 신용불량자로 오인받는 것이다. 사람들이 그렇게 인식하도록 하는 것 역시 카드회사들의 마케팅 전략 중 하나다. 아름다운 여성 모델이 "당신의 능력을 보여주세요"라고 말하는 것은 장차 짝짓기 대상이 될 파트너에게 신용카드로 과소비하라는 주문이다.

카드회사들의 치밀하고 영악한 마케팅 전략은 잘 알려져 있지만, 《한겨레21》(2011.01.28 제846호)에 실린 〈카드가 말하지 않는 23가지〉라는 기사는 소비자들에게 매우 유용한 지침이 될 수 있다. 이 중 몇 가지는 우리가 알면서도 속는 것이다.

첫째, 각종 혜택과 포인트 적립에 속임수가 숨어 있다는 점이다. 가맹점이나 제휴업체의 상품과 서비스를 구매할 때 할인혜택이나 포인트를 제공하는 것은 신용카드를 사용하면 돈을 번다는 인식을 심어주기 위한 것이다. 카드회사는 일정금액 이상을 소비해야 혜택을 제공하기 때문에 소비자는 불필요한 지출을 하게 된다. 더구나 혜택이라는 미끼 때문에 가맹점과 제휴업체를 찾아다니는 것은 거래비용을 높인다. 또 적립 포인트 중 상당액은 사용기간이 지나 소멸되고, 사용하고 싶어도 쓸 수 있는 곳이 제한되어 있다. 정해진 포인트만큼 미리 할인을 받은 뒤, 사용액에 따라 차감하는 제도 역시 카드를 더 사용하게 하려는 목적이 숨어 있다. 이

때 사용실적이 부족하면 현금으로 상환해야 하는 경우도 생긴다.

둘째, 카드회사는 미래의 가치보다 현재의 가치를 선호하는 '시간선호' 심리를 악용한다. 어차피 맞아야 할 매라면, 그리고 그것이 한 달 뒤라면, 사람들은 오늘을 즐기는 편이 낫다고 생각한다. 이런 심리로 인해 사람들은 오늘 소비를 늘리고, 걱정은 내일로 미룬다. 외상이라면 소도 잡는다는 속담은 이럴 때 잘 들어맞는다. 나중에 대가를 치러도 된다면 오늘 손에 쥔 것은 공짜처럼 느껴지는 것이다.

셋째, 카드회사를 먹여 살리는 것은 부자들이 아니라 가난한 사람들이라는 사실이다. 카드회사는 신용등급에 따라 이자율을 달리 적용한다. 문제는 신용카드를 필요한 만큼만 사용하고, 빚을 지지 않은 고객의 신용등급이 오히려 낮다는 것이다. 카드회사는 현금을 많이 빌려 제때 이자를 내는 사람의 신용등급을 높게 책정한다. 카드회사가 올리는 수익의 절반 정도는 돈을 빌려주고 받는 이자로 채워진다. 부자들이 현금서비스와 카드 론을 이용하는 경우는 거의 없다. 결제할 현금이 부족할 때 결제액 중 일부를 대출로 전환해 주는 리볼빙revolving 서비스는 이율이 높다. 이 서비스를 이용하는 사람 역시 당장 현금이 부족한 가난한 사람들이다. 결국 카드회사가 올리는 수익의 상당 부분은 가난한 사람들의 호주머니에서 나가는 것이다.

수수료 역시 마찬가지다. 중소형 가맹점은 대형 가맹점보다 더 많은 수수료를 카드회사에 지불하고, 알뜰한 고객들이 많이 사용하는 체크카드 수수료는 카드회사의 거래비용이 거의 발생하지 않는데도 더 많은 수수료를 물린다. 결국 카드회사가 가난한 사람들에게서 가져간 수수료는 신용카드를 많이 사용하는 부자들에게 제공된다.

신용카드에 의존해서 살아가는 사람은 이자에 이자가 붙어 신용등급이 강등되고, 결국엔 돈을 갚을 수 없는 처지에 몰리게 된다. 빚과 궁핍의 덫에 갇혀 사는 빈곤층에 기생하며 살아가는 존재는 소액 고리대금업자들이다. 따라서 가난한 자들에게는 신용카드가 편리함의 상징이 아니라 고통의 덫이 될 수도 있다. 최근에는 이런 해악을 방지하기 위해 직불카드가 사용되고 있지만, 통장잔고가 없는 빈곤층에게는 그림의 떡일 뿐이다. 빈곤층에게 정작 필요한 것은 은행 문턱을 낮추는 것이다.

할인가격의 유혹

52인치 LCD TV의 가격이 250만 원이라면, 이 제품은 쌀까 비쌀까? 하나의 제품만 진열된 상태에서 가격표를 본다면 우리는 그 가격이 적정한지 그렇지 않은지를 판단할 수 없다. 더구나 소비자는 제품의 원가가 얼마인지 알 수 없기 때문에, 유사한 제품과의 비교를 통해서만 판단이 가능하다.

지금까지 반복해서 밝혔듯이, 인간은 어느 정도 비합리적이다. 사람들은 자신이 처한 상황이나 자신의 믿음에 맞추어 정보를 해석하려는 경향이 있다. 이러한 심리적 성향은 진화과정에서 생존과 번식에 이득을 가져다주었지만, 오늘날에는 실수와 후회를 제공하는 빌미가 될 때가 많다.

가격을 판단하는 데도 무의식적 편향이 개입한다. 《상식 밖의 경제학 *The Predictably Irrational*》의 저자 댄 애리얼리는 2007년에 스탠포드 경영대학원의 바바 시브Baba Shiv와 함께 대학생 125명을 대상으로 실험을 수행했다. 연구팀은 각성효과가 있는 기능성 음료를 학생들에게 제공한 후, 비용은 대학계좌로 청구하기로 했다. 실험에 참여한 학생 절반에게는 정가인 1.89달러, 나머지 절반에게는 정가의 절반에도 못 미치는 89센트를 청구하겠다고 밝혔다. 학생들은 음료를 마신 후 이 음료에 대한 홍보영상을 관람하고, 단어 알아맞히기 테스트를 받았다. 실험결과 싼 가격에 음료를 마신 학생들의 수행능력이 저하된 것으로 나타났으며, 비싼 가격에 음료를 마신 학생들은 덜 피곤하다고 응답했다.

바바 시브 교수는 2008년에 캘리포니아 공과대학교의 경제학자 안토니오 랑겔Antonio Rangel 교수와 가격에 대한 뇌의 반응을 연구했다. 연구팀은 20명의 지원자에게 5달러, 10달러, 35달러, 45달러, 90달러의 가격표가 붙은 다섯 가지 카베르네 쇼비뇽cabernet sauvignon 와인을 제공했다. 이때 연구팀은 표시된 가격표와 다른 종류의 와인을 잔에 채웠다. 45달러 가격표가 붙은 와인 잔에 5달러짜리 와인을 붓거나 90달러 가격표가 붙은 와인 잔에 10달러짜리 와인을 붓는 식이었다.

조사결과 지원자들은 실제 가격과는 관계없이 높은 가격표가 붙은 와인이 더 맛있다고 대답했다. 지원자들의 뇌를 스캔한 결과 고가의 가격표가 붙은 와인을 마실 때 내측안와전두피질medial orbitofrontal cortex이 활성화되었다. 이 부위는 기대심리로 인한 즐거움을 느끼고 기억하는 곳이다.

우리는 가격이 높을수록 품질이 더 좋을 것이라고 기대한다. 이러한 심리적 편향을 가격-품질지각price-quality perception, 혹은 가격-품질 연상효과price-quality association effect라 한다. 실험에 참가한 사람들은 와인의 실제 맛이 아니라 기대심리를 가격에 반영한 것이다. 사람들은 기대하는 가격을 기준으로 심리적 반응을 달리한다. 기대수준보다 가격이 낮을 때 쾌감중추인 측좌핵이 활성화되고, 비쌀 때는 혐오감을 일으키는 섬피질이 활성화된다. 반면 이득과 손실을 따지는 전전두엽은 둔화되는데, 세일을 할 때 득실을 따지지 않고 무조건 사려는 심리가 생기는 것은 이 때문이다.

회원의 연회비를 할인하는 마케팅 기법도 소비자의 심리를 이용한 것이다. 2000년대 초반에 캘리포니아 버클리 대학교의 울리케 말멘디어Ulrike Malmendier와 스테파노 델라비냐Stefano DellaVigna는 헬스클럽에 다니는 7,978명의 고객을 대상으로 월정이용료 70달러를 내는 회원과 클럽을 찾을 때마다 사용료를 내는 고객의 패턴을 비교했다. 조사결과 월정이용료를 내는 회원고객은 월 평균 4.8회 헬스클럽을 찾았다. 이들은 한 번 헬스클럽을 방문할 때마다 14.6달러를 지불한 셈이다. 연회원이 일일 사용료를 내는 사람들보다 연간 수백 달러나 더 지불한 것이다.

이런 현상이 나타나는 것은 작심삼일作心三日 효과 때문이다. 사람들은 헬스클럽에 처음 등록할 때 욕심을 부리지만, 시간이 지날수록 결심은 무뎌지고 헬스클럽을 찾는 횟수도 감소한다. 헬스클럽 입장에서는 연회비를 파격적으로 할인해도 손해 보는 장사가 아니다.

경매는 대개 좋은 물건을 싸게 산다는 느낌을 주지만, 실제로는 그렇지 않다. 2006년에 울리케 말멘디어는 동료들과 함께 소매가격 195달러의 보드게임을 이베이eBay에서 온라인 경매를 실시했다. 시초가는 45달러였으며, 즉시 구매할 있는 가격은 125달러였다. 실험결과 구매자의 43퍼센트가 즉시 구매할 수 있는 가격보다 높은 가격에 제품을 구입했다. 그 중에는 정상 소매가격인 195달러보다 높은 가격에 구입한 사람도 있었다. 사람들은 자존심 때문에 손실을 감수하고 경쟁에 뛰어드는 것이다.

기업은 소비자의 심리를 꿰뚫고 가격을 책정할 때 차별화를 시도한다. 돈을 지불할 의사가 있는 사람과 그렇지 않은 사람을 구분하는 것이다. 사회적 지위를 드러내는 제품이나 고가의 제품은 더 고급스럽게 포장하고 더 비싼 가격을 책정한다. 반면 일반 필수품은 저렴한 가격으로 승부한다. 하지만 값이 싸다고 해서 무조건 잘 팔리는 것은 아니다. 품질이 적당히 뒷받침되지 않으면 사람들은 오히려 거부감을 느끼고 '싸구려'로 취급한다. 마트 할인보다 백화점 세일에 사람들이 더 몰리는 것도 이런 심리에서 비롯되었다.

대형 할인마트가 번창할 수 있는 것은 저렴한 가격 때문이다. 초저가 제품의 상당수는 중국이나 베트남 노동자들이 온 가족의 생계를 걸고 만든 것이다. 이들이 없었다면 우리는 초저가 상품을 만날 수 없다. 대형 할인마트의 경쟁이 점점 치열해지면서 유통업체의 입김이 커졌다. 전국에 매장을 보유한 대형 유통업체들은 공급업체에 영향력을 행사하여 가격을 낮춘다. 그 덕에 죽어나는 것은 중소 제조업체의 노동자들이다. 중소 제조업체들이 수지를 맞추는 방법은 간단하다. 비정규직을 고용하여 임금을 낮추고 저가제품을 대량으로 생산하는 것이다.

유통업체 자신도 판매가격을 낮추기 위해 각고의 노력을 기울인다. 비정규직의 숫자를 늘리고, 이들에 대한 복지혜택을 줄인다. 또 유통 시스템을 표준화해 숙련 노동자가 필요 없게 만든다. 그래서 대형 할인마트에는 임금이 싼 노동자만 근무한다. 이들은 바코더를 사용할 줄 알거나 최소한의 계산능력만 있으면 고용될 수 있고, 또 언제든지 다른 인력으로 교체될 수 있다.

나머시는 소비자가 알아서 해야 한다. 스스로 쇼핑카트를 움직이고, 짐을 포장해야 하며, 주차장까지 짐을 옮겨야 한다. 또 가격과 품질을 각자 알아서 확인하고, 느린 엘리베이터를 타기 위해 수십 분씩 기다려야 하며, 매장 직원을 찾아 이곳저곳을 돌아다녀야 한다. 그러나 탓할 수도 없다. 싸니까!

소비자들은 품을 팔수록 싸게 구매할 수 있다는 착각에 사로잡혀 있다. 그래서 상당수의 소비자들은 불편한 만큼 구매량을 늘리는 매몰비용 오류에 빠진다. 이왕 차를 몰고 온 김에 더 많이 구입해야 한다는 강박관념으로 인해 구매량이 증가하고, 매장에 머무는 시간도 늘어난다. 하지만 소비자는 이를 시간 낭비로 여기지 않고, 알뜰한 장보기로 판단한다. 싼 가격에 사기 위해서는 그 정도의 노동과 시간 낭비를 기꺼이 감수해야 한다고 믿는 것이다.

할인마트에서는 상품마다 가격표가 붙어 있기 때문에 흥정도 필요 없고, 고객을 설득할 능력을 지닌 노련한 판매원도 필요 없다. 서로 얼굴을 맞대고 가격을 흥정하던 전통시장은 점점 침체되고, 소비자와 판매자는 서로에게 의존할 필요가 없어졌다. 반면 대형 할인마트에 대한 소비자의 발언권은 세졌다. 소비자들은 매장 선택을 통해 가격 인하를 압박하게 되었다. 결국 소비자는 대형 할인마트에 근무하는 노동자들의 임금을 낮추라는 압력을 간접적으로 행사하고 있는 것이다.

그러나 초저가의 이면에는 유통업체의 영악한 마케팅 전략이 숨어 있다. 대개 초저가로 판매되는 제품은 시장에서 잘 팔리지 않는 것들이다. 이런 제품들은 가격을 할인해서라도 재고를 줄이는 것이 이득이다. 더구나 제조업체는 원가를 계산할 때 재고처리 비용까지 가격에 반영했을 뿐 아니라 이미 정상가격으로 팔려나간 상품에서 이 비용을 상쇄한 상태다. 제조업체와 판매업체가 팔리지 않은 상품을 팔 수 있는 방법은 가격을 낮추되, 싸구려 제품이라는 인식을 없애기 위해 디자인을 개선하는 것이다.

우리는 싼 가격에 중독되어 가고 있다. 하지만 이런 시대는 영원히 지속되지 않는다. 우리가 싼 상품을 소비할 수 있는 것은, 노동자들의 값싼 임금 덕분이다. 이런 식으로는 시장원리주의자들이 원하는 성장도 이룰 수 없다. 앨런 러펠 셸은《완벽한 가격》에서 이 점을 정확히 지적했다. 싼 것을 계속 고집해서는 국가도 성장할 수 없고, 밝은 미래도 기대할 수 없다.

시장규칙과 사회규범

시장원리주의자들은 시장이 가장 효율적이며 합리적이라고 믿는다. 물론 시장은 대체로 효율적이고 합리적이지만, 이런 과신 때문에 시장의 붕괴를 막을 수 있는 기회를 놓칠 수 있다는 점도 간과해서는 안 된다. 시장이 완벽하게 합리적이라면, 주식시장에서 100만 건이 거래되었을 때 주식을 거래한 200만 명은 서로 바보라고 여긴 셈이다. 주식을 매입한 사람은 싼 가격에 주식을 판 사람을 바보라 여겼을 것이고, 매도한 사람은 비싼 가격에 주식을 판 사람을 바로라고 생각했을 것이다.

폴 크루그먼은《대폭로》를 통해 시장에서 비효율이 발생하게 만드는 일곱 가지 습관을 언급했다. 그것은 단기적 사고, 탐욕, 더 큰 바보에 대한 믿음, 무리와 함께하는 행동, 지나친 일반화, 시류 편승, 그리고 남의 돈으로 투자하는 것이다. 또 댄 애리얼리는《상식 밖의 경제학》에서 사람들이 시장에서 범하는 비이성적 습성을 세 가지로 제시했다. 첫 번째는 소유하고 있는 것에 대한 지나친 애착보유효과다. 두 번째는 얻을 것보다 잃어버릴 것에 대한 집착손실회피 편향이며, 세 번째는 상대방도 자신이 보는 관점에서 거래를 바라보리라는 기대 심리다.

과시적 소비는 비합리적 행위의 전형이다. 조상들이 자기과시를 통해 번식성공률을 높였던 시대에는 과시적 소비가 합리적 행위였을지 모르지만, 오늘날에는 더 이상 합리적인 소비행위가 아니다. 그렇다고 해서 우리의 본성을 완전히 무시할 수는 없다. 여전히 우리는 파충류 시절에 생성된 뇌를 일부 갖고 있으며, 이 원시적 뇌는 아직까지도 강력한 힘을 발휘하고 있다. 따라서 인간의 모든 선택과 행위에 이성을 적용하려는 진보주의자들의 노력도 공허하기는 마찬가지다.

심리학자들은 과시적 소비를 억제하는 방법으로 강력한 소비세 도입을 권장하고 있다. 하버드 대학교의 진화심리학자 스티븐 핑커Steven Pinker는 《빈 서판*Blank slate*》에서 소득에 매기는 누진세보다 소비에 매기는 누진세가 무익한 군비경쟁을 줄이고, 행복을 증진시킬 수 있다는 의견을 제시했다.

제프리 밀러는 《스펜트》에서 과소비를 없애는 가장 확실한 방법이 개인의 형질을 수치화해서 얼굴에 새기고 다니는 것이라고 말한다. 물론 이 방법이 불가능하다는 것을 그도 잘 알고 있다. 개인의 형질을 얼굴에 새기게 되면 악한 인간들은 발붙이지 못할 것이고, 선한 인간들은 더 대접받게 될 것이다. 밀러는 이 방법이 최선이긴 하지만, 강제적인 방법을 동원해야 한다는 점에서 부정적이다. 지위를 평등하게 하려는 모든 강제적 시도는 실패로 끝났기 때문이다. 결국 그는 사회규범의 변화를 해결책으로 제시했다.

그 중 하나가 소비세의 도입이다. 그에 따르면, 소비세는 사회에서 가져간 것(구매)을 따져서 처벌하는 제도다. 소비를 비싸게 하도록 하면, 사람들은 과시적 소비를 억제하고 다른 활동으로 에너지를 전환한다는 것이 그의 생각이다. 더구나 소비세를 아무리 늘려도 소비자의 만족도는 낮아지지 않는다. 일부 과시적 소비자에게는 세금을 많이 내는 것 자체가 과시행위가 되기 때문이다.

심리학에서는 널리 알려진 사실이지만 인간은 친근함, 안전성, 익숙함을 느끼기 위해 무리를 지으려는 태생적인 욕구를 갖고 있다. 인간의 비합리적인 성향은 대부분 이런 무리활동의 결과물이다. 인간은 무리 속에서 인정받고 싶어 하고, 지위 경쟁을 벌이며, 배신자와 사기꾼을 처벌하려 한다. 인정받고 싶은 욕구와 지위 경쟁은 인간을 이기적 존재로 만들고, 사회적 평판을 획득하려는 욕구와 처벌은 인간을 이타적 존재로 만들었다.

여러 학자들이 지적했듯이, 우리가 살아가는 사회는 두 가지 규범이 지배한다. 하나는 시장규칙이고, 다른 하나는 사회규범이다. 우리는 야누스처럼 호모에코노미쿠스와 호모제네로수스의 얼굴을 동시에 갖고 있는 것이다. 시장원리주의자들은 시장규칙을, 진보주의자들은 사회규범을 우선적 가치로 여긴다. 하지만 두 가지 규범은 상호보완적이다. 이익이 기대될 때 사람들은 이기적인 존재가 되지만, 무시할 수 있을 만큼의 사소한 이익에는 그다지 신경쓰지 않으며 오히려 자신을 희생하기도 한다. 이 때문에 사람들은 특별한 대가 없이도 타인을 도울 수 있다. 그러나 이런 사회규범이 시장규칙으로 전환되면, 사회는 각박해지고 사람들의 경쟁심은 높아진다.

인간사회에서는 자유로운 선택에 대한 보상만큼이나 사회적 처벌도 필요하다. 처벌은 법률에 의한 것뿐 아니라 비공식적인 것도 포함한다. 사회에서 형성되는 규범은 집단 이기주의나 광기를 불러올 수 있기 때문에 때로 국가의 개입이 필요할 수도 있다. 사회규범은 다른 사람들도 순응할 수 있고, 또 순응한다는 신뢰가 있을 때 성립될 수 있다. 그러나 무의식적 편향에 의해 사람들이 비합리적으로, 또 자기파괴적인 선택을 할 때는 국가가 이를 억제하는 규칙을 만들어야 한다. 인간의 본성을 감안할 때, 자유방임은 결코 능사가 아니다.

인류는 사회 속에서 진화했고, 시장규칙과 사회규범 역시 사회의 창조물이다. 게임 이론가들은 최후통첩 게임과 독재자 게임 같은 실험을 통해 우리가 본능적으로 공정성을 추구하도록 진화해 왔음을 증명했다. 물론 이런 실험이 인류가 모두 공정하다는 결론을 이끌어내는 것은 아니다. 케이윳 첸Kay Yut Chen과 마리나 크라코브스키Marina Krkovsky는 《머니 랩*Secrets of the Money-lab*》에서 이 실험들이 "공정성이 이기심을 이긴다는 결론을 도출하지는 않는다"고 전제하면서 공정성은 거래를 위한 하나의 조건 같은 것이라고 말했다. 즉 사람들은 옳기 때문에 공정성을 원하는 것이 아니라 서로의 제안이 받아들여지게 하기 위해 관대해진다는 것이다. 따라서 사람들은 무언가를 나누는 것을 피할 수 있다면 기꺼이 피하되, 그렇지 않은 상황에서는 장기적인 거래를 위한 사회적 평판을 얻기 위해 협력한다.

경제학은 지난 50년 동안 많은 변화를 겪어왔다. 경제학자들이 상상한 완전한 시장이 불가능하다는 것이 알려지면서 다양한 분야에서 새로운 연구와 실험이 이루어졌다. 게임 이론과 심리학이 경제학과 결합한 것도 그 성과 중 하나다. 과거의 경제학은 시장에 영향을 미치는 도덕, 명예, 의무, 과시 같은 개념을 설명할 수 없었다. 이런 개념을 설명하기 위해 생겨난 학문분야 중 하나가 '정체성 경제학'이다.

조지 애컬로프와 레이첼 크렌턴Rachel E. Kranton은 정체성 경제학의 입문서라 할 수 있는 《아이덴티티 경제학*Identity Economics*》에서 행위의 동기에 영향을 미치는 사회규범에 주목했다. 이들은 정체성, 그리고 정체성을 만들어내는 사회규범을 외면한 채 인간의 비이성적 판단과 결정을 이해할 수 없다고 주장한다. 두 사람은 행동방식에 대한 규범이 사회적 맥락 속에서 사람들의 지위에 따라 결정된다고 파악한다. 생산과 소비 역시 어느 구성원에 속해 있는가에 영향을 받는다.

우리가 가야 할 길은 시장규칙과 사회규범이라는 두 길 사이에 놓여 있다. 시장의 자유에만 우리의 본성을 맡겨놓는다면, 우리는 영원히 피라미드를 기어 올라가야 하는 신세로 전락하고 말 것이다. 이는 죽음의 신 하데스를 기만한 죄로 영원히 커다란 바위를 산꼭대기로 밀어 올리는 벌을 받은 시시포스의 신세와 같다. 시장의 자유에 모든 것을 맡긴 자본주의는 자기과시와 무의미한 소모만을 반복하게 될 것이다.

이성을 바탕으로 생태공동체를 추구하는 진보주의자들의 꿈 역시 실현될 가능성이 적어 보인다. 일부 진보주의자들은 신자유주의의 모순이 자본주의를 완전히 붕괴시킬 거라는 종말론을 퍼뜨리고 있지만, 자본주의가 태동한 이래 이런 기대가 이루어진 적은 한 번도 없었다. 자본주의의 미래가 어떻게 될는지는 아무도 모른다. 그러나 진보주의자들이 건설하려 했던 모든 유토피아는 실패로 끝났으며, 그들 역시 인간과 사회를 완전히 이해하지 못했다.

에리히 프롬은《소유냐 존재냐》에서 이런 질문을 던졌다.

"내가 가진 것이 나라면, 가진 것을 잃을 때 나는 누구인가?"

그는 인류가 추구해야 할 목표는 많이 소유하는 것이 아니라 풍요롭게 존재하는 것이라고 말했다. 그에 따르면, '존재'는 무엇을 소유하거나 소유하려고 탐하지 않고, 기쁨에 차서 자신의 능력을 생산적으로 사용하고, 세계와 하나 되는 실존양식을 의미한다.

그런 길은 정말 있는 것일까? 우리는 그런 길을 선택할 수도 있고, 포기할 수도 있을 것이다. 무작정 낙관적 견해를 피력하는 것은 무의미할 뿐 아니라 무책임한 일이다. 그럼에도 불구하고 우리는 무엇인가 하지 않으면 안 된다. 내가 생각하기에 그 첫걸음은 우리의 본성과 이성, 그리고 충동성과 합리성 사이에 샛길을 놓고, 서로 손을 내미는 것이다.

파충류가 지배하는 시장

1판 1쇄 인쇄 2012년 7월 13일
1판 1쇄 발행 2012년 7월 20일

지은이 이용범
펴낸이 우좌명
펴낸곳 출판회사 유리창
출판등록 제406-2011-000075호(2011.3.16)
주소 413-756 경기도 파주시 문발동 파주출판도시 535-7 세종출판타운 402호
전화 031-955-1621 팩스 0505-925-1621
전자우편 yurichangpub@gmail.com

ISBN 978-89-97918-00-3 03320

* 책값은 뒤표지에 있습니다.
* 잘못된 책은 구입한 곳에서 바꿔드립니다.